·最新·

# 保密

# 法律法规汇编

法律出版社法规中心　编

法律出版社
LAW PRESS·CHINA
—— 北京 ——

**图书在版编目(CIP)数据**

最新保密法律法规汇编 / 法律出版社法规中心编
. -- 北京 : 法律出版社, 2024
ISBN 978-7-5197-8893-3

Ⅰ. ①最… Ⅱ. ①法… Ⅲ. ①保密法－汇编－中国
Ⅳ. ①D922.149

中国国家版本馆 CIP 数据核字(2024)第 039919 号

**最新保密法律法规汇编**
**ZUIXIN BAOMI FALÜ FAGUI HUIBIAN**

法律出版社法规中心 编

责任编辑 冯高琼
装帧设计 李 瞻

**出版发行** 法律出版社
**编辑统筹** 法规出版分社
**责任校对** 张红蕊
**责任印制** 耿润瑜
**经　　销** 新华书店

**开本** A5
**印张** 12.875　**字数** 370 千
**版本** 2024 年 3 月第 1 版
**印次** 2024 年 3 月第 1 次印刷
**印刷** 三河市龙大印装有限公司

地址:北京市丰台区莲花池西里 7 号(100073)
网址:www.lawpress.com.cn
投稿邮箱:info@lawpress.com.cn
举报盗版邮箱:jbwq@lawpress.com.cn
销售电话:010-83938349
客服电话:010-83938350
咨询电话:010-63939796


**书号**:ISBN 978-7-5197-8893-3　**定价**:49.00 元
凡购买本社图书,如有印装错误,我社负责退换。电话:010-83938349

# 目　　录

## 一、综　　合



## 二、定密与解密



## 三、国家安全保密

## 四、档案保密



## 五、数据、资料保密

## 六、网络信息保密



## 七、涉军事保密



## 八、纪检监察保密

## 九、科学技术保密



## 十、测绘保密



## 十一、出版保密



## 十二、考试、论文保密

## 十三、泄密法律责任



## 十四、其他领域保密

# 一、综　合

## 中华人民共和国宪法(节录)

*1. 1982 年 12 月 4 日第五届全国人民代表大会第五次会议通过*

*2. 根据 1988 年 4 月 12 日第七届全国人民代表大会第一次会议通过的《中华人民共和国宪法修正案》、1993 年 3 月 29 日第八届全国人民代表大会第一次会议通过的《中华人民共和国宪法修正案》、1999 年 3 月 15 日第九届全国人民代表大会第二次会议通过的《中华人民共和国宪法修正案》、2004 年 3 月 14 日第十届全国人民代表大会第二次会议通过的《中华人民共和国宪法修正案》和 2018 年 3 月 11 日第十三届全国人民代表大会第一次会议通过的《中华人民共和国宪法修正案》修正*

**第五十一条　【公民自由和权利的限度】**[*] 中华人民共和国公民在行使自由和权利的时候,不得损害国家的、社会的、集体的利益和其他公民的合法的自由和权利。

**第五十二条　【维护国家统一和民族团结的义务】**中华人民共和国公民有维护国家统一和全国各民族团结的义务。

**第五十三条　【遵纪守法的义务】**中华人民共和国公民必须遵守宪法和法律,保守国家秘密,爱护公共财产,遵守劳动纪律,遵守公共秩序,尊重社会公德。

**第五十四条　【维护祖国的安全、荣誉和利益的义务】**中华人民共和国公民有维护祖国的安全、荣誉和利益的义务,不得有危害祖国的安全、荣誉和利益的行为。

---

* 条文主旨为编者所加,下同。——编者注

# 中华人民共和国保守国家秘密法

*1. 1988年9月5日第七届全国人民代表大会常务委员会第三次会议通过*
*2. 2010年4月29日第十一届全国人民代表大会常务委员会第十四次会议第一次修订*
*3. 2024年2月27日第十四届全国人民代表大会常务委员会第八次会议第二次修订*
*4. 自2024年5月1日起施行*

## 目　　录



## 第一章　总　　则

**第一条　【立法目的与依据】**为了保守国家秘密，维护国家安全和利益，保障改革开放和社会主义现代化建设事业的顺利进行，根据宪法，制定本法。

**第二条　【国家秘密的定义】**国家秘密是关系国家安全和利益，依照法定程序确定，在一定时间内只限一定范围的人员知悉的事项。

**第三条　【党的领导】**坚持中国共产党对保守国家秘密（以下简称保密）工作的领导。中央保密工作领导机构领导全国保密工作，研究制定、指导实施国家保密工作战略和重大方针政策，统筹协调国家保密重大事项和重要工作，推进国家保密法治建设。

**第四条　【基本原则】**保密工作坚持总体国家安全观，遵循党管保密、依法管理，积极防范、突出重点，技管并重、创新发展的原则，既确保国家秘密安全，又便利信息资源合理利用。

法律、行政法规规定公开的事项，应当依法公开。

**第五条　【保密义务】**国家秘密受法律保护。

一切国家机关和武装力量、各政党和各人民团体、企业事业组织和其他社会组织以及公民都有保密的义务。

任何危害国家秘密安全的行为，都必须受到法律追究。

**第六条　【主管部门】**国家保密行政管理部门主管全国的保密工作。县级以上地方各级保密行政管理部门主管本行政区域的保密工作。

**第七条　【机关、单位保密职责】**国家机关和涉及国家秘密的单位（以下简称机关、单位）管理本机关和本单位的保密工作。

中央国家机关在其职权范围内管理或者指导本系统的保密工作。

**第八条　【保密工作责任制】**机关、单位应当实行保密工作责任制，依法设置保密工作机构或者指定专人负责保密工作，健全保密管理制度，完善保密防护措施，开展保密宣传教育，加强保密监督检查。

**第九条　【宣传教育】**国家采取多种形式加强保密宣传教育，将保密教育纳入国民教育体系和公务员教育培训体系，鼓励大众传播媒介面向社会进行保密宣传教育，普及保密知识，宣传保密法治，增强全社会的保密意识。

**第十条　【科技创新】**国家鼓励和支持保密科学技术研究和应用，提升自主创新能力，依法保护保密领域的知识产权。

**第十一条　【工作规划和经费预算】**县级以上人民政府应当将保密工作纳入本级国民经济和社会发展规划，所需经费列入本级预算。

机关、单位开展保密工作所需经费应当列入本机关、本单位年度预算或者年度收支计划。

**第十二条　【人才队伍建设和表彰奖励】**国家加强保密人才培养和队伍建设，完善相关激励保障机制。

对在保守、保护国家秘密工作中做出突出贡献的组织和个人，按照国家有关规定给予表彰和奖励。

## 第二章　国家秘密的范围和密级

**第十三条　【国家秘密的基本范围】**下列涉及国家安全和利益的事项，

泄露后可能损害国家在政治、经济、国防、外交等领域的安全和利益的，应当确定为国家秘密：

（一）国家事务重大决策中的秘密事项；

（二）国防建设和武装力量活动中的秘密事项；

（三）外交和外事活动中的秘密事项以及对外承担保密义务的秘密事项；

（四）国民经济和社会发展中的秘密事项；

（五）科学技术中的秘密事项；

（六）维护国家安全活动和追查刑事犯罪中的秘密事项；

（七）经国家保密行政管理部门确定的其他秘密事项。

政党的秘密事项中符合前款规定的，属于国家秘密。

**第十四条　【密级】**国家秘密的密级分为绝密、机密、秘密三级。

绝密级国家秘密是最重要的国家秘密，泄露会使国家安全和利益遭受特别严重的损害；机密级国家秘密是重要的国家秘密，泄露会使国家安全和利益遭受严重的损害；秘密级国家秘密是一般的国家秘密，泄露会使国家安全和利益遭受损害。

**第十五条　【保密事项范围】**国家秘密及其密级的具体范围（以下简称保密事项范围），由国家保密行政管理部门单独或者会同有关中央国家机关规定。

军事方面的保密事项范围，由中央军事委员会规定。

保密事项范围的确定应当遵循必要、合理原则，科学论证评估，并根据情况变化及时调整。保密事项范围的规定应当在有关范围内公布。

**第十六条　【定密责任人】**机关、单位主要负责人及其指定的人员为定密责任人，负责本机关、本单位的国家秘密确定、变更和解除工作。

机关、单位确定、变更和解除本机关、本单位的国家秘密，应当由承办人提出具体意见，经定密责任人审核批准。

**第十七条　【定密权限】**确定国家秘密的密级，应当遵守定密权限。

中央国家机关、省级机关及其授权的机关、单位可以确定绝密级、机密级和秘密级国家秘密；设区的市级机关及其授权的机关、单位可以确定机密级和秘密级国家秘密；特殊情况下无法按照上述规定授权定密的，国家保密行政管理部门或者省、自治区、直辖市保密行政管理部门可以授予机关、单位定密权限。具体的定密权限、授权范围由国家保密行政管理部门规定。

下级机关、单位认为本机关、本单位产生的有关定密事项属于上级机关、单位的定密权限，应当先行采取保密措施，并立即报请上级机关、单位确定；没有上级机关、单位的，应当立即提请有相应定密权限的业务主管部门或者保密行政管理部门确定。

公安机关、国家安全机关在其工作范围内按照规定的权限确定国家秘密的密级。

**第十八条　【派生定密】**机关、单位执行上级确定的国家秘密事项或者办理其他机关、单位确定的国家秘密事项，需要派生定密的，应当根据所执行、办理的国家秘密事项的密级确定。

**第十九条　【机关、单位的定密职责】**机关、单位对所产生的国家秘密事项，应当按照保密事项范围的规定确定密级，同时确定保密期限和知悉范围；有条件的可以标注密点。

**第二十条　【保密期限】**国家秘密的保密期限，应当根据事项的性质和特点，按照维护国家安全和利益的需要，限定在必要的期限内；不能确定期限的，应当确定解密的条件。

国家秘密的保密期限，除另有规定外，绝密级不超过三十年，机密级不超过二十年，秘密级不超过十年。

机关、单位应当根据工作需要，确定具体的保密期限、解密时间或者解密条件。

机关、单位对在决定和处理有关事项工作过程中确定需要保密的事项，根据工作需要决定公开的，正式公布时即视为解密。

**第二十一条　【知悉范围】**国家秘密的知悉范围，应当根据工作需要限定在最小范围。

国家秘密的知悉范围能够限定到具体人员的，限定到具体人员；不能限定到具体人员的，限定到机关、单位，由该机关、单位限定到具体人员。

国家秘密的知悉范围以外的人员，因工作需要知悉国家秘密的，应当经过机关、单位主要负责人或者其指定的人员批准。原定密机关、单位对扩大国家秘密的知悉范围有明确规定的，应当遵守其规定。

**第二十二条 【国家秘密标志】**机关、单位对承载国家秘密的纸介质、光介质、电磁介质等载体（以下简称国家秘密载体）以及属于国家秘密的设备、产品，应当作出国家秘密标志。

涉及国家秘密的电子文件应当按照国家有关规定作出国家秘密标志。

不属于国家秘密的，不得作出国家秘密标志。

**第二十三条 【密级、保密期限和知悉范围的变更】**国家秘密的密级、保密期限和知悉范围，应当根据情况变化及时变更。国家秘密的密级、保密期限和知悉范围的变更，由原定密机关、单位决定，也可以由其上级机关决定。

国家秘密的密级、保密期限和知悉范围变更的，应当及时书面通知知悉范围内的机关、单位或者人员。

**第二十四条 【审核与解密】**机关、单位应当每年审核所确定的国家秘密。

国家秘密的保密期限已满的，自行解密。在保密期限内因保密事项范围调整不再作为国家秘密，或者公开后不会损害国家安全和利益，不需要继续保密的，应当及时解密；需要延长保密期限的，应当在原保密期限届满前重新确定密级、保密期限和知悉范围。提前解密或者延长保密期限的，由原定密机关、单位决定，也可以由其上级机关决定。

**第二十五条 【不明确、有争议事项的确定】**机关、单位对是否属于国家秘密或者属于何种密级不明确或者有争议的，由国家保密行政管理部门或者省、自治区、直辖市保密行政管理部门按照国家保密规定确定。

## 第三章 保密制度

**第二十六条 【国家秘密载体保密管理】**国家秘密载体的制作、收发、传递、使用、复制、保存、维修和销毁，应当符合国家保密规定。

绝密级国家秘密载体应当在符合国家保密标准的设施、设备中保存，并指定专人管理；未经原定密机关、单位或者其上级机关批准，不得复制和摘抄；收发、传递和外出携带，应当指定人员负责，并采取必要的安全措施。

**第二十七条　【密品管理】**属于国家秘密的设备、产品的研制、生产、运输、使用、保存、维修和销毁，应当符合国家保密规定。

**第二十八条　【国家秘密载体管理禁止性规定】**机关、单位应当加强对国家秘密载体的管理，任何组织和个人不得有下列行为：

（一）非法获取、持有国家秘密载体；

（二）买卖、转送或者私自销毁国家秘密载体；

（三）通过普通邮政、快递等无保密措施的渠道传递国家秘密载体；

（四）寄递、托运国家秘密载体出境；

（五）未经有关主管部门批准，携带、传递国家秘密载体出境；

（六）其他违反国家秘密载体保密规定的行为。

**第二十九条　【国家秘密信息管理禁止性规定】**禁止非法复制、记录、存储国家秘密。

禁止未按照国家保密规定和标准采取有效保密措施，在互联网及其他公共信息网络或者有线和无线通信中传递国家秘密。

禁止在私人交往和通信中涉及国家秘密。

**第三十条　【涉密信息系统的管理】**存储、处理国家秘密的计算机信息系统（以下简称涉密信息系统）按照涉密程度实行分级保护。

涉密信息系统应当按照国家保密规定和标准规划、建设、运行、维护，并配备保密设施、设备。保密设施、设备应当与涉密信息系统同步规划、同步建设、同步运行。

涉密信息系统应当按照规定，经检查合格后，方可投入使用，并定期开展风险评估。

**第三十一条　【信息系统、信息设备管理禁止性规定】**机关、单位应当加强对信息系统、信息设备的保密管理，建设保密自监管设施，及时发现并处置安全保密风险隐患。任何组织和个人不得有下列行为：

（一）未按照国家保密规定和标准采取有效保密措施，将涉密信息系统、涉密信息设备接入互联网及其他公共信息网络；

（二）未按照国家保密规定和标准采取有效保密措施，在涉密信息系统、涉密信息设备与互联网及其他公共信息网络之间进行信息交换；

（三）使用非涉密信息系统、非涉密信息设备存储或者处理国家秘密；

（四）擅自卸载、修改涉密信息系统的安全技术程序、管理程序；

（五）将未经安全技术处理的退出使用的涉密信息设备赠送、出售、丢弃或者改作其他用途；

（六）其他违反信息系统、信息设备保密规定的行为。

**第三十二条　【安全保密产品、保密技术装备的管理】**用于保护国家秘密的安全保密产品和保密技术装备应当符合国家保密规定和标准。

国家建立安全保密产品和保密技术装备抽检、复检制度，由国家保密行政管理部门设立或者授权的机构进行检测。

**第三十三条　【出版媒体及网络信息的管理】**报刊、图书、音像制品、电子出版物的编辑、出版、印制、发行，广播节目、电视节目、电影的制作和播放，网络信息的制作、复制、发布、传播，应当遵守国家保密规定。

**第三十四条　【网络运营者信息管理和配合义务】**网络运营者应当加强对其用户发布的信息的管理，配合监察机关、保密行政管理部门、公安机关、国家安全机关对涉嫌泄露国家秘密案件进行调查处理；发现利用互联网及其他公共信息网络发布的信息涉嫌泄露国家秘密的，应当立即停止传输该信息，保存有关记录，向保密行政管理部门或者公安机关、国家安全机关报告；应当根据保密行政管理部门或者公安机关、国家安全机关的要求，删除涉及泄露国家秘密的信息，并对有关设备进行技术处理。

**第三十五条　【信息公开保密审查】**机关、单位应当依法对拟公开的信息进行保密审查，遵守国家保密规定。

**第三十六条　【数据保密管理】**开展涉及国家秘密的数据处理活动及其安全监管应当符合国家保密规定。

国家保密行政管理部门和省、自治区、直辖市保密行政管理部门会同有关主管部门建立安全保密防控机制，采取安全保密防控措施，防范数据汇聚、关联引发的泄密风险。

机关、单位应当对汇聚、关联后属于国家秘密事项的数据依法加强安全管理。

**第三十七条　【涉外保密管理】**机关、单位向境外或者向境外在中国境内设立的组织、机构提供国家秘密，任用、聘用的境外人员因工作需要知悉国家秘密的，按照国家有关规定办理。

**第三十八条　【会议、活动保密管理】**举办会议或者其他活动涉及国家秘密的，主办单位应当采取保密措施，并对参加人员进行保密教育，提出具体保密要求。

**第三十九条　【要害部门部位保密管理】**机关、单位应当将涉及绝密级或者较多机密级、秘密级国家秘密的机构确定为保密要害部门，将集中制作、存放、保管国家秘密载体的专门场所确定为保密要害部位，按照国家保密规定和标准配备、使用必要的技术防护设施、设备。

**第四十条　【军事禁区等场所、部位保密管理】**军事禁区、军事管理区和属于国家秘密不对外开放的其他场所、部位，应当采取保密措施，未经有关部门批准，不得擅自决定对外开放或者扩大开放范围。

涉密军事设施及其他重要涉密单位周边区域应当按照国家保密规定加强保密管理。

**第四十一条　【从事涉密业务的企事业单位的管理】**从事涉及国家秘密业务的企业事业单位，应当具备相应的保密管理能力，遵守国家保密规定。

从事国家秘密载体制作、复制、维修、销毁，涉密信息系统集成，武器装备科研生产，或者涉密军事设施建设等涉及国家秘密业务的企业事业单位，应当经过审查批准，取得保密资质。

**第四十二条　【涉密采购和委托涉密业务保密管理】**采购涉及国家秘密的货物、服务的机关、单位，直接涉及国家秘密的工程建设、设计、施工、监理等单位，应当遵守国家保密规定。

机关、单位委托企业事业单位从事涉及国家秘密的业务，应当与其签订保密协议，提出保密要求，采取保密措施。

**第四十三条　【涉密人员及其权益保护】**在涉密岗位工作的人员（以下简称涉密人员），按照涉密程度分为核心涉密人员、重要涉密人员和一般涉密人员，实行分类管理。

任用、聘用涉密人员应当按照国家有关规定进行审查。

涉密人员应当具有良好的政治素质和品行，经过保密教育培训，具备胜任涉密岗位的工作能力和保密知识技能，签订保密承诺书，严格遵守国家保密规定，承担保密责任。

涉密人员的合法权益受法律保护。对因保密原因合法权益受到影响和限制的涉密人员，按照国家有关规定给予相应待遇或者补偿。

**第四十四条　【涉密人员管理制度】**机关、单位应当建立健全涉密人员管理制度，明确涉密人员的权利、岗位责任和要求，对涉密人员履行职责情况开展经常性的监督检查。

**第四十五条　【涉密人员出境管理】**涉密人员出境应当经有关部门批准，有关机关认为涉密人员出境将对国家安全造成危害或者对国家利益造成重大损失的，不得批准出境。

**第四十六条　【涉密人员离岗离职规定】**涉密人员离岗离职应当遵守国家保密规定。机关、单位应当开展保密教育提醒，清退国家秘密载体，实行脱密期管理。涉密人员在脱密期内，不得违反规定就业和出境，不得以任何方式泄露国家秘密；脱密期结束后，应当遵守国家保密规定，对知悉的国家秘密继续履行保密义务。涉密人员严重违反离岗离职及脱密期国家保密规定的，机关、单位应当及时报告同级保密行政管理部门，由保密行政管理部门会同有关部门依法采取处置措施。

**第四十七条　【泄密事件报告】**国家工作人员或者其他公民发现国家秘密已经泄露或者可能泄露时，应当立即采取补救措施并及时报告有关机关、单位。机关、单位接到报告后，应当立即作出处理，并及时向保密行政管理部门报告。

## 第四章　监督管理

**第四十八条　【规章、标准制定】**国家保密行政管理部门依照法律、行政法规的规定，制定保密规章和国家保密标准。

**第四十九条　【监督管理职责】**保密行政管理部门依法组织开展保密宣传教育、保密检查、保密技术防护、保密违法案件调查处理工作，对保密工作进行指导和监督管理。

**第五十条　【定密纠正】**保密行政管理部门发现国家秘密确定、变更或者解除不当的，应当及时通知有关机关、单位予以纠正。

**第五十一条　【保密检查与依法查处】**保密行政管理部门依法对机关、单位遵守保密法律法规和相关制度的情况进行检查；涉嫌保密违法的，应当及时调查处理或者组织、督促有关机关、单位调查处理；涉嫌犯罪的，应当依法移送监察机关、司法机关处理。

对严重违反国家保密规定的涉密人员，保密行政管理部门应当建议有关机关、单位将其调离涉密岗位。

有关机关、单位和个人应当配合保密行政管理部门依法履行职责。

**第五十二条　【保密违法行为处置措施】**保密行政管理部门在保密检查和案件调查处理中，可以依法查阅有关材料、询问人员、记录情况，先行登记保存有关设施、设备、文件资料等；必要时，可以进行保密技术检测。

保密行政管理部门对保密检查和案件调查处理中发现的非法获取、持有的国家秘密载体，应当予以收缴；发现存在泄露国家秘密隐患的，应当要求采取措施，限期整改；对存在泄露国家秘密隐患的设施、设备、场所，应当责令停止使用。

**第五十三条　【密级鉴定】**办理涉嫌泄露国家秘密案件的机关，需要对有关事项是否属于国家秘密、属于何种密级进行鉴定的，由国家保密行政管理部门或者省、自治区、直辖市保密行政管理部门鉴定。

**第五十四条　【处分监督】**机关、单位对违反国家保密规定的人员不依法给予处分的，保密行政管理部门应当建议纠正；对拒不纠正的，提请其上一级机关或者监察机关对该机关、单位负有责任的领导人员和直接责任人员依法予以处理。

**第五十五条　【风险评估、监测预警、应急处置、信息通报】**设区的市级以上保密行政管理部门建立保密风险评估机制、监测预警制度、应急处置制度，会同有关部门开展信息收集、分析、通报工作。

**第五十六条　【行业自律】**保密协会等行业组织依照法律、行政法规的规定开展活动，推动行业自律，促进行业健康发展。

## 第五章　法律责任

**第五十七条　【组织、个人保密违法责任】**违反本法规定，有下列情形之一，根据情节轻重，依法给予处分；有违法所得的，没收违法所得：

（一）非法获取、持有国家秘密载体的；

（二）买卖、转送或者私自销毁国家秘密载体的；

（三）通过普通邮政、快递等无保密措施的渠道传递国家秘密载体的；

（四）寄递、托运国家秘密载体出境，或者未经有关主管部门批准，携带、传递国家秘密载体出境的；

（五）非法复制、记录、存储国家秘密的；

（六）在私人交往和通信中涉及国家秘密的；

（七）未按照国家保密规定和标准采取有效保密措施，在互联网及其他公共信息网络或者有线和无线通信中传递国家秘密的；

（八）未按照国家保密规定和标准采取有效保密措施，将涉密信息系统、涉密信息设备接入互联网及其他公共信息网络的；

（九）未按照国家保密规定和标准采取有效保密措施，在涉密信息系统、涉密信息设备与互联网及其他公共信息网络之间进行信息交换的；

（十）使用非涉密信息系统、非涉密信息设备存储、处理国家秘密的；

（十一）擅自卸载、修改涉密信息系统的安全技术程序、管理程序的；

（十二）将未经安全技术处理的退出使用的涉密信息设备赠送、出售、丢弃或者改作其他用途的；

（十三）其他违反本法规定的情形。

有前款情形尚不构成犯罪，且不适用处分的人员，由保密行政管理部门督促其所在机关、单位予以处理。

**第五十八条　【机关、单位重大泄密和定密不当法律责任】**机关、单位违反本法规定，发生重大泄露国家秘密案件的，依法对直接负责的主管人员和其他直接责任人员给予处分。不适用处分的人员，由保密行政管理部门督促其主管部门予以处理。

机关、单位违反本法规定，对应当定密的事项不定密，对不应当定密的事项定密，或者未履行解密审核责任，造成严重后果的，依法对直接负责的主管人员和其他直接责任人员给予处分。

**第五十九条　【网络运营者保密违法责任】**网络运营者违反本法第三十四条规定的，由公安机关、国家安全机关、电信主管部门、保密行政管理部门按照各自职责分工依法予以处罚。

**第六十条　【承担涉密业务单位保密违法责任】**取得保密资质的企业事业单位违反国家保密规定的，由保密行政管理部门责令限期整改，给予警告或者通报批评；有违法所得的，没收违法所得；情节严重的，暂停涉密业务、降低资质等级；情节特别严重的，吊销保密资质。

未取得保密资质的企业事业单位违法从事本法第四十一条第二款规定的涉密业务的，由保密行政管理部门责令停止涉密业务，给予警告或者通报批评；有违法所得的，没收违法所得。

**第六十一条　【保密行政管理部门工作人员违法责任】**保密行政管理部门的工作人员在履行保密管理职责中滥用职权、玩忽职守、徇私舞弊的，依法给予处分。

**第六十二条　【刑事责任】**违反本法规定，构成犯罪的，依法追究刑事责任。

## 第六章　附　　则

**第六十三条　【军队保密规定授权】**中国人民解放军和中国人民武装警察部队开展保密工作的具体规定，由中央军事委员会根据本法制定。

**第六十四条　【工作秘密管理】**机关、单位对履行职能过程中产生或者获取的不属于国家秘密但泄露后会造成一定不利影响的事项，适用工作秘密管理办法采取必要的保护措施。工作秘密管理办法另行规定。

**第六十五条　【施行日期】**本法自 2024 年 5 月 1 日起施行。

# 中华人民共和国保守国家秘密法实施条例

*1. 2014年1月17日国务院令第646号公布*
*2. 自2014年3月1日起施行*

## 第一章 总 则

**第一条** 根据《中华人民共和国保守国家秘密法》(以下简称保密法)的规定,制定本条例。

**第二条** 国家保密行政管理部门主管全国的保密工作。县级以上地方各级保密行政管理部门在上级保密行政管理部门指导下,主管本行政区域的保密工作。

**第三条** 中央国家机关在其职权范围内管理或者指导本系统的保密工作,监督执行保密法律法规,可以根据实际情况制定或者会同有关部门制定主管业务方面的保密规定。

**第四条** 县级以上人民政府应当加强保密基础设施建设和关键保密科技产品的配备。

省级以上保密行政管理部门应当加强关键保密科技产品的研发工作。

保密行政管理部门履行职责所需的经费,应当列入本级人民政府财政预算。机关、单位开展保密工作所需经费应当列入本机关、本单位的年度财政预算或者年度收支计划。

**第五条** 机关、单位不得将依法应当公开的事项确定为国家秘密,不得将涉及国家秘密的信息公开。

**第六条** 机关、单位实行保密工作责任制。机关、单位负责人对本机关、本单位的保密工作负责,工作人员对本岗位的保密工作负责。

机关、单位应当根据保密工作需要设立保密工作机构或者指定人员专门负责保密工作。

机关、单位及其工作人员履行保密工作责任制情况应当纳入年度考评和考核内容。

**第七条**　各级保密行政管理部门应当组织开展经常性的保密宣传教育。机关、单位应当定期对本机关、本单位工作人员进行保密形势、保密法律法规、保密技术防范等方面的教育培训。

## 第二章　国家秘密的范围和密级

**第八条**　国家秘密及其密级的具体范围（以下称保密事项范围）应当明确规定国家秘密具体事项的名称、密级、保密期限、知悉范围。

保密事项范围应当根据情况变化及时调整。制定、修订保密事项范围应当充分论证，听取有关机关、单位和相关领域专家的意见。

**第九条**　机关、单位负责人为本机关、本单位的定密责任人，根据工作需要，可以指定其他人员为定密责任人。

专门负责定密的工作人员应当接受定密培训，熟悉定密职责和保密事项范围，掌握定密程序和方法。

**第十条**　定密责任人在职责范围内承担有关国家秘密确定、变更和解除工作。具体职责是：

（一）审核批准本机关、本单位产生的国家秘密的密级、保密期限和知悉范围；

（二）对本机关、本单位产生的尚在保密期限内的国家秘密进行审核，作出是否变更或者解除的决定；

（三）对是否属于国家秘密和属于何种密级不明确的事项先行拟定密级，并按照规定的程序报保密行政管理部门确定。

**第十一条**　中央国家机关、省级机关以及设区的市、自治州级机关可以根据保密工作需要或者有关机关、单位的申请，在国家保密行政管理部门规定的定密权限、授权范围内作出定密授权。

定密授权应当以书面形式作出。授权机关应当对被授权机关、单位履行定密授权的情况进行监督。

中央国家机关、省级机关作出的授权，报国家保密行政管理部门备案；设区的市、自治州级机关作出的授权，报省、自治区、直辖市保密行政管理部门备案。

**第十二条**　机关、单位应当在国家秘密产生的同时，由承办人依据有关保密事项范围拟定密级、保密期限和知悉范围，报定密责任人审核批准，并采取相应保密措施。

**第十三条**　机关、单位对所产生的国家秘密，应当按照保密事项范围的规定确定具体的保密期限；保密事项范围没有规定具体保密期限的，可以根据工作需要，在保密法规定的保密期限内确定；不能确定保密期限的，应当确定解密条件。

国家秘密的保密期限，自标明的制发日起计算；不能标明制发日的，确定该国家秘密的机关、单位应当书面通知知悉范围内的机关、单位和人员，保密期限自通知之日起计算。

**第十四条**　机关、单位应当按照保密法的规定，严格限定国家秘密的知悉范围，对知悉机密级以上国家秘密的人员，应当作出书面记录。

**第十五条**　国家秘密载体以及属于国家秘密的设备、产品的明显部位应当标注国家秘密标志。国家秘密标志应当标注密级和保密期限。国家秘密的密级和保密期限发生变更的，应当及时对原国家秘密标志作出变更。

无法标注国家秘密标志的，确定该国家秘密的机关、单位应当书面通知知悉范围内的机关、单位和人员。

**第十六条**　机关、单位对所产生的国家秘密，认为符合保密法有关解密或者延长保密期限规定的，应当及时解密或者延长保密期限。

机关、单位对不属于本机关、本单位产生的国家秘密，认为符合保密法有关解密或者延长保密期限规定的，可以向原定密机关、单位或者其上级机关、单位提出建议。

已经依法移交各级国家档案馆的属于国家秘密的档案，由原定密机关、单位按照国家有关规定进行解密审核。

**第十七条**　机关、单位被撤销或者合并的，该机关、单位所确定国家秘密的变更和解除，由承担其职能的机关、单位负责，也可以由其上级机关、单位或者保密行政管理部门指定的机关、单位负责。

**第十八条**　机关、单位发现本机关、本单位国家秘密的确定、变更和解除不当的，应当及时纠正；上级机关、单位发现下级机关、单位国家秘密的确定、变更和解除不当的，应当及时通知其纠正，也可以直接纠正。

**第十九条**　机关、单位对符合保密法的规定，但保密事项范围没有规定的不明确事项，应当先行拟定密级、保密期限和知悉范围，采取相应的保密措施，并自拟定之日起10日内报有关部门确定。拟定为绝密级的事项和中央国家机关拟定的机密级、秘密级的事项，报国家保密行政管理部门确定；其他机关、单位拟定的机密级、秘密级的事项，报省、自治区、直辖市保密行政管理部门确定。

保密行政管理部门接到报告后，应当在10日内作出决定。省、自治区、直辖市保密行政管理部门还应当将所作决定及时报国家保密行政管理部门备案。

**第二十条**　机关、单位对已定密事项是否属于国家秘密或者属于何种密级有不同意见的，可以向原定密机关、单位提出异议，由原定密机关、单位作出决定。

机关、单位对原定密机关、单位未予处理或者对作出的决定仍有异议的，按照下列规定办理：

（一）确定为绝密级的事项和中央国家机关确定的机密级、秘密级的事项，报国家保密行政管理部门确定。

（二）其他机关、单位确定的机密级、秘密级的事项，报省、自治区、直辖市保密行政管理部门确定；对省、自治区、直辖市保密行政管理部门作出的决定有异议的，可以报国家保密行政管理部门确定。

在原定密机关、单位或者保密行政管理部门作出决定前，对有关事项应当按照主张密级中的最高密级采取相应的保密措施。

## 第三章　保密制度

**第二十一条**　国家秘密载体管理应当遵守下列规定：

（一）制作国家秘密载体，应当由机关、单位或者经保密行政管理部门保密审查合格的单位承担，制作场所应当符合保密要求。

（二）收发国家秘密载体，应当履行清点、编号、登记、签收手续。

（三）传递国家秘密载体，应当通过机要交通、机要通信或者其他符合保密要求的方式进行。

（四）复制国家秘密载体或者摘录、引用、汇编属于国家秘密的内容，应当按照规定报批，不得擅自改变原件的密级、保密期限和知悉范围，复制件应当加盖复制机关、单位戳记，并视同原件进行管理。

（五）保存国家秘密载体的场所、设施、设备，应当符合国家保密要求。

（六）维修国家秘密载体，应当由本机关、本单位专门技术人员负责。确需外单位人员维修的，应当由本机关、本单位的人员现场监督；确需在本机关、本单位以外维修的，应当符合国家保密规定。

（七）携带国家秘密载体外出，应当符合国家保密规定，并采取可靠的保密措施；携带国家秘密载体出境的，应当按照国家保密规定办理批准和携带手续。

**第二十二条** 销毁国家秘密载体应当符合国家保密规定和标准，确保销毁的国家秘密信息无法还原。

销毁国家秘密载体应当履行清点、登记、审批手续，并送交保密行政管理部门设立的销毁工作机构或者保密行政管理部门指定的单位销毁。机关、单位确因工作需要，自行销毁少量国家秘密载体的，应当使用符合国家保密标准的销毁设备和方法。

**第二十三条** 涉密信息系统按照涉密程度分为绝密级、机密级、秘密级。机关、单位应当根据涉密信息系统存储、处理信息的最高密级确定系统的密级，按照分级保护要求采取相应的安全保密防护措施。

**第二十四条** 涉密信息系统应当由国家保密行政管理部门设立或者授权的保密测评机构进行检测评估，并经设区的市、自治州级以上保密行政管理部门审查合格，方可投入使用。

公安、国家安全机关的涉密信息系统投入使用的管理办法，由国家保密行政管理部门会同国务院公安、国家安全部门另行规定。

**第二十五条** 机关、单位应当加强涉密信息系统的运行使用管理，指定专门机构或者人员负责运行维护、安全保密管理和安全审计，定期开展安全保密检查和风险评估。

涉密信息系统的密级、主要业务应用、使用范围和使用环境等发生变化或者涉密信息系统不再使用的，应当按照国家保密规定及时向保密行政管理部门报告，并采取相应措施。

**第二十六条** 机关、单位采购涉及国家秘密的工程、货物和服务的，应当根据国家保密规定确定密级，并符合国家保密规定和标准。机关、单位应当对提供工程、货物和服务的单位提出保密管理要求，并与其签订保密协议。

政府采购监督管理部门、保密行政管理部门应当依法加强对涉及国家秘密的工程、货物和服务采购的监督管理。

**第二十七条**　举办会议或者其他活动涉及国家秘密的，主办单位应当采取下列保密措施：

（一）根据会议、活动的内容确定密级，制定保密方案，限定参加人员范围；

（二）使用符合国家保密规定和标准的场所、设施、设备；

（三）按照国家保密规定管理国家秘密载体；

（四）对参加人员提出具体保密要求。

**第二十八条**　企业事业单位从事国家秘密载体制作、复制、维修、销毁，涉密信息系统集成或者武器装备科研生产等涉及国家秘密的业务（以下简称涉密业务），应当由保密行政管理部门或者保密行政管理部门会同有关部门进行保密审查。保密审查不合格的，不得从事涉密业务。

**第二十九条**　从事涉密业务的企业事业单位应当具备下列条件：

（一）在中华人民共和国境内依法成立3年以上的法人，无违法犯罪记录；

（二）从事涉密业务的人员具有中华人民共和国国籍；

（三）保密制度完善，有专门的机构或者人员负责保密工作；

（四）用于涉密业务的场所、设施、设备符合国家保密规定和标准；

（五）具有从事涉密业务的专业能力；

（六）法律、行政法规和国家保密行政管理部门规定的其他条件。

**第三十条**　涉密人员的分类管理、任（聘）用审查、脱密期管理、权益保障等具体办法，由国家保密行政管理部门会同国务院有关主管部门制定。

## 第四章　监督管理

**第三十一条**　机关、单位应当向同级保密行政管理部门报送本机关、本单位年度保密工作情况。下级保密行政管理部门应当向上级保密行政管理部门报送本行政区域年度保密工作情况。

**第三十二条**　保密行政管理部门依法对机关、单位执行保密法律法规的下列情况进行检查：

（一）保密工作责任制落实情况；

（二）保密制度建设情况；

（三）保密宣传教育培训情况；

（四）涉密人员管理情况；

（五）国家秘密确定、变更和解除情况；

（六）国家秘密载体管理情况；

（七）信息系统和信息设备保密管理情况；

（八）互联网使用保密管理情况；

（九）保密技术防护设施设备配备使用情况；

（十）涉密场所及保密要害部门、部位管理情况；

（十一）涉密会议、活动管理情况；

（十二）信息公开保密审查情况。

**第三十三条** 保密行政管理部门在保密检查过程中，发现有泄密隐患的，可以查阅有关材料、询问人员、记录情况；对有关设施、设备、文件资料等可以依法先行登记保存，必要时进行保密技术检测。有关机关、单位及其工作人员对保密检查应当予以配合。

保密行政管理部门实施检查后，应当出具检查意见，对需要整改的，应当明确整改内容和期限。

**第三十四条** 机关、单位发现国家秘密已经泄露或者可能泄露的，应当立即采取补救措施，并在24小时内向同级保密行政管理部门和上级主管部门报告。

地方各级保密行政管理部门接到泄密报告的，应当在24小时内逐级报至国家保密行政管理部门。

**第三十五条** 保密行政管理部门对公民举报、机关和单位报告、保密检查发现、有关部门移送的涉嫌泄露国家秘密的线索和案件，应当依法及时调查或者组织、督促有关机关、单位调查处理。调查工作结束后，认为有违反保密法律法规的事实，需要追究责任的，保密行政管理部门可以向有关机关、单位提出处理建议。有关机关、单位应当及时将处理结果书面告知同级保密行政管理部门。

**第三十六条** 保密行政管理部门收缴非法获取、持有的国家秘密载体，应当进行登记并出具清单，查清密级、数量、来源、扩散范围等，并采取相应的保密措施。

保密行政管理部门可以提请公安、工商行政管理等有关部门协助收缴非法获取、持有的国家秘密载体，有关部门应当予以配合。

**第三十七条**　国家保密行政管理部门或者省、自治区、直辖市保密行政管理部门应当依据保密法律法规和保密事项范围，对办理涉嫌泄露国家秘密案件的机关提出鉴定的事项是否属于国家秘密、属于何种密级作出鉴定。

保密行政管理部门受理鉴定申请后，应当自受理之日起 30 日内出具鉴定结论；不能按期出具鉴定结论的，经保密行政管理部门负责人批准，可以延长 30 日。

**第三十八条**　保密行政管理部门及其工作人员应当按照法定的职权和程序开展保密审查、保密检查和泄露国家秘密案件查处工作，做到科学、公正、严格、高效，不得利用职权谋取利益。

## 第五章　法律责任

**第三十九条**　机关、单位发生泄露国家秘密案件不按照规定报告或者未采取补救措施的，对直接负责的主管人员和其他直接责任人员依法给予处分。

**第四十条**　在保密检查或者泄露国家秘密案件查处中，有关机关、单位及其工作人员拒不配合，弄虚作假，隐匿、销毁证据，或者以其他方式逃避、妨碍保密检查或者泄露国家秘密案件查处的，对直接负责的主管人员和其他直接责任人员依法给予处分。

企业事业单位及其工作人员协助机关、单位逃避、妨碍保密检查或者泄露国家秘密案件查处的，由有关主管部门依法予以处罚。

**第四十一条**　经保密审查合格的企业事业单位违反保密管理规定的，由保密行政管理部门责令限期整改，逾期不改或者整改后仍不符合要求的，暂停涉密业务；情节严重的，停止涉密业务。

**第四十二条**　涉密信息系统未按照规定进行检测评估和审查而投入使用的，由保密行政管理部门责令改正，并建议有关机关、单位对直接负责的主管人员和其他直接责任人员依法给予处分。

**第四十三条** 机关、单位委托未经保密审查的单位从事涉密业务的，由有关机关、单位对直接负责的主管人员和其他直接责任人员依法给予处分。

未经保密审查的单位从事涉密业务的，由保密行政管理部门责令停止违法行为；有违法所得的，由工商行政管理部门没收违法所得。

**第四十四条** 保密行政管理部门未依法履行职责，或者滥用职权、玩忽职守、徇私舞弊的，对直接负责的主管人员和其他直接责任人员依法给予处分；构成犯罪的，依法追究刑事责任。

### 第六章 附 则

**第四十五条** 本条例自 2014 年 3 月 1 日起施行。1990 年 4 月 25 日国务院批准、1990 年 5 月 25 日国家保密局发布的《中华人民共和国保守国家秘密法实施办法》同时废止。

# 中华人民共和国密码法

*1. 2019 年 10 月 26 日第十三届全国人民代表大会常务委员会第十四次会议通过*

*2. 2019 年 10 月 26 日中华人民共和国主席令第 35 号公布*

*3. 自 2020 年 1 月 1 日起施行*

## 目 录



### 第一章 总 则

**第一条 【立法目的】**为了规范密码应用和管理，促进密码事业发展，保障网络与信息安全，维护国家安全和社会公共利益，保护公民、法人和其他组织的合法权益，制定本法。

**第二条　【密码的定义】**本法所称密码，是指采用特定变换的方法对信息等进行加密保护、安全认证的技术、产品和服务。

**第三条　【密码工作原则】**密码工作坚持总体国家安全观，遵循统一领导、分级负责，创新发展、服务大局，依法管理、保障安全的原则。

**第四条　【密码工作领导体制】**坚持中国共产党对密码工作的领导。中央密码工作领导机构对全国密码工作实行统一领导，制定国家密码工作重大方针政策，统筹协调国家密码重大事项和重要工作，推进国家密码法治建设。

**第五条　【密码工作管理体制】**国家密码管理部门负责管理全国的密码工作。县级以上地方各级密码管理部门负责管理本行政区域的密码工作。

国家机关和涉及密码工作的单位在其职责范围内负责本机关、本单位或者本系统的密码工作。

**第六条　【密码分类管理原则】**国家对密码实行分类管理。

密码分为核心密码、普通密码和商用密码。

**第七条　【核心密码、普通密码管理】**核心密码、普通密码用于保护国家秘密信息，核心密码保护信息的最高密级为绝密级，普通密码保护信息的最高密级为机密级。

核心密码、普通密码属于国家秘密。密码管理部门依照本法和有关法律、行政法规、国家有关规定对核心密码、普通密码实行严格统一管理。

**第八条　【商用密码管理】**商用密码用于保护不属于国家秘密的信息。

公民、法人和其他组织可以依法使用商用密码保护网络与信息安全。

**第九条　【密码科技进步、人才队伍建设和密码工作表彰奖励】**国家鼓励和支持密码科学技术研究和应用，依法保护密码领域的知识产权，促进密码科学技术进步和创新。

国家加强密码人才培养和队伍建设，对在密码工作中作出突出贡献的组织和个人，按照国家有关规定给予表彰和奖励。

**第十条 【密码安全教育】**国家采取多种形式加强密码安全教育，将密码安全教育纳入国民教育体系和公务员教育培训体系，增强公民、法人和其他组织的密码安全意识。

**第十一条 【密码工作规划和经费预算】**县级以上人民政府应当将密码工作纳入本级国民经济和社会发展规划，所需经费列入本级财政预算。

**第十二条 【禁止从事密码违法犯罪活动】**任何组织或者个人不得窃取他人加密保护的信息或者非法侵入他人的密码保障系统。

任何组织或者个人不得利用密码从事危害国家安全、社会公共利益、他人合法权益等违法犯罪活动。

## 第二章 核心密码、普通密码

**第十三条 【核心密码、普通密码管理原则】**国家加强核心密码、普通密码的科学规划、管理和使用，加强制度建设，完善管理措施，增强密码安全保障能力。

**第十四条 【核心密码、普通密码使用要求】**在有线、无线通信中传递的国家秘密信息，以及存储、处理国家秘密信息的信息系统，应当依照法律、行政法规和国家有关规定使用核心密码、普通密码进行加密保护、安全认证。

**第十五条 【核心密码、普通密码安全保密管理】**从事核心密码、普通密码科研、生产、服务、检测、装备、使用和销毁等工作的机构（以下统称密码工作机构）应当按照法律、行政法规、国家有关规定以及核心密码、普通密码标准的要求，建立健全安全管理制度，采取严格的保密措施和保密责任制，确保核心密码、普通密码的安全。

**第十六条 【核心密码、普通密码工作监督检查】**密码管理部门依法对密码工作机构的核心密码、普通密码工作进行指导、监督和检查，密码工作机构应当配合。

**第十七条 【核心密码、普通密码安全协作机制和安全问题查处】**密码管理部门根据工作需要会同有关部门建立核心密码、普通密码的安全监测预警、安全风险评估、信息通报、重大事项会商和应急处置等协作机制，确保核心密码、普通密码安全管理的协同联动和有序高效。

密码工作机构发现核心密码、普通密码泄密或者影响核心密码、普通密码安全的重大问题、风险隐患的，应当立即采取应对措施，并及时向保密行政管理部门、密码管理部门报告，由保密行政管理部门、密码管理部门会同有关部门组织开展调查、处置，并指导有关密码工作机构及时消除安全隐患。

**第十八条　【核心密码、普通密码工作机构和人员管理】**国家加强密码工作机构建设，保障其履行工作职责。

国家建立适应核心密码、普通密码工作需要的人员录用、选调、保密、考核、培训、待遇、奖惩、交流、退出等管理制度。

**第十九条　【核心密码、普通密码免检便利】**密码管理部门因工作需要，按照国家有关规定，可以提请公安、交通运输、海关等部门对核心密码、普通密码有关物品和人员提供免检等便利，有关部门应当予以协助。

**第二十条　【核心密码、普通密码工作人员监督和安全审查】**密码管理部门和密码工作机构应当建立健全严格的监督和安全审查制度，对其工作人员遵守法律和纪律等情况进行监督，并依法采取必要措施，定期或者不定期组织开展安全审查。

## 第三章　商 用 密 码

**第二十一条　【商用密码管理原则】**国家鼓励商用密码技术的研究开发、学术交流、成果转化和推广应用，健全统一、开放、竞争、有序的商用密码市场体系，鼓励和促进商用密码产业发展。

各级人民政府及其有关部门应当遵循非歧视原则，依法平等对待包括外商投资企业在内的商用密码科研、生产、销售、服务、进出口等单位（以下统称商用密码从业单位）。国家鼓励在外商投资过程中基于自愿原则和商业规则开展商用密码技术合作。行政机关及其工作人员不得利用行政手段强制转让商用密码技术。

商用密码的科研、生产、销售、服务和进出口，不得损害国家安全、社会公共利益或者他人合法权益。

**第二十二条　【商用密码标准体系】**国家建立和完善商用密码标准体系。

国务院标准化行政主管部门和国家密码管理部门依据各自职责，组织制定商用密码国家标准、行业标准。

国家支持社会团体、企业利用自主创新技术制定高于国家标准、行业标准相关技术要求的商用密码团体标准、企业标准。

**第二十三条** **【商用密码国际标准化】**国家推动参与商用密码国际标准化活动，参与制定商用密码国际标准，推进商用密码中国标准与国外标准之间的转化运用。

国家鼓励企业、社会团体和教育、科研机构等参与商用密码国际标准化活动。

**第二十四条** **【商用密码标准法律效力】**商用密码从业单位开展商用密码活动，应当符合有关法律、行政法规、商用密码强制性国家标准以及该从业单位公开标准的技术要求。

国家鼓励商用密码从业单位采用商用密码推荐性国家标准、行业标准，提升商用密码的防护能力，维护用户的合法权益。

**第二十五条** **【商用密码检测认证体系和商用密码检测、认证机构管理】**国家推进商用密码检测认证体系建设，制定商用密码检测认证技术规范、规则，鼓励商用密码从业单位自愿接受商用密码检测认证，提升市场竞争力。

商用密码检测、认证机构应当依法取得相关资质，并依照法律、行政法规的规定和商用密码检测认证技术规范、规则开展商用密码检测认证。

商用密码检测、认证机构应当对其在商用密码检测认证中所知悉的国家秘密和商业秘密承担保密义务。

**第二十六条** **【商用密码产品和服务市场准入管理】**涉及国家安全、国计民生、社会公共利益的商用密码产品，应当依法列入网络关键设备和网络安全专用产品目录，由具备资格的机构检测认证合格后，方可销售或者提供。商用密码产品检测认证适用《中华人民共和国网络安全法》的有关规定，避免重复检测认证。

商用密码服务使用网络关键设备和网络安全专用产品的，应当经商用密码认证机构对该商用密码服务认证合格。

**第二十七条** **【关键信息基础设施商用密码使用要求和国家安全审查】**

法律、行政法规和国家有关规定要求使用商用密码进行保护的关键信息基础设施，其运营者应当使用商用密码进行保护，自行或者委托商用密码检测机构开展商用密码应用安全性评估。商用密码应用安全性评估应当与关键信息基础设施安全检测评估、网络安全等级测评制度相衔接，避免重复评估、测评。

关键信息基础设施的运营者采购涉及商用密码的网络产品和服务，可能影响国家安全的，应当按照《中华人民共和国网络安全法》的规定，通过国家网信部门会同国家密码管理部门等有关部门组织的国家安全审查。

**第二十八条　【商用密码进口许可和出口管制】**国务院商务主管部门、国家密码管理部门依法对涉及国家安全、社会公共利益且具有加密保护功能的商用密码实施进口许可，对涉及国家安全、社会公共利益或者中国承担国际义务的商用密码实施出口管制。商用密码进口许可清单和出口管制清单由国务院商务主管部门会同国家密码管理部门和海关总署制定并公布。

大众消费类产品所采用的商用密码不实行进口许可和出口管制制度。

**第二十九条　【电子政务电子认证服务管理】**国家密码管理部门对采用商用密码技术从事电子政务电子认证服务的机构进行认定，会同有关部门负责政务活动中使用电子签名、数据电文的管理。

**第三十条　【商用密码领域的行业协会等组织】**商用密码领域的行业协会等组织依照法律、行政法规及其章程的规定，为商用密码从业单位提供信息、技术、培训等服务，引导和督促商用密码从业单位依法开展商用密码活动，加强行业自律，推动行业诚信建设，促进行业健康发展。

**第三十一条　【商用密码事中事后监管和有关管理部门保密义务】**密码管理部门和有关部门建立日常监管和随机抽查相结合的商用密码事中事后监管制度，建立统一的商用密码监督管理信息平台，推进事中事后监管与社会信用体系相衔接，强化商用密码从业单位自律和社会监督。

密码管理部门和有关部门及其工作人员不得要求商用密码从业

单位和商用密码检测、认证机构向其披露源代码等密码相关专有信息，并对其在履行职责中知悉的商业秘密和个人隐私严格保密，不得泄露或者非法向他人提供。

## 第四章　法律责任

**第三十二条　【从事密码违法活动的法律责任】**违反本法第十二条规定，窃取他人加密保护的信息，非法侵入他人的密码保障系统，或者利用密码从事危害国家安全、社会公共利益、他人合法权益等违法活动的，由有关部门依照《中华人民共和国网络安全法》和其他有关法律、行政法规的规定追究法律责任。

**第三十三条　【核心密码、普通密码使用违法的法律责任】**违反本法第十四条规定，未按照要求使用核心密码、普通密码的，由密码管理部门责令改正或者停止违法行为，给予警告；情节严重的，由密码管理部门建议有关国家机关、单位对直接负责的主管人员和其他直接责任人员依法给予处分或者处理。

**第三十四条　【核心密码、普通密码泄密等安全问题的法律责任】**违反本法规定，发生核心密码、普通密码泄密案件的，由保密行政管理部门、密码管理部门建议有关国家机关、单位对直接负责的主管人员和其他直接责任人员依法给予处分或者处理。

违反本法第十七条第二款规定，发现核心密码、普通密码泄密或者影响核心密码、普通密码安全的重大问题、风险隐患，未立即采取应对措施，或者未及时报告的，由保密行政管理部门、密码管理部门建议有关国家机关、单位对直接负责的主管人员和其他直接责任人员依法给予处分或者处理。

**第三十五条　【商用密码检测、认证违法的法律责任】**商用密码检测、认证机构违反本法第二十五条第二款、第三款规定开展商用密码检测认证的，由市场监督管理部门会同密码管理部门责令改正或者停止违法行为，给予警告，没收违法所得；违法所得三十万元以上的，可以并处违法所得一倍以上三倍以下罚款；没有违法所得或者违法所得不足三十万元的，可以并处十万元以上三十万元以下罚款；情节严重的，依法吊销相关资质。

**第三十六条　【商用密码产品、服务市场准入违法的法律责任】**违反本法第二十六条规定，销售或者提供未经检测认证或者检测认证不合格的商用密码产品，或者提供未经认证或者认证不合格的商用密码服务的，由市场监督管理部门会同密码管理部门责令改正或者停止违法行为，给予警告，没收违法产品和违法所得；违法所得十万元以上的，可以并处违法所得一倍以上三倍以下罚款；没有违法所得或者违法所得不足十万元的，可以并处三万元以上十万元以下罚款。

**第三十七条　【商用密码使用违法的法律责任】**关键信息基础设施的运营者违反本法第二十七条第一款规定，未按照要求使用商用密码，或者未按照要求开展商用密码应用安全性评估的，由密码管理部门责令改正，给予警告；拒不改正或者导致危害网络安全等后果的，处十万元以上一百万元以下罚款，对直接负责的主管人员处一万元以上十万元以下罚款。

关键信息基础设施的运营者违反本法第二十七条第二款规定，使用未经安全审查或者安全审查未通过的产品或者服务的，由有关主管部门责令停止使用，处采购金额一倍以上十倍以下罚款；对直接负责的主管人员和其他直接责任人员处一万元以上十万元以下罚款。

**第三十八条　【商用密码进出口违法的法律责任】**违反本法第二十八条实施进口许可、出口管制的规定，进出口商用密码的，由国务院商务主管部门或者海关依法予以处罚。

**第三十九条　【电子政务电子认证服务违法的法律责任】**违反本法第二十九条规定，未经认定从事电子政务电子认证服务的，由密码管理部门责令改正或者停止违法行为，给予警告，没收违法产品和违法所得；违法所得三十万元以上的，可以并处违法所得一倍以上三倍以下罚款；没有违法所得或者违法所得不足三十万元的，可以并处十万元以上三十万元以下罚款。

**第四十条　【密码管理部门和有关部门、单位的工作人员违法的法律责任】**密码管理部门和有关部门、单位的工作人员在密码工作中滥用职权、玩忽职守、徇私舞弊，或者泄露、非法向他人提供在履行职责中知悉的商业秘密和个人隐私的，依法给予处分。

**第四十一条　【违反本法行为的刑事责任和民事责任】**违反本法规定，

构成犯罪的，依法追究刑事责任；给他人造成损害的，依法承担民事责任。

## 第五章 附 则

**第四十二条 【密码管理规章】**国家密码管理部门依照法律、行政法规的规定，制定密码管理规章。

**第四十三条 【解放军和武警部队密码立法】**中国人民解放军和中国人民武装警察部队的密码工作管理办法，由中央军事委员会根据本法制定。

**第四十四条 【施行日期】**本法自2020年1月1日起施行。

# 党政机关公文处理工作条例

*1. 2012年4月16日中共中央办公厅、国务院办公厅印发*

*2. 自2012年7月1日起施行*

## 第一章 总 则

**第一条** 为了适应中国共产党机关和国家行政机关（以下简称党政机关）工作需要，推进党政机关公文处理工作科学化、制度化、规范化，制定本条例。

**第二条** 本条例适用于各级党政机关公文处理工作。

**第三条** 党政机关公文是党政机关实施领导、履行职能、处理公务的具有特定效力和规范体式的文书，是传达贯彻党和国家的方针政策，公布法规和规章，指导、布置和商洽工作，请示和答复问题，报告、通报和交流情况等的重要工具。

**第四条** 公文处理工作是指公文拟制、办理、管理等一系列相互关联、衔接有序的工作。

**第五条** 公文处理工作应当坚持实事求是、准确规范、精简高效、安全保密的原则。

**第六条** 各级党政机关应当高度重视公文处理工作，加强组织领导，强化队伍建设,设立文秘部门或者由专人负责公文处理工作。

**第七条**　各级党政机关办公厅(室)主管本机关的公文处理工作,并对下级机关的公文处理工作进行业务指导和督促检查。

## 第二章　公文种类

**第八条**　公文种类主要有:

(一)决议。适用于会议讨论通过的重大决策事项。

(二)决定。适用于对重要事项作出决策和部署、奖惩有关单位和人员、变更或者撤销下级机关不适当的决定事项。

(三)命令(令)。适用于公布行政法规和规章、宣布施行重大强制性措施、批准授予和晋升衔级、嘉奖有关单位和人员。

(四)公报。适用于公布重要决定或者重大事项。

(五)公告。适用于向国内外宣布重要事项或者法定事项。

(六)通告。适用于在一定范围内公布应当遵守或者周知的事项。

(七)意见。适用于对重要问题提出见解和处理办法。

(八)通知。适用于发布、传达要求下级机关执行和有关单位周知或者执行的事项,批转、转发公文。

(九)通报。适用于表彰先进、批评错误、传达重要精神和告知重要情况。

(十)报告。适用于向上级机关汇报工作、反映情况,回复上级机关的询问。

(十一)请示。适用于向上级机关请求指示、批准。

(十二)批复。适用于答复下级机关请示事项。

(十三)议案。适用于各级人民政府按照法律程序向同级人民代表大会或者人民代表大会常务委员会提请审议事项。

(十四)函。适用于不相隶属机关之间商洽工作、询问和答复问题、请求批准和答复审批事项。

(十五)纪要。适用于记载会议主要情况和议定事项。

## 第三章　公文格式

**第九条**　公文一般由份号、密级和保密期限、紧急程度、发文机关标志、发文字号、签发人、标题、主送机关、正文、附件说明、发文机关署名、成文日期、印章、附注、附件、抄送机关、印发机关和印发日期、页码等组成。

(一)份号。公文印制份数的顺序号。涉密公文应当标注份号。

(二)密级和保密期限。公文的秘密等级和保密的期限。涉密公文应当根据涉密程度分别标注“绝密”“机密”“秘密”和保密期限。

(三)紧急程度。公文送达和办理的时限要求。根据紧急程度,紧急公文应当分别标注“特急”“加急”,电报应当分别标注“特提”“特急”“加急”“平急”。

(四)发文机关标志。由发文机关全称或者规范化简称加“文件”二字组成,也可以使用发文机关全称或者规范化简称。联合行文时,发文机关标志可以并用联合发文机关名称,也可以单独用主办机关名称。

(五)发文字号。由发文机关代字、年份、发文顺序号组成。联合行文时,使用主办机关的发文字号。

(六)签发人。上行文应当标注签发人姓名。

(七)标题。由发文机关名称、事由和文种组成。

(八)主送机关。公文的主要受理机关,应当使用机关全称、规范化简称或者同类型机关统称。

(九)正文。公文的主体,用来表述公文的内容。

(十)附件说明。公文附件的顺序号和名称。

(十一)发文机关署名。署发文机关全称或者规范化简称。

(十二)成文日期。署会议通过或者发文机关负责人签发的日期。联合行文时,署最后签发机关负责人签发的日期。

(十三)印章。公文中有发文机关署名的,应当加盖发文机关印章,并与署名机关相符。有特定发文机关标志的普发性公文和电报可以不加盖印章。

(十四)附注。公文印发传达范围等需要说明的事项。

(十五)附件。公文正文的说明、补充或者参考资料。

(十六)抄送机关。除主送机关外需要执行或者知晓公文内容的其他机关,应当使用机关全称、规范化简称或者同类型机关统称。

（十七）印发机关和印发日期。公文的送印机关和送印日期。

（十八）页码。公文页数顺序号。

**第十条**　公文的版式按照《党政机关公文格式》国家标准执行。

**第十一条**　公文使用的汉字、数字、外文字符、计量单位和标点符号等，按照有关国家标准和规定执行。民族自治地方的公文，可以并用汉字和当地通用的少数民族文字。

**第十二条**　公文用纸幅面采用国际标准A4型。特殊形式的公文用纸幅面，根据实际需要确定。

## 第四章　行文规则

**第十三条**　行文应当确有必要，讲求实效，注重针对性和可操作性。

**第十四条**　行文关系根据隶属关系和职权范围确定。一般不得越级行文，特殊情况需要越级行文的，应当同时抄送被越过的机关。

**第十五条**　向上级机关行文，应当遵循以下规则：

（一）原则上主送一个上级机关，根据需要同时抄送相关上级机关和同级机关，不抄送下级机关。

（二）党委、政府的部门向上级主管部门请示、报告重大事项，应当经本级党委、政府同意或者授权；属于部门职权范围内的事项应当直接报送上级主管部门。

（三）下级机关的请示事项，如需以本机关名义向上级机关请示，应当提出倾向性意见后上报，不得原文转报上级机关。

（四）请示应当一文一事。不得在报告等非请示性公文中夹带请示事项。

（五）除上级机关负责人直接交办事项外，不得以本机关名义向上级机关负责人报送公文，不得以本机关负责人名义向上级机关报送公文。

（六）受双重领导的机关向一个上级机关行文，必要时抄送另一个上级机关。

**第十六条**　向下级机关行文，应当遵循以下规则：

（一）主送受理机关，根据需要抄送相关机关。重要行文应当同时抄送发文机关的直接上级机关。

（二）党委、政府的办公厅（室）根据本级党委、政府授权，可以向下级党委、政府行文，其他部门和单位不得向下级党委、政府发布指令性公文或者在公文中向下级党委、政府提出指令性要求。需经政府审批的具体事项，经政府同意后可以由政府职能部门行文，文中须注明已经政府同意。

（三）党委、政府的部门在各自职权范围内可以向下级党委、政府的相关部门行文。

（四）涉及多个部门职权范围内的事务，部门之间未协商一致的，不得向下行文；擅自行文的，上级机关应当责令其纠正或者撤销。

（五）上级机关向受双重领导的下级机关行文，必要时抄送该下级机关的另一个上级机关。

**第十七条** 同级党政机关、党政机关与其他同级机关必要时可以联合行文。属于党委、政府各自职权范围内的工作，不得联合行文。

党委、政府的部门依据职权可以相互行文。

部门内设机构除办公厅（室）外不得对外正式行文。

## 第五章 公文拟制

**第十八条** 公文拟制包括公文的起草、审核、签发等程序。

**第十九条** 公文起草应当做到：

（一）符合党的理论路线方针政策和国家法律法规，完整准确体现发文机关意图，并同现行有关公文相衔接。

（二）一切从实际出发，分析问题实事求是，所提政策措施和办法切实可行。

（三）内容简洁，主题突出，观点鲜明，结构严谨，表述准确，文字精练。

（四）文种正确，格式规范。

（五）深入调查研究，充分进行论证，广泛听取意见。

（六）公文涉及其他地区或者部门职权范围内的事项，起草单位必须征求相关地区或者部门意见，力求达成一致。

（七）机关负责人应当主持、指导重要公文起草工作。

**第二十条** 公文文稿签发前，应当由发文机关办公厅（室）进行审核。

审核的重点是：

（一）行文理由是否充分，行文依据是否准确。

（二）内容是否符合党的理论路线方针政策和国家法律法规；是否完整准确体现发文机关意图；是否同现行有关公文相衔接；所提政策措施和办法是否切实可行。

（三）涉及有关地区或者部门职权范围内的事项是否经过充分协商并达成一致意见。

（四）文种是否正确，格式是否规范；人名、地名、时间、数字、段落顺序、引文等是否准确；文字、数字、计量单位和标点符号等用法是否规范。

（五）其他内容是否符合公文起草的有关要求。

需要发文机关审议的重要公文文稿，审议前由发文机关办公厅（室）进行初核。

**第二十一条**　经审核不宜发文的公文文稿，应当退回起草单位并说明理由；符合发文条件但内容需作进一步研究和修改的，由起草单位修改后重新报送。

**第二十二条**　公文应当经本机关负责人审批签发。重要公文和上行文由机关主要负责人签发。党委、政府的办公厅（室）根据党委、政府授权制发的公文，由受权机关主要负责人签发或者按照有关规定签发。签发人签发公文，应当签署意见、姓名和完整日期；圈阅或者签名的，视为同意。联合发文由所有联署机关的负责人会签。

## 第六章　公文办理

**第二十三条**　公文办理包括收文办理、发文办理和整理归档。

**第二十四条**　收文办理主要程序是：

（一）签收。对收到的公文应当逐件清点，核对无误后签字或者盖章，并注明签收时间。

（二）登记。对公文的主要信息和办理情况应当详细记载。

（三）初审。对收到的公文应当进行初审。初审的重点是：是否应当由本机关办理，是否符合行文规则，文种、格式是否符合要求，涉及其他地区或者部门职权范围内的事项是否已经协商、会签，是否符合公文起草的其他要求。经初审不符合规定的公文,应当及时退回来文单位并说明理由。

（四）承办。阅知性公文应当根据公文内容、要求和工作需要确定范围后分送。批办性公文应当提出拟办意见报本机关负责人批示或者转有关部门办理;需要两个以上部门办理的,应当明确主办部门。紧急公文应当明确办理时限。承办部门对交办的公文应当及时办理,有明确办理时限要求的应当在规定时限内办理完毕。

（五）传阅。根据领导批示和工作需要将公文及时送传阅对象阅知或者批示。办理公文传阅应当随时掌握公文去向,不得漏传、误传、延误。

（六）催办。及时了解掌握公文的办理进展情况,督促承办部门按期办结。紧急公文或者重要公文应当由专人负责催办。

（七）答复。公文的办理结果应当及时答复来文单位,并根据需要告知相关单位。

**第二十五条** 发文办理主要程序是:

（一）复核。已经发文机关负责人签批的公文,印发前应当对公文的审批手续、内容、文种、格式等进行复核;需作实质性修改的,应当报原签批人复审。

（二）登记。对复核后的公文,应当确定发文字号、分送范围和印制份数并详细记载。

（三）印制。公文印制必须确保质量和时效。涉密公文应当在符合保密要求的场所印制。

（四）核发。公文印制完毕,应当对公文的文字、格式和印刷质量进行检查后分发。

**第二十六条** 涉密公文应当通过机要交通、邮政机要通信、城市机要文件交换站或者收发件机关机要收发人员进行传递,通过密码电报或者符合国家保密规定的计算机信息系统进行传输。

**第二十七条** 需要归档的公文及有关材料,应当根据有关档案法律法规以及机关档案管理规定,及时收集齐全、整理归档。两个以上机关联合办理的公文,原件由主办机关归档,相关机关保存复制件。机关负责人兼任其他机关职务的,在履行所兼职务过程中形成的公文,由其兼职机关归档。

## 第七章　公文管理

**第二十八条**　各级党政机关应当建立健全本机关公文管理制度，确保管理严格规范，充分发挥公文效用。

**第二十九条**　党政机关公文由文秘部门或者专人统一管理。设立党委（党组）的县级以上单位应当建立机要保密室和机要阅文室，并按照有关保密规定配备工作人员和必要的安全保密设施设备。

**第三十条**　公文确定密级前，应当按照拟定的密级先行采取保密措施。确定密级后，应当按照所定密级严格管理。绝密级公文应当由专人管理。

公文的密级需要变更或者解除的，由原确定密级的机关或者其上级机关决定。

**第三十一条**　公文的印发传达范围应当按照发文机关的要求执行；需要变更的，应当经发文机关批准。

涉密公文公开发布前应当履行解密程序。公开发布的时间、形式和渠道，由发文机关确定。

经批准公开发布的公文，同发文机关正式印发的公文具有同等效力。

**第三十二条**　复制、汇编机密级、秘密级公文，应当符合有关规定并经本机关负责人批准。绝密级公文一般不得复制、汇编，确有工作需要的，应当经发文机关或者其上级机关批准。复制、汇编的公文视同原件管理。

复制件应当加盖复制机关戳记。翻印件应当注明翻印的机关名称、日期。汇编本的密级按照编入公文的最高密级标注。

**第三十三条**　公文的撤销和废止，由发文机关、上级机关或者权力机关根据职权范围和有关法律法规决定。公文被撤销的，视为自始无效；公文被废止的，视为自废止之日起失效。

**第三十四条**　涉密公文应当按照发文机关的要求和有关规定进行清退或者销毁。

**第三十五条**　不具备归档和保存价值的公文，经批准后可以销毁。销毁涉密公文必须严格按照有关规定履行审批登记手续，确保不丢失、不漏销。个人不得私自销毁、留存涉密公文。

**第三十六条**　机关合并时，全部公文应当随之合并管理；机关撤销时，需要归档的公文经整理后按照有关规定移交档案管理部门。

工作人员离岗离职时，所在机关应当督促其将暂存、借用的公文按照有关规定移交、清退。

**第三十七条**　新设立的机关应当向本级党委、政府的办公厅（室）提出发文立户申请。经审查符合条件的，列为发文单位，机关合并或者撤销时，相应进行调整。

## 第八章　附　　则

**第三十八条**　党政机关公文含电子公文。电子公文处理工作的具体办法另行制定。

**第三十九条**　法规、规章方面的公文，依照有关规定处理。外事方面的公文，依照外事主管部门的有关规定处理。

**第四十条**　其他机关和单位的公文处理工作，可以参照本条例执行。

**第四十一条**　本条例由中共中央办公厅、国务院办公厅负责解释。

**第四十二条**　本条例自2012年7月1日起施行。1996年5月3日中共中央办公厅发布的《中国共产党机关公文处理条例》和2000年8月24日国务院发布的《国家行政机关公文处理办法》停止执行。

# 涉密信息系统集成资质管理办法

*1. 2020年12月10日国家保密局令2020年第1号公布*

*2. 自2021年3月1日起施行*

## 第一章　总　　则

**第一条**　为了加强涉密信息系统集成资质管理，确保国家秘密安全，根据《中华人民共和国保守国家秘密法》、《中华人民共和国行政许可法》、《中华人民共和国行政处罚法》、《中华人民共和国保守国家秘密法实施条例》等有关法律法规,制定本办法。

**第二条**　本办法所称涉密信息系统集成(以下简称涉密集成),是指涉密信息系统的规划、设计、建设、监理和运行维护等活动。

涉密集成资质是指保密行政管理部门许可企业事业单位从事涉密信息系统集成业务的法定资格。

**第三条**　涉密集成资质的申请、受理、审查、决定、使用和监督管理,适用本办法。

**第四条**　从事涉密集成业务的企业事业单位应当依照本办法,取得涉密集成资质。

国家机关和涉及国家秘密的单位(以下简称机关、单位)应当选择具有涉密集成资质的单位(以下简称资质单位)承接涉密集成业务。

**第五条**　涉密集成资质管理应当遵循依法管理、安全保密、科学发展、公平公正的原则。

**第六条**　国家保密行政管理部门主管全国涉密集成资质管理工作,省级保密行政管理部门主管本行政区域内涉密集成资质管理工作。

省级以上保密行政管理部门根据工作需要,可以委托下一级保密行政管理部门开展审查工作,或者组织机构协助开展工作。

**第七条**　省级以上保密行政管理部门应当指定专门机构承担保密资质管理日常工作。

**第八条**　省级以上保密行政管理部门建立保密资质审查专家库,组织开展入库审查、培训考核等工作。

**第九条**　实施涉密集成资质许可不收取任何费用,所需经费纳入同级财政预算。

## 第二章　等级与条件

**第十条**　涉密集成资质分为甲级和乙级两个等级。

甲级资质单位可以从事绝密级、机密级和秘密级涉密集成业务;乙级资质单位可以从事机密级、秘密级涉密集成业务。

**第十一条**　涉密集成资质包括总体集成、系统咨询、软件开发、安防监控、屏蔽室建设、运行维护、数据恢复、工程监理,以及国家保密行政管理部门许可的其他涉密集成业务。取得总体集成业务种类许可的，除从事系统集成业务外，还可从事软件开发、安防监控和所承建系统的运行维护业务。

资质单位应当在保密行政管理部门许可的业务种类范围内承接涉密集成业务。承接涉密系统咨询、工程监理业务的，不得承接所咨询、监理业务的其他涉密集成业务。

**第十二条** 申请单位应当具备以下基本条件：

（一）在中华人民共和国境内依法成立三年以上的法人；

（二）无犯罪记录且近三年内未被吊销保密资质（资格），法定代表人、主要负责人、实际控制人未被列入失信人员名单；

（三）法定代表人、主要负责人、实际控制人、董（监）事会人员、高级管理人员以及从事涉密集成业务人员具有中华人民共和国国籍，无境外永久居留权或者长期居留许可，与境外人员无婚姻关系，国家另有规定的除外；

（四）具有从事涉密集成业务的专业能力；

（五）法律、行政法规和国家保密行政管理部门规定的其他条件。

**第十三条** 申请单位应当具备以下保密条件：

（一）有专门机构或者人员负责保密工作；

（二）保密制度完善；

（三）从事涉密集成业务的人员经过保密教育培训，具备必要的保密知识和技能；

（四）用于涉密集成业务的场所、设施、设备符合国家保密规定和标准；

（五）有专门的保密工作经费；

（六）法律、行政法规和国家保密行政管理部门规定的其他保密条件。

**第十四条** 申请单位应当无外国投资者直接投资，且通过间接方式投资的外国投资者在申请单位中的出资比例最终不得超过20%；申请单位及其股东的实际控制人不得为外国投资者，外国投资者在申请单位母公司中的出资比例最终不得超过20%。

在新三板挂牌的企业申请资质以及资质有效期内的，还应当符合以下条件：

（一）参与挂牌交易的股份比例不高于总股本的30%；

（二）实际控制人在申请期间及资质有效期内保持控制地位不变。

**第十五条**　申请单位应当建立完善的内部管理和信息披露制度，未经国务院有关主管部门或者省级人民政府有关主管部门批准，外国投资者不得接触、知悉国家秘密信息。

**第十六条**　申请单位申请不同等级和业务种类的涉密集成资质，应当符合涉密集成资质具体条件的要求。

## 第三章　申请、受理、审查与决定

**第十七条**　申请甲级资质的，应当向国家保密行政管理部门提出申请；申请乙级资质的，应当向注册地的省级保密行政管理部门提出申请。申请单位应当提交以下材料：

（一）《涉密信息系统集成资质申请书》（以下简称申请书）；

（二）企业营业执照或者事业单位法人证书；

（三）在登记机关备案的章程；

（四）法定代表人、主要负责人、实际控制人、董（监）事会人员、高级管理人员以及从事涉密集成业务的其他人员情况；

（五）资本结构和股权情况；

（六）生产经营和办公场所产权证书或者租赁合同；

（七）近三年集成业务合同清单；

（八）涉密集成业务场所和保密设施、设备情况；

（九）基本管理制度、保密制度以及保密体系运行情况。

申请书及相关材料不得涉及国家秘密，申请单位应当对申请材料的真实性和完整性负责。

**第十八条**　保密行政管理部门收到申请材料后，应当在五日内完成审查。申请材料齐全且符合法定形式的，应当受理并发出受理通知书；申请材料不齐全或者不符合法定形式的，应当一次告知申请单位十五日内补正材料；逾期未告知申请单位补正的，自收到申请材料之日起即为受理。申请单位十五日内不予补正的，视为放弃本次行政许可申请。

**第十九条**　资质审查分为书面审查、现场审查。确有需要的,可以组织专家开展评审。

**第二十条**　对作出受理决定的,保密行政管理部门应当对提交的申请材料进行书面审查。

**第二十一条**　对书面审查合格的单位,保密行政管理部门应当指派两名以上工作人员,并可以结合工作实际指派一名以上审查专家,依据涉密集成资质审查细则和评分标准,对保密制度、保密工作机构、保密监督管理、涉密人员管理、保密技术防护以及从事涉密集成业务的专业能力等情况进行现场审查。

涉密集成资质审查细则和评分标准由国家保密行政管理部门另行规定。

**第二十二条**　现场审查应当按照以下程序进行:

(一)提前五日以传真、电子邮件等形式书面通知申请单位现场审查时间;

(二)听取申请单位情况汇报和对有关事项的说明;

(三)审查有关材料;

(四)与主要负责人、保密工作负责人及有关人员谈话了解情况;

(五)组织涉密人员进行保密知识测试;

(六)对涉密场所、涉密设备等进行实地查看;

(七)汇总现场审查情况,形成现场审查报告;

(八)通报审查情况,申请单位法定代表人或者主要负责人在现场审查报告上签字确认。

**第二十三条**　申请单位具有下列情形之一的,保密行政管理部门应当终止审查:

(一)隐瞒有关情况或者提供虚假材料的;

(二)采取贿赂、请托等不正当手段,影响审查工作公平公正进行的;

(三)无正当理由拒绝按通知时间接受现场审查的;

(四)现场审查中发现不符合评分标准基本项的;

(五)其他违反保密法律法规的行为。

**第二十四条**　申请单位书面审查、现场审查合格的,保密行政管理部门应当准予行政许可。

申请单位具有下列情形之一的，保密行政管理部门应当作出不予行政许可的书面决定，说明理由并告知申请单位相关权利：

（一）书面审查不合格的；

（二）现场审查不合格的；

（三）终止审查的；

（四）法律、行政法规规定的不予行政许可的其他情形。

**第二十五条**　保密行政管理部门应当自受理申请之日起二十日内，对申请单位作出准予行政许可或者不予行政许可的决定。二十日内不能作出决定的，经本行政机关负责人批准，可以延长十日，并应当将延长期限的理由告知申请单位。

保密行政管理部门组织开展专家评审、鉴定所需时间不计入行政许可期限。

**第二十六条**　保密行政管理部门作出准予行政许可的决定的，自作出决定之日起十日内向申请单位颁发《涉密信息系统集成资质证书》（以下简称《资质证书》）。

**第二十七条**　《资质证书》有效期为五年，分为正本和副本，正本和副本具有同等法律效力。样式由国家保密行政管理部门统一制作，主要包括以下内容：

（一）单位名称；

（二）法定代表人；

（三）注册地址；

（四）证书编号；

（五）资质等级；

（六）业务种类；

（七）发证机关；

（八）有效期和发证日期。

**第二十八条**　《资质证书》有效期满，需要继续从事涉密集成业务的，应当在有效期届满三个月前向保密行政管理部门提出延续申请，保密行政管理部门应当按照本办法有关规定开展审查，申请单位未按规定期限提出延续申请的，视为重新申请。

有效期届满且未准予延续前，不得签订新的涉密集成业务合同。对于已经签订合同但未完成的涉密业务，在确保安全保密的条件下可以继续完成。

**第二十九条** 省级保密行政管理部门应当将许可的乙级资质单位报国家保密行政管理部门备案。

准予行政许可和注销、吊销、撤销以及暂停资质的决定，由作出决定的保密行政管理部门在一定范围内予以发布。

## 第四章 监督与管理

**第三十条** 省级以上保密行政管理部门应当加强对下一级保密行政管理部门以及协助开展审查工作的专门机构的监督检查，及时纠正资质管理中的违法违规行为。

**第三十一条** 保密行政管理部门应当开展“双随机”抽查、飞行检查等形式的保密检查，对资质单位从事涉密集成业务和保密管理情况进行监督。

**第三十二条** 机关、单位委托资质单位从事涉密集成业务，应当查验其《资质证书》，签订保密协议，提出保密要求，采取保密措施，加强涉密业务实施现场的监督检查。

**第三十三条** 资质单位与其他单位合作开展涉密集成业务的，合作单位应当具有相应的涉密集成资质且取得委托方书面同意。

资质单位不得将涉密集成业务分包或者转包给无相应涉密资质的单位。

**第三十四条** 资质单位承接涉密集成业务的，应当在签订合同后三十日内，向业务所在地省级保密行政管理部门备案，接受保密监督管理。

**第三十五条** 乙级资质单位拟在注册地的省级行政区域外承接涉密集成业务的，应当向业务所在地的省级保密行政管理部门备案，接受保密监督管理。

**第三十六条** 资质单位实行年度自检制度，应当于每年 3 月 31 日前向作出准予行政许可决定的保密行政管理部门报送上一年度自检报告。

**第三十七条** 资质单位下列事项发生变更的，应当在变更前向保密行政管理部门书面报告：

（一）注册资本或者股权结构；

（二）控股股东或者实际控制人；

（三）单位性质或者隶属关系；

（四）用于涉密集成业务的场所。

保密行政管理部门应当对资质单位变更事项进行书面审查。通过审查的，资质单位应当按照审定事项实施变更，并在变更完成后十日内提交情况报告。

拟公开上市的，应当资质剥离后重新申请；对影响或者可能影响国家安全的外商投资，应当按照外商投资安全审查制度进行安全审查。

资质单位发生控股股东或者实际控制人、单位性质或者隶属关系、用于涉密集成业务的场所等事项变更的，保密行政管理部门应当组织现场审查。

**第三十八条**　资质单位下列事项发生变更的，应当在变更后十日内向保密行政管理部门书面报告：

（一）单位名称；

（二）注册地址或者经营地址；

（三）经营范围；

（四）法定代表人、董（监）事会人员或者高级管理人员。

资质单位变更完成需换发《资质证书》的，由保密行政管理部门审核后重新颁发。

**第三十九条**　保密行政管理部门在现场审查、保密检查过程中，发现申请单位或者资质单位存在涉嫌泄露国家秘密的案件线索，应当根据工作需要，按照泄密案件管辖权限，经保密行政管理部门负责人批准，由具备执法资格的人员对有关设施、设备、载体等采取登记保存措施，依法开展调查工作。

保密行政管理部门调查结束后，认定申请单位或者资质单位存在违反保密法律法规事实的，违法行为发生地的保密行政管理部门应当按照本办法作出处理，并将违法事实、处理结果抄告受理申请或者准予行政许可的保密行政管理部门。

**第四十条**　有下列情形之一的，作出准予行政许可决定的保密行政管理部门或者其上级保密行政管理部门，依据职权可以撤销行政许可：

（一）保密行政管理部门滥用职权、玩忽职守作出准予行政许可决定的；

（二）超越法定职权作出准予行政许可决定的；

（三）违反法定程序作出准予行政许可决定的；

（四）对不具备申请资格或者不符合法定条件的申请单位准予行政许可的；

（五）依法可以撤销行政许可的其他情形。

资质单位采取欺骗、贿赂等不正当手段取得资质的，保密行政管理部门应当撤销其资质，停止其涉密业务。自撤销之日起，三年内不得再次申请。

**第四十一条**　资质单位具有下列情形之一的，作出准予行政许可决定的保密行政管理部门应当注销其资质：

（一）《资质证书》有效期届满未延续的；

（二）法人资格依法终止的；

（三）主动申请注销资质的；

（四）行政许可依法被撤销、撤回，或者行政许可证件依法被吊销的；

（五）因不可抗力导致行政许可事项无法实施的；

（六）法律、行政法规规定的应当注销资质的其他情形。

**第四十二条**　申请单位或者资质单位对保密行政管理部门作出的决定不服的，可以依法申请行政复议或者提起行政诉讼。

## 第五章　法律责任

**第四十三条**　资质单位违反本办法的，依照本办法有关规定处理；构成犯罪的，依法追究刑事责任。

**第四十四条**　资质单位具有下列情形之一的，保密行政管理部门应当责令其在二十日内完成整改，逾期不改或者整改后仍不符合要求的，应当给予六个月以上十二个月以下暂停资质的处罚：

（一）未经委托方书面同意，擅自与其他涉密集成资质单位合作开展涉密集成业务的；

（二）超出行政许可的业务种类范围承接涉密集成业务的；

（三）发生需要报告的事项，未及时报告的；

（四）承接涉密集成业务，未按规定备案的；

（五）未按本办法提交年度自检报告的；

（六）不符合其他保密管理规定，存在泄密隐患的。

**第四十五条**　资质单位不再符合申请条件，或者具有下列情形之一的，保密行政管理部门应当吊销其资质，停止其涉密业务：

（一）涂改、出卖、出租、出借《资质证书》，或者以其他方式伪造、非法转让《资质证书》的；

（二）将涉密集成业务分包或者转包给无相应涉密资质单位的；

（三）发现国家秘密已经泄露或者可能泄露，未按法定时限报告的；

（四）拒绝接受保密检查的；

（五）资质暂停期间，承接新的涉密集成业务的；

（六）资质暂停期满，仍不符合保密管理规定的；

（七）发生泄密案件的；

（八）其他违反保密法律法规的行为。

**第四十六条**　申请单位隐瞒有关情况或者提供虚假材料的，保密行政管理部门应当作出不予受理或者不予行政许可的决定。自不予受理或者不予行政许可之日起，一年内不得再次申请。

**第四十七条**　未经保密行政管理部门许可的单位从事涉密集成业务的，由保密行政管理部门责令停止违法行为，非法获取、持有的国家秘密载体，应当予以收缴；有违法所得的，由市场监督管理部门没收违法所得；构成犯罪的，依法追究刑事责任。

**第四十八条**　机关、单位委托未经保密行政管理部门许可的单位从事涉密集成业务的，应当由有关机关、单位对直接负责的主管人员和其他直接责任人员依法给予处分；构成犯罪的，依法追究刑事责任。

**第四十九条**　保密行政管理部门及其工作人员未依法履行职责，或者滥用职权、玩忽职守、徇私舞弊的，对直接负责的主管人员和其他直接责任人员依法给予政务处分；构成犯罪的，依法追究刑事责任。

## 第六章　附　　则

**第五十条**　机关、单位自行开展涉密信息系统集成业务，可以由本机关、单位内部信息化工作机构承担，接受同级保密行政管理部门监督指导。

**第五十一条**　申请单位资本结构包含香港特别行政区、澳门特别行政区、台湾地区投资者以及定居在国外中国公民投资者的，参照本办法管理。国家另有规定的，从其规定。

**第五十二条**　本办法规定的实施行政许可的期限以工作日计算，不含法定节假日。

**第五十三条**　本办法由国家保密局负责解释。

**第五十四条**　本办法自2021年3月1日起施行。国家保密局发布的《涉密信息系统集成资质管理办法》（国保发〔2013〕7号，国保发〔2019〕13号修订）同时废止。

附件：涉密信息系统集成资质具体条件

**附件**

## 涉密信息系统集成资质具体条件

**一、总体集成**

（一）甲级资质

1. 注册资本以货币资金实缴额不少于3000万元人民币。

2. 近3年的信息系统集成收入总金额不少于4亿元人民币，其中至少含有3个不少于1000万元人民币的信息系统集成项目。

3. 从事信息系统集成业务的相关人员不少于200名，且在本单位依法缴纳社保一年以上的人员不少于160名。

4. 省级以上人力资源和社会保障部门或者其授权机构认可的计算机技术与软件（含信息安全）专业相关高级职称或者执业资格的人员不少于6名，其中在本单位依法缴纳社保一年以上的不少于4名。

5. 具有自有产权或者租赁期3年（含）以上的涉密业务场所，使用面积不少于100平方米，实行封闭式管理，周边环境安全可控，且按照国家保密规定和标准配备、使用必要的技术防护设施、设备。

（二）乙级资质

1. 注册资本以货币资金实缴额不少于 1000 万元人民币。

2. 近 3 年的信息系统集成收入总金额不少于 5000 万元人民币，其中至少含有 1 个不少于 500 万元人民币的信息系统集成项目。

3. 从事信息系统集成业务的相关人员不少于 80 名，且在本单位依法缴纳社保一年以上的人员不少于 64 名。

4. 省级以上人力资源和社会保障部门或者其授权机构认可的计算机技术与软件（含信息安全）专业相关高级职称或者执业资格的人员不少于 2 名，其中在本单位依法缴纳社保一年以上的不少于 1 名。

5. 具有自有产权或者租赁期 3 年（含）以上的涉密业务场所，使用面积不少于 50 平方米，实行封闭式管理，周边环境安全可控，且按照国家保密规定和标准配备、使用必要的技术防护设施、设备。

**二、系统咨询**

（一）甲级资质

1. 注册资本以货币资金实缴额不少于 1000 万元人民币。

2. 近 3 年的信息系统咨询收入总金额不少于 3000 万元人民币，其中至少含有 3 个投资总值不少于 1000 万元人民币的系统咨询项目。

3. 从事信息系统咨询业务的相关人员不少于 100 名，且在本单位依法缴纳社保一年以上的人员不少于 80 名。

4. 省级以上人力资源和社会保障部门或者其授权机构认可的计算机技术与软件（含信息安全）专业相关高级职称或者执业资格的人员不少于 4 名，其中在本单位依法缴纳社保一年以上的不少于 3 名。

5. 具有自有产权或者租赁期 3 年（含）以上的涉密业务场所，使用面积不少于 100 平方米，实行封闭式管理，周边环境安全可控，且按照国家保密规定和标准配备、使用必要的技术防护设施、设备。

（二）乙级资质

1. 注册资本以货币资金实缴额不少于 300 万元人民币。

2. 近 3 年的信息系统咨询收入总金额不少于 400 万元人民币，其中至少含有 1 个投资总值不少于 500 万元人民币的系统咨询项目。

3. 从事信息系统咨询业务的相关人员不少于 20 名，且在本单位依法缴纳社保一年以上的人员不少于 16 名。

4. 省级以上人力资源和社会保障部门或者其授权机构认可的计算机技术与软件(含信息安全)专业相关高级职称或者执业资格的人员不少于 2 名,其中在本单位依法缴纳社保一年以上的不少于 1 名。

5. 具有自有产权或者租赁期 3 年(含)以上的涉密业务场所,使用面积不少于 50 平方米,实行封闭式管理,周边环境安全可控,且按照国家保密规定和标准配备、使用必要的技术防护设施、设备。

**三、软件开发**

(一)甲级资质

1. 注册资本以货币资金实缴额不少于 3000 万元人民币。

2. 近 3 年的软件开发收入总金额不少于 8000 万元人民币,其中至少含有 1 个不少于 500 万元人民币的软件开发项目。

3. 从事软件开发业务的相关人员不少于 200 名,且在本单位依法缴纳社保一年以上的人员不少于 160 名。

4. 省级以上人力资源和社会保障部门或者其授权机构认可的计算机技术与软件(含信息安全)专业相关高级职称或者执业资格的人员不少于 6 名,其中在本单位依法缴纳社保一年以上的不少于 4 名。

5. 具有自有产权或者租赁期 3 年(含)以上的涉密业务场所,使用面积不少于 100 平方米,实行封闭式管理,周边环境安全可控,且按照国家保密规定和标准配备、使用必要的技术防护设施、设备。

(二)乙级资质

1. 注册资本以货币资金实缴额不少于 1000 万元人民币。

2. 近 3 年的软件开发收入总金额不少于 1200 万元人民币,其中至少含有 1 个不少于 100 万元人民币的软件开发项目。

3. 从事软件开发业务的相关人员不少于 20 名,且在本单位依法缴纳社保一年以上的人员不少于 16 名。

4. 省级以上人力资源和社会保障部门或者其授权机构认可的计算机技术与软件(含信息安全)专业相关高级职称或者执业资格的人员不少于 2 名,其中在本单位依法缴纳社保一年以上的不少于 1 名。

5. 具有自有产权或者租赁期 3 年(含)以上的涉密业务场所,使用面积不少于 50 平方米,实行封闭式管理,周边环境安全可控,且按照国家保密规定和标准配备、使用必要的技术防护设施、设备。

**四、安防监控**

（一）甲级资质

1. 注册资本以货币资金实缴额不少于1000万元人民币。

2. 近3年的安防监控收入总金额不少于3000万元人民币，其中至少含有1个不少于500万元人民币的安防监控项目。

3. 从事安防监控业务的相关人员不少于100名，且在本单位依法缴纳社保一年以上的人员不少于80名。

4. 省级以上人力资源和社会保障部门或者其授权机构认可的计算机技术与软件（含信息安全）专业相关高级职称或者执业资格的人员不少于3名，其中在本单位依法缴纳社保一年以上的不少于2名。

5. 具有自有产权或者租赁期3年（含）以上的涉密业务场所，使用面积不少于100平方米，实行封闭式管理，周边环境安全可控，且按照国家保密规定和标准配备、使用必要的技术防护设施、设备。

（二）乙级资质

1. 注册资本以货币资金实缴额不少于300万元人民币。

2. 近3年的安防监控收入总金额不少于500万元人民币，其中至少含有1个不少于100万元人民币的安防监控项目。

3. 从事安防监控业务的相关人员不少于20名，且在本单位依法缴纳社保一年以上的人员不少于16名。

4. 省级以上人力资源和社会保障部门或者其授权机构认可的计算机技术与软件（含信息安全）专业相关高级职称或者执业资格的人员不少于2名，其中在本单位依法缴纳社保一年以上的不少于1名。

5. 具有自有产权或者租赁期3年（含）以上的涉密业务场所，使用面积不少于50平方米，实行封闭式管理，周边环境安全可控，且按照国家保密规定和标准配备、使用必要的技术防护设施、设备。

**五、屏蔽室建设**

（一）甲级资质

1. 注册资本以货币资金实缴额不少于1000万元人民币。

2. 近3年的屏蔽室建设和屏蔽产品销售收入总金额不少于3000万元人民币。

3. 从事屏蔽室建设业务的相关人员不少于50名，且在本单位依法缴纳社保一年以上的人员不少于40名。

4. 省级以上人力资源和社会保障部门或者其授权机构认可的电磁场与微波专业相关高级职称或者执业资格的人员不少于2名，其中在本单位依法缴纳社保一年以上的不少于1名。

5. 具有自有产权或者租赁期3年（含）以上的涉密业务场所，使用面积不少于100平方米，实行封闭式管理，周边环境安全可控，且按照国家保密规定和标准配备、使用必要的技术防护设施、设备。

6. 具有固定加工生产场地和专用设备，具备屏蔽室设计、制造、安装、检测等条件和能力，有自主研发的屏蔽产品。

（二）乙级资质

1. 注册资本以货币资金实缴额不少于300万元人民币。

2. 近3年的屏蔽室建设和屏蔽产品销售收入总金额不少于500万元人民币。

3. 从事屏蔽室建设业务的相关人员不少于20名，且在本单位依法缴纳社保一年以上的人员不少于16名。

4. 省级以上人力资源和社会保障部门或者其授权机构认可的电磁场与微波专业相关高级职称或者执业资格的人员不少于1名，其中在本单位依法缴纳社保一年以上的不少于1名。

5. 具有自有产权或者租赁期3年（含）以上的涉密业务场所，使用面积不少于50平方米，实行封闭式管理，周边环境安全可控，且按照国家保密规定和标准配备、使用必要的技术防护设施、设备。

6. 具备屏蔽室设计、制造、安装、检测等条件和能力。

**六、运行维护**

（一）甲级资质

1. 注册资本以货币资金实缴额不少于1000万元人民币。

2. 近3年的运行维护收入总金额不少于3000万元人民币，其中至少含有1个不少于100万元人民币的运行维护项目。

3. 从事运行维护业务的相关人员不少于100名，且在本单位依法缴纳社保一年以上的人员不少于80名。

4. 省级以上人力资源和社会保障部门或者其授权机构认可的计算

机技术与软件(含信息安全)专业相关高级职称或者执业资格的人员不少于3名,其中在本单位依法缴纳社保一年以上的不少于2名。

5. 具有自有产权或者租赁期3年(含)以上的涉密业务场所,使用面积不少于100平方米,实行封闭式管理,周边环境安全可控,且按照国家保密规定和标准配备、使用必要的技术防护设施、设备。

6. 涉密项目不少于2个且项目收入累计不少于100万元,其中应含有收入不少于50万元的项目1个。

7. 初次申请的,获得涉密信息系统集成资质(总体集成或者软件开发)三年以上,或者获得运行维护乙级资质三年以上。

(二)乙级资质

1. 注册资本以货币资金实缴额不少于300万元人民币。

2. 近3年的运行维护收入总金额不少于500万元人民币,其中至少含有1个不少于50万元人民币的运行维护项目。

3. 从事运行维护业务的相关人员不少于20名,且在本单位依法缴纳社保一年以上的人员不少于16名。

4. 省级以上人力资源和社会保障部门或者其授权机构认可的计算机技术与软件(含信息安全)专业相关高级职称或者执业资格的人员不少于2名,其中在本单位依法缴纳社保一年以上的不少于1名。

5. 具有自有产权或者租赁期3年(含)以上的涉密业务场所,使用面积不少于50平方米,实行封闭式管理,周边环境安全可控,且按照国家保密规定和标准配备、使用必要的技术防护设施、设备。

6. 完成涉密项目不少于1个且收入累计不少于30万元人民币。

7. 初次申请的,获得涉密信息系统集成资质(总体集成或者软件开发)三年以上。

**七、数据恢复**

(一)甲级资质

1. 注册资本以货币资金实缴额不少于500万元人民币。

2. 近3年的数据恢复相关收入总金额不少于1000万元人民币。

3. 从事数据恢复业务的相关人员不少于30名,且在本单位依法缴纳社保一年以上的人员不少于24名。

4. 省级以上人力资源和社会保障部门或者其授权机构认可的计算

机技术与软件（含信息安全）专业相关高级职称或者执业资格的人员不少于3名，其中在本单位依法缴纳社保一年以上的不少于2名。

5. 具有自有产权或者租赁期3年（含）以上的涉密业务场所，使用面积不少于100平方米，实行封闭式管理，周边环境安全可控，且按照国家保密规定和标准配备、使用必要的技术防护设施、设备。

6. 建有洁净室或者百万级洁净间3间（含）以上，建立完备的常见品牌和类型存储设备备件库。

（二）乙级资质

1. 注册资本以货币资金实缴额不少于300万元人民币。

2. 近3年的数据恢复相关收入总金额不少于300万元人民币。

3. 从事数据恢复业务的相关人员不少于20名，且在本单位依法缴纳社保一年以上的人员不少于16名。

4. 省级以上人力资源和社会保障部门或者其授权机构认可的计算机技术与软件（含信息安全）专业相关高级职称或者执业资格的人员不少于1名，其中在本单位依法缴纳社保一年以上的不少于1名。

5. 具有自有产权或者租赁期3年（含）以上的涉密业务场所，使用面积不少于50平方米，实行封闭式管理，周边环境安全可控，且按照国家保密规定和标准配备、使用必要的技术防护设施、设备。

6. 建有百万级洁净间1间（含）以上，建立常见品牌和类型存储设备备件库。

**八、工程监理**

（一）甲级资质

1. 注册资本以货币资金实缴额不少于1000万元人民币。

2. 近3年的信息系统工程监理及相关信息技术服务收入总金额不少于3000万元人民币，其中至少含有3个投资总值不少于1000万元的信息系统工程监理项目。

3. 从事信息系统工程监理业务的相关人员不少于100名，且在本单位依法缴纳社保一年以上的人员不少于80名。

4. 省级以上人力资源和社会保障部门或者其授权机构认可的计算机技术与软件（含信息安全）专业相关高级职称或者执业资格的人员不少于4名，其中在本单位依法缴纳社保一年以上的不少于3名。

5. 具有自有产权或者租赁期 3 年(含)以上的涉密业务场所,使用面积不少于 100 平方米,实行封闭式管理,周边环境安全可控,且按照国家保密规定和标准配备、使用必要的技术防护设施、设备。

(二)乙级资质

1. 注册资本以货币资金实缴额不少于 300 万元人民币。

2. 近 3 年的信息系统工程监理及相关信息技术服务收入总金额不少于 500 万元人民币,其中至少含有 1 个投资总值不少于 500 万元人民币的信息系统工程监理项目。

3. 从事信息系统工程监理业务的相关人员不少于 20 名,且在本单位依法缴纳社保一年以上的人员不少于 16 名。

4. 省级以上人力资源和社会保障部门或者其授权机构认可的计算机技术与软件(含信息安全)专业相关高级职称或者执业资格的人员不少于 2 名,其中在本单位依法缴纳社保一年以上的不少于 1 名。

5. 具有自有产权或者租赁期 3 年(含)以上的涉密业务场所,使用面积不少于 50 平方米,实行封闭式管理,周边环境安全可控,且按照国家保密规定和标准配备、使用必要的技术防护设施、设备。

## 中共中央保密委员会办公室、国家保密局关于国家秘密载体保密管理的规定

*1. 2000 年 12 月 7 日中共中央办公厅、国务院办公厅转发*
*2. 自 2001 年 1 月 1 日起施行*

### 第一章　总　　则

**第一条**　为加强国家秘密载体的保密管理,确保国家秘密的安全,根据《中华人民共和国保守国家秘密法》及其实施办法,制定本规定。

**第二条**　本规定所称国家秘密载体(以下简称秘密载体),是指以文字、数据、符号、图形、图像、声音等方式记载国家秘密信息的纸介质、磁介质、光盘等各类物品。磁介质载体包括计算机硬盘、软盘和录音带、录像带等。

**第三条** 本规定适用于负责制作、收发、传递、使用、保存和销毁秘密载体的所有机关、单位(以下统称涉密机关、单位)。

**第四条** 秘密载体的保密管理,遵循严格管理、严密防范、确保安全、方便工作的原则。

**第五条** 涉密机关、单位应当指定专门机构或人员负责本机关、单位秘密载体的日常管理工作。

**第六条** 各级保密工作部门对所辖行政区域内涉密机关、单位执行本规定负有指导、监督、检查的职责。

上级机关对下级机关、单位执行本规定负有指导、监督、检查的职责。

涉密机关、单位的保密工作机构对本机关、单位执行本规定负有指导、监督、检查的职责。

## 第二章 秘密载体的制作

**第七条** 制作秘密载体,应当依照有关规定标明密级和保密期限,注明发放范围及制作数量,绝密级、机密级的应当编排顺序号。

**第八条** 纸介质秘密载体应当在本机关、单位内部文印室或保密工作部门审查批准的定点单位印制。

磁介质、光盘等秘密载体应当在本机关、单位内或保密工作部门审查批准的单位制作。

**第九条** 制作秘密载体过程中形成的不需归档的材料,应当及时销毁。

**第十条** 制作秘密载体的场所应当符合保密要求。使用电子设备的应当采取防电磁泄漏的保密措施。

## 第三章 秘密载体的收发与传递

**第十一条** 收发秘密载体,应当履行清点、登记、编号、签收等手续。

**第十二条** 传递秘密载体,应当选择安全的交通工具和交通路线,并采取相应的安全保密措施。

**第十三条** 传递秘密载体,应当包装密封;秘密载体的信封或者袋牌上应当标明密级、编号和收发件单位名称。

使用信封封装绝密级秘密载体时,应当使用由防透视材料制作的、周边缝有韧线的信封,信封的封口及中缝处应当加盖密封章或加贴密封条；使用袋子封装时，袋子的接缝处应当使用双线缝纫，袋口应当用铅志进行双道密封。

**第十四条**　传递秘密载体，应当通过机要交通、机要通信或者指派专人进行，不得通过普通邮政或非邮政渠道传递；设有机要文件交换站的城市，在市内传递机密级、秘密级秘密载体，可以通过机要文件交换站进行。

**第十五条**　传递绝密级秘密载体，必须按下列规定办理：

（一）送往外地的绝密级秘密载体，通过机要交通、机要通信递送。

中央部级以上，省（自治区、直辖市）、计划单列市厅级以上和解放军驻直辖市、省会（首府）、计划单列市的军级以上单位及经批准地区的要害部门相互来往的绝密级秘密载体，由机要交通传递。

不属于以上范围的绝密级秘密载体由机要通信传递。

（二）在本地传递绝密级秘密载体，由发件或收件单位派专人直接传递。

（三）传递绝密级秘密载体，实行二人护送制。

**第十六条**　向我驻外机构传递秘密载体，应当按照有关规定履行审批手续，通过外交信使传递。

**第十七条**　采用现代通信及计算机网络等手段传输国家秘密信息，应当遵守有关保密规定。

## 第四章　秘密载体的使用

**第十八条**　涉密机关、单位收到秘密载体后，由主管领导根据秘密载体的密级和制发机关、单位的要求及工作的实际需要，确定本机关、单位知悉该国家秘密人员的范围。任何机关、单位和个人不得擅自扩大国家秘密的知悉范围。

涉密机关、单位收到绝密级秘密载体后，必须按照规定的范围组织阅读和使用，并对接触和知悉绝密级秘密载体内容的人员做出文字记载。

**第十九条**　阅读和使用秘密载体应当在符合保密要求的办公场所进行；确需在办公场所以外阅读和使用秘密载体的，应当遵守有关保密规定。

阅读和使用绝密级秘密载体必须在指定的符合保密要求的办公场所进行。

**第二十条** 阅读和使用秘密载体,应当办理登记、签收手续,管理人员要随时掌握秘密载体的去向。

**第二十一条** 传达国家秘密时,凡不准记录、录音、录像的,传达者应当事先申明。

**第二十二条** 复制秘密载体,应当按照下列规定办理:

(一)复制绝密级秘密载体,应当经密级确定机关、单位或其上级机关批准;

(二)复制制发机关、单位允许复制的机密、秘密级秘密载体,应当经本机关、单位的主管领导批准;

(三)复制秘密载体,不得改变其密级、保密期限和知悉范围;

(四)复制秘密载体,应当履行登记手续;复制件应当加盖复制机关、单位的戳记,并视同原件管理;

(五)涉密机关、单位不具备复制条件的,应当到保密工作部门审查批准的定点单位复制秘密载体。

**第二十三条** 汇编秘密文件、资料,应当经原制发机关、单位批准,未经批准不得汇编。

经批准汇编秘密文件、资料时,不得改变原件的密级、保密期限和知悉范围;确需改变的,应当经原制发机关、单位同意。

汇编秘密文件、资料形成的秘密载体,应当按其中的最高密级和最长保密期限标志和管理。

**第二十四条** 摘录、引用国家秘密内容形成的秘密载体,应当按原件的密级、保密期限和知悉范围管理。

**第二十五条** 因工作确需携带秘密载体外出,应当符合下列要求:

(一)采取保护措施,使秘密载体始终处于携带人的有效控制之下;

(二)携带绝密级秘密载体应当经本机关、单位主管领导批准,并有二人以上同行;

(三)参加涉外活动不得携带秘密载体;因工作确需携带的,应当经本机关、单位主管领导批准,并采取严格的安全保密措施;禁止携带绝密级秘密载体参加涉外活动。

**第二十六条**　禁止将绝密级秘密载体携带出境；因工作需要携带机密级、秘密级秘密载体出境的，应当按照有关保密规定办理批准和携带手续。

携带涉密便携式计算机出境，按前款规定办理。

## 第五章　秘密载体的保存

**第二十七条**　保存秘密载体，应当选择安全保密的场所和部位，并配备必要的保密设备。

绝密级秘密载体应当在安全可靠的保密设备中保存，并由专人管理。

**第二十八条**　工作人员离开办公场所，应当将秘密载体存放在保密设备里。

**第二十九条**　涉密机关、单位每年应定期对当年所存秘密载体进行清查、核对，发现问题及时向保密工作部门报告。

按照规定应当清退的秘密载体，应及时如数清退，不得自行销毁。

**第三十条**　涉密人员、秘密载体管理人员离岗、离职前，应当将所保管的秘密载体全部清退，并办理移交手续。

**第三十一条**　需要归档的秘密载体，应当按照国家有关档案法律规定归档。

**第三十二条**　被撤销或合并的涉密机关、单位，应当将秘密载体移交给承担其原职能的机关、单位或上级机关，并履行登记、签收手续。

## 第六章　秘密载体的销毁

**第三十三条**　销毁秘密载体，应当经本机关、单位主管领导审核批准，并履行清点、登记手续。

**第三十四条**　销毁秘密载体，应当确保秘密信息无法还原。

销毁纸介质秘密载体，应当采用焚毁、化浆等方法处理；使用碎纸机销毁的，应当使用符合保密要求的碎纸机；送造纸厂销毁的，应当送保密工作部门指定的厂家销毁，并由送件单位二人以上押运和监销。

销毁磁介质、光盘等秘密载体，应当采用物理或化学的方法彻底销毁。

**第三十五条**　禁止将秘密载体作为废品出售。

## 第七章　罚　　则

**第三十六条**　涉密人员或秘密载体的管理人员违反本规定，情节轻微的，由本机关、单位的保密工作机构给予批评教育；情节严重、造成重大泄密隐患的，保密工作部门应当给予通报批评，所在单位应当将其调离涉密岗位。

涉密机关、单位违反本规定造成泄密隐患的，由其所在行政区域的保密工作部门或所在系统的上级保密工作机构发出限期整改通知书；该机关、单位应当在接到通知书后30日内提出整改方案和措施，消除泄密隐患，并向保密工作部门或保密工作机构写出书面报告。

**第三十七条**　违反本规定泄露国家秘密的，按照有关规定给予责任人行政或党纪处分；情节严重构成犯罪的，依法追究刑事责任。

## 第八章　附　　则

**第三十八条**　用于记录秘密载体收发、使用、清退、销毁的登记簿，应当由有关部门指定专人妥善保管。

**第三十九条**　国家秘密设备和产品按照《国家秘密设备、产品的保密规定》管理。

**第四十条**　本规定由国家保密局负责解释。

**第四十一条**　本规定自2001年1月1日起施行。已有的秘密载体保密管理规定，凡与本规定不一致的，以本规定为准。

# 二、定密与解密

## 国家秘密定密管理暂行规定

*1. 2014年3月9日国家保密局令2014年第1号公布*
*2. 自公布之日起施行*

### 第一章 总 则

**第一条** 为加强国家秘密定密管理,规范定密行为,根据《中华人民共和国保守国家秘密法》(以下简称保密法)及其实施条例,制定本规定。

**第二条** 本规定所称定密,是指国家机关和涉及国家秘密的单位(以下简称机关、单位)依法确定、变更和解除国家秘密的活动。

**第三条** 机关、单位定密以及定密责任人的确定、定密授权和定密监督等工作,适用本规定。

**第四条** 机关、单位定密应当坚持最小化、精准化原则,做到权责明确、依据充分、程序规范、及时准确,既确保国家秘密安全,又便利信息资源合理利用。

**第五条** 机关、单位应当依法开展定密工作,建立健全相关管理制度,定期组织培训和检查,接受保密行政管理部门和上级机关、单位或者业务主管部门的指导和监督。

### 第二章 定密授权

**第六条** 中央国家机关、省级机关以及设区的市、自治州一级的机关(以下简称授权机关)可以根据工作需要或者机关、单位申请作出定密授权。

保密行政管理部门应当将授权机关名单在有关范围内公布。

**第七条** 中央国家机关可以在主管业务工作范围内作出授予绝密级、机密级和秘密级国家秘密定密权的决定。省级机关可以在主管业务工作范围内或者本行政区域内作出授予绝密级、机密级和秘密级国家秘密定密权的决定。设区的市、自治州一级的机关可以在主管业务工作范围内或者本行政区域内作出授予机密级和秘密级国家秘密定密权的决定。

定密授权不得超出授权机关的定密权限。被授权机关、单位不得再行授权。

**第八条** 授权机关根据工作需要,可以对承担本机关定密权限内的涉密科研、生产或者其他涉密任务的机关、单位,就具体事项作出定密授权。

**第九条** 没有定密权但经常产生国家秘密事项的机关、单位,或者虽有定密权但经常产生超出其定密权限的国家秘密事项的机关、单位,可以向授权机关申请定密授权。

机关、单位申请定密授权,应当向其上级业务主管部门提出;没有上级业务主管部门的,应当向其上级机关提出。

机关、单位申请定密授权,应当书面说明拟申请的定密权限、事项范围、授权期限以及申请依据和理由。

**第十条** 授权机关收到定密授权申请后,应当依照保密法律法规和国家秘密及其密级的具体范围(以下简称保密事项范围)进行审查。对符合授权条件的,应当作出定密授权决定;对不符合授权条件的,应当作出不予授权的决定。

定密授权决定应当以书面形式作出,明确被授权机关、单位的名称和具体定密权限、事项范围、授权期限。

**第十一条** 授权机关应当对被授权机关、单位行使所授定密权情况进行监督,对发现的问题及时纠正。

保密行政管理部门发现定密授权不当或者被授权机关、单位对所授定密权行使不当的,应当通知有关机关、单位纠正。

**第十二条** 被授权机关、单位不再经常产生授权范围内的国家秘密事项,或者因保密事项范围调整授权事项不再作为国家秘密的,授权机关应当及时撤销定密授权。

因保密事项范围调整授权事项密级发生变化的,授权机关应当重新作出定密授权。

**第十三条**　中央国家机关、省级机关作出的授权决定和撤销授权决定，报国家保密行政管理部门备案。设区的市、自治州一级的机关作出的授权决定和撤销授权决定，报省、自治区、直辖市保密行政管理部门备案。

机关、单位收到定密授权决定或者撤销定密授权决定后，应当报同级保密行政管理部门备案。

## 第三章　定密责任人

**第十四条**　机关、单位负责人为本机关、本单位的定密责任人，对定密工作负总责。

根据工作需要，机关、单位负责人可以指定本机关、本单位其他负责人、内设机构负责人或者其他工作人员为定密责任人，并明确相应的定密权限。

机关、单位指定的定密责任人应当熟悉涉密业务工作，符合在涉密岗位工作的基本条件。

**第十五条**　机关、单位应当在本机关、本单位内部公布定密责任人名单及其定密权限，并报同级保密行政管理部门备案。

**第十六条**　机关、单位定密责任人和承办人应当接受定密培训，熟悉定密职责和保密事项范围，掌握定密程序和方法。

**第十七条**　机关、单位负责人发现其指定的定密责任人未依法履行定密职责的，应当及时纠正；有下列情形之一的，应当作出调整：

（一）定密不当，情节严重的；

（二）因离岗离职无法继续履行定密职责的；

（三）保密行政管理部门建议调整的；

（四）因其他原因不宜从事定密工作的。

## 第四章　国家秘密确定

**第十八条**　机关、单位确定国家秘密应当依据保密事项范围进行。保密事项范围没有明确规定但属于保密法第九条、第十条规定情形的，应当确定为国家秘密。

**第十九条**　下列事项不得确定为国家秘密：

（一）需要社会公众广泛知晓或者参与的；

（二）属于工作秘密、商业秘密、个人隐私的；

（三）已经依法公开或者无法控制知悉范围的；

（四）法律、法规或者国家有关规定要求公开的。

**第二十条** 机关、单位对所产生的国家秘密事项有定密权的，应当依法确定密级、保密期限和知悉范围。没有定密权的，应当先行采取保密措施，并立即报请有定密权的上级机关、单位确定；没有上级机关、单位的，应当立即提请有相应定密权限的业务主管部门或者保密行政管理部门确定。

机关、单位执行上级机关、单位或者办理其他机关、单位已定密事项所产生的国家秘密事项，根据所执行或者办理的国家秘密事项确定密级、保密期限和知悉范围。

**第二十一条** 机关、单位确定国家秘密，应当依照法定程序进行并作出书面记录，注明承办人、定密责任人和定密依据。

**第二十二条** 国家秘密具体的保密期限一般应当以日、月或者年计；不能确定具体的保密期限的，应当确定解密时间或者解密条件。国家秘密的解密条件应当明确、具体、合法。

除保密事项范围有明确规定外，国家秘密的保密期限不得确定为长期。

**第二十三条** 国家秘密的知悉范围应当在国家秘密载体上标明。不能标明的，应当书面通知知悉范围内的机关、单位或者人员。

**第二十四条** 国家秘密一经确定，应当同时在国家秘密载体上作出国家秘密标志。国家秘密标志形式为“密级★保密期限”、“密级★解密时间”或者“密级★解密条件”。

在纸介质和电子文件国家秘密载体上作出国家秘密标志的，应当符合有关国家标准。没有国家标准的，应当标注在封面左上角或者标题下方的显著位置。光介质、电磁介质等国家秘密载体和属于国家秘密的设备、产品的国家秘密标志，应当标注在壳体及封面、外包装的显著位置。

国家秘密标志应当与载体不可分离，明显并易于识别。

无法作出或者不宜作出国家秘密标志的，确定该国家秘密的机关、单位应当书面通知知悉范围内的机关、单位或者人员。凡未标明保密期限或者解密条件,且未作书面通知的国家秘密事项,其保密期限按照绝密级事项三十年、机密级事项二十年、秘密级事项十年执行。

**第二十五条** 两个以上机关、单位共同产生的国家秘密事项,由主办该事项的机关、单位征求协办机关、单位意见后确定。

临时性工作机构的定密工作,由承担该机构日常工作的机关、单位负责。

## 第五章 国家秘密变更

**第二十六条** 有下列情形之一的,机关、单位应当对所确定国家秘密事项的密级、保密期限或者知悉范围及时作出变更:

(一)定密时所依据的法律法规或者保密事项范围发生变化的;

(二)泄露后对国家安全和利益的损害程度发生明显变化的。

必要时,上级机关、单位或者业务主管部门可以直接变更下级机关、单位确定的国家秘密事项的密级、保密期限或者知悉范围。

**第二十七条** 机关、单位认为需要延长所确定国家秘密事项保密期限的,应当在保密期限届满前作出决定;延长保密期限使累计保密期限超过保密事项范围规定的,应当报规定该保密事项范围的中央有关机关批准,中央有关机关应当在接到报告后三十日内作出决定。

**第二十八条** 国家秘密知悉范围内的机关、单位,其有关工作人员不在知悉范围内,但因工作需要知悉国家秘密的,应当经机关、单位负责人批准。

国家秘密知悉范围以外的机关、单位及其人员,因工作需要知悉国家秘密的,应当经原定密机关、单位同意。

原定密机关、单位对扩大知悉范围有明确规定的,应当遵守其规定。

扩大国家秘密知悉范围应当作出详细记录。

**第二十九条** 国家秘密变更按照国家秘密确定程序进行并作出书面记录。

国家秘密变更后,原定密机关、单位应当及时在原国家秘密标志附近重新作出国家秘密标志。

**第三十条** 机关、单位变更国家秘密的密级、保密期限或者知悉范围的,应当书面通知知悉范围内的机关、单位或者人员。有关机关、单位或者人员接到通知后，应当在国家秘密标志附近标明变更后的密级、保密期限和知悉范围。

延长保密期限的书面通知，应当于原定保密期限届满前送达知悉范围内的机关、单位或者人员。

## 第六章 国家秘密解除

**第三十一条** 机关、单位应当每年对所确定的国家秘密进行审核，有下列情形之一的，及时解密：

（一）保密法律法规或者保密事项范围调整后，不再属于国家秘密的；

（二）公开后不会损害国家安全和利益，不需要继续保密的。

机关、单位经解密审核，对本机关、本单位或者下级机关、单位尚在保密期限内的国家秘密事项决定公开的，正式公布即视为解密。

**第三十二条** 国家秘密的具体保密期限已满、解密时间已到或者符合解密条件的，自行解密。

**第三十三条** 保密事项范围明确规定保密期限为长期的国家秘密事项，机关、单位不得擅自解密；确需解密的，应当报规定该保密事项范围的中央有关机关批准，中央有关机关应当在接到报告后三十日内作出决定。

**第三十四条** 除自行解密的外，国家秘密解除应当按照国家秘密确定程序进行并作出书面记录。

国家秘密解除后，有关机关、单位或者人员应当及时在原国家秘密标志附近作出解密标志。

**第三十五条** 除自行解密和正式公布的外，机关、单位解除国家秘密，应当书面通知知悉范围内的机关、单位或者人员。

**第三十六条** 机关、单位对所产生的国家秘密事项，解密之后需要公开的，应当依照信息公开程序进行保密审查。

机关、单位对已解密的不属于本机关、本单位产生的国家秘密事项，需要公开的，应当经原定密机关、单位同意。

机关、单位公开已解密的文件资料，不得保留国家秘密标志。对国家秘密标志以及属于敏感信息的内容,应当作删除、遮盖等处理。

**第三十七条** 机关、单位对拟移交各级国家档案馆的尚在保密期限内的国家秘密档案,应当进行解密审核,对本机关、本单位产生的符合解密条件的档案,应当予以解密。

已依法移交各级国家档案馆的属于国家秘密的档案,其解密办法由国家保密行政管理部门会同国家档案行政管理部门另行制定。

## 第七章 定密监督

**第三十八条** 机关、单位应当定期对本机关、本单位定密以及定密责任人履行职责、定密授权等定密制度落实情况进行检查,对发现的问题及时纠正。

**第三十九条** 机关、单位应当向同级保密行政管理部门报告本机关、本单位年度国家秘密事项统计情况。

下一级保密行政管理部门应当向上一级保密行政管理部门报告本行政区域年度定密工作情况。

**第四十条** 中央国家机关应当依法对本系统、本行业的定密工作进行指导和监督。

上级机关、单位或者业务主管部门发现下级机关、单位定密不当的,应当及时通知其纠正,也可以直接作出确定、变更或者解除的决定。

**第四十一条** 保密行政管理部门应当依法对机关、单位定密工作进行指导、监督和检查,对发现的问题及时纠正或者责令整改。

## 第八章 法律责任

**第四十二条** 定密责任人和承办人违反本规定,有下列行为之一的,机关、单位应当及时纠正并进行批评教育;造成严重后果的,依纪依法给予处分:

(一)应当确定国家秘密而未确定的;

(二)不应当确定国家秘密而确定的;

(三)超出定密权限定密的;

(四)未按照法定程序定密的;

(五)未按规定标注国家秘密标志的;

（六）未按规定变更国家秘密的密级、保密期限、知悉范围的；

（七）未按要求开展解密审核的；

（八）不应当解除国家秘密而解除的；

（九）应当解除国家秘密而未解除的；

（十）违反本规定的其他行为。

**第四十三条** 机关、单位未依法履行定密管理职责，导致定密工作不能正常进行的，应当给予通报批评；造成严重后果的，应当依法追究直接负责的主管人员和其他直接责任人员的责任。

## 第九章 附 则

**第四十四条** 本规定下列用语的含义：

（一）“中央国家机关”包括中国共产党中央机关及部门、各民主党派中央机关、全国人大机关、全国政协机关、最高人民法院、最高人民检察院，国务院及其组成部门、直属特设机构、直属机构、办事机构、直属事业单位、部委管理国家局，以及中央机构编制管理部门直接管理机构编制的群众团体机关；

（二）“省级机关”包括省（自治区、直辖市）党委、人大、政府、政协机关，以及人民法院、人民检察院；

（三）“设区的市和自治州一级的机关”包括地（市、州、盟、区）党委、人大、政府、政协机关，以及人民法院、人民检察院，省（自治区、直辖市）直属机关和人民团体，中央国家机关设在省（自治区、直辖市）的直属机构，省（自治区、直辖市）在地区、盟设立的派出机构；

（四）第九条所指“经常”，是指近三年来年均产生六件以上国家秘密事项的情形。

**第四十五条** 各地区各部门可以依据本规定，制定本地区本部门国家秘密定密管理的具体办法。

**第四十六条** 公安、国家安全机关定密授权和定密责任人确定的具体办法，由国家保密行政管理部门会同国务院公安、国家安全部门另行制定。

**第四十七条** 本规定自公布之日起施行。1990 年 9 月 19 日国家保密局令第 2 号发布的《国家秘密保密期限的规定》和 1990 年 10 月 6 日国家保密局、国家技术监督局令第 3 号发布的《国家秘密文件、资料和其他物品标志的规定》同时废止。

## 保密事项范围制定、修订和使用办法

*1. 2017 年 3 月 9 日国家保密局令 2017 年第 1 号公布*
*2. 自 2017 年 4 月 1 日起施行*

### 第一章　总　　则

**第一条**　为规范国家秘密及其密级的具体范围(以下简称保密事项范围)的制定、修订和使用工作,根据《中华人民共和国保守国家秘密法》(以下简称保密法)及其实施条例,制定本办法。

**第二条**　保密事项范围由国家保密行政管理部门分别会同外交、公安、国家安全和其他中央有关机关制定、修订。

**第三条**　制定、修订保密事项范围应当从维护国家安全和利益出发,适应经济社会发展要求,以保密法确定的国家秘密基本范围为遵循,区分不同行业、领域,科学准确划定。

**第四条**　国家机关和涉及国家秘密的单位(以下简称机关、单位)应当严格依据保密事项范围,规范准确定密,不得比照类推、擅自扩大或者缩小国家秘密事项范围。

**第五条**　国家保密行政管理部门负责对保密事项范围制定、修订和使用工作进行指导监督。中央有关机关负责组织制定、修订本行业、本领域保密事项范围,并对使用工作进行指导监督。地方各级保密行政管理部门负责对本行政区域内机关、单位使用保密事项范围工作进行指导监督。

### 第二章　保密事项范围的形式、内容

**第六条**　保密事项范围名称为“××工作国家秘密范围的规定”,包括正文和目录。

**第七条**　正文应当以条款形式规定保密事项范围的制定依据,本行业、

本领域国家秘密的基本范围,与其他保密事项范围的关系,解释机关和施行日期等内容。

**第八条** 目录作为规定的附件,名称为“××工作国家秘密目录”,应当以表格形式列明国家秘密具体事项及其密级、保密期限(解密时间或者解密条件)、产生层级、知悉范围等内容。

**第九条** 目录规定的国家秘密事项的密级应当为确定的密级。除解密时间和解密条件外,目录规定的保密期限应当为最长保密期限。国家秘密事项的产生层级能够明确的,知悉范围能够限定到机关、单位或者具体岗位的,目录应当作出列举。

对专业性强、弹性较大的条目或者名词,目录应当以备注形式作出说明。

**第十条** 保密事项范围内容属于国家秘密的,应当根据保密法有关规定确定密级和保密期限。

未经保密事项范围制定机关同意,机关、单位不得擅自公开或者对外提供保密事项范围。

## 第三章 保密事项范围的制定、修订程序

**第十一条** 有下列情形的,中央有关机关应当与国家保密行政管理部门会商,组织制定或者修订保密事项范围:

(一)主管行业、领域经常产生国家秘密、尚未制定保密事项范围的;

(二)保密事项范围内容已不适应实际工作需要的;

(三)保密事项范围内容与法律法规规定不相符合的;

(四)因机构改革或者调整,影响保密事项范围适用的;

(五)其他应当制定或者修订的情形。

其他机关、单位认为有上述情形,需要制定、修订保密事项范围的,可以向国家保密行政管理部门或者中央有关机关提出建议。

**第十二条** 保密事项范围由主管相关行业、领域工作的中央有关机关负责起草;涉及多个部门或者行业、领域的,由承担主要职能的中央有关机关牵头负责起草;不得委托社会中介机构及其他社会组织或者个人起草。

国家保密行政管理部门、中央有关机关应当定期对起草工作进行研究会商。

**第十三条** 中央有关机关起草保密事项范围，应当进行调查研究，总结梳理本行业、本领域国家秘密事项，广泛征求有关机关、单位和相关领域专家意见。

**第十四条** 中央有关机关完成起草工作后，应当将保密事项范围送审稿送国家保密行政管理部门审核，同时提交下列材料：

（一）保密事项范围送审稿的说明；

（二）有关机关、单位或者相关领域专家的意见；

（三）其他有关材料，主要包括所在行业、领域国家秘密事项总结梳理情况等。

**第十五条** 国家保密行政管理部门对保密事项范围送审稿应当从以下方面进行审核：

（一）形式是否符合本办法规定；

（二）所列事项是否符合保密法关于国家秘密的规定；

（三）所列事项是否涵盖所在行业、领域国家秘密；

（四）所列事项是否属于法律法规要求公开或者其他不得确定为国家秘密的事项；

（五）所列事项表述是否准确、规范并具有可操作性；

（六）是否与其他保密事项范围协调、衔接；

（七）其他需要审核的内容。

国家保密行政管理部门可以组织有关专家对保密事项范围送审稿进行评议，听取意见。

**第十六条** 国家保密行政管理部门审核认为保密事项范围送审稿需要作出修改的，应当与中央有关机关会商议定；需要进一步征求意见的，应当征求有关机关、单位意见；无需修改的，应当会同中央有关机关形成保密事项范围草案和草案说明，并启动会签程序。

**第十七条** 保密事项范围应当由国家保密行政管理部门、中央有关机关主要负责人共同签署批准。

**第十八条** 保密事项范围使用中央有关机关的发文字号印发。印发时，应当严格控制发放范围，并注明能否转发以及转发范围。

## 第四章　保密事项范围的使用

**第十九条**　机关、单位定密应当符合保密事项范围目录的规定。

**第二十条**　机关、单位依据保密事项范围目录定密，应当遵循下列要求：

（一）密级应当严格按照目录的规定确定，不得高于或者低于规定的密级；

（二）保密期限应当在目录规定的最长保密期限内合理确定，不得超出最长保密期限；目录明确规定解密条件或解密时间的，从其规定；

（三）知悉范围应当依据目录的规定，根据工作需要限定到具体人员；不能限定到具体人员的，应当限定到具体单位、部门或者岗位。

**第二十一条**　机关、单位可以依据本行业、本领域和相关行业、领域保密事项范围目录，整理制定国家秘密事项一览表（细目），详细列举本机关、本单位产生的国家秘密事项的具体内容、密级、保密期限（解密条件或者解密时间）、产生部门或者岗位、知悉人员以及载体形式等。

国家秘密事项一览表（细目），应当经本机关、本单位审定后实施，并报同级保密行政管理部门备案。

**第二十二条**　机关、单位对符合保密法规定，但保密事项范围正文和目录没有规定的不明确事项，应当按照保密法实施条例第十九条的规定办理。

**第二十三条**　保密行政管理部门进行密级鉴定，需要适用保密事项范围的，应当以保密事项范围的目录作为依据；直接适用正文的，应当征求制定保密事项范围的中央有关机关意见。

**第二十四条**　中央有关机关应当加强对本行业、本领域保密事项范围使用的教育培训，确保所在行业、领域准确理解保密事项范围的内容、使用要求。

机关、单位应当将保密事项范围的学习、使用纳入定密培训内容，确保定密责任人和承办人熟悉并准确掌握相关保密事项范围内容，严格依据保密事项范围定密。

**第二十五条**　保密行政管理部门应当加强对机关、单位使用保密事项范围情况的监督检查，发现保密事项范围使用不当的，应当及时通知机关、单位予以纠正。

## 第五章 保密事项范围的解释、清理

**第二十六条** 有下列情形的，中央有关机关应当会同国家保密行政管理部门对保密事项范围作出书面解释：

（一）目录内容需要明确具体含义的；

（二）有关事项在目录中没有规定但符合正文规定情形，需要明确适用条件、适用范围的；

（三）不同保密事项范围对同类事项规定不一致的；

（四）其他需要作出解释的情形。

保密事项范围的解释和保密事项范围具有同等效力。

**第二十七条** 机关、单位认为保密事项范围存在本办法第二十六条规定情形的，可以建议保密事项范围制定机关作出解释。

**第二十八条** 保密事项范围的解释参照制定、修订程序作出。除涉及特殊国家秘密事项、需控制知悉范围的，应当按照保密事项范围印发范围发放。

**第二十九条** 国家保密行政管理部门、中央有关机关应当每五年对保密事项范围及其解释进行一次清理，也可以根据工作需要适时组织清理，并作出继续有效、进行修订、宣布废止等处理；对属于国家秘密的保密事项范围及其解释，应当同时作出是否解密的决定。

**第三十条** 保密事项范围部分内容宣布废止、失效或者由其他保密事项范围替代的，不影响该保密事项范围其他部分的效力。

## 第六章 附 则

**第三十一条** 本办法施行前制定实施的保密事项范围，没有目录的应当即行清理，清理之前的继续有效，有关事项的保密期限和知悉范围按照保密法有关规定确定。

**第三十二条** 本办法由国家保密局负责解释。

**第三十三条** 本办法自 2017 年 4 月 1 日起施行。

# 国家秘密鉴定工作规定

*1. 2021年7月30日国家保密局令2021年第1号公布*
*2. 自2021年9月1日起施行*

## 第一章　总　　则

**第一条**　为了规范国家秘密鉴定工作,根据《中华人民共和国保守国家秘密法》及其实施条例,制定本规定。

**第二条**　本规定所称国家秘密鉴定,是指保密行政管理部门对涉嫌泄露国家秘密案件中有关事项是否属于国家秘密以及属于何种密级进行鉴别和认定的活动。

**第三条**　国家秘密鉴定的申请、受理、办理、复核、监督等,适用本规定。

**第四条**　国家秘密鉴定应当遵循依法、客观、公正的原则,做到事实清楚、依据充分、程序规范、结论准确。

**第五条**　办理涉嫌泄露国家秘密案件的纪检监察、侦查、公诉、审判机关(以下统称办案机关)可以申请国家秘密鉴定。

国家保密行政管理部门、省(自治区、直辖市)保密行政管理部门负责国家秘密鉴定。

**第六条**　国家秘密鉴定应当以保密法律法规、保密事项范围和国家秘密确定、变更、解除文件为依据。

**第七条**　下列事项不得鉴定为国家秘密:

(一)需要公众广泛知晓或者参与的;

(二)属于工作秘密、商业秘密、个人隐私的;

(三)已经依法公开或者泄露前已经无法控制知悉范围的;

(四)法律、法规或者国家有关规定要求公开的;

(五)其他泄露后对国家安全和利益不会造成损害的。

## 第二章　申请和受理

**第八条**　中央一级办案机关申请国家秘密鉴定的,应当向国家保密行政管理部门提出。省级及以下办案机关申请国家秘密鉴定的,应当向所在地省(自治区、直辖市)保密行政管理部门提出。

国家保密行政管理部门可以根据工作需要,对省(自治区、直辖市)保密行政管理部门负责鉴定的重大、疑难、复杂事项直接进行鉴定。

**第九条**　办案机关申请国家秘密鉴定,应当提交下列材料:

(一)申请国家秘密鉴定的公文;

(二)需要进行国家秘密鉴定的事项(以下简称鉴定事项)及鉴定事项清单;

(三)进行国家秘密鉴定需要掌握的有关情况说明,包括案件基本情况、鉴定事项来源、泄露对象和时间、回避建议等。

**第十条**　申请国家秘密鉴定的公文应当以办案机关名义作出,说明认为相关事项涉嫌属于国家秘密的理由或者依据。

鉴定事项属于咨询意见、聊天记录、讯(询)问笔录、视听资料、电子数据、物品等的,办案机关应当进行筛查和梳理,明确其中涉嫌属于国家秘密、需要申请鉴定的具体内容。

鉴定事项不属于中文的,办案机关应当同时提供中文译本。保密行政管理部门就办案机关提供的中文译本进行鉴定。

**第十一条**　国家秘密鉴定申请有下列情形之一的,保密行政管理部门不予受理:

(一)申请机关和申请方式不符合本规定第五条、第八条要求的;

(二)办案机关已就同一鉴定事项申请国家秘密鉴定的;

(三)鉴定事项内容明显属于捏造的,或者无法核实真伪、来源的;

(四)未按本规定第九条、第十条提供材料,或者修改、补充后仍不符合要求的;

(五)其他不符合法律、法规、规章规定的情形。

**第十二条**　保密行政管理部门应当自收到申请国家秘密鉴定的公文之日起5日内,对相关材料进行审查,作出是否受理的决定,并告知办案机关。

经审查认为办案机关提交的材料存在瑕疵、不完整或者不能满足鉴定需要的,应当通知办案机关予以修改或者补充。审查受理时间自相关材料修改完成或者补齐之日起计算。

经审查决定不予受理的,应当说明理由并退还相关材料。

**第十三条** 办案机关不服不予受理决定的,可以在接到通知之日起10日内,向作出不予受理决定的保密行政管理部门提出书面异议,并按照本规定第九条、第十条规定提供相关材料。

保密行政管理部门应当在10日内,对相关材料进行审查,对符合受理条件的,作出受理决定;对不应受理的,书面告知提出异议的机关并退还相关材料。

省级及以下办案机关提出异议后,对省(自治区、直辖市)保密行政管理部门再次作出的不予受理决定仍有异议的,可以向国家保密行政管理部门提出书面异议。国家保密行政管理部门经审查认为确实不应受理的,书面告知提出异议的机关并退还相关材料;对符合受理条件的,应当要求作出不予受理决定的保密行政管理部门受理鉴定申请。

## 第三章 鉴定程序

**第十四条** 受理鉴定申请后,保密行政管理部门应当就下列情况向鉴定事项产生单位征求鉴定意见:

(一)鉴定事项是否由其产生,内容是否真实;

(二)鉴定事项是否已经按照法定程序确定、变更、解除国家秘密,及其时间、理由和依据;

(三)鉴定事项是否应当属于国家秘密及何种密级,是否应当变更或者解除国家秘密,及其理由和依据。

**第十五条** 存在鉴定事项产生单位不明确,涉及多个机关、单位以及行业、领域,或者有关单位鉴定意见不明确、理由和依据不充分等情形的,保密行政管理部门可以向有关业务主管部门或者相关机关、单位征求鉴定意见。

鉴定事项属于执行、办理已经确定的国家秘密事项的,受理鉴定的保密行政管理部门可以根据工作需要,向原定密单位或者有关业务主管部门征求鉴定意见。

**第十六条** 国家保密行政管理部门受理鉴定后,对属于地方各级机关、单位产生的鉴定事项,可以征求鉴定事项产生地省(自治区、直辖市)保密行政管理部门鉴定意见。

省(自治区、直辖市)保密行政管理部门受理鉴定后,对属于中央和国家机关产生的鉴定事项,应当直接征求该中央和国家机关鉴定意见;对属于其他地方机关、单位产生的鉴定事项,应当征求相关省(自治区、直辖市)保密行政管理部门鉴定意见。

**第十七条** 保密行政管理部门征求机关、单位鉴定意见的,机关、单位应当予以配合,按照要求及时提出鉴定意见或者提供相关材料。

**第十八条** 鉴定事项重大、疑难、复杂或者专业性强、涉及专门技术等问题的,保密行政管理部门可以向相关领域专家进行咨询,为作出国家秘密鉴定结论提供参考。

**第十九条** 对拟鉴定为国家秘密的事项,保密行政管理部门可以根据工作需要,组织有关机关、单位或者专家对其泄露后已经或者可能造成的危害进行评估。

**第二十条** 国家秘密鉴定结论应当按照保密法律法规和保密事项范围等鉴定依据,在分析研判有关意见基础上,报保密行政管理部门负责人审批后作出。

**第二十一条** 省(自治区、直辖市)保密行政管理部门对中央和国家机关、其他省(自治区、直辖市)保密行政管理部门答复的鉴定意见有异议的,或者认为本地区产生的绝密级事项鉴定依据不明确、有争议的,报国家保密行政管理部门审核后,作出鉴定结论。

**第二十二条** 保密行政管理部门作出鉴定结论应当出具国家秘密鉴定书。国家秘密鉴定书应当包括以下内容:

(一)鉴定事项名称或者内容;

(二)鉴定依据和鉴定结论;

(三)其他需要说明的情况;

(四)鉴定机关名称和鉴定日期。

国家秘密鉴定书应当加盖保密行政管理部门印章。

**第二十三条** 保密行政管理部门应当在受理国家秘密鉴定申请后30日内作出鉴定结论并出具国家秘密鉴定书。因鉴定事项疑难、复杂等不能按期出具国家秘密鉴定书的,经保密行政管理部门负责人批准,可以适当延长工作时限,延长时限最长不超过30日。

保密行政管理部门征求有关机关、单位鉴定意见,进行专家咨询时,应当明确答复期限,一般不超过15日;对鉴定事项数量较多、疑难、复杂等情况的,经双方协商,可以延长15日。

机关、单位提出鉴定意见,专家咨询等时间不计入保密行政管理部门国家秘密鉴定办理期限。

## 第四章 复 核

**第二十四条** 办案机关有明确理由或者证据证明保密行政管理部门作出的鉴定结论可能错误的,可以向国家保密行政管理部门申请复核。

**第二十五条** 办案机关申请复核的,应当提交申请复核的公文,说明申请复核的内容和理由,按照本规定第九条、第十条要求提供相关材料,并附需要进行复核的国家秘密鉴定书。

**第二十六条** 国家保密行政管理部门受理复核申请后,应当向作出鉴定结论的保密行政管理部门调阅鉴定档案、了解有关情况,对其鉴定程序是否规范、依据是否明确、理由是否充分、结论是否准确等进行审核,并根据需要征求有关机关、单位鉴定意见,进行专家咨询或者组织开展危害评估。

**第二十七条** 国家秘密鉴定复核结论应当按照保密法律法规和保密事项范围等鉴定依据,在分析研判原鉴定情况以及有关意见基础上,报国家保密行政管理部门主要负责人审批后作出。

国家保密行政管理部门的复核结论为最终结论。

**第二十八条** 国家保密行政管理部门作出复核结论应当出具国家秘密鉴定复核决定书。

国家秘密鉴定复核决定书维持原国家秘密鉴定结论的,应当说明依据或者理由;改变原国家秘密鉴定结论的,应当作出最终的鉴定结论并说明依据或者理由。

国家秘密鉴定复核决定书应当以国家保密行政管理部门名义作出,并加盖印章,抄送作出原国家秘密鉴定结论的省(自治区、直辖市)保密行政管理部门。

**第二十九条** 国家保密行政管理部门应当在受理国家秘密鉴定复核申请后60日内作出复核结论并出具复核决定书。因鉴定事项疑难、复杂等不能按期出具国家秘密鉴定复核决定书的,经国家保密行政管理部门主要负责人批准，可以适当延长工作时限，延长时限最长不超过30日。

征求机关、单位鉴定意见，专家咨询时限按照本规定第二十三条第二、三款办理。

## 第五章 监督管理

**第三十条** 国家秘密鉴定工作人员与案件有利害关系或者其他关系可能影响公正鉴定的，应当自行回避；办案机关发现上述情形的，有权申请其回避。国家秘密鉴定工作人员的回避，由其所属保密行政管理部门决定。

机关、单位配合开展国家秘密鉴定工作的人员以及有关专家与案件有利害关系或者其他关系可能影响公正鉴定的，应当回避。

**第三十一条** 保密行政管理部门向机关、单位征求鉴定意见以及组织专家咨询时，应当对鉴定事项作以下处理：

（一）对涉及不同机关、单位或者行业、领域的内容进行拆分，不向机关、单位或者专家提供与其无关、不应由其知悉的内容；

（二）对涉嫌违法犯罪的责任单位或者责任人姓名等作遮盖、删除处理，不向机关、单位或者专家透露案情以及案件办理情况。

**第三十二条** 保密行政管理部门及其工作人员，配合开展国家秘密鉴定工作的机关、单位及其工作人员，以及有关专家，应当对国家秘密鉴定工作以及工作中知悉的国家秘密、工作秘密、商业秘密、个人隐私予以保密。

保密行政管理部门在征求鉴定意见、组织专家咨询等过程中，应当向有关机关、单位或者专家明确保密要求，必要时组织签订书面保密承诺。

**第三十三条** 国家秘密鉴定结论与机关、单位定密情况不一致的，保密行政管理部门应当通知机关、单位予以变更或者纠正；对机关、单位未依法履行定密管理职责、情节严重的，予以通报。

**第三十四条** 省（自治区、直辖市）保密行政管理部门应当将年度国家秘密鉴定工作情况和作出的国家秘密鉴定结论报国家保密行政管理部门。

**第三十五条** 保密行政管理部门依法办理国家秘密鉴定,不受其他机关、单位,社会团体和个人干涉。

保密行政管理部门未依法履行职责,或者滥用职权、玩忽职守、徇私舞弊的,对负有责任的领导人员和直接责任人员依法进行处理;构成犯罪的,依法追究刑事责任。

**第三十六条** 在国家秘密鉴定工作中,负有配合鉴定义务的机关、单位及其工作人员拒不配合,弄虚作假,故意出具错误鉴定意见,造成严重后果的,对直接负责的主管人员和其他直接责任人员依法进行处理;构成犯罪的,依法追究刑事责任。

## 第六章 附 则

**第三十七条** 保密行政管理部门办理涉嫌泄露国家秘密案件时,可以根据工作需要,按照本规定直接进行国家秘密鉴定。

鉴定事项产生单位属于军队或者鉴定事项涉嫌属于军事秘密的,由军队相关军级以上单位保密工作机构进行国家秘密鉴定或者协助提出鉴定意见。

**第三十八条** 执行本规定所需要的文书式样,由国家保密行政管理部门统一制定。工作中需要的其他文书,国家保密行政管理部门没有制定式样的,省(自治区、直辖市)保密行政管理部门可以自行制定式样。

**第三十九条** 本规定由国家保密局负责解释。

**第四十条** 本规定自2021年9月1日起施行。2013年7月15日国家保密局发布的《密级鉴定工作规定》(国保发〔2013〕5号)同时废止。

# 派生国家秘密定密管理暂行办法

*1. 2023年2月27日国家保密局印发*

*2. 自2023年4月1日起施行*

**第一条** 为规范派生国家秘密定密(以下简称派生定密)管理,根据《中华人民共和国保守国家秘密法》及其实施条例,制定本办法。

**第二条** 本办法适用于国家机关和涉及国家秘密的单位(以下简称机关、单位)开展派生定密的工作。

**第三条** 本办法所称派生定密,是指机关、单位对执行或者办理已定密事项所产生的国家秘密,依法确定、变更和解除的活动。

**第四条** 本办法所称保密要点(以下简称密点),是指决定一个事项具备国家秘密本质属性的关键内容,可以与非国家秘密以及其他密点明确区分。

**第五条** 机关、单位开展派生定密,不受定密权限限制。无法定定密权的机关、单位可以因执行或者办理已定密事项,派生国家秘密。具有较低定密权的机关、单位可以因执行或者办理较高密级的已定密事项,派生超出本机关、单位定密权限的国家秘密。

**第六条** 机关、单位负责人及其指定的人员为本机关、本单位的派生定密责任人,履行派生国家秘密确定、变更和解除的责任。

**第七条** 机关、单位因执行或者办理已定密事项而产生的事项(以下简称派生事项),符合下列情形之一的,应当确定为国家秘密:

(一)与已定密事项完全一致的;

(二)涉及已定密事项密点的;

(三)是对已定密事项进行概括总结、编辑整合、具体细化的;

(四)原定密机关、单位对使用已定密事项有明确定密要求的。

**第八条** 派生国家秘密的密级应当与已定密事项密级保持一致。已定密事项明确密点及其密级的,应当与所涉及密点的最高密级保持一致。

**第九条** 派生国家秘密的保密期限应当按照已定密事项的保密期限确定,或者与所涉及密点的最长保密期限保持一致。已定密事项未明确保密期限的,可以征求原定密机关、单位意见后确定并作出标注,或者按照保密法规定的最长保密期限执行。

**第十条** 派生国家秘密的知悉范围,应当根据工作需要确定,经本机关、本单位负责人批准。能够限定到具体人员的,限定到具体人员。

原定密机关、单位有明确规定的,应当遵守其规定。

**第十一条** 派生国家秘密的确定应当按照国家秘密确定的法定程序进行。承办人依据已定密事项或者密点,拟定密级、保密期限和知悉范围,报定密责任人审核。定密责任人对承办人意见进行审核,作出决定。

派生定密应当作出书面记录,注明承办人、定密责任人和定密依据。定密依据应当写明依据的文件名称、文号、密级、保密期限等。

**第十二条** 机关、单位所执行或者办理的已定密事项没有变更或者解密的,派生国家秘密不得变更或者解密;所执行或者办理的已定密事项已经变更或者解密的,派生国家秘密的密级、保密期限、知悉范围应当及时作出相应变更或者予以解密。

机关、单位认为所执行或者办理的已定密事项需要变更或者解密的,可以向原定密机关、单位或者其上级机关、单位提出建议。未经有关机关、单位同意,派生国家秘密不得擅自变更或者解密。

**第十三条** 派生国家秘密的变更、解除程序应当履行国家秘密变更或者解除的法定程序。承办人依据已定密事项或者密点的变更、解除情况,提出派生国家秘密变更或者解除意见,报定密责任人审核批准,并作出书面记录。

书面记录应当注明承办人、定密责任人、已定密事项或者密点的变更或者解除情况,以及解密后作为工作秘密管理或者予以公开等。

**第十四条** 派生事项不是对已定密事项内容或者密点进行概括总结、编辑整合、具体细化的,不应当派生定密。该事项是否需要定密,应当依照保密法律法规和国家秘密及其密级具体范围(以下简称保密事项范围)判断。

**第十五条** 派生事项既包括已定密事项内容或者密点,也包括有关行业、领域保密事项范围规定事项的,应当同时依据已定密事项和有关保密事项范围进行定密。密级、保密期限应当按照已定密事项和保密事项范围规定事项的最高密级、最长保密期限确定。知悉范围根据工作需要限定到最小范围。

**第十六条** 原定密机关、单位应当准确确定并规范标注国家秘密的密级、保密期限和知悉范围。对涉密国家科学技术、涉密科研项目、涉密工程、涉密政府采购以及其他可以明确密点的,应当确定密点并作出标注;不能明确标注的,可以附件、附注等形式作出说明。对无法明确密点的,可以编制涉密版和非涉密版,或者对执行、办理环节是否涉及国家秘密、工作秘密等提出明确要求。

原定密机关、单位发现其他机关、单位执行或者办理本机关、本单位已定密事项存在派生定密不当情形的，应当及时要求纠正或者建议纠正，必要时提起保密行政管理部门通知纠正或者责令整改。

**第十七条** 机关、单位对已定密事项是否已变更或者解除以及派生事项是否涉及密点等情况不明确的，可以向原定密机关、单位请示或者函询，原定密机关、单位应当及时予以答复。

**第十八条** 机关、单位应当依法履行派生定密主体责任，加强对本机关、本单位派生定密的监督管理，发现存在派生定密不当情形的，应当及时纠正。

**第十九条** 上级机关、单位应当加强对下级机关、单位派生定密的指导和监督，发现下级机关、单位派生定密不当的，应当及时通知其纠正，也可以直接纠正。

**第二十条** 各级保密行政管理部门应当依法对机关、单位派生定密进行指导、监督和检查，对发现的问题及时通知纠正或者责令整改。

**第二十一条** 机关、单位发现定密责任人和承办人定密不当，有下列情形之一的，应当及时纠正并进行批评教育；造成严重后果的，依规依纪依法给予处分：

（一）派生事项应当确定国家秘密而未确定的；

（二）派生事项不应当确定国家秘密而确定的；

（三）未按照法定程序派生定密的；

（四）未按规定标注派生国家秘密标志的；

（五）未按规定变更派生国家秘密的密级、保密期限、知悉范围的；

（六）派生国家秘密不应当解除而解除的；

（七）派生国家秘密应当解除而未解除的；

（八）违反本办法的其他情形。

**第二十二条** 本办法由国家保密局负责解释。

**第二十三条** 本办法自 2023 年 4 月 1 日起施行。

# 国家秘密解密暂行办法

*1. 2020年6月28日国家保密局印发*
*2. 自印发之日起施行*

## 第一章 总 则

**第一条** 为了做好国家秘密解密工作(以下简称解密工作),推动解密工作规范化,根据《中华人民共和国保守国家秘密法》(以下简称保密法)及其实施条例、《国家秘密定密管理暂行规定》,制定本办法。

**第二条** 国家机关和涉及国家秘密的单位(以下简称机关、单位)的解密工作适用本办法。

**第三条** 机关、单位应当依法开展解密工作,做到依据充分、程序规范、及时稳妥,既确保国家秘密安全,又便利信息资源合理利用。

**第四条** 机关、单位应当定期审核所确定的国家秘密,建立保密期限届满提醒制度,对所确定的国家秘密,在保密期限届满前,及时做好解密审核工作。

机关、单位应当建立健全与档案管理、信息公开相结合的解密审核工作机制,明确定密责任人职责和工作要求,做到对所确定的国家秘密保密期限届满前必审核、信息公开前必审核、移交各级国家档案馆前必审核。

**第五条** 中央和国家机关在其职权范围内依法对本系统、本行业的解密工作进行指导和监督,对发现的问题及时予以纠正。

**第六条** 保密行政管理部门依法对机关、单位的解密工作进行指导、监督和检查,对发现的问题及时通知纠正。

## 第二章 解密主体

**第七条** 国家秘密解密由确定该事项为国家秘密的机关、单位(以下简称原定密机关、单位)负责。其他机关、单位可以向原定密机关、单位提出解密建议。

原定密机关、单位被撤销或者合并的，由承担其职能或者合并后的机关、单位负责解密。没有相应机关、单位的，由原定密机关、单位的上级机关、单位或者同级保密行政管理部门指定的机关、单位负责解密。

**第八条** 多个机关、单位共同确定的国家秘密，由牵头负责的机关、单位或者文件制发机关、单位负责解密，同时征求其他相关机关、单位的意见。

（决策）议事协调机构、临时性工作机构确定的国家秘密，由承担该机构日常工作的机关、单位，或者牵头成立该机构的机关、单位负责解密。

**第九条** 下级机关、单位产生的国家秘密，以上级机关、单位名义制发的，由上级机关、单位负责解密。下级机关、单位可以就该国家秘密提出解密建议。

上级机关、单位或者业务主管部门发现下级机关、单位确定的国家秘密应当解密的，可以通知下级机关、单位解密或者直接予以解密。

**第十条** 对拟移交各级国家档案馆的属于国家秘密的档案，机关、单位应当按照本办法做好解密审核工作。

对已经依法移交到各级国家档案馆的属于国家秘密档案的解密工作，按照国家有关规定执行。

## 第三章 解密条件

**第十一条** 明确标注保密期限、解密时间或者解密条件的国家秘密，保密期限已满、解密时间已到或者符合解密条件，且未延长保密期限的，自行解密；解密时间为保密期限届满、解密时间到达或者解密条件达成之时。未明确标注保密期限、解密时间或者解密条件，且未就保密期限作出书面通知的，保密期限按照绝密级三十年、机密级二十年、秘密级十年执行。国家另有规定的，从其规定。

**第十二条** 国家秘密的保密期限尚未届满、解密时间尚未到达或者解密条件尚未达成，经审核认为符合下列情形之一的，应当及时解密：

（一）保密法律法规或者保密事项范围调整后，有关事项不再属于国家秘密的；

（二）定密时的形势、条件发生变化，有关事项公开后不会损害国家安全和利益、不需要继续保密的；或者根据现行法律、法规和国家有关规定，有关事项应予公开、需要社会公众广泛知晓或者参与的。

符合上述情形国家秘密的解密时间为该事项公开之日或者解密通知注明之日。

**第十三条** 机关、单位因执行或者办理已定密事项而产生的国家秘密，所执行或者办理的国家秘密解密的，由此产生的国家秘密应当解密。

**第十四条** 机关、单位经审核认为，国家秘密部分内容符合本办法第十二条、第十三条规定情形，确有必要对该部分内容解密且不影响其他内容继续保密的，可以进行部分解密。

**第十五条** 保密事项范围明确规定保密期限为长期的国家秘密，不得擅自解密。机关、单位经审核认为确需解密的，应当报规定该保密事项范围的中央和国家机关批准。

**第十六条** 国家秘密尚未解密的，该国家秘密产生过程中形成的相关涉密事项不得解密。原定密机关、单位认为该相关事项符合解密条件，确有必要解密且解密后不影响国家秘密保密的可以解密。

国家秘密已经解密，但该国家秘密产生过程中形成的相关涉密事项泄露后会损害国家安全和利益的，该相关事项不得解密。

## 第四章 解密程序

**第十七条** 国家秘密保密期限届满前，原定密机关、单位应当依法对其进行审核，并履行下列程序：

（一）拟办。承办人依据本办法第十二条、第十三条规定，对某一具体的国家秘密是否解密、何时解密、全部解密或者部分解密、解密后是否作为工作秘密、能否公开等提出意见，作出书面记录（参见附件1），报定密责任人审核。

（二）审定。定密责任人对承办人意见进行审核，作出决定，签署具体意见。机关、单位可以根据工作需要，在定密责任人审核之前增设其他审核把关、论证评估程序。

（三）通知。定密责任人作出解密决定后，机关、单位应当书面通知知悉范围内的机关、单位或者人员，对是否解密，以及解密后作为工作秘密或者予以公开等情况作出说明。解密通知可以单独发布或者以目录形式集中发布。

审核记录应当归档备查。

**第十八条** 国家秘密解密后正式公布的,机关、单位可以不作书面通知。

**第十九条** 只标注密级没有标注保密期限的国家秘密,经审核决定按原密级继续保密或者决定变更密级后继续保密的,机关、单位应当按照国家秘密变更程序重新确定保密期限、解密时间或者解密条件,并在书面通知中说明该保密期限、解密时间或者解密条件的起算时间。没有说明起算时间的,自通知印发之日起计算。

延长保密期限使累计保密期限超过保密事项范围规定的,应当报制定该保密事项范围的中央和国家机关批准,中央和国家机关应当在接到报告后三十日内作出决定。

**第二十条** 对涉密程度高、涉及面广、内容复杂的国家秘密,机关、单位可以就解密事宜组织论证、评估,提出意见建议,供定密责任人参考。

论证、评估意见应当记入解密审核记录,或者作为解密审核记录附件一并归档保存。

**第二十一条** 国家秘密有关内容涉及其他机关、单位的,应当就解密事宜征求其他机关、单位的意见。

征求意见情况应当记入解密审核记录,或者作为解密审核记录附件一并归档保存。

**第二十二条** 国家秘密产生过程中形成的相关涉密事项应当与国家秘密一并进行解密审核,同时作出书面记录。

## 第五章 解密后管理

**第二十三条** 国家秘密解密后,原定密机关、单位,使用以及保管该事项的机关、单位或者人员,应当在原国家秘密标志附近作出相应标志(参见附件2)。无法作出相应标志的,应当以其他方式对解密情况作出说明。

**第二十四条** 机关、单位可以建立已解密事项统一发布或者查阅平台,在适当范围内集中发布已解密事项目录或者内容。

**第二十五条** 国家秘密事项已解密,但符合工作秘密条件的,应当确定为工作秘密,未经原定密机关、单位同意不得擅自公开。

机关、单位公开已解密事项,应当履行相关审查程序;公开已解密事项,不得保留国家秘密标志。涉密档案资料公开形式按照国家有关规定办理。

**第二十六条** 机关、单位应当将本机关、本单位解密情况纳入国家秘密事项统计范围,每年向同级保密行政管理部门报告。

下一级保密行政管理部门应当将本行政区域年度解密工作情况纳入定密工作情况报告范围,每年向上一级保密行政管理部门报告。

## 第六章 附 则

**第二十七条** 2010 年 10 月 1 日保密法修订施行前产生的国家秘密,原定密机关、单位应当组织进行解密审核,符合本办法规定的解密条件的,予以解密;解密后符合工作秘密条件的,确定为工作秘密进行管理;需要继续保密的,应当重新履行定密程序,并及时做好书面通知等相关工作。

**第二十八条** 本办法由国家保密局负责解释。

**第二十九条** 本办法自印发之日起施行。

附件 1:国家秘密审核表(略)

附件 2:国家秘密解密章和变更章(略)

# 三、国家安全保密

## 中华人民共和国国家安全法

*1. 2015年7月1日第十二届全国人民代表大会常务委员会第十五次会议通过*
*2. 2015年7月1日中华人民共和国主席令第29号公布*
*3. 自公布之日起施行*

### 目　　录



### 第一章　总　　则

**第一条　【立法目的】**为了维护国家安全，保卫人民民主专政的政权和中国特色社会主义制度，保护人民的根本利益，保障改革开放和社会主义现代化建设的顺利进行，实现中华民族伟大复兴，根据宪法，制定本法。

**第二条　【国家安全】**国家安全是指国家政权、主权、统一和领土完整、人民福祉、经济社会可持续发展和国家其他重大利益相对处于没有危险和不受内外威胁的状态，以及保障持续安全状态的能力。

**第三条　【立法基础】**国家安全工作应当坚持总体国家安全观，以人民安全为宗旨，以政治安全为根本，以经济安全为基础，以军事、文化、社会安全为保障，以促进国际安全为依托，维护各领域国家安全，构建国家安全体系，走中国特色国家安全道路。

**第四条　【中国共产党领导原则】**坚持中国共产党对国家安全工作的领导，建立集中统一、高效权威的国家安全领导体制。

**第五条　【中央国家安全领导机构】**中央国家安全领导机构负责国家安全工作的决策和议事协调，研究制定、指导实施国家安全战略和有关重大方针政策，统筹协调国家安全重大事项和重要工作，推动国家安全法治建设。

**第六条　【制定完善国家安全战略】**国家制定并不断完善国家安全战略，全面评估国际、国内安全形势，明确国家安全战略的指导方针、中长期目标、重点领域的国家安全政策、工作任务和措施。

**第七条　【基本原则】**维护国家安全，应当遵守宪法和法律，坚持社会主义法治原则，尊重和保障人权，依法保护公民的权利和自由。

**第八条　【与经济发展相协调原则、全面统筹原则】**维护国家安全，应当与经济社会发展相协调。

国家安全工作应当统筹内部安全和外部安全、国土安全和国民安全、传统安全和非传统安全、自身安全和共同安全。

**第九条　【适用原则】**维护国家安全，应当坚持预防为主、标本兼治，专门工作与群众路线相结合，充分发挥专门机关和其他有关机关维护国家安全的职能作用，广泛动员公民和组织，防范、制止和依法惩治危害国家安全的行为。

**第十条　【共同发展原则】**维护国家安全，应当坚持互信、互利、平等、协作，积极同外国政府和国际组织开展安全交流合作，履行国际安全义务，促进共同安全，维护世界和平。

**第十一条　【全体参与原则】**中华人民共和国公民、一切国家机关和武装力量、各政党和各人民团体、企业事业组织和其他社会组织，都有维护国家安全的责任和义务。

中国的主权和领土完整不容侵犯和分割。维护国家主权、统一和领土完整是包括港澳同胞和台湾同胞在内的全中国人民的共同义务。

**第十二条 【奖励表彰】**国家对在维护国家安全工作中作出突出贡献的个人和组织给予表彰和奖励。

**第十三条 【责任追究】**国家机关工作人员在国家安全工作和涉及国家安全活动中,滥用职权、玩忽职守、徇私舞弊的,依法追究法律责任。

任何个人和组织违反本法和有关法律,不履行维护国家安全义务或者从事危害国家安全活动的,依法追究法律责任。

**第十四条 【国家安全教育日】**每年4月15日为全民国家安全教育日。

## 第二章 维护国家安全的任务

**第十五条 【维护内容】**国家坚持中国共产党的领导,维护中国特色社会主义制度,发展社会主义民主政治,健全社会主义法治,强化权力运行制约和监督机制,保障人民当家作主的各项权利。

国家防范、制止和依法惩治任何叛国、分裂国家、煽动叛乱、颠覆或者煽动颠覆人民民主专政政权的行为;防范、制止和依法惩治窃取、泄露国家秘密等危害国家安全的行为;防范、制止和依法惩治境外势力的渗透、破坏、颠覆、分裂活动。

**第十六条 【维护公民权益】**国家维护和发展最广大人民的根本利益,保卫人民安全,创造良好生存发展条件和安定工作生活环境,保障公民的生命财产安全和其他合法权益。

**第十七条 【维护国家主权】**国家加强边防、海防和空防建设,采取一切必要的防卫和管控措施,保卫领陆、内水、领海和领空安全,维护国家领土主权和海洋权益。

**第十八条 【加强武装力量】**国家加强武装力量革命化、现代化、正规化建设,建设与保卫国家安全和发展利益需要相适应的武装力量;实施积极防御军事战略方针,防备和抵御侵略,制止武装颠覆和分裂;开展国际军事安全合作,实施联合国维和、国际救援、海上护航和维护国家海外利益的军事行动,维护国家主权、安全、领土完整、发展利益和世界和平。

**第十九条 【维护经济利益】**国家维护国家基本经济制度和社会主义市场经济秩序，健全预防和化解经济安全风险的制度机制，保障关系国民经济命脉的重要行业和关键领域、重点产业、重大基础设施和重大建设项目以及其他重大经济利益安全。

**第二十条 【维护金融安全】**国家健全金融宏观审慎管理和金融风险防范、处置机制，加强金融基础设施和基础能力建设，防范和化解系统性、区域性金融风险，防范和抵御外部金融风险的冲击。

**第二十一条 【资源能源】**国家合理利用和保护资源能源，有效管控战略资源能源的开发，加强战略资源能源储备，完善资源能源运输战略通道建设和安全保护措施，加强国际资源能源合作，全面提升应急保障能力，保障经济社会发展所需的资源能源持续、可靠和有效供给。

**第二十二条 【粮食安全】**国家健全粮食安全保障体系，保护和提高粮食综合生产能力，完善粮食储备制度、流通体系和市场调控机制，健全粮食安全预警制度，保障粮食供给和质量安全。

**第二十三条 【文化发展】**国家坚持社会主义先进文化前进方向，继承和弘扬中华民族优秀传统文化，培育和践行社会主义核心价值观，防范和抵制不良文化的影响，掌握意识形态领域主导权，增强文化整体实力和竞争力。

**第二十四条 【技术发展】**国家加强自主创新能力建设，加快发展自主可控的战略高新技术和重要领域核心关键技术，加强知识产权的运用、保护和科技保密能力建设，保障重大技术和工程的安全。

**第二十五条 【网络安全】**国家建设网络与信息安全保障体系，提升网络与信息安全保护能力，加强网络和信息技术的创新研究和开发应用，实现网络和信息核心技术、关键基础设施和重要领域信息系统及数据的安全可控；加强网络管理，防范、制止和依法惩治网络攻击、网络入侵、网络窃密、散布违法有害信息等网络违法犯罪行为，维护国家网络空间主权、安全和发展利益。

**第二十六条 【民族政策】**国家坚持和完善民族区域自治制度，巩固和发展平等团结互助和谐的社会主义民族关系。坚持各民族一律平等，加强民族交往、交流、交融，防范、制止和依法惩治民族分裂活动，维护国家统一、民族团结和社会和谐，实现各民族共同团结奋斗、共同繁荣发展。

**第二十七条** **【宗教政策】**国家依法保护公民宗教信仰自由和正常宗教活动,坚持宗教独立自主自办的原则,防范、制止和依法惩治利用宗教名义进行危害国家安全的违法犯罪活动,反对境外势力干涉境内宗教事务,维护正常宗教活动秩序。

国家依法取缔邪教组织,防范、制止和依法惩治邪教违法犯罪活动。

**第二十八条** **【反恐】**国家反对一切形式的恐怖主义和极端主义,加强防范和处置恐怖主义的能力建设,依法开展情报、调查、防范、处置以及资金监管等工作,依法取缔恐怖活动组织和严厉惩治暴力恐怖活动。

**第二十九条** **【维护公共安全及社会安定】**国家健全有效预防和化解社会矛盾的体制机制,健全公共安全体系,积极预防、减少和化解社会矛盾,妥善处置公共卫生、社会安全等影响国家安全和社会稳定的突发事件,促进社会和谐,维护公共安全和社会安定。

**第三十条** **【生态环境保护】**国家完善生态环境保护制度体系,加大生态建设和环境保护力度,划定生态保护红线,强化生态风险的预警和防控,妥善处置突发环境事件,保障人民赖以生存发展的大气、水、土壤等自然环境和条件不受威胁和破坏,促进人与自然和谐发展。

**第三十一条** **【核技术】**国家坚持和平利用核能和核技术,加强国际合作,防止核扩散,完善防扩散机制,加强对核设施、核材料、核活动和核废料处置的安全管理、监管和保护,加强核事故应急体系和应急能力建设,防止、控制和消除核事故对公民生命健康和生态环境的危害,不断增强有效应对和防范核威胁、核攻击的能力。

**第三十二条** **【外层空间、国际海底区域、极地的探索利用】**国家坚持和平探索和利用外层空间、国际海底区域和极地,增强安全进出、科学考察、开发利用的能力,加强国际合作,维护我国在外层空间、国际海底区域和极地的活动、资产和其他利益的安全。

**第三十三条** **【保护海外利益】**国家依法采取必要措施,保护海外中国公民、组织和机构的安全和正当权益,保护国家的海外利益不受威胁和侵害。

**第三十四条 【完善维护】**国家根据经济社会发展和国家发展利益的需要,不断完善维护国家安全的任务。

## 第三章 维护国家安全的职责

**第三十五条 【全国人大及常委会职权】**全国人民代表大会依照宪法规定,决定战争和和平的问题,行使宪法规定的涉及国家安全的其他职权。

全国人民代表大会常务委员会依照宪法规定,决定战争状态的宣布,决定全国总动员或者局部动员,决定全国或者个别省、自治区、直辖市进入紧急状态,行使宪法规定的和全国人民代表大会授予的涉及国家安全的其他职权。

**第三十六条 【主席职权】**中华人民共和国主席根据全国人民代表大会的决定和全国人民代表大会常务委员会的决定,宣布进入紧急状态,宣布战争状态,发布动员令,行使宪法规定的涉及国家安全的其他职权。

**第三十七条 【国务院职权】**国务院根据宪法和法律,制定涉及国家安全的行政法规,规定有关行政措施,发布有关决定和命令;实施国家安全法律法规和政策;依照法律规定决定省、自治区、直辖市的范围内部分地区进入紧急状态;行使宪法法律规定的和全国人民代表大会及其常务委员会授予的涉及国家安全的其他职权。

**第三十八条 【中央军事委员会职权】**中央军事委员会领导全国武装力量,决定军事战略和武装力量的作战方针,统一指挥维护国家安全的军事行动,制定涉及国家安全的军事法规,发布有关决定和命令。

**第三十九条 【中央国家机关职权】**中央国家机关各部门按照职责分工,贯彻执行国家安全方针政策和法律法规,管理指导本系统、本领域国家安全工作。

**第四十条 【地方各级人大及其常委会、人民政府、特别行政区职权】**地方各级人民代表大会和县级以上地方各级人民代表大会常务委员会在本行政区域内,保证国家安全法律法规的遵守和执行。

地方各级人民政府依照法律法规规定管理本行政区域内的国家安全工作。

香港特别行政区、澳门特别行政区应当履行维护国家安全的责任。

**第四十一条 【法院、检察院职权】**人民法院依照法律规定行使审判权，人民检察院依照法律规定行使检察权，惩治危害国家安全的犯罪。

**第四十二条 【国家安全机关、公安机关、军事机关职权】**国家安全机关、公安机关依法搜集涉及国家安全的情报信息，在国家安全工作中依法行使侦查、拘留、预审和执行逮捕以及法律规定的其他职权。

有关军事机关在国家安全工作中依法行使相关职权。

**第四十三条 【国家机关及其工作人员依法履行职责】**国家机关及其工作人员在履行职责时，应当贯彻维护国家安全的原则。

国家机关及其工作人员在国家安全工作和涉及国家安全活动中，应当严格依法履行职责，不得超越职权、滥用职权，不得侵犯个人和组织的合法权益。

## 第四章 国家安全制度

### 第一节 一般规定

**第四十四条 【统分结合、协调高效的领导机制】**中央国家安全领导机构实行统分结合、协调高效的国家安全制度与工作机制。

**第四十五条 【重点领域工作协调机制】**国家建立国家安全重点领域工作协调机制，统筹协调中央有关职能部门推进相关工作。

**第四十六条 【督促检查和责任追究机制】**国家建立国家安全工作督促检查和责任追究机制，确保国家安全战略和重大部署贯彻落实。

**第四十七条 【采取有效措施】**各部门、各地区应当采取有效措施，贯彻实施国家安全战略。

**第四十八条 【跨部门会商工作机制】**国家根据维护国家安全工作需要，建立跨部门会商工作机制，就维护国家安全工作的重大事项进行会商研判，提出意见和建议。

**第四十九条 【协同联动机制】**国家建立中央与地方之间、部门之间、军地之间以及地区之间关于国家安全的协同联动机制。

**第五十条 【决策咨询机制】**国家建立国家安全决策咨询机制，组织专家和有关方面开展对国家安全形势的分析研判，推进国家安全的科学决策。

### 第二节 情报信息

**第五十一条 【情报信息工作协调机制】**国家健全统一归口、反应灵敏、准确高效、运转顺畅的情报信息收集、研判和使用制度，建立情报信息工作协调机制，实现情报信息的及时收集、准确研判、有效使用和共享。

**第五十二条 【职责分工、及时上报机制】**国家安全机关、公安机关、有关军事机关根据职责分工，依法搜集涉及国家安全的情报信息。

国家机关各部门在履行职责过程中，对于获取的涉及国家安全的有关信息应当及时上报。

**第五十三条 【运用现代科技手段】**开展情报信息工作，应当充分运用现代科学技术手段，加强对情报信息的鉴别、筛选、综合和研判分析。

**第五十四条 【情报信息报送】**情报信息的报送应当及时、准确、客观，不得迟报、漏报、瞒报和谎报。

### 第三节 风险预防、评估和预警

**第五十五条 【国家安全风险预案】**国家制定完善应对各领域国家安全风险预案。

**第五十六条 【风险评估机制】**国家建立国家安全风险评估机制，定期开展各领域国家安全风险调查评估。

有关部门应当定期向中央国家安全领导机构提交国家安全风险评估报告。

**第五十七条 【风险监测预警制度】**国家健全国家安全风险监测预警制度，根据国家安全风险程度，及时发布相应风险预警。

**第五十八条 【报告制度】**对可能即将发生或者已经发生的危害国家安全的事件，县级以上地方人民政府及其有关主管部门应当立即按照规定向上一级人民政府及其有关主管部门报告，必要时可以越级上报。

### 第四节 审查监管

**第五十九条 【审查监管制度】**国家建立国家安全审查和监管的制度和机制，对影响或者可能影响国家安全的外商投资、特定物项和关键技术、网络信息技术产品和服务、涉及国家安全事项的建设项目，以及其他重大事项和活动，进行国家安全审查，有效预防和化解国家安全风险。

**第六十条　【依法审查及监督】**中央国家机关各部门依照法律、行政法规行使国家安全审查职责，依法作出国家安全审查决定或者提出安全审查意见并监督执行。

**第六十一条　【省、自治区、直辖市审查监管】**省、自治区、直辖市依法负责本行政区域内有关国家安全审查和监管工作。

### 第五节　危机管控

**第六十二条　【国家安全危机管控制度】**国家建立统一领导、协同联动、有序高效的国家安全危机管控制度。

**第六十三条　【应急预案】**发生危及国家安全的重大事件，中央有关部门和有关地方根据中央国家安全领导机构的统一部署，依法启动应急预案，采取管控处置措施。

**第六十四条　【特别重大事件依法采取措施】**发生危及国家安全的特别重大事件，需要进入紧急状态、战争状态或者进行全国总动员、局部动员的，由全国人民代表大会、全国人民代表大会常务委员会或者国务院依照宪法和有关法律规定的权限和程序决定。

**第六十五条　【特别措施】**国家决定进入紧急状态、战争状态或者实施国防动员后，履行国家安全危机管控职责的有关机关依照法律规定或者全国人民代表大会常务委员会规定，有权采取限制公民和组织权利、增加公民和组织义务的特别措施。

**第六十六条　【措施选择】**履行国家安全危机管控职责的有关机关依法采取处置国家安全危机的管控措施，应当与国家安全危机可能造成的危害的性质、程度和范围相适应；有多种措施可供选择的，应当选择有利于最大程度保护公民、组织权益的措施。

**第六十七条　【信息报告和发布机制】**国家健全国家安全危机的信息报告和发布机制。

国家安全危机事件发生后，履行国家安全危机管控职责的有关机关，应当按照规定准确、及时报告，并依法将有关国家安全危机事件发生、发展、管控处置及善后情况统一向社会发布。

**第六十八条　【解除措施】**国家安全威胁和危害得到控制或者消除后，应当及时解除管控处置措施，做好善后工作。

## 第五章 国家安全保障

**第六十九条 【国家安全保障体系】**国家健全国家安全保障体系，增强维护国家安全的能力。

**第七十条 【国家安全法律体系】**国家健全国家安全法律制度体系，推动国家安全法治建设。

**第七十一条 【经费和装备】**国家加大对国家安全各项建设的投入，保障国家安全工作所需经费和装备。

**第七十二条 【战略物资储备】**承担国家安全战略物资储备任务的单位，应当按照国家有关规定和标准对国家安全物资进行收储、保管和维护，定期调整更换，保证储备物资的使用效能和安全。

**第七十三条 【鼓励科技创新】**鼓励国家安全领域科技创新，发挥科技在维护国家安全中的作用。

**第七十四条 【工作人员制度】**国家采取必要措施，招录、培养和管理国家安全工作专门人才和特殊人才。

根据维护国家安全工作的需要，国家依法保护有关机关专门从事国家安全工作人员的身份和合法权益，加大人身保护和安置保障力度。

**第七十五条 【支持配合】**国家安全机关、公安机关、有关军事机关开展国家安全专门工作，可以依法采取必要手段和方式，有关部门和地方应当在职责范围内提供支持和配合。

**第七十六条 【宣传教育】**国家加强国家安全新闻宣传和舆论引导，通过多种形式开展国家安全宣传教育活动，将国家安全教育纳入国民教育体系和公务员教育培训体系，增强全民国家安全意识。

## 第六章 公民、组织的义务和权利

**第七十七条 【履行义务】**公民和组织应当履行下列维护国家安全的义务：

（一）遵守宪法、法律法规关于国家安全的有关规定；

（二）及时报告危害国家安全活动的线索；

（三）如实提供所知悉的涉及危害国家安全活动的证据；

（四）为国家安全工作提供便利条件或者其他协助；

（五）向国家安全机关、公安机关和有关军事机关提供必要的支持和协助；

（六）保守所知悉的国家秘密；

（七）法律、行政法规规定的其他义务。

任何个人和组织不得有危害国家安全的行为，不得向危害国家安全的个人或者组织提供任何资助或者协助。

**第七十八条　【安全教育】**机关、人民团体、企业事业组织和其他社会组织应当对本单位的人员进行维护国家安全的教育，动员、组织本单位的人员防范、制止危害国家安全的行为。

**第七十九条　【配合义务】**企业事业组织根据国家安全工作的要求，应当配合有关部门采取相关安全措施。

**第八十条　【法律保护】**公民和组织支持、协助国家安全工作的行为受法律保护。

因支持、协助国家安全工作，本人或者其近亲属的人身安全面临危险的，可以向公安机关、国家安全机关请求予以保护。公安机关、国家安全机关应当会同有关部门依法采取保护措施。

**第八十一条　【抚恤优待】**公民和组织因支持、协助国家安全工作导致财产损失的，按照国家有关规定给予补偿；造成人身伤害或者死亡的，按照国家有关规定给予抚恤优待。

**第八十二条　【申诉、控告、检举权利】**公民和组织对国家安全工作有向国家机关提出批评建议的权利，对国家机关及其工作人员在国家安全工作中的违法失职行为有提出申诉、控告和检举的权利。

**第八十三条　【特别措施】**在国家安全工作中，需要采取限制公民权利和自由的特别措施时，应当依法进行，并以维护国家安全的实际需要为限度。

## 第七章　附　　则

**第八十四条　【施行日期】**本法自公布之日起施行。

# 中华人民共和国国家情报法

*1. 2017年6月27日第十二届全国人民代表大会常务委员会第二十八次会议通过*

*2. 根据2018年4月27日第十三届全国人民代表大会常务委员会第二次会议《关于修改〈中华人民共和国国境卫生检疫法〉等六部法律的决定》修正*

## 目　　录



## 第一章　总　　则

**第一条　【立法目的】**为了加强和保障国家情报工作，维护国家安全和利益，根据宪法，制定本法。

**第二条　【国家情报工作的意义】**国家情报工作坚持总体国家安全观，为国家重大决策提供情报参考，为防范和化解危害国家安全的风险提供情报支持，维护国家政权、主权、统一和领土完整、人民福祉、经济社会可持续发展和国家其他重大利益。

**第三条　【国家情报体制】**国家建立健全集中统一、分工协作、科学高效的国家情报体制。

中央国家安全领导机构对国家情报工作实行统一领导，制定国家情报工作方针政策，规划国家情报工作整体发展，建立健全国家情报工作协调机制，统筹协调各领域国家情报工作，研究决定国家情报工作中的重大事项。

中央军事委员会统一领导和组织军队情报工作。

**第四条 【工作原则】**国家情报工作坚持公开工作与秘密工作相结合、专门工作与群众路线相结合、分工负责与协作配合相结合的原则。

**第五条 【分工配合】**国家安全机关和公安机关情报机构、军队情报机构(以下统称国家情报工作机构)按照职责分工,相互配合,做好情报工作、开展情报行动。

各有关国家机关应当根据各自职能和任务分工,与国家情报工作机构密切配合。

**第六条 【国家情报工作机构及其工作人员的职责】**国家情报工作机构及其工作人员应当忠于国家和人民,遵守宪法和法律,忠于职守,纪律严明,清正廉洁,无私奉献,坚决维护国家安全和利益。

**第七条 【配合义务】**任何组织和公民都应当依法支持、协助和配合国家情报工作,保守所知悉的国家情报工作秘密。

国家对支持、协助和配合国家情报工作的个人和组织给予保护。

**第八条 【尊重和保障人权】**国家情报工作应当依法进行,尊重和保障人权,维护个人和组织的合法权益。

**第九条 【表彰和奖励】**国家对在国家情报工作中作出重大贡献的个人和组织给予表彰和奖励。

## 第二章 国家情报工作机构职权

**第十条 【根据需要在境内外开展情报工作】**国家情报工作机构根据工作需要,依法使用必要的方式、手段和渠道,在境内外开展情报工作。

**第十一条 【依法搜集和处理相关情报】**国家情报工作机构应当依法搜集和处理境外机构、组织、个人实施或者指使、资助他人实施的,或者境内外机构、组织、个人相勾结实施的危害中华人民共和国国家安全和利益行为的相关情报,为防范、制止和惩治上述行为提供情报依据或者参考。

**第十二条 【委托个人和组织开展相关工作】**国家情报工作机构可以按照国家有关规定,与有关个人和组织建立合作关系,委托开展相关工作。

**第十三条 【对外交流与合作】**国家情报工作机构可以按照国家有关规定,开展对外交流与合作。

**第十四条 【有权要求协助配合】**国家情报工作机构依法开展情报工作,可以要求有关机关、组织和公民提供必要的支持、协助和配合。

**第十五条 【技术侦察措施和身份保护措施】**国家情报工作机构根据工作需要,按照国家有关规定,经过严格的批准手续,可以采取技术侦察措施和身份保护措施。

**第十六条 【进入限制区域执行任务】**国家情报工作机构工作人员依法执行任务时,按照国家有关规定,经过批准,出示相应证件,可以进入限制进入的有关区域、场所,可以向有关机关、组织和个人了解、询问有关情况,可以查阅或者调取有关的档案、资料、物品。

**第十七条 【通行便利与优先使用征用】**国家情报工作机构工作人员因执行紧急任务需要,经出示相应证件,可以享受通行便利。

国家情报工作机构工作人员根据工作需要,按照国家有关规定,可以优先使用或者依法征用有关机关、组织和个人的交通工具、通信工具、场地和建筑物,必要时,可以设置相关工作场所和设备、设施,任务完成后应当及时归还或者恢复原状,并依照规定支付相应费用;造成损失的,应当补偿。

**第十八条 【免检便利】**国家情报工作机构根据工作需要,按照国家有关规定,可以提请海关、出入境边防检查等机关提供免检等便利。

**第十九条 【权利限制】**国家情报工作机构及其工作人员应当严格依法办事,不得超越职权、滥用职权,不得侵犯公民和组织的合法权益,不得利用职务便利为自己或者他人谋取私利,不得泄露国家秘密、商业秘密和个人信息。

## 第三章 国家情报工作保障

**第二十条 【法律保护】**国家情报工作机构及其工作人员依法开展情报工作,受法律保护。

**第二十一条 【特殊保障及管理制度】**国家加强国家情报工作机构建设,对其机构设置、人员、编制、经费、资产实行特殊管理,给予特殊保障。

国家建立适应情报工作需要的人员录用、选调、考核、培训、待遇、退出等管理制度。

**第二十二条 【提高工作能力】**国家情报工作机构应当适应情报工作需

要,提高开展情报工作的能力。

国家情报工作机构应当运用科学技术手段,提高对情报信息的鉴别、筛选、综合和研判分析水平。

**第二十三条 【保护人身安全】**国家情报工作机构工作人员因执行任务,或者与国家情报工作机构建立合作关系的人员因协助国家情报工作,其本人或者近亲属人身安全受到威胁时,国家有关部门应当采取必要措施,予以保护、营救。

**第二十四条 【妥善安置】**对为国家情报工作作出贡献并需要安置的人员,国家给予妥善安置。

公安、民政、财政、卫生、教育、人力资源社会保障、退役军人事务、医疗保障等有关部门以及国有企业事业单位应当协助国家情报工作机构做好安置工作。

**第二十五条 【抚恤优待】**对因开展国家情报工作或者支持、协助和配合国家情报工作导致伤残或者牺牲、死亡的人员,按照国家有关规定给予相应的抚恤优待。

个人和组织因支持、协助和配合国家情报工作导致财产损失的,按照国家有关规定给予补偿。

**第二十六条 【监督和安全审查制度】**国家情报工作机构应当建立健全严格的监督和安全审查制度,对其工作人员遵守法律和纪律等情况进行监督,并依法采取必要措施,定期或者不定期进行安全审查。

**第二十七条 【检举、控告】**任何个人和组织对国家情报工作机构及其工作人员超越职权、滥用职权和其他违法违纪行为,有权检举、控告。受理检举、控告的有关机关应当及时查处,并将查处结果告知检举人、控告人。

对依法检举、控告国家情报工作机构及其工作人员的个人和组织,任何个人和组织不得压制和打击报复。

国家情报工作机构应当为个人和组织检举、控告、反映情况提供便利渠道,并为检举人、控告人保密。

## 第四章 法律责任

**第二十八条 【阻碍国家情报工作机构及其工作人员工作的法律责任】**

违反本法规定,阻碍国家情报工作机构及其工作人员依法开展情报工作的,由国家情报工作机构建议相关单位给予处分或者由国家安全机关、公安机关处警告或者十五日以下拘留;构成犯罪的,依法追究刑事责任。

**第二十九条 【泄露与国家情报工作有关的国家秘密的法律责任】**泄露与国家情报工作有关的国家秘密的,由国家情报工作机构建议相关单位给予处分或者由国家安全机关、公安机关处警告或者十五日以下拘留;构成犯罪的,依法追究刑事责任。

**第三十条 【冒充国家情报相关工作人员违法行为的法律责任】**冒充国家情报工作机构工作人员或者其他相关人员实施招摇撞骗、诈骗、敲诈勒索等行为的,依照《中华人民共和国治安管理处罚法》的规定处罚;构成犯罪的,依法追究刑事责任。

**第三十一条 【国家情报工作机构及其工作人员的法律责任】**国家情报工作机构及其工作人员有超越职权、滥用职权,侵犯公民和组织的合法权益,利用职务便利为自己或者他人谋取私利,泄露国家秘密、商业秘密和个人信息等违法违纪行为的,依法给予处分;构成犯罪的,依法追究刑事责任。

### 第五章 附 则

**第三十二条 【施行日期】**本法自 2017 年 6 月 28 日起施行。

# 中华人民共和国反间谍法

*1. 2014 年 11 月 1 日第十二届全国人民代表大会常务委员会第十一次会议通过*
*2. 2023 年 4 月 26 日第十四届全国人民代表大会常务委员会第二次会议修订*
*3. 自 2023 年 7 月 1 日起施行*

## 目 录

## 第一章　总　　则

**第一条　【立法目的】**为了加强反间谍工作，防范、制止和惩治间谍行为，维护国家安全，保护人民利益，根据宪法，制定本法。

**第二条　【基本原则】**反间谍工作坚持党中央集中统一领导，坚持总体国家安全观，坚持公开工作与秘密工作相结合、专门工作与群众路线相结合，坚持积极防御、依法惩治、标本兼治，筑牢国家安全人民防线。

**第三条　【尊重和保障人权】**反间谍工作应当依法进行，尊重和保障人权，保障个人和组织的合法权益。

**第四条　【间谍行为】**本法所称间谍行为，是指下列行为：

（一）间谍组织及其代理人实施或者指使、资助他人实施，或者境内外机构、组织、个人与其相勾结实施的危害中华人民共和国国家安全的活动；

（二）参加间谍组织或者接受间谍组织及其代理人的任务，或者投靠间谍组织及其代理人；

（三）间谍组织及其代理人以外的其他境外机构、组织、个人实施或者指使、资助他人实施，或者境内机构、组织、个人与其相勾结实施的窃取、刺探、收买、非法提供国家秘密、情报以及其他关系国家安全和利益的文件、数据、资料、物品，或者策动、引诱、胁迫、收买国家工作人员叛变的活动；

（四）间谍组织及其代理人实施或者指使、资助他人实施，或者境内外机构、组织、个人与其相勾结实施针对国家机关、涉密单位或者关键信息基础设施等的网络攻击、侵入、干扰、控制、破坏等活动；

（五）为敌人指示攻击目标；

（六）进行其他间谍活动。

间谍组织及其代理人在中华人民共和国领域内，或者利用中华人民共和国的公民、组织或者其他条件，从事针对第三国的间谍活动，危害中华人民共和国国家安全的，适用本法。

**第五条** **【统筹协调】**国家建立反间谍工作协调机制，统筹协调反间谍工作中的重大事项，研究、解决反间谍工作中的重大问题。

**第六条** **【主管机关】**国家安全机关是反间谍工作的主管机关。

公安、保密等有关部门和军队有关部门按照职责分工，密切配合，加强协调，依法做好有关工作。

**第七条** **【公民、国家机关及各单位的义务】**中华人民共和国公民有维护国家的安全、荣誉和利益的义务，不得有危害国家的安全、荣誉和利益的行为。

一切国家机关和武装力量、各政党和各人民团体、企业事业组织和其他社会组织，都有防范、制止间谍行为，维护国家安全的义务。

国家安全机关在反间谍工作中必须依靠人民的支持，动员、组织人民防范、制止间谍行为。

**第八条** **【支持、协助反间谍工作】**任何公民和组织都应当依法支持、协助反间谍工作，保守所知悉的国家秘密和反间谍工作秘密。

**第九条** **【保护和奖励】**国家对支持、协助反间谍工作的个人和组织给予保护。

对举报间谍行为或者在反间谍工作中做出重大贡献的个人和组织，按照国家有关规定给予表彰和奖励。

**第十条** **【追究境外机构、组织、个人】**境外机构、组织、个人实施或者指使、资助他人实施的，或者境内机构、组织、个人与境外机构、组织、个人相勾结实施的危害中华人民共和国国家安全的间谍行为，都必须受到法律追究。

**第十一条** **【国家安全机关及其工作人员的职责】**国家安全机关及其工作人员在工作中，应当严格依法办事，不得超越职权、滥用职权，不得侵犯个人和组织的合法权益。

国家安全机关及其工作人员依法履行反间谍工作职责获取的个人和组织的信息，只能用于反间谍工作。对属于国家秘密、工作秘密、商业秘密和个人隐私、个人信息的，应当保密。

## 第二章 安 全 防 范

**第十二条 【国家机关、人民团体、企事业单位的安全防范责任】**国家机关、人民团体、企业事业组织和其他社会组织承担本单位反间谍安全防范工作的主体责任，落实反间谍安全防范措施，对本单位的人员进行维护国家安全的教育，动员、组织本单位的人员防范、制止间谍行为。

地方各级人民政府、相关行业主管部门按照职责分工，管理本行政区域、本行业有关反间谍安全防范工作。

国家安全机关依法协调指导、监督检查反间谍安全防范工作。

**第十三条 【反间谍宣传教育】**各级人民政府和有关部门应当组织开展反间谍安全防范宣传教育，将反间谍安全防范知识纳入教育、培训、普法宣传内容，增强全民反间谍安全防范意识和国家安全素养。

新闻、广播、电视、文化、互联网信息服务等单位，应当面向社会有针对性地开展反间谍宣传教育。

国家安全机关应当根据反间谍安全防范形势，指导有关单位开展反间谍宣传教育活动，提高防范意识和能力。

**第十四条 【不得非法获取、持有属于国家秘密的物品】**任何个人和组织都不得非法获取、持有属于国家秘密的文件、数据、资料、物品。

**第十五条 【专用间谍器材管控】**任何个人和组织都不得非法生产、销售、持有、使用间谍活动特殊需要的专用间谍器材。专用间谍器材由国务院国家安全主管部门依照国家有关规定确认。

**第十六条 【举报及处理】**任何公民和组织发现间谍行为，应当及时向国家安全机关举报；向公安机关等其他国家机关、组织举报的，相关国家机关、组织应当立即移送国家安全机关处理。

国家安全机关应当将受理举报的电话、信箱、网络平台等向社会公开，依法及时处理举报信息，并为举报人保密。

**第十七条 【建立反间谍安全防范重点单位管理制度】**国家建立反间谍安全防范重点单位管理制度。

反间谍安全防范重点单位应当建立反间谍安全防范工作制度，履行反间谍安全防范工作要求，明确内设职能部门和人员承担反间谍安全防范职责。

**第十八条　【加强对工作人员的教育和管理】**反间谍安全防范重点单位应当加强对工作人员反间谍安全防范的教育和管理，对离岗离职人员脱密期内履行反间谍安全防范义务的情况进行监督检查。

**第十九条　【反间谍物理防范措施】**反间谍安全防范重点单位应当加强对涉密事项、场所、载体等的日常安全防范管理，采取隔离加固、封闭管理、设置警戒等反间谍物理防范措施。

**第二十条　【反间谍技术防范】**反间谍安全防范重点单位应当按照反间谍技术防范的要求和标准，采取相应的技术措施和其他必要措施，加强对要害部门部位、网络设施、信息系统的反间谍技术防范。

**第二十一条　【建设项目规划管理】**在重要国家机关、国防军工单位和其他重要涉密单位以及重要军事设施的周边安全控制区域内新建、改建、扩建建设项目的，由国家安全机关实施涉及国家安全事项的建设项目许可。

县级以上地方各级人民政府编制国民经济和社会发展规划、国土空间规划等有关规划，应当充分考虑国家安全因素和划定的安全控制区域，征求国家安全机关的意见。

安全控制区域的划定应当统筹发展和安全，坚持科学合理、确有必要的原则，由国家安全机关会同发展改革、自然资源、住房城乡建设、保密、国防科技工业等部门以及军队有关部门共同划定，报省、自治区、直辖市人民政府批准并动态调整。

涉及国家安全事项的建设项目许可的具体实施办法，由国务院国家安全主管部门会同有关部门制定。

**第二十二条　【反间谍技术防范标准】**国家安全机关根据反间谍工作需要，可以会同有关部门制定反间谍技术防范标准，指导有关单位落实反间谍技术防范措施，对存在隐患的单位，经过严格的批准手续，可以进行反间谍技术防范检查和检测。

## 第三章　调查处置

**第二十三条　【国家安全机关的职权】**国家安全机关在反间谍工作中依法行使本法和有关法律规定的职权。

**第二十四条　【查验、问询】**国家安全机关工作人员依法执行反间谍工作任务时,依照规定出示工作证件,可以查验中国公民或者境外人员的身份证明,向有关个人和组织问询有关情况,对身份不明、有间谍行为嫌疑的人员,可以查看其随带物品。

**第二十五条 【查验电子设备、设施及有关程序、工具】**国家安全机关工作人员依法执行反间谍工作任务时,经设区的市级以上国家安全机关负责人批准,出示工作证件,可以查验有关个人和组织的电子设备、设施及有关程序、工具。查验中发现存在危害国家安全情形的,国家安全机关应当责令其采取措施立即整改。拒绝整改或者整改后仍存在危害国家安全隐患的,可以予以查封、扣押。

对依照前款规定查封、扣押的电子设备、设施及有关程序、工具,在危害国家安全的情形消除后,国家安全机关应当及时解除查封、扣押。

**第二十六条 【有关个人和组织予以配合】**国家安全机关工作人员依法执行反间谍工作任务时,根据国家有关规定,经设区的市级以上国家安全机关负责人批准,可以查阅、调取有关的文件、数据、资料、物品,有关个人和组织应当予以配合。查阅、调取不得超出执行反间谍工作任务所需的范围和限度。

**第二十七条 【传唤】**需要传唤违反本法的人员接受调查的,经国家安全机关办案部门负责人批准,使用传唤证传唤。对现场发现的违反本法的人员,国家安全机关工作人员依照规定出示工作证件,可以口头传唤,但应当在询问笔录中注明。传唤的原因和依据应当告知被传唤人。对无正当理由拒不接受传唤或者逃避传唤的人,可以强制传唤。

国家安全机关应当在被传唤人所在市、县内的指定地点或者其住所进行询问。

国家安全机关对被传唤人应当及时询问查证。询问查证的时间不得超过八小时;情况复杂,可能适用行政拘留或者涉嫌犯罪的,询问查证的时间不得超过二十四小时。国家安全机关应当为被传唤人提供必要的饮食和休息时间。严禁连续传唤。

除无法通知或者可能妨碍调查的情形以外,国家安全机关应当及时将传唤的原因通知被传唤人家属。在上述情形消失后,应当立即通知被传唤人家属。

**第二十八条 【检查】**国家安全机关调查间谍行为，经设区的市级以上国家安全机关负责人批准，可以依法对涉嫌间谍行为的人身、物品、场所进行检查。

检查女性身体的，应当由女性工作人员进行。

**第二十九条 【查询财产信息】**国家安全机关调查间谍行为，经设区的市级以上国家安全机关负责人批准，可以查询涉嫌间谍行为人员的相关财产信息。

**第三十条 【查封、扣押、冻结】**国家安全机关调查间谍行为，经设区的市级以上国家安全机关负责人批准，可以对涉嫌用于间谍行为的场所、设施或者财物依法查封、扣押、冻结；不得查封、扣押、冻结与被调查的间谍行为无关的场所、设施或者财物。

**第三十一条 【采取查阅、调取、传唤等措施的程序和要求】**国家安全机关工作人员在反间谍工作中采取查阅、调取、传唤、检查、查询、查封、扣押、冻结等措施，应当由二人以上进行，依照有关规定出示工作证件及相关法律文书，并由相关人员在有关笔录等书面材料上签名、盖章。

国家安全机关工作人员进行检查、查封、扣押等重要取证工作，应当对全过程进行录音录像，留存备查。

**第三十二条 【如实提供证据】**在国家安全机关调查了解有关间谍行为的情况、收集有关证据时，有关个人和组织应当如实提供，不得拒绝。

**第三十三条 【出境限制】**对出境后可能对国家安全造成危害，或者对国家利益造成重大损失的中国公民，国务院国家安全主管部门可以决定其在一定期限内不准出境，并通知移民管理机构。

对涉嫌间谍行为人员，省级以上国家安全机关可以通知移民管理机构不准其出境。

**第三十四条 【入境管控】**对入境后可能进行危害中华人民共和国国家安全活动的境外人员，国务院国家安全主管部门可以通知移民管理机构不准其入境。

**第三十五条 【撤销不准出境、入境决定】**对国家安全机关通知不准出境或者不准入境的人员，移民管理机构应当按照国家有关规定执行；不准出境、入境情形消失的，国家安全机关应当及时撤销不准出境、入境决定，并通知移民管理机构。

**第三十六条 【网络风险应对】**国家安全机关发现涉及间谍行为的网络信息内容或者网络攻击等风险，应当依照《中华人民共和国网络安全法》规定的职责分工，及时通报有关部门，由其依法处置或者责令电信业务经营者、互联网服务提供者及时采取修复漏洞、加固网络防护、停止传输、消除程序和内容、暂停相关服务、下架相关应用、关闭相关网站等措施，保存相关记录。情况紧急，不立即采取措施将对国家安全造成严重危害的，由国家安全机关责令有关单位修复漏洞、停止相关传输、暂停相关服务，并通报有关部门。

经采取相关措施，上述信息内容或者风险已经消除的，国家安全机关和有关部门应当及时作出恢复相关传输和服务的决定。

**第三十七条 【技术侦察和身份保护措施】**国家安全机关因反间谍工作需要，根据国家有关规定，经过严格的批准手续，可以采取技术侦察措施和身份保护措施。

**第三十八条 【鉴定和评估】**对违反本法规定，涉嫌犯罪，需要对有关事项是否属于国家秘密或者情报进行鉴定以及需要对危害后果进行评估的，由国家保密部门或者省、自治区、直辖市保密部门按照程序在一定期限内进行鉴定和组织评估。

**第三十九条 【立案侦查】**国家安全机关经调查，发现间谍行为涉嫌犯罪的，应当依照《中华人民共和国刑事诉讼法》的规定立案侦查。

## 第四章 保障与监督

**第四十条 【执行职务受法律保护】**国家安全机关工作人员依法履行职责，受法律保护。

**第四十一条 【物流运营单位、电信业务经营者、互联网服务提供者的义务】**国家安全机关依法调查间谍行为，邮政、快递等物流运营单位和电信业务经营者、互联网服务提供者应当提供必要的支持和协助。

**第四十二条 【执行紧急任务交通优先】**国家安全机关工作人员因执行紧急任务需要，经出示工作证件，享有优先乘坐公共交通工具、优先通行等通行便利。

**第四十三条 【进入有关场所】**国家安全机关工作人员依法执行任务时，依照规定出示工作证件，可以进入有关场所、单位；根据国家有关规定，经过批准，出示工作证件，可以进入限制进入的有关地区、场所、单位。

**第四十四条** 【**优先使用与依法征用**】国家安全机关因反间谍工作需要，根据国家有关规定，可以优先使用或者依法征用国家机关、人民团体、企业事业组织和其他社会组织以及个人的交通工具、通信工具、场地和建筑物等，必要时可以设置相关工作场所和设施设备，任务完成后应当及时归还或者恢复原状，并依照规定支付相应费用；造成损失的，应当给予补偿。

**第四十五条** 【**通关便利**】国家安全机关因反间谍工作需要，根据国家有关规定，可以提请海关、移民管理等检查机关对有关人员提供通关便利，对有关资料、器材等予以免检。有关检查机关应当依法予以协助。

**第四十六条** 【**保护、营救和补偿**】国家安全机关工作人员因执行任务，或者个人因协助执行反间谍工作任务，本人或者其近亲属的人身安全受到威胁时，国家安全机关应当会同有关部门依法采取必要措施，予以保护、营救。

个人因支持、协助反间谍工作，本人或者其近亲属的人身安全面临危险的，可以向国家安全机关请求予以保护。国家安全机关应当会同有关部门依法采取保护措施。

个人和组织因支持、协助反间谍工作导致财产损失的，根据国家有关规定给予补偿。

**第四十七条** 【**妥善安置**】对为反间谍工作做出贡献并需要安置的人员，国家给予妥善安置。

公安、民政、财政、卫生健康、教育、人力资源和社会保障、退役军人事务、医疗保障、移民管理等有关部门以及国有企业事业单位应当协助国家安全机关做好安置工作。

**第四十八条** 【**抚恤优待**】对因开展反间谍工作或者支持、协助反间谍工作导致伤残或者牺牲、死亡的人员，根据国家有关规定给予相应的抚恤优待。

**第四十九条** 【**科技创新**】国家鼓励反间谍领域科技创新，发挥科技在反间谍工作中的作用。

**第五十条** **【人才建设】**国家安全机关应当加强反间谍专业力量人才队伍建设和专业训练，提升反间谍工作能力。

对国家安全机关工作人员应当有计划地进行政治、理论和业务培训。培训应当坚持理论联系实际、按需施教、讲求实效，提高专业能力。

**第五十一条** **【安全审查】**国家安全机关应当严格执行内部监督和安全审查制度，对其工作人员遵守法律和纪律等情况进行监督，并依法采取必要措施，定期或者不定期进行安全审查。

**第五十二条** **【检举、控告】**任何个人和组织对国家安全机关及其工作人员超越职权、滥用职权和其他违法行为，都有权向上级国家安全机关或者监察机关、人民检察院等有关部门检举、控告。受理检举、控告的国家安全机关或者监察机关、人民检察院等有关部门应当及时查清事实，依法处理，并将处理结果及时告知检举人、控告人。

对支持、协助国家安全机关工作或者依法检举、控告的个人和组织，任何个人和组织不得压制和打击报复。

## 第五章 法律责任

**第五十三条** **【刑事责任】**实施间谍行为，构成犯罪的，依法追究刑事责任。

**第五十四条** **【行政处罚】**个人实施间谍行为，尚不构成犯罪的，由国家安全机关予以警告或者处十五日以下行政拘留，单处或者并处五万元以下罚款，违法所得在五万元以上的，单处或者并处违法所得一倍以上五倍以下罚款，并可以由有关部门依法予以处分。

明知他人实施间谍行为，为其提供信息、资金、物资、劳务、技术、场所等支持、协助，或者窝藏、包庇，尚不构成犯罪的，依照前款的规定处罚。

单位有前两款行为的，由国家安全机关予以警告，单处或者并处五十万元以下罚款，违法所得在五十万元以上的，单处或者并处违法所得一倍以上五倍以下罚款，并对直接负责的主管人员和其他直接责任人员，依照第一款的规定处罚。

国家安全机关根据相关单位、人员违法情节和后果，可以建议有关主管部门依法责令停止从事相关业务、提供相关服务或者责令停产停业、吊销有关证照、撤销登记。有关主管部门应当将作出行政处理的情况及时反馈国家安全机关。

**第五十五条** **【自首、立功】**实施间谍行为，有自首或者立功表现的，可以从轻、减轻或者免除处罚；有重大立功表现的，给予奖励。

在境外受胁迫或者受诱骗参加间谍组织、敌对组织，从事危害中华人民共和国国家安全的活动，及时向中华人民共和国驻外机构如实说明情况，或者入境后直接或者通过所在单位及时向国家安全机关如实说明情况，并有悔改表现的，可以不予追究。

**第五十六条** **【未履行反间谍安全防范义务的法律责任】**国家机关、人民团体、企业事业组织和其他社会组织未按照本法规定履行反间谍安全防范义务的，国家安全机关可以责令改正；未按照要求改正的，国家安全机关可以约谈相关负责人，必要时可以将约谈情况通报该单位上级主管部门；产生危害后果或者不良影响的，国家安全机关可以予以警告、通报批评；情节严重的，对负有责任的领导人员和直接责任人员，由有关部门依法予以处分。

**第五十七条** **【违规建设的法律责任】**违反本法第二十一条规定新建、改建、扩建建设项目的，由国家安全机关责令改正，予以警告；拒不改正或者情节严重的，责令停止建设或者使用、暂扣或者吊销许可证件，或者建议有关主管部门依法予以处理。

**第五十八条** **【物流运营单位、电信业务经营者、互联网服务提供者违规的法律责任】**违反本法第四十一条规定的，由国家安全机关责令改正，予以警告或者通报批评；拒不改正或者情节严重的，由有关主管部门依照相关法律法规予以处罚。

**第五十九条** **【拒不配合数据调取的法律责任】**违反本法规定，拒不配合数据调取的，由国家安全机关依照《中华人民共和国数据安全法》的有关规定予以处罚。

**第六十条** **【涉嫌刑事犯罪及行政处罚】**违反本法规定，有下列行为之一，构成犯罪的，依法追究刑事责任；尚不构成犯罪的，由国家安全机关予以警告或者处十日以下行政拘留，可以并处三万元以下罚款：

（一）泄露有关反间谍工作的国家秘密；

（二）明知他人有间谍犯罪行为，在国家安全机关向其调查有关情况、收集有关证据时，拒绝提供；

（三）故意阻碍国家安全机关依法执行任务；

（四）隐藏、转移、变卖、损毁国家安全机关依法查封、扣押、冻结的财物；

（五）明知是间谍行为的涉案财物而窝藏、转移、收购、代为销售或者以其他方法掩饰、隐瞒；

（六）对依法支持、协助国家安全机关工作的个人和组织进行打击报复。

**第六十一条　【非法获取、持有国家秘密的法律责任】**非法获取、持有属于国家秘密的文件、数据、资料、物品，以及非法生产、销售、持有、使用专用间谍器材，尚不构成犯罪的，由国家安全机关予以警告或者处十日以下行政拘留。

**第六十二条　【对查封、扣押、冻结财物的处理】**国家安全机关对依照本法查封、扣押、冻结的财物，应当妥善保管，并按照下列情形分别处理：

（一）涉嫌犯罪的，依照《中华人民共和国刑事诉讼法》等有关法律的规定处理；

（二）尚不构成犯罪，有违法事实的，对依法应当没收的予以没收，依法应当销毁的予以销毁；

（三）没有违法事实的，或者与案件无关的，应当解除查封、扣押、冻结，并及时返还相关财物；造成损失的，应当依法予以赔偿。

**第六十三条　【对涉案财物的处理】**涉案财物符合下列情形之一的，应当依法予以追缴、没收，或者采取措施消除隐患：

（一）违法所得的财物及其孳息、收益，供实施间谍行为所用的本人财物；

（二）非法获取、持有的属于国家秘密的文件、数据、资料、物品；

（三）非法生产、销售、持有、使用的专用间谍器材。

**第六十四条　【对非法获取利益的处理】**行为人及其近亲属或者其他相关人员，因行为人实施间谍行为从间谍组织及其代理人获取的所有利益，由国家安全机关依法采取追缴、没收等措施。

**第六十五条　【上缴国库】**国家安全机关依法收缴的罚款以及没收的财

物,一律上缴国库。

**第六十六条 【境外人员违法的法律责任】**境外人员违反本法的,国务院国家安全主管部门可以决定限期出境,并决定其不准入境的期限。未在规定期限内离境的,可以遣送出境。

对违反本法的境外人员,国务院国家安全主管部门决定驱逐出境的,自被驱逐出境之日起十年内不准入境,国务院国家安全主管部门的处罚决定为最终决定。

**第六十七条 【行政处罚前的告知】**国家安全机关作出行政处罚决定之前,应当告知当事人拟作出的行政处罚内容及事实、理由、依据,以及当事人依法享有的陈述、申辩、要求听证等权利,并依照《中华人民共和国行政处罚法》的有关规定实施。

**第六十八条 【行政复议】**当事人对行政处罚决定、行政强制措施决定、行政许可决定不服的,可以自收到决定书之日起六十日内,依法申请复议;对复议决定不服的,可以自收到复议决定书之日起十五日内,依法向人民法院提起诉讼。

**第六十九条 【国家安全机关工作人员的法律责任】**国家安全机关工作人员滥用职权、玩忽职守、徇私舞弊,或者有非法拘禁、刑讯逼供、暴力取证、违反规定泄露国家秘密、工作秘密、商业秘密和个人隐私、个人信息等行为,依法予以处分,构成犯罪的,依法追究刑事责任。

## 第六章 附 则

**第七十条 【参照适用】**国家安全机关依照法律、行政法规和国家有关规定,履行防范、制止和惩治间谍行为以外的危害国家安全行为的职责,适用本法的有关规定。

公安机关在依法履行职责过程中发现、惩治危害国家安全的行为,适用本法的有关规定。

**第七十一条 【施行日期】**本法自 2023 年 7 月 1 日起施行。

# 中华人民共和国反间谍法实施细则

*1. 2017年11月22日国务院令第692号公布*
*2. 自公布之日起施行*

## 第一章 总 则

**第一条** 根据《中华人民共和国反间谍法》(以下简称《反间谍法》),制定本实施细则。

**第二条** 国家安全机关负责本细则的实施。

公安、保密行政管理等其他有关部门和军队有关部门按照职责分工,密切配合,加强协调,依法做好有关工作。

**第三条** 《反间谍法》所称"境外机构、组织"包括境外机构、组织在中华人民共和国境内设立的分支(代表)机构和分支组织;所称"境外个人"包括居住在中华人民共和国境内不具有中华人民共和国国籍的人。

**第四条** 《反间谍法》所称"间谍组织代理人",是指受间谍组织或者其成员的指使、委托、资助,进行或者授意、指使他人进行危害中华人民共和国国家安全活动的人。

间谍组织和间谍组织代理人由国务院国家安全主管部门确认。

**第五条** 《反间谍法》所称"敌对组织",是指敌视中华人民共和国人民民主专政的政权和社会主义制度,危害国家安全的组织。

敌对组织由国务院国家安全主管部门或者国务院公安部门确认。

**第六条** 《反间谍法》所称"资助"实施危害中华人民共和国国家安全的间谍行为,是指境内外机构、组织、个人的下列行为:

(一)向实施间谍行为的组织、个人提供经费、场所和物资的;

(二)向组织、个人提供用于实施间谍行为的经费、场所和物资的。

**第七条** 《反间谍法》所称"勾结"实施危害中华人民共和国国家安全的间谍行为,是指境内外组织、个人的下列行为:

（一）与境外机构、组织、个人共同策划或者进行危害国家安全的间谍活动的；

（二）接受境外机构、组织、个人的资助或者指使，进行危害国家安全的间谍活动的；

（三）与境外机构、组织、个人建立联系，取得支持、帮助，进行危害国家安全的间谍活动的。

**第八条**　下列行为属于《反间谍法》第三十九条所称"间谍行为以外的其他危害国家安全行为"：

（一）组织、策划、实施分裂国家、破坏国家统一，颠覆国家政权、推翻社会主义制度的；

（二）组织、策划、实施危害国家安全的恐怖活动的；

（三）捏造、歪曲事实，发表、散布危害国家安全的文字或者信息，或者制作、传播、出版危害国家安全的音像制品或者其他出版物的；

（四）利用设立社会团体或者企业事业组织，进行危害国家安全活动的；

（五）利用宗教进行危害国家安全活动的；

（六）组织、利用邪教进行危害国家安全活动的；

（七）制造民族纠纷，煽动民族分裂，危害国家安全的；

（八）境外个人违反有关规定，不听劝阻，擅自会见境内有危害国家安全行为或者有危害国家安全行为重大嫌疑的人员的。

## 第二章　国家安全机关在反间谍工作中的职权

**第九条**　境外个人被认为入境后可能进行危害中华人民共和国国家安全活动的，国务院国家安全主管部门可以决定其在一定时期内不得入境。

**第十条**　对背叛祖国、危害国家安全的犯罪嫌疑人，依据《反间谍法》第八条的规定，国家安全机关可以通缉、追捕。

**第十一条**　国家安全机关依法执行反间谍工作任务时，有权向有关组织和人员调查询问有关情况。

**第十二条**　国家安全机关工作人员依法执行反间谍工作任务时，对发现身份不明、有危害国家安全行为的嫌疑人员，可以检查其随带物品。

**第十三条** 国家安全机关执行反间谍工作紧急任务的车辆,可以配置特别通行标志和警灯、警报器。

**第十四条** 国家安全机关工作人员依法执行反间谍工作任务的行为,不受其他组织和个人的非法干涉。

国家安全机关工作人员依法执行反间谍工作任务时,应当出示国家安全部侦察证或者其他相应证件。

国家安全机关及其工作人员在工作中,应当严格依法办事,不得超越职权、滥用职权,不得侵犯组织和个人的合法权益。

## 第三章 公民和组织维护国家安全的义务和权利

**第十五条** 机关、团体和其他组织对本单位的人员进行维护国家安全的教育,动员、组织本单位的人员防范、制止间谍行为的工作,应当接受国家安全机关的协调和指导。

机关、团体和其他组织不履行《反间谍法》和本细则规定的安全防范义务,未按照要求整改或者未达到整改要求的,国家安全机关可以约谈相关负责人,将约谈情况通报该单位上级主管部门,推动落实防范间谍行为和其他危害国家安全行为的责任。

**第十六条** 下列情形属于《反间谍法》第七条所称"重大贡献":

(一)为国家安全机关提供重要线索,发现、破获严重危害国家安全的犯罪案件的;

(二)为国家安全机关提供重要情况,防范、制止严重危害国家安全的行为发生的;

(三)密切配合国家安全机关执行国家安全工作任务,表现突出的;

(四)为维护国家安全,与危害国家安全的犯罪分子进行斗争,表现突出的;

(五)在教育、动员、组织本单位的人员防范、制止危害国家安全行为的工作中,成绩显著的。

**第十七条** 《反间谍法》第二十四条所称"非法持有属于国家秘密的文件、资料和其他物品"是指:

(一)不应知悉某项国家秘密的人员携带、存放属于该项国家秘密的文件、资料和其他物品的；

(二)可以知悉某项国家秘密的人员，未经办理手续，私自携带、留存属于该项国家秘密的文件、资料和其他物品的。

**第十八条** 《反间谍法》第二十五条所称“专用间谍器材”，是指进行间谍活动特殊需要的下列器材：

(一)暗藏式窃听、窃照器材；

(二)突发式收发报机、一次性密码本、密写工具；

(三)用于获取情报的电子监听、截收器材；

(四)其他专用间谍器材。

专用间谍器材的确认，由国务院国家安全主管部门负责。

## 第四章 法律责任

**第十九条** 实施危害国家安全的行为，由有关部门依法予以处分，国家安全机关也可以予以警告；构成犯罪的，依法追究刑事责任。

**第二十条** 下列情形属于《反间谍法》第二十七条所称“立功表现”：

(一)揭发、检举危害国家安全的其他犯罪分子，情况属实的；

(二)提供重要线索、证据，使危害国家安全的行为得以发现和制止的；

(三)协助国家安全机关、司法机关捕获其他危害国家安全的犯罪分子的；

(四)对协助国家安全机关维护国家安全有重要作用的其他行为。

“重大立功表现”，是指在前款所列立功表现的范围内对国家安全工作有特别重要作用的。

**第二十一条** 有证据证明知道他人有间谍行为，或者经国家安全机关明确告知他人有危害国家安全的犯罪行为，在国家安全机关向其调查有关情况、收集有关证据时，拒绝提供的，依照《反间谍法》第二十九条的规定处理。

**第二十二条** 国家安全机关依法执行反间谍工作任务时，公民和组织依法有义务提供便利条件或者其他协助，拒不提供或者拒不协助，构成故意阻碍国家安全机关依法执行反间谍工作任务的，依照《反间谍法》第三十条的规定处罚。

**第二十三条** 故意阻碍国家安全机关依法执行反间谍工作任务，造成国家安全机关工作人员人身伤害或者财物损失的，应当依法承担赔偿责任，并由司法机关或者国家安全机关依照《反间谍法》第三十条的规定予以处罚。

**第二十四条** 对涉嫌间谍行为的人员，国家安全机关可以决定其在一定期限内不得出境。对违反《反间谍法》的境外个人，国务院国家安全主管部门可以决定限期离境或者驱逐出境，并决定其不得入境的期限。被驱逐出境的境外个人，自被驱逐出境之日起 10 年内不得入境。

### 第五章 附 则

**第二十五条** 国家安全机关、公安机关依照法律、行政法规和国家有关规定，履行防范、制止和惩治间谍行为以外的其他危害国家安全行为的职责，适用本细则的有关规定。

**第二十六条** 本细则自公布之日起施行。1994 年 6 月 4 日国务院发布的《中华人民共和国国家安全法实施细则》同时废止。

## 反间谍安全防范工作规定

*1. 2021 年 4 月 26 日国家安全部令 2021 年第 1 号公布*

*2. 自公布之日起施行*

### 第一章 总 则

**第一条 【目的依据】**为了加强和规范反间谍安全防范工作，督促机关、团体、企业事业组织和其他社会组织落实反间谍安全防范责任，根据《中华人民共和国国家安全法》《中华人民共和国反间谍法》《中华人民共和国反间谍法实施细则》等有关法律法规，制定本规定。

**第二条 【适用范围】**机关、团体、企业事业组织和其他社会组织在国家安全机关的协调和指导下开展反间谍安全防范工作，适用本规定。

**第三条 【工作原则】**开展反间谍安全防范工作，应当坚持中央统一领导，坚持总体国家安全观，坚持专门工作与群众路线相结合，坚持人防物防技防相结合，严格遵守法定权限和程序，尊重和保障人权，保护公民、组织的合法权益。

**第四条 【责任义务】**机关、团体、企业事业组织和其他社会组织承担本单位反间谍安全防范工作的主体责任，应当对本单位的人员进行维护国家安全的教育，动员、组织本单位的人员防范、制止间谍行为和其他危害国家安全的行为。

行业主管部门在其职权范围内，监督管理本行业反间谍安全防范工作。

**第五条 【主管机关】**各级国家安全机关按照管理权限，依法对机关、团体、企业事业组织和其他社会组织开展反间谍安全防范工作进行业务指导和督促检查。

**第六条 【信息保密】**国家安全机关及其工作人员对履行反间谍安全防范指导和检查工作职责中知悉的国家秘密、工作秘密、商业秘密、个人隐私和个人信息，应当严格保密，不得泄露或者向他人非法提供。

## 第二章 反间谍安全防范责任

**第七条 【行业主管部门责任】**行业主管部门应当履行下列反间谍安全防范监督管理责任：

（一）根据主管行业特点，明确本行业反间谍安全防范工作要求；

（二）配合国家安全机关制定主管行业反间谍安全防范重点单位名录、开展反间谍安全防范工作；

（三）指导、督促主管行业所属重点单位履行反间谍安全防范义务；

（四）其他应当履行的反间谍安全防范行业管理责任。

有关行业主管部门应当与国家安全机关建立健全反间谍安全防范协作机制，加强信息互通、情况会商、协同指导、联合督查，共同做好反间谍安全防范工作。

**第八条 【一般单位责任】**机关、团体、企业事业组织和其他社会组织应当落实反间谍安全防范主体责任，履行下列义务：

（一）开展反间谍安全防范教育、培训，提高本单位人员的安全防范意识和应对能力；

（二）加强本单位反间谍安全防范管理，落实有关安全防范措施；

（三）及时向国家安全机关报告涉及间谍行为和其他危害国家安全行为的可疑情况；

（四）为国家安全机关依法执行任务提供便利或者其他协助；

（五）妥善应对和处置涉及本单位和本单位人员的反间谍安全防范突发情况；

（六）其他应当履行的反间谍安全防范义务。

**第九条　【重点单位责任】**国家安全机关根据单位性质、所属行业、涉密等级、涉外程度以及是否发生过危害国家安全案事件等因素，会同有关部门制定并定期调整反间谍安全防范重点单位名录，以书面形式告知重点单位。反间谍安全防范重点单位除履行本规定第八条规定的义务外，还应当履行下列义务：

（一）建立健全反间谍安全防范工作制度；

（二）明确本单位相关机构和人员承担反间谍安全防范职责；

（三）加强对涉密事项、场所、载体、数据、岗位和人员的日常安全防范管理，对涉密人员实行上岗前反间谍安全防范审查，与涉密人员签订安全防范承诺书；

（四）组织涉密、涉外人员向本单位报告涉及国家安全事项，并做好数据信息动态管理；

（五）做好涉外交流合作中的反间谍安全防范工作，制定并落实有关预案措施；

（六）做好本单位出国（境）团组、人员和长期驻外人员的反间谍安全防范行前教育、境外管理和回国（境）访谈工作；

（七）定期对涉密、涉外人员开展反间谍安全防范教育、培训；

（八）按照反间谍技术安全防范标准，配备必要的设备、设施，落实有关技术安全防范措施；

（九）定期对本单位反间谍安全防范工作进行自查，及时发现和消除安全隐患。

**第十条　【关键信息基础设施运营者责任】**关键信息基础设施运营者除履行本规定第八条规定的义务外，还应当履行下列义务：

（一）对本单位安全管理机构负责人和关键岗位人员进行反间谍安全防范审查；

（二）定期对从业人员进行反间谍安全防范教育、培训；

（三）采取反间谍技术安全防范措施，防范、制止境外网络攻击、网络入侵、网络窃密等间谍行为，保障网络和信息核心技术、关键基础设施和重要领域信息系统及数据的安全。

列入反间谍安全防范重点单位名录的关键信息基础设施运营者，还应当履行本规定第九条规定的义务。

## 第三章 反间谍安全防范指导

**第十一条 【指导方式】**国家安全机关可以通过下列方式，对机关、团体、企业事业组织和其他社会组织落实反间谍安全防范责任进行指导：

（一）提供工作手册、指南等宣传教育材料；

（二）印发书面指导意见；

（三）举办工作培训；

（四）召开工作会议；

（五）提醒、劝告；

（六）其他指导方式。

**第十二条 【形势分析通报】**国家安全机关定期分析反间谍安全防范形势，开展风险评估，通报有关单位，向有关单位提出加强和改进反间谍安全防范工作的意见和建议。

**第十三条 【专门机关宣传教育】**国家安全机关运用网络、媒体平台、国家安全教育基地（馆）等，开展反间谍安全防范宣传教育。

**第十四条 【学校教育】**国家安全机关会同教育主管部门，指导学校向全体师生开展反间谍安全防范教育，对参加出国（境）学习、交流的师生加强反间谍安全防范行前教育和回国（境）访谈。

**第十五条 【各类科研机构教育】**国家安全机关会同科技主管部门，指导各类科研机构向科研人员开展反间谍安全防范教育，对参加出国（境）学习、交流的科研人员加强反间谍安全防范行前教育和回国（境）访谈。

**第十六条 【基层群众性宣教】**国家安全机关会同有关部门,组织、动员居(村)民委员会结合本地实际配合开展群众性反间谍安全防范宣传教育。

**第十七条 【大众传媒宣教】**国家安全机关会同宣传主管部门,协调和指导广播、电视、报刊、互联网等媒体开展反间谍安全防范宣传活动,制作、刊登、播放反间谍安全防范公益广告、典型案例、宣传教育节目或者其他宣传品,提高公众反间谍安全防范意识。

**第十八条 【举报渠道】**公民、组织可以通过国家安全机关 12339 举报受理电话、网络举报受理平台或者国家安全机关公布的其他举报方式,举报间谍行为和其他危害国家安全的行为,以及各类反间谍安全防范问题线索。

**第十九条 【举报人保护】**国家安全机关应当严格为举报人保密,保护举报人的人身财产安全。未经举报人同意,不得以任何方式公开或者泄露其个人信息。

公民因举报间谍行为或者其他危害国家安全行为,本人或者其近亲属的人身安全面临危险的,可以向国家安全机关请求予以保护。国家安全机关应当会同有关部门依法采取保护措施。

**第二十条 【表彰奖励】**对反间谍安全防范工作中取得显著成绩或者做出重大贡献的单位和个人,符合下列条件之一的,国家安全机关可以按照国家有关规定,会同有关部门、单位给予表彰、奖励:

(一)提供重要情况或者线索,为国家安全机关发现、破获间谍案件或者其他危害国家安全案件,或者为有关单位防范、消除涉及国家安全的重大风险隐患或者现实危害发挥重要作用的;

(二)密切配合国家安全机关执行任务,表现突出的;

(三)防范、制止间谍行为或者其他危害国家安全行为,表现突出的;

(四)主动采取措施,及时消除本单位涉及国家安全的重大风险隐患或者现实危害,挽回重大损失的;

(五)在反间谍安全防范工作中,有重大创新或者成效特别显著的;

(六)在反间谍安全防范工作中做出其他重大贡献的。

## 第四章 反间谍安全防范检查

**第二十一条 【检查的启动】**国家安全机关对有下列情形之一的,经设区的市级以上国家安全机关负责人批准,并出具法律文书,可以对机关、团体、企业事业组织和其他社会组织开展反间谍安全防范检查:

(一)发现反间谍安全防范风险隐患;

(二)接到反间谍安全防范问题线索举报;

(三)依据有关单位的申请;

(四)因其他反间谍安全防范工作需要。

**第二十二条 【检查方式】**国家安全机关可以通过下列方式对机关、团体、企业事业组织和其他社会组织的反间谍安全防范工作进行检查:

(一)向有关单位和人员了解情况;

(二)调阅有关资料;

(三)听取有关工作说明;

(四)进入有关单位、场所实地查看;

(五)查验电子通信工具、器材等设备、设施;

(六)反间谍技术防范检查和检测;

(七)其他法律、法规、规章授权的检查方式。

**第二十三条 【技术防范检查检测内容】**经设区的市级以上国家安全机关负责人批准,国家安全机关可以对存在风险隐患的机关、团体、企业事业组织和其他社会组织的相关部位、场所和建筑物、内部设备设施、强弱电系统、计算机网络及信息系统、关键信息基础设施等开展反间谍技术防范检查检测,防范、发现和处置危害国家安全的情况。

**第二十四条 【技术防范检查检测方式】**国家安全机关可以采取下列方式开展反间谍技术防范检查检测:

(一)进入有关单位、场所,进行现场技术检查;

(二)使用专用设备,对有关部位、场所、链路、网络进行技术检测;

(三)对有关设备设施、网络、系统进行远程技术检测。

**第二十五条 【技术防范检查检测规范】**国家安全机关开展反间谍技术防范现场检查检测时,检查人员不得少于两人,并应当出示相应证件。

国家安全机关开展远程技术检测,应当事先告知被检测对象检测时间、检测范围等事项。

检查检测人员应当制作检查检测记录,如实记录检查检测情况。

**第二十六条 【技术防范检查检测情况处置】**国家安全机关在开展反间谍技术防范检查检测中,为防止危害发生或者扩大,可以依法责令被检查对象采取技术屏蔽、隔离、拆除或者停止使用相关设备设施、网络、系统等整改措施,指导和督促有关措施的落实,并在检查检测记录中注明。

**第二十七条 【检查反馈】**国家安全机关可以根据反间谍安全防范检查情况,向被检查单位提出加强和改进反间谍安全防范工作的意见和建议,督促有关单位落实反间谍安全防范责任和义务。

## 第五章 法律责任

**第二十八条 【责令整改】**机关、团体、企业事业组织和其他社会组织违反本规定,有下列情形之一的,国家安全机关可以依法责令限期整改;被责令整改单位应当于整改期限届满前向国家安全机关提交整改报告,国家安全机关应当自收到整改报告之日起十五个工作日内对整改情况进行检查:

(一)不认真履行反间谍安全防范责任和义务,安全防范工作措施不落实或者落实不到位,存在明显问题隐患的;

(二)不接受国家安全机关反间谍安全防范指导和检查的;

(三)发生间谍案件,叛逃案件,为境外窃取、刺探、收买、非法提供国家秘密、情报案件,以及其他危害国家安全案事件的;

(四)发现涉及间谍行为和其他危害国家安全行为的可疑情况,迟报、漏报、瞒报,造成不良后果或者影响的;

(五)不配合或者阻碍国家安全机关依法执行任务的。

对未按照要求整改或者未达到整改要求的,国家安全机关可以依法约谈相关负责人,并将约谈情况通报该单位上级主管部门。

**第二十九条 【建议追责问责】**机关、团体、企业事业组织和其他社会组织及其工作人员未履行或者未按照规定履行反间谍安全防范责任和义务,造成不良后果或者影响的,国家安全机关可以向有关机关、单位移送问题线索,建议有关机关、单位按照管理权限对负有责任的领导人员和直接责任人员依规依纪依法予以处理；构成犯罪的，依法追究刑事责任。

**第三十条　【执法过错责任追究】**国家安全机关及其工作人员在反间谍安全防范指导和检查工作中，滥用职权、玩忽职守、徇私舞弊的，对负有责任的领导人员和直接责任人员依规依纪依法予以处理；构成犯罪的，依法追究刑事责任。

### 第六章　附　　则

**第三十一条　【施行日期】**本规定自公布之日起施行。

## 中华人民共和国出境入境管理法（节录）

*1. 2012年6月30日第十一届全国人民代表大会常务委员会第二十七次会议通过*

*2. 2012年6月30日中华人民共和国主席令第57号公布*

*3. 自2013年7月1日起施行*

**第七十七条　【外国人违反活动区域限制的法律责任】**外国人未经批准，擅自进入限制外国人进入的区域，责令立即离开；情节严重的，处五日以上十日以下拘留。对外国人非法获取的文字记录、音像资料、电子数据和其他物品，予以收缴或者销毁，所用工具予以收缴。

外国人、外国机构违反本法规定，拒不执行公安机关、国家安全机关限期迁离决定的，给予警告并强制迁离；情节严重的，对有关责任人员处五日以上十五日以下拘留。

# 四、档案保密

## 中华人民共和国档案法

*1. 1987年9月5日第六届全国人民代表大会常务委员会第二十二次会议通过*
*2. 根据1996年7月5日第八届全国人民代表大会常务委员会第二十次会议《关于修改〈中华人民共和国档案法〉的决定》第一次修正*
*3. 根据2016年11月7日第十二届全国人民代表大会常务委员会第二十四次会议《关于修改〈中华人民共和国对外贸易法〉等十二部法律的决定》第二次修正*
*4. 2020年6月20日第十三届全国人民代表大会常务委员会第十九次会议修订*
*5. 自2021年1月1日起施行*

### 目　　录



### 第一章　总　　则

**第一条　【立法目的】**为了加强档案管理，规范档案收集、整理工作，有效保护和利用档案，提高档案信息化建设水平，推进国家治理体系和治理能力现代化，为中国特色社会主义事业服务，制定本法。

**第二条 【适用范围】**从事档案收集、整理、保护、利用及其监督管理活动,适用本法。

本法所称档案,是指过去和现在的机关、团体、企业事业单位和其他组织以及个人从事经济、政治、文化、社会、生态文明、军事、外事、科技等方面活动直接形成的对国家和社会具有保存价值的各种文字、图表、声像等不同形式的历史记录。

**第三条 【党的领导与政府职责】**坚持中国共产党对档案工作的领导。各级人民政府应当加强档案工作,把档案事业纳入国民经济和社会发展规划,将档案事业发展经费列入政府预算,确保档案事业发展与国民经济和社会发展水平相适应。

**第四条 【基本原则】**档案工作实行统一领导、分级管理的原则,维护档案完整与安全,便于社会各方面的利用。

**第五条 【权利义务】**一切国家机关、武装力量、政党、团体、企业事业单位和公民都有保护档案的义务,享有依法利用档案的权利。

**第六条 【国家政策】**国家鼓励和支持档案科学研究和技术创新,促进科技成果在档案收集、整理、保护、利用等方面的转化和应用,推动档案科技进步。

国家采取措施,加强档案宣传教育,增强全社会档案意识。

国家鼓励和支持在档案领域开展国际交流与合作。

**第七条 【表彰与奖励】**国家鼓励社会力量参与和支持档案事业的发展。

对在档案收集、整理、保护、利用等方面做出突出贡献的单位和个人,按照国家有关规定给予表彰、奖励。

## 第二章 档案机构及其职责

**第八条 【主管部门】**国家档案主管部门主管全国的档案工作,负责全国档案事业的统筹规划和组织协调,建立统一制度,实行监督和指导。

县级以上地方档案主管部门主管本行政区域内的档案工作,对本行政区域内机关、团体、企业事业单位和其他组织的档案工作实行监督和指导。

乡镇人民政府应当指定人员负责管理本机关的档案,并对所属单位、基层群众性自治组织等的档案工作实行监督和指导。

**第九条 【监督和指导】**机关、团体、企业事业单位和其他组织应当确定档案机构或者档案工作人员负责管理本单位的档案,并对所属单位的档案工作实行监督和指导。

中央国家机关根据档案管理需要,在职责范围内指导本系统的档案业务工作。

**第十条 【集中管理机构】**中央和县级以上地方各级各类档案馆,是集中管理档案的文化事业机构,负责收集、整理、保管和提供利用各自分管范围内的档案。

**第十一条 【人才培养和队伍建设】**国家加强档案工作人才培养和队伍建设,提高档案工作人员业务素质。

档案工作人员应当忠于职守,遵纪守法,具备相应的专业知识与技能,其中档案专业人员可以按照国家有关规定评定专业技术职称。

## 第三章 档案的管理

**第十二条 【档案工作责任制】**按照国家规定应当形成档案的机关、团体、企业事业单位和其他组织,应当建立档案工作责任制,依法健全档案管理制度。

**第十三条 【归档的范围】**直接形成的对国家和社会具有保存价值的下列材料,应当纳入归档范围:

(一)反映机关、团体组织沿革和主要职能活动的;

(二)反映国有企业事业单位主要研发、建设、生产、经营和服务活动,以及维护国有企业事业单位权益和职工权益的;

(三)反映基层群众性自治组织城乡社区治理、服务活动的;

(四)反映历史上各时期国家治理活动、经济科技发展、社会历史面貌、文化习俗、生态环境的;

(五)法律、行政法规规定应当归档的。

非国有企业、社会服务机构等单位依照前款第二项所列范围保存本单位相关材料。

**第十四条 【归档的实施】**应当归档的材料,按照国家有关规定定期向本单位档案机构或者档案工作人员移交,集中管理,任何个人不得拒绝归档或者据为己有。

国家规定不得归档的材料,禁止擅自归档。

**第十五条 【档案的定期与提前移交】**机关、团体、企业事业单位和其他组织应当按照国家有关规定,定期向档案馆移交档案,档案馆不得拒绝接收。

经档案馆同意,提前将档案交档案馆保管的,在国家规定的移交期限届满前,该档案所涉及政府信息公开事项仍由原制作或者保存政府信息的单位办理。移交期限届满的,涉及政府信息公开事项的档案按照档案利用规定办理。

**第十六条 【机构变动或者撤销、合并等情形下的档案移交】**机关、团体、企业事业单位和其他组织发生机构变动或者撤销、合并等情形时,应当按照规定向有关单位或者档案馆移交档案。

**第十七条 【档案的收集】**档案馆除按照国家有关规定接收移交的档案外,还可以通过接受捐献、购买、代存等方式收集档案。

**第十八条 【档案的自行管理与相互协作】**博物馆、图书馆、纪念馆等单位保存的文物、文献信息同时是档案的,依照有关法律、行政法规的规定,可以由上述单位自行管理。

档案馆与前款所列单位应当在档案的利用方面互相协作,可以相互交换重复件、复制件或者目录,联合举办展览,共同研究、编辑出版有关史料。

**第十九条 【档案的科学利用与安全管理】**档案馆以及机关、团体、企业事业单位和其他组织的档案机构应当建立科学的管理制度,便于对档案的利用;按照国家有关规定配置适宜档案保存的库房和必要的设施、设备,确保档案的安全;采用先进技术,实现档案管理的现代化。

档案馆和机关、团体、企业事业单位以及其他组织应当建立健全档案安全工作机制,加强档案安全风险管理,提高档案安全应急处置能力。

**第二十条 【涉密档案的管理和利用】**涉及国家秘密的档案的管理和利用,密级的变更和解密,应当依照有关保守国家秘密的法律、行政法规规定办理。

**第二十一条 【档案的保存与销毁】**鉴定档案保存价值的原则、保管期限的标准以及销毁档案的程序和办法,由国家档案主管部门制定。

禁止篡改、损毁、伪造档案。禁止擅自销毁档案。

**第二十二条 【档案所有者对档案的管理】**非国有企业、社会服务机构等单位和个人形成的档案,对国家和社会具有重要保存价值或者应当保密的,档案所有者应当妥善保管。对保管条件不符合要求或者存在其他原因可能导致档案严重损毁和不安全的,省级以上档案主管部门可以给予帮助,或者经协商采取指定档案馆代为保管等确保档案完整和安全的措施;必要时,可以依法收购或者征购。

前款所列档案,档案所有者可以向国家档案馆寄存或者转让。严禁出卖、赠送给外国人或者外国组织。

向国家捐献重要、珍贵档案的,国家档案馆应当按照国家有关规定给予奖励。

**第二十三条 【档案及档案复制件的转让】**禁止买卖属于国家所有的档案。

国有企业事业单位资产转让时,转让有关档案的具体办法,由国家档案主管部门制定。

档案复制件的交换、转让,按照国家有关规定办理。

**第二十四条 【档案的委托管理】**档案馆和机关、团体、企业事业单位以及其他组织委托档案整理、寄存、开发利用和数字化等服务的,应当与符合条件的档案服务企业签订委托协议,约定服务的范围、质量和技术标准等内容,并对受托方进行监督。

受托方应当建立档案服务管理制度,遵守有关安全保密规定,确保档案的安全。

**第二十五条 【禁止出境档案的管理】**属于国家所有的档案和本法第二十二条规定的档案及其复制件,禁止擅自运送、邮寄、携带出境或者通过互联网传输出境。确需出境的,按照国家有关规定办理审批手续。

**第二十六条 【突发事件应对活动相关档案的管理】**国家档案主管部门应当建立健全突发事件应对活动相关档案收集、整理、保护、利用工作机制。

档案馆应当加强对突发事件应对活动相关档案的研究整理和开发利用,为突发事件应对活动提供文献参考和决策支持。

## 第四章 档案的利用和公布

**第二十七条 【档案的开放】**县级以上各级档案馆的档案，应当自形成之日起满二十五年向社会开放。经济、教育、科技、文化等类档案，可以少于二十五年向社会开放；涉及国家安全或者重大利益以及其他到期不宜开放的档案，可以多于二十五年向社会开放。国家鼓励和支持其他档案馆向社会开放档案。档案开放的具体办法由国家档案主管部门制定，报国务院批准。

**第二十八条 【开放档案的利用】**档案馆应当通过其网站或者其他方式定期公布开放档案的目录，不断完善利用规则，创新服务形式，强化服务功能，提高服务水平，积极为档案的利用创造条件，简化手续，提供便利。

单位和个人持有合法证明，可以利用已经开放的档案。档案馆不按规定开放利用的，单位和个人可以向档案主管部门投诉，接到投诉的档案主管部门应当及时调查处理并将处理结果告知投诉人。

利用档案涉及知识产权、个人信息的，应当遵守有关法律、行政法规的规定。

**第二十九条 【未开放档案的利用】**机关、团体、企业事业单位和其他组织以及公民根据经济建设、国防建设、教学科研和其他工作的需要，可以按照国家有关规定，利用档案馆未开放的档案以及有关机关、团体、企业事业单位和其他组织保存的档案。

**第三十条 【档案的开放审核】**馆藏档案的开放审核，由档案馆会同档案形成单位或者移交单位共同负责。尚未移交进馆档案的开放审核，由档案形成单位或者保管单位负责，并在移交时附具意见。

**第三十一条 【档案提供者的权利】**向档案馆移交、捐献、寄存档案的单位和个人，可以优先利用该档案，并可以对档案中不宜向社会开放的部分提出限制利用的意见，档案馆应当予以支持，提供便利。

**第三十二条 【档案的公布】**属于国家所有的档案，由国家授权的档案馆或者有关机关公布；未经档案馆或者有关机关同意，任何单位和个人无权公布。非国有企业、社会服务机构等单位和个人形成的档案，档案所有者有权公布。

公布档案应当遵守有关法律、行政法规的规定，不得损害国家安全和利益,不得侵犯他人的合法权益。

**第三十三条 【档案的研究整理】**档案馆应当根据自身条件,为国家机关制定法律、法规、政策和开展有关问题研究,提供支持和便利。

档案馆应当配备研究人员,加强对档案的研究整理,有计划地组织编辑出版档案材料,在不同范围内发行。

档案研究人员研究整理档案,应当遵守档案管理的规定。

**第三十四条 【档案的开发利用】**国家鼓励档案馆开发利用馆藏档案,通过开展专题展览、公益讲座、媒体宣传等活动,进行爱国主义、集体主义、中国特色社会主义教育,传承发展中华优秀传统文化,继承革命文化,发展社会主义先进文化,增强文化自信,弘扬社会主义核心价值观。

## 第五章 档案信息化建设

**第三十五条 【政府及有关组织的职责】**各级人民政府应当将档案信息化纳入信息化发展规划,保障电子档案、传统载体档案数字化成果等档案数字资源的安全保存和有效利用。

档案馆和机关、团体、企业事业单位以及其他组织应当加强档案信息化建设,并采取措施保障档案信息安全。

**第三十六条 【电子档案管理信息系统的建设与衔接】**机关、团体、企业事业单位和其他组织应当积极推进电子档案管理信息系统建设,与办公自动化系统、业务系统等相互衔接。

**第三十七条 【电子档案】**电子档案应当来源可靠、程序规范、要素合规。

电子档案与传统载体档案具有同等效力,可以以电子形式作为凭证使用。

电子档案管理办法由国家档案主管部门会同有关部门制定。

**第三十八条 【档案数字化】**国家鼓励和支持档案馆和机关、团体、企业事业单位以及其他组织推进传统载体档案数字化。已经实现数字化的,应当对档案原件妥善保管。

**第三十九条 【电子档案的移交、检测与保管】**电子档案应当通过符合安全管理要求的网络或者存储介质向档案馆移交。

档案馆应当对接收的电子档案进行检测，确保电子档案的真实性、完整性、可用性和安全性。

档案馆可以对重要电子档案进行异地备份保管。

**第四十条 【档案馆的职责】**档案馆负责档案数字资源的收集、保存和提供利用。有条件的档案馆应当建设数字档案馆。

**第四十一条 【国家的职责】**国家推进档案信息资源共享服务平台建设，推动档案数字资源跨区域、跨部门共享利用。

## 第六章 监督检查

**第四十二条 【档案检查的事项】**档案主管部门依照法律、行政法规有关档案管理的规定，可以对档案馆和机关、团体、企业事业单位以及其他组织的下列情况进行检查：

（一）档案工作责任制和管理制度落实情况；

（二）档案库房、设施、设备配置使用情况；

（三）档案工作人员管理情况；

（四）档案收集、整理、保管、提供利用等情况；

（五）档案信息化建设和信息安全保障情况；

（六）对所属单位等的档案工作监督和指导情况。

**第四十三条 【单位和个人的配合义务】**档案主管部门根据违法线索进行检查时，在符合安全保密要求的前提下，可以检查有关库房、设施、设备，查阅有关材料，询问有关人员，记录有关情况，有关单位和个人应当配合。

**第四十四条 【档案保管单位对安全隐患的监督检查】**档案馆和机关、团体、企业事业单位以及其他组织发现本单位存在档案安全隐患的，应当及时采取补救措施，消除档案安全隐患。发生档案损毁、信息泄露等情形的，应当及时向档案主管部门报告。

**第四十五条 【档案主管部门对安全隐患的监督检查】**档案主管部门发现档案馆和机关、团体、企业事业单位以及其他组织存在档案安全隐患的，应当责令限期整改，消除档案安全隐患。

**第四十六条 【档案违法行为的举报与处理】**任何单位和个人对档案违法行为，有权向档案主管部门和有关机关举报。

接到举报的档案主管部门或者有关机关应当及时依法处理。

**第四十七条 【档案主管部门及其工作人员的职责】**档案主管部门及其工作人员应当按照法定的职权和程序开展监督检查工作，做到科学、公正、严格、高效，不得利用职权牟取利益，不得泄露履职过程中知悉的国家秘密、商业秘密或者个人隐私。

## 第七章 法律责任

**第四十八条 【单位或者个人的违法行为】**单位或者个人有下列行为之一，由县级以上档案主管部门、有关机关对直接负责的主管人员和其他直接责任人员依法给予处分：

（一）丢失属于国家所有的档案的；

（二）擅自提供、抄录、复制、公布属于国家所有的档案的；

（三）买卖或者非法转让属于国家所有的档案的；

（四）篡改、损毁、伪造档案或者擅自销毁档案的；

（五）将档案出卖、赠送给外国人或者外国组织的；

（六）不按规定归档或者不按期移交档案，被责令改正而拒不改正的；

（七）不按规定向社会开放、提供利用档案的；

（八）明知存在档案安全隐患而不采取补救措施，造成档案损毁、灭失，或者存在档案安全隐患被责令限期整改而逾期未整改的；

（九）发生档案安全事故后，不采取抢救措施或者隐瞒不报、拒绝调查的；

（十）档案工作人员玩忽职守，造成档案损毁、灭失的。

**第四十九条 【违法行为的法律责任】**利用档案馆的档案，有本法第四十八条第一项、第二项、第四项违法行为之一的，由县级以上档案主管部门给予警告，并对单位处一万元以上十万元以下的罚款，对个人处五百元以上五千元以下的罚款。

档案服务企业在服务过程中有本法第四十八条第一项、第二项、第四项违法行为之一的，由县级以上档案主管部门给予警告，并处二万元以上二十万元以下的罚款。

单位或者个人有本法第四十八条第三项、第五项违法行为之一的,由县级以上档案主管部门给予警告,没收违法所得,并对单位处一万元以上十万元以下的罚款,对个人处五百元以上五千元以下的罚款;并可以依照本法第二十二条的规定征购所出卖或者赠送的档案。

**第五十条** **【档案违法出境的法律责任】**违反本法规定,擅自运送、邮寄、携带或者通过互联网传输禁止出境的档案或者其复制件出境的,由海关或者有关部门予以没收、阻断传输,并对单位处一万元以上十万元以下的罚款,对个人处五百元以上五千元以下的罚款;并将没收、阻断传输的档案或者其复制件移交档案主管部门。

**第五十一条** **【刑事责任与民事责任】**违反本法规定,构成犯罪的,依法追究刑事责任;造成财产损失或者其他损害的,依法承担民事责任。

## 第八章 附 则

**第五十二条** **【法律适用】**中国人民解放军和中国人民武装警察部队的档案工作,由中央军事委员会依照本法制定管理办法。

**第五十三条** **【施行日期】**本法自 2021 年 1 月 1 日起施行。

# 中华人民共和国档案法实施条例

*1. 2024 年 1 月 12 日国务院令第 772 号公布*

*2. 自 2024 年 3 月 1 日起施行*

## 第一章 总 则

**第一条** 根据《中华人民共和国档案法》(以下简称《档案法》)的规定,制定本条例。

**第二条** 《档案法》所称档案,其具体范围由国家档案主管部门或者国家档案主管部门会同国家有关部门确定。

反映地方文化习俗、民族风貌、历史人物、特色品牌等的档案,其具体范围可以由省、自治区、直辖市档案主管部门会同同级有关部门确定。

**第三条** 档案工作应当坚持和加强党的领导,全面贯彻党的路线方针政策和决策部署，健全党领导档案工作的体制机制，把党的领导贯彻到档案工作各方面和各环节。

**第四条**　县级以上人民政府应当加强档案工作，建立健全档案机构，提供档案长久安全保管场所和设施，并将档案事业发展经费列入本级预算。

机关、团体、企业事业单位和其他组织应当加强本单位档案工作，履行档案工作主体责任，保障档案工作依法开展。

**第五条**　国家档案馆馆藏的永久保管档案分一、二、三级管理，分级的具体标准和管理办法由国家档案主管部门制定。

**第六条**　中央国家机关经国家档案主管部门同意，省、自治区、直辖市有关国家机关经本级档案主管部门同意，可以制定本系统专业档案的具体管理制度和办法。

**第七条**　县级以上人民政府及其有关部门，应当加强档案宣传教育工作，普及档案知识，传播档案文化，增强全社会档案意识。

**第八条**　国家加强档案相关专业人才培养，支持高等院校、职业学校设立档案学等相关专业。

**第九条**　国家鼓励和支持企业事业单位、社会组织和个人等社会力量通过依法兴办实体、资助项目、从事志愿服务以及开展科学研究、技术创新和科技成果推广等形式，参与和支持档案事业的发展。

档案行业组织依照法律、法规、规章及其章程的规定，加强行业自律，推动诚信建设，提供行业服务，开展学术交流和档案相关科普教育，参与政策咨询和标准制定等活动。

档案主管部门应当在职责范围内予以指导。

**第十条**　有下列情形之一的，由县级以上人民政府、档案主管部门或者本单位按照国家有关规定给予表彰、奖励：

（一）对档案收集、整理、保护、利用做出显著成绩的；

（二）对档案科学研究、技术创新、宣传教育、交流合作做出显著成绩的；

（三）在重大活动、突发事件应对活动相关档案工作中表现突出的；

（四）将重要或者珍贵档案捐献给国家的；

（五）同违反档案法律、法规的行为作斗争，表现突出的；

（六）长期从事档案工作，表现突出的。

## 第二章　档案机构及其职责

**第十一条**　国家档案主管部门依照《档案法》第八条第一款的规定，履行下列职责：

（一）根据有关法律、行政法规和国家有关方针政策，研究、制定部门规章、档案工作具体方针政策和标准；

（二）组织协调全国档案事业的发展，制定国家档案事业发展综合规划和专项计划，并组织实施；

（三）对有关法律、行政法规、部门规章和国家有关方针政策的实施情况进行监督检查，依法查处档案违法行为；

（四）对中央国家机关各部门、中央管理的群团组织、中央企业以及中央和国务院直属事业单位的档案工作，中央级国家档案馆的工作，以及省、自治区、直辖市档案主管部门的工作，实施监督、指导；

（五）组织、指导档案理论与科学技术研究、档案信息化建设、档案宣传教育、档案工作人员培训；

（六）组织、开展档案领域的国际交流与合作。

**第十二条**　县级以上地方档案主管部门依照《档案法》第八条第二款的规定，履行下列职责：

（一）贯彻执行有关法律、法规、规章和国家有关方针政策；

（二）制定本行政区域档案事业发展规划和档案工作制度规范，并组织实施；

（三）监督、指导本行政区域档案工作，对有关法律、法规、规章和国家有关方针政策的实施情况进行监督检查，依法查处档案违法行为；

（四）组织、指导本行政区域档案理论与科学技术研究、档案信息化建设、档案宣传教育、档案工作人员培训。

**第十三条**　乡镇人民政府依照《档案法》第八条第三款的规定，履行下列职责：

（一）贯彻执行有关法律、法规、规章和国家有关方针政策，建立健全档案工作制度规范；

（二）指定人员管理本机关档案，并按照规定向有关档案馆移交档案；

（三）监督、指导所属单位以及基层群众性自治组织等的档案工作。

**第十四条** 机关、团体、企业事业单位和其他组织应当确定档案机构或者档案工作人员，依照《档案法》第九条第一款的规定，履行下列职责：

（一）贯彻执行有关法律、法规、规章和国家有关方针政策，建立健全本单位档案工作制度规范；

（二）指导本单位相关材料的形成、积累、整理和归档，统一管理本单位的档案，并按照规定向有关档案馆移交档案；

（三）监督、指导所属单位的档案工作。

**第十五条** 各级各类档案馆的设置和管理应当符合国家有关规定。

**第十六条** 国家档案馆应当配备与其职责和规模相适应的专业人员，依照《档案法》第十条的规定，履行下列职责：

（一）收集本馆分管范围内的档案；

（二）按照规定整理、保管档案；

（三）依法向社会开放档案，并采取各种形式研究、开发档案资源，为各方面利用档案资源提供服务；

（四）开展宣传教育，发挥爱国主义教育和历史文化教育功能。

按照国家有关规定设置的其他各类档案馆，参照前款规定依法履行相应职责。

**第十七条** 档案主管部门、档案馆和机关、团体、企业事业单位以及其他组织应当为档案工作人员的教育培训、职称评审、岗位聘用等创造条件，不断提高档案工作人员的专业知识水平和业务能力。

## 第三章 档案的管理

**第十八条** 按照国家规定应当形成档案的机关、团体、企业事业单位和其他组织，应当建立档案工作责任制，确定档案工作组织结构、职责分工，落实档案工作领导责任、管理责任、执行责任，健全单位主要负责人承担档案完整与安全第一责任人职责相关制度，明确档案管理、档案基础设施建设、档案信息化等工作要求。

**第十九条** 依照《档案法》第十三条以及国家有关规定应当归档的材料，由机关、团体、企业事业单位和其他组织的各内设机构收集齐全，规范整理，定期交本单位档案机构或者档案工作人员集中管理，任何内设机构和个人不得拒绝归档或者据为己有。

机关、群团组织、国有企业事业单位应当明确本单位的归档范围和档案保管期限，经同级档案主管部门审核同意后施行。单位内设机构或者工作职能发生重大变化时，应当及时调整归档范围和档案保管期限，经重新审核同意后施行。

机关、群团组织、国有企业事业单位负责所属单位的归档范围和档案保管期限的审核。

**第二十条** 机关、团体、企业事业单位和其他组织，应当按照国家档案主管部门关于档案移交的规定，定期向有关的国家档案馆移交档案。

属于中央级和省级、设区的市级国家档案馆接收范围的档案，移交单位应当自档案形成之日起满二十年即向有关的国家档案馆移交。属于县级国家档案馆接收范围的档案，移交单位应当自档案形成之日起满十年即向有关的县级国家档案馆移交。

经同级档案主管部门检查和同意，专业性较强或者需要保密的档案，可以延长向有关的国家档案馆移交的期限。已撤销单位的档案可以提前向有关的国家档案馆移交。

由于单位保管条件不符合要求或者存在其他原因可能导致不安全或者严重损毁的档案，经协商可以提前交有关档案馆保管。

**第二十一条** 档案馆可以按照国家有关规定，通过接受捐献、购买、代存、交换等方式收集档案。

档案馆通过前款规定方式收集档案时，应当考虑档案的珍稀程度、内容的重要性等，并以书面协议形式约定相关方的权利和义务，明确相关档案利用条件。

国家鼓励单位和个人将属于其所有的对国家和社会具有重要保存价值的档案捐献给国家档案馆。国家档案馆应当维护捐献者的合法权益。

**第二十二条** 档案馆应当对所保管的档案采取下列管理措施：

（一）建立健全科学的管理制度和查阅利用规范，制定有针对性的安全风险管控措施和应急预案；

（二）配置适宜安全保存档案、符合国家有关规定的专门库房，配备防火、防盗、防水、防光、防尘、防有害气体、防有害生物以及温湿度调控等必要的设施设备；

（三）根据档案的不同等级，采取有效措施，加以保护和管理；

（四）根据需要和可能，配备适应档案现代化管理需要的设施设备；

（五）编制档案目录等便于档案查找和利用的检索工具。

机关、团体、企业事业单位和其他组织的档案保管，参照前款规定办理。

**第二十三条** 县级以上人民政府应当采取措施，保障国家档案馆依法接收档案所需的库房及设施设备。

任何单位和个人不得侵占、挪用国家档案馆的馆舍，不得擅自改变国家档案馆馆舍的功能和用途。

国家档案馆馆舍的建设，应当符合实用、安全、科学、美观、环保、节约的要求和国家有关工程建设标准，并配置无障碍设施设备。

**第二十四条** 机关、团体、企业事业单位和其他组织应当定期对本单位保管的保管期限届满的档案进行鉴定，形成鉴定工作报告。

经鉴定仍需继续保存的档案，应当重新划定保管期限并作出标注。经鉴定需要销毁的档案，其销毁工作应当遵守国家有关规定。

**第二十五条** 县级以上档案主管部门可以依托国家档案馆，对下列属于国家所有的档案中具有永久保存价值的档案分类别汇集有关目录数据：

（一）机关、群团组织、国有企业事业单位形成的档案；

（二）第一项所列单位之外的其他单位，经法律法规授权或者受国家机关依法委托管理公共事务形成的档案；

（三）第一项所列单位之外的其他单位或者个人，由国家资金支持，从事或者参与建设工程、科学研究、技术创新等活动形成的且按照协议约定属于国家所有的档案；

（四）国家档案馆保管的前三项以外的其他档案。

涉及国防、外交、国家安全、公共安全等的档案的目录数据，其汇集范围由有关档案主管部门会同档案形成单位研究确定。

**第二十六条**　档案馆和机关、团体、企业事业单位以及其他组织为了收集、交换散失在国外的档案、进行国际文化交流，以及适应经济建设、科学研究和科技成果推广等的需要，经国家档案主管部门或者省、自治区、直辖市档案主管部门依据职权审查批准，可以向国内外的单位或者个人赠送、交换、出售属于国家所有的档案的复制件。

**第二十七条**　一级档案严禁出境。二级档案需要出境的，应当经国家档案主管部门审查批准。

除前款规定之外，属于《档案法》第二十五条规定的档案或者复制件确需出境的，有关档案馆、机关、团体、企业事业单位和其他组织以及个人应当按照管理权限，报国家档案主管部门或者省、自治区、直辖市档案主管部门审查批准，海关凭批准文件查验放行。

档案或者复制件出境涉及数据出境的，还应当符合国家关于数据出境的规定。

相关单位和个人应当在档案或者复制件出境时主动向海关申报核验，并按照出境申请审查批准意见，妥善保管、处置出境的档案或者复制件。

**第二十八条**　档案馆和机关、团体、企业事业单位以及其他组织依照《档案法》第二十四条的规定委托档案服务时，应当确定受委托的档案服务企业符合下列条件：

（一）具有企业法人资格和相应的经营范围；

（二）具有与从事档案整理、寄存、开发利用、数字化等相关服务相适应的场所、设施设备、专业人员和专业能力；

（三）具有保证档案安全的管理体系和保障措施。

委托方应当对受托方的服务进行全程指导和监督，确保档案安全和服务质量。

## 第四章　档案的利用和公布

**第二十九条**　国家档案馆应当依照《档案法》的有关规定，分期分批向社会开放档案,并同时公布开放档案的目录。

**第三十条** 国家档案馆应当建立馆藏档案开放审核协同机制,会同档案形成单位或者移交单位进行档案开放审核。档案形成单位或者移交单位撤销、合并、职权变更的,由有关的国家档案馆会同继续行使其职权的单位共同负责;无继续行使其职权的单位的,由有关的国家档案馆负责。

尚未移交进馆档案的开放审核,由档案形成单位或者保管单位负责,并在移交进馆时附具到期开放意见、政府信息公开情况、密级变更情况等。

县级以上档案主管部门应当加强对档案开放审核工作的统筹协调。

**第三十一条** 对于《档案法》第二十七条规定的到期不宜开放的档案,经国家档案馆报同级档案主管部门同意,可以延期向社会开放。

**第三十二条** 档案馆提供社会利用的档案,应当逐步实现以复制件代替原件。数字、缩微以及其他复制形式的档案复制件,载有档案保管单位签章标识的,具有与档案原件同等的效力。

**第三十三条** 档案馆可以通过阅览、复制和摘录等形式,依法提供利用档案。

国家档案馆应当明确档案利用的条件、范围、程序等,在档案利用接待场所和官方网站公布相关信息,创新档案利用服务形式,推进档案查询利用服务线上线下融合。

**第三十四条** 机关、团体、企业事业单位和其他组织以及公民利用国家档案馆保管的未开放的档案,应当经保管该档案的国家档案馆同意,必要时,国家档案馆应当征得档案形成单位或者移交单位同意。

机关、团体、企业事业单位和其他组织的档案机构保管的尚未向国家档案馆移交的档案,其他机关、团体、企业事业单位以及公民需要利用的,应当经档案形成单位或者保管单位同意。

**第三十五条** 《档案法》第三十二条所称档案的公布,是指通过下列形式首次向社会公开档案的全部或者部分原文:

(一)通过报纸、期刊、图书、音像制品、电子出版物等公开出版;

(二)通过电台、电视台、计算机信息网络等公开传播;

（三）在公开场合宣读、播放；

（四）公开出售、散发或者张贴档案复制件；

（五）在展览、展示中公开陈列。

**第三十六条** 公布属于国家所有的档案，按照下列规定办理：

（一）保存在档案馆的，由档案馆公布；必要时，应当征得档案形成单位或者移交单位同意后公布，或者报经档案形成单位或者移交单位的上级主管部门同意后公布；

（二）保存在各单位档案机构的，由各单位公布；必要时，应当报经其上级主管部门同意后公布；

（三）利用属于国家所有的档案的单位和个人，未经档案馆或者有关单位同意，均无权公布档案。

档案馆对寄存档案的公布，应当按照约定办理；没有约定的，应当征得档案所有者的同意。

**第三十七条** 国家档案馆应当根据工作需要和社会需求，开展馆藏档案的开发利用和公布，促进档案文献出版物、档案文化创意产品等的提供和传播。

国家鼓励和支持其他各类档案馆向社会开放和公布馆藏档案，促进档案资源的社会共享。

## 第五章 档案信息化建设

**第三十八条** 机关、团体、企业事业单位和其他组织应当加强档案信息化建设，积极推进电子档案管理信息系统建设。

机关、群团组织、国有企业事业单位应当将档案信息化建设纳入本单位信息化建设规划，加强办公自动化系统、业务系统归档功能建设，并与电子档案管理信息系统相互衔接，实现对电子档案的全过程管理。

电子档案管理信息系统应当按照国家有关规定建设，并符合国家关于网络安全、数据安全以及保密等的规定。

**第三十九条** 机关、团体、企业事业单位和其他组织应当采取管理措施和技术手段保证电子档案来源可靠、程序规范、要素合规，符合以下条件：

(一)形成者、形成活动、形成时间可确认,形成、办理、整理、归档、保管、移交等系统安全可靠;

(二)全过程管理符合有关规定,并准确记录、可追溯;

(三)内容、结构、背景信息和管理过程信息等构成要素符合规范要求。

**第四十条** 机关、团体、企业事业单位和其他组织应当按照国家档案主管部门有关规定,定期向有关档案馆移交电子档案。电子档案移交接收网络以及系统环境应当符合国家关于网络安全、数据安全以及保密等的规定。不具备在线移交条件的,应当通过符合安全管理要求的存储介质向档案馆移交电子档案。

档案馆应当在接收电子档案时进行真实性、完整性、可用性和安全性等方面的检测,并采取管理措施和技术手段保证电子档案在长期保存过程中的真实性、完整性、可用性和安全性。

国家档案馆可以为未到本条例第二十条第二款所规定的移交进馆期限的电子档案提供保管服务,涉及政府信息公开事项的,依照《档案法》第十五条第二款的规定办理。

**第四十一条** 档案馆对重要电子档案进行异地备份保管,应当采用磁介质、光介质、缩微胶片等符合安全管理要求的存储介质,定期检测载体的完好程度和数据的可读性。异地备份选址应当满足安全保密等要求。

档案馆可以根据需要建设灾难备份系统,实现重要电子档案及其管理系统的备份与灾难恢复。

**第四十二条** 档案馆和机关、团体、企业事业单位以及其他组织开展传统载体档案数字化工作,应当符合国家档案主管部门有关规定,保证档案数字化成果的质量和安全。

国家鼓励有条件的单位开展文字、语音、图像识别工作,加强档案资源深度挖掘和开发利用。

**第四十三条** 档案馆应当积极创造条件,按照国家有关规定建设、运行维护数字档案馆,为不同网络环境中的档案数字资源的收集、长期安全保存和有效利用提供保障。

国家鼓励有条件的机关、团体、企业事业单位和其他组织开展数字档案室建设，提升本单位的档案信息化水平。

**第四十四条** 国家档案主管部门应当制定数据共享标准，提升档案信息共享服务水平，促进全国档案数字资源跨区域、跨层级、跨部门共享利用工作。

县级以上地方档案主管部门应当推进本行政区域档案数字资源共享利用工作。

## 第六章 监督检查

**第四十五条** 国家档案馆和机关、群团组织、国有企业事业单位应当定期向同级档案主管部门报送本单位档案工作情况。

**第四十六条** 档案主管部门对处理投诉、举报和监督检查中发现的或者有关部门移送的涉嫌档案违法的线索和案件，应当及时依法组织调查。

经调查，发现有档案违法行为的，档案主管部门应当依法予以处理。需要追究有关责任人责任的，档案主管部门可以依法向其所在单位或者任免机关、单位提出处理建议。有关机关、单位应当及时将处理结果书面告知提出处理建议的档案主管部门。

**第四十七条** 县级以上档案主管部门应当加强档案行政执法队伍建设和对档案行政执法人员的教育培训。从事档案行政执法工作的人员，应当通过考试，取得行政执法证件。

## 第七章 法律责任

**第四十八条** 国家档案馆违反国家规定擅自扩大或者缩小档案接收范围的，或者不按照国家规定开放、提供利用档案的，由县级以上档案主管部门责令限期改正；情节严重的，由有关机关对负有责任的领导人员和直接责任人员依法给予处分。

**第四十九条** 单位或者个人将应当归档的材料据为己有，拒绝交档案机构、档案工作人员归档的，或者不按照国家规定向国家档案馆移交档案的，由县级以上档案主管部门责令限期改正；拒不改正的，由有关机关对负有责任的领导人员和直接责任人员依法给予处分。

**第五十条** 单位或者个人侵占、挪用国家档案馆的馆舍的，由县级以上档案主管部门责令限期改正；情节严重的，由有关机关对负有责任的领导人员和直接责任人员依法给予处分;构成犯罪的,依法追究刑事责任;造成财产损失或者其他损害的,依法承担民事责任。

**第五十一条** 档案服务企业在提供服务过程中明知存在档案安全隐患而不采取措施的,档案主管部门可以采取约谈、责令限期改正等措施。

档案服务企业因违反《档案法》和本条例规定受到行政处罚的,行政处罚信息依照有关法律、行政法规的规定予以公示。

### 第八章 附 则

**第五十二条** 本条例自2024年3月1日起施行。《中华人民共和国档案法实施办法》同时废止。

## 机关档案工作条例

*1. 1983年4月28日中共中央办公厅、国务院办公厅印发*
*2. 自发布之日起施行*

### 第一章 总 则

**第一条** 根据中共中央、国务院有关档案工作的决定和指示,为加强各级党、政、军机关和人民团体(以下统称机关)档案的科学管理,更好地为机关工作服务,特制订本条例。

**第二条** 机关档案工作是机关工作的组成部分,是提高机关工作效率和工作质量的必要条件,是维护机关历史真实面貌的一项重要工作。

**第三条** 各机关在工作活动中形成的全部档案均由本机关档案部门集中统一管理。

**第四条** 机关档案部门的基本任务是:

(一)对本机关文书部门或业务部门文件材料的归档工作,进行指导和监督;

(二)负责管理本机关的全部档案,积极提供利用,为机关各项工作服务,并为党和国家积累档案史料;

(三)中央和地方专业主管机关的档案部门,应根据本专业的管理体制，负责对本系统和直属单位的档案工作进行指导、监督与检查。

**第五条**　机关档案部门必须贯彻执行党和国家的保密、保卫制度，确保档案和档案机密的安全。

## 第二章　机关档案工作体制、机构和干部

**第六条**　机关必须建立档案工作，成立相应的档案工作机构。不需要建立档案机构的机关，应配备专职或兼职的档案人员。机关档案部门受办公厅（室）领导。

**第七条**　各级机关档案部门的业务工作受同级和上级档案业务管理机关的指导、监督与检查。

对驻在地方的上级直属单位的档案工作，实行以专业主管机关为主、地方档案管理机关为辅的管理体制。

**第八条**　各机关应为档案部门配备政治上可靠、具有高中或高中以上文化水平和一定专业知识、能够胜任工作的相应数量的干部。

**第九条**　档案干部要努力学习马克思列宁主义、毛泽东思想，坚持四项基本原则，认真执行党和国家的方针、政策，热爱档案事业，刻苦钻研业务，努力提高政治思想、科学文化和档案业务水平，以保证工作任务的顺利完成。

**第十条**　档案干部应相对稳定。对有业务职称的档案干部，在调离档案部门时，应征得授予职称的档案业务管理机关的同意。

## 第三章　档案的接收

**第十一条**　机关应建立、健全文件材料的归档制度。凡机关工作活动中形成的具有保存价值的文件材料（包括党、政、工、团以及人事、保卫、财会等工作中形成的文件材料），均由文书部门或业务部门进行整理、立卷，并定期向档案部门归档。机关领导人和承办人员办理完毕的文件材料应及时交有关部门整理、立卷。

**第十二条**　机关档案部门接收的档案，应符合下列要求：

（一）应归档的文件材料齐全、完整；

（二）文件和电报按其内容的联系，合并整理、立卷；

（三）归档的文件材料，保持它们之间的历史联系，区分保存价值，分类整理、立卷，案卷标题简明确切，便于保管和利用。

**第十三条** 机关文书部门或业务部门一般应在第二年上半年向档案部门移交档案,交接双方根据移交目录清点核对,并履行签字手续。

## 第四章 档案的管理和提供利用

**第十四条** 一个机关在工作活动中形成的全部档案,应在文书或业务部门立卷的基础上,按照一定的要求进行分类、加工整理和保管。

**第十五条** 机关档案部门应建立档案的统计制度,对档案的收进、移出、保管、利用等情况进行统计,并按照规定向档案业务管理机关报送档案工作基本情况统计表。

**第十六条** 机关档案部门应根据国家的有关规定,编制本机关或本专业系统的《档案材料保管期限表》,经机关领导人批准后执行,并报同级档案业务管理机关备案。

**第十七条** 机关应定期对已超过保管期限的档案进行鉴定。鉴定档案必须在机关办公厅(室)主任的主持下,由档案部门和有关业务部门组成鉴定小组共同进行。鉴定工作结束后,应提出工作报告,对确无保存价值的档案进行登记造册,经机关领导人批准后销毁。

**第十八条** 机关销毁档案,应指定两人负责监销,防止档案遗失和泄密。监销人要在销毁清册上签字。

**第十九条** 机关的档案库房应该坚固,并力求逐步做到有防盗、防火、防虫、防鼠、防潮、防尘、防高温等设施。要定期检查档案保管状况,对破损或变质的档案应及时修补、复制或作其他技术处理。

**第二十条** 机关档案部门应根据工作需要,编制必要的目录、卡片、索引等检索工具,编辑档案文件汇集和各种参考资料,积极主动地开展档案的利用工作,为机关各项工作服务,并注意掌握档案的利用效果。

**第二十一条** 机关档案部门应建立档案的借阅制度,根据档案的机密程度,确定不同的利用范围,规定不同的审批手续。

机关档案部门保管的档案,是现行档案,主要供本机关和上级主管机关使用,不属于开放范围。对外提供利用需经上级主管机关批准。

**第二十二条** 省级以上党、政领导机关的重要档案,根据需要和可能可多保存一套重份或复印件,以保证档案的安全和方便利用。

**第二十三条** 机关应根据需要和可能，采用先进技术设备，逐步实现档案管理的科学化、现代化。

**第二十四条** 档案保管人员调动工作时，应在离职前办好交接手续。

## 第五章 档案的移交

**第二十五条** 省级以上机关应将永久保存的档案在本机关保存二十年左右；省辖市（州、盟）和县级以下机关应将永久、长期保存的档案在本机关保存十年左右，连同案卷目录（一式三份）和有关的检索工具、参考资料，一并向有关的档案馆移交。一个机关的全部档案是不可分割的整体，应统一向一个档案馆移交。

**第二十六条** 机关撤销或合并必须将本机关的全部档案进行认真整理，妥善保管，不得分散，并按下列办法进行处理：

（一）撤销机关的档案，应向有关的档案馆进行移交或由有关主管机关代管；

（二）机关撤销的业务分别划归几个机关的，其档案材料不得分散，可由其中一个机关代管或向有关的档案馆移交；

（三）一个机关并入另一个机关或几个机关合并为一个新的机关，其档案材料应移交给合并后的机关代管或向有关的档案馆移交；

（四）一个机关内一部分业务或者一个部门划给另一个机关接收，其档案材料不得带入接收机关，如果接收机关需要利用，可以借阅或者复制；

（五）机关撤销或者合并时，没有处理完毕的文件材料，可以移交给新的机关继续处理，并作为新的机关的档案加以保存；

（六）一个机关改变了领导关系，在其工作活动中形成的全部档案仍属原来的全宗，实行集中统一管理。

**第二十七条** 各种临时工作机构撤销时，其档案应向有关的主管机关或档案馆移交。

## 第六章 附 则

**第二十八条** 机关可根据本条例规定的原则，结合本机关的具体情况，制定具体实施办法。

**第二十九条** 企业、事业单位的档案工作应参照本条例执行，其中科学技术档案工作应按《科学技术档案工作条例》办理。

**第三十条** 本条例自发布之日起施行。

# 机关档案管理规定

*1. 2018 年 10 月 11 日国家档案局令第 13 号公布*
*2. 自 2019 年 1 月 1 日起施行*

## 第一章 总 则

**第一条** 为了加强各级党和国家机关、人民团体(以下统称机关)档案工作,推进机关档案科学、规范管理,丰富国家档案资源,为各项工作提供有效服务,根据《中华人民共和国档案法》《机关档案工作条例》等法律法规,制定本规定。

**第二条** 本规定所称的机关档案,是指机关在公务活动中形成的,对国家和社会有查考、利用和保存价值的各种形式、各种载体的历史记录。

**第三条** 机关档案工作是档案工作开展的基础,是国家档案事业的重要组成部分。

机关档案工作是机关不可缺少的基础性工作,是推进依法行政、促进科学决策、提高治理水平的必要条件,是保护单位和个人合法权益、维护机关历史真实面貌的一项重要工作。

**第四条** 机关档案工作实行统一领导、分级管理。

国家档案行政管理部门负责全国机关档案工作的统筹规划、组织协调、统一制度,负责中央和国家机关档案工作的监督、指导和检查。地方档案行政管理部门在上级档案行政管理部门指导下,负责本行政区域内机关档案工作的统筹协调、制度建设,负责本行政区域内机关档案工作的监督、指导和检查。

档案行政管理部门履行检查职责时,以进入相关场所检查,询问有关人员,查阅、复制有关档案资料等方式开展。

中央、地方专业主管机关应当根据本专业的管理体制,在档案行政管理部门指导下对本系统和直属单位的档案工作进行监督、指导。

中央、地方专业主管机关进行监督、指导时,应当遵循统一领导、分级管理原则。

**第五条** 机关的全部档案应当集中、统一管理。

机关档案管理应当维护档案的真实、完整、可用和安全,便于检索、利用和开发。

**第六条** 机关应当加强对档案工作的组织领导,将档案工作纳入整体规划、年度工作计划和考核体系,与业务工作同步部署、同步实施、同步发展。

档案工作所需的基础设施配备和维护经费,档案日常管理工作经费,档案信息化建设经费,档案宣传、培训等其他经费应当列入机关年度财政预算。

## 第二章 机构和人员

**第七条** 机关应当建立由分管档案工作的单位负责人、办公厅(室)(或承担该职能的其他综合办事机构,下同)及相关部门负责人组成的档案工作协调机制,协调处理本机关、本系统档案工作重大事务和重要事项。

**第八条** 机关应当按规定设立档案工作机构。不具备档案工作机构设立条件的机关,应当指定档案工作负责部门。档案工作负责部门的名称应当反映档案工作属性。

经同级档案行政管理部门同意,办公地点相对集中且条件成熟的县级或形成档案数量较少的多个机关可以成立联合档案工作机构,对相应机关的档案进行集中管理。

**第九条** 机关档案工作机构或档案工作负责部门(以下简称机关档案部门)应当配备与工作量相匹配的专职档案工作人员,具体承担机关档案业务工作。机关文书或业务部门应当指定人员,承担相应部门文件材料的收集、整理和归档工作。机关应当建立以机关档案部门为中心,由相关人员组成的机关档案工作网络。

县级或形成档案数量较少的机关可以综合考虑工作量等情况,配备适当数量的专(兼)职档案工作人员。

**第十条** 机关档案工作的基本任务是:

（一）贯彻执行档案工作的法律法规和方针政策，建立健全档案工作规章制度，并将规范本单位、本系统档案管理的基本制度报档案行政管理部门备案；

（二）制定并组织实施档案工作发展规划或计划；

（三）对机关各种文件材料的形成、积累和归档工作进行监督和指导，对所属机构的档案工作进行监督和指导；

（四）负责管理机关的全部档案并提供利用，协助做好机关政府信息公开工作；

（五）负责机关档案信息化工作并统筹机关及所属机构档案信息一体化工作，推动传统载体档案数字化和电子文件、电子档案规范管理；

（六）接受档案行政管理部门监督、指导和检查，执行年度报告制度，定期向同级国家综合档案馆移交档案；

（七）负责组织档案业务交流和档案工作人员培训，开展档案宣传、教育活动；

（八）对档案工作中取得突出成绩的部门或个人，向机关提出表彰奖励建议；对违反档案管理要求的部门或个人，向机关提出处理建议。

**第十一条** 机关通过政府购买服务方式辅助实现档案工作基本任务的，应当严格限定社会化服务范围，严格审核服务供方的信息安全保障能力和业务资质，并接受档案行政管理部门监督、指导和检查。

机关档案业务社会化服务限于档案整理、传统载体档案数字化、纸质档案数字复制件全文识别、电子档案管理技术支持等辅助性工作。社会化服务应当符合《档案服务外包工作规范》（DA/T 68）规定。

**第十二条** 档案工作人员应当为机关正式在编人员，且政治可靠、遵纪守法、忠于职守，具备胜任岗位要求的工作能力。

档案工作人员应当熟悉机关工作，具备档案管理、信息管理等相关知识背景，并定期参加业务培训。

不具备前述知识背景的档案工作人员，应当经过相关专业知识和技能培训。

**第十三条** 档案工作人员调离岗位或退休的，应当在离岗前办好交接手续。涉密档案工作人员的调离应当按照国家有关保密法律法规执行。

## 第三章　基础设施

**第十四条**　机关应当分别设置档案办公用房、整理用房、阅览用房和档案库房,并根据工作需要设置展览用房、档案数字化用房、服务器机房等。

档案库房应当根据载体类型分别设置,不具备条件的应当根据载体类型分区设置。

县级或形成档案数量较少的机关设置库房以外其他档案用房时,可以按照办公、整理、阅览等基本功能分区设置。

**第十五条**　档案办公用房面积按照《党政机关办公用房建设标准》执行。

阅览用房面积应当满足不同类型档案阅览需求,适应涉密档案与非涉密档案分区阅览的需要。

档案库房面积应当满足机关档案法定存放年限需要,使用面积按(档案存量 年增长量×存放年限)×$60m^2$/万卷(或 10 万件)测算。档案数量少于 2500 卷(或 25000 件)的,档案库房面积按 $15m^2$ 测算。

整理用房、展览用房、档案数字化用房、服务器机房等用房面积应当满足业务开展需要。

**第十六条**　档案用房宜集中布置,自成一区。

档案办公用房选址应当便于档案库房管理。档案库房选址应当防潮、防火、避免阳光直射,利于档案保护。

档案库房不应设置在地下或顶层,地处湿润地区的还不宜设置在首层。档案库房不得毗邻水房、卫生间、食堂(厨房)、变配电室、车库等可能危及档案安全的用房。

**第十七条**　档案办公用房建筑设计应当符合《办公建筑设计规范》(JGJ 67)规定,整理用房、阅览用房建筑设计应当符合《档案馆建筑设计规范》(JGJ 25)规定。

档案库房内不得设置其他用房和明火设施,不应设置除消防以外的给水点,其他给水排水管道不应穿越库房。档案库房的装具布置、门窗设置应当符合《档案馆建筑设计规范》(JGJ 25)规定。

**第十八条**　档案库房应当根据需要配备符合国家规定的密闭五节柜、密集架、光盘柜、底图柜等档案装具，不得采用木质柜、玻璃门柜等装具。档案整理台、档案梯、移动置物架、档案盒、装订用品等配备应当满足工作需要。

档案库房配备的档案装具应当与档案库房楼面均布活荷载标准值相匹配。库房采用密集架的，楼面均布活荷载标准值不应小于 $8kN/m^2$ 或按档案装载情况相应增加。

**第十九条** 档案库房应当配备温湿度监测调控系统，安装漏水报警设备。档案库房不得使用电阻丝加热、电热油汀及以水、汽为热媒的采暖系统。

保存重要档案或具备条件的，应当安装恒温恒湿设备，必要时可配备通风换气、空气净化设备。

**第二十条** 档案库房应当配备消防系统。根据档案重要程度和载体类型的不同，可以选择采用洁净气体、惰性气体或高压细水雾灭火设备。档案库房应当安装甲级防火门，配备火灾自动报警设备。

**第二十一条** 档案库房应当安装全封闭防盗门窗、遮光阻燃窗帘、防护栏等防护设施，可以选择设置智能门禁识别、红外报警、视频监控、出入口控制、电子巡查等安全防范系统。整理用房、阅览用房、档案数字化用房应当设置视频监控设备。

**第二十二条** 机关应当按照档案信息化要求，建设或配备能够满足库房现代化管理、档案数字化、电子文件及电子档案管理需求的基础设施设备。智能库房管理基础设施设备应当满足温湿度调控、漏水监测、消防报警、安全防范、视频监控等系统集成管理以及其他智能管理需要。档案数字化、电子文件及电子档案管理基础设施设备应当符合本规定第五章要求。

县级或形成档案数量较少的机关按照本规定第十九条至第二十二条配备基础设施设备的，应当满足温湿度调控、消防、安防和信息化工作的基本需求。

## 第四章 管理要求

### 第一节 一般规定

**第二十三条** 机关档案包括：

（一）文书、科技（科研、基建、设备）、人事、会计档案；

（二）机关履行行业特有职责形成的专业档案；

（三）照片、录音、录像等音像档案；

（四）业务数据、公务电子邮件、网页信息、社交媒体档案；

（五）印章、题词、奖牌、奖章、证书、公务礼品等实物档案；

（六）其他档案。

前款（一）（二）（三）项包含传统载体档案和电子档案两种形式。电子档案与传统载体档案具有同等效力。

**第二十四条** 机关全部档案构成一个全宗。机关隶属关系、名称发生变化但工作性质和主要业务范围未变化的，维持原全宗不变。

机关应当建立并定期完善全宗卷。全宗卷应当包含全宗背景、档案状况、工作制度、管理记录等内容，编制要求按照《全宗卷规范》（DA/T 12）执行。

**第二十五条** 机关档案管理应当做到收集齐全完整，整理规范有序，保管安全可靠，鉴定准确及时，利用简捷方便，开发实用有效。

涉及国家秘密档案的管理应当符合保密管理的相关规定。

## 第二节 形成与收集

**第二十六条** 机关履行职责过程中应当按照有关程序和要求形成归档文件材料。机关办公自动化和其他业务系统应当支持形成符合要求的归档文件材料。

文件材料形成时，应当采用耐久、可靠、满足长期保存需求的记录载体和记录方式。

归档文件材料应当真实、准确、系统，文件材料组件齐全、内容完整。

**第二十七条** 机关文书或业务部门应当及时收集形成的归档文件材料，交本部门指定人员保管。下列文件材料应当纳入收集范围。

机关在日常公务活动中形成的归档文件材料；机关设立临时机构处理专项工作、处置突发事件、举办重要活动等形成的归档文件材料；机关承担重大建设项目、重大科研课题等形成的归档文件材料；机关所属机构撤销形成的归档文件材料；机关向社会和个人征集的、与机关有关文件材料等。

**第二十八条** 机关应当编制本单位文件材料归档范围和档案保管期限表,经同级档案行政管理部门审查同意后施行。机关内部机构或工作职能发生变化时应当及时修订,经重新审查同意后施行。

文件材料归档范围和档案保管期限表应当全面、系统反映机关主要职能活动和基本历史面貌。人事、会计文件材料的归档范围和档案保管期限从其专门规定。

机关所属机构文件材料归档范围和档案保管期限表报机关审查同意后施行。

**第二十九条** 文书档案的收集范围按照《机关文件材料归档范围和文书档案保管期限规定》制定执行。

会计、科研、基建档案收集范围应当分别符合《会计档案管理办法》、《科学技术研究课题档案管理规范》(DA/T 2)、《建设项目档案管理规范》(DA/T 28)及《国家电子政务工程建设项目档案管理暂行办法》规定。

照片档案的收集范围应当符合《照片档案管理规范》(GB/T 11821)和《数码照片归档与管理规范》(DA/T 50)规定。

其他门类档案收集范围按照国家相关规定执行。

**第三十条** 电子文件应当连同元数据一并收集。收集的元数据应当符合《数字档案室建设指南》、《电子文件归档与电子档案管理规范》(GB/T 18894)、《文书类电子文件元数据方案》(DA/T 46)、《照片类电子档案元数据方案》(DA/T 54)、《录音录像类电子档案元数据方案》(DA/T 63)等规定。

## 第三节 整理与归档

**第三十一条** 机关应当按照本规定第二十三条制定统一的档案分类方案。不同门类、载体或形式的档案的分类方法应当协调呼应,便于档案的统一管理和利用。分类方案一经确定,应当保持一致,不得随意变动。

机关档案分类方案一般采用年度、机构(问题)、保管期限等分类项进行复式分类,有专门规定的,从其规定。

**第三十二条** 机关档案整理应当遵循文件材料的形成规律，保持文件材料之间的有机联系，区分不同价值，便于保管和利用，逐步推进卷件融合管理。

文书档案、照片档案、录音档案、录像档案、实物档案一般以件（张）等为单位进行整理。科技档案、人事档案、会计档案一般以卷为单位进行整理。其他门类档案根据需要以卷或件为单位进行整理。整理方法分别按照相应要求执行。

**第三十三条** 机关档案应当逐卷或逐件编制档号。档号应当指代单一，体现档案来源、档案门类、整理分类体系和排列顺序等档案基本属性。档号结构应当符合《档号编制规则》（DA/T 13）、《归档文件整理规则》（DA/T 22）和《数字档案室建设指南》要求，不同载体或形式的档号编制方法应当协调呼应。

机关档案门类宜按照文书（WS）、科技（KJ）、人事（RS）、会计（KU）、专业（ZY）、照片（ZP）、录音（LY）、录像（LX）、业务数据（SJ）、公务电子邮件（YJ）、网页信息（WY）、社交媒体（MT）、实物档案（SW）设置一级门类代码，按照科研（KJ·KY）、基建（KJ·JJ）、设备（KJ·SB）设置科技档案二级门类代码。专业档案按照相关规定设置二级门类代码。

**第三十四条** 机关档案应当编制检索工具，满足手工检索和计算机检索需要。

机关档案应当按照《档案著录规则》（DA/T 18）进行著录。传统载体照片、录音、录像档案和实物档案应当详细著录背景、人物、来源等信息。档案著录应当与目录编制、元数据收集等工作和要求协调对应。

**第三十五条** 机关档案经文书或业务部门整理完毕后，应当在第二年6月底前向机关档案部门归档；采用办公自动化或其他业务系统的，应当随办随归。归档时间有特殊规定的，从其规定。

归档时交接双方根据归档目录清点核对，并履行交接手续。机关档案实现随办随归的，还应当按规定履行登记手续，记录电子文件归档过程元数据。任何部门和人员不得将应归档文件材料据为己有或拒绝归档。

**第三十六条** 归档文件材料应当为原件。电子文件需要转换为纸质文件归档的,若电子文件已经具备电子签名、电子印章,且电子印章按照规定转换为印章图形的,纸质文件不需再行实体签名、实体盖章。

满足本规定第五章规定且不具有永久保存价值或其他重要价值的电子文件,以及无法转换为纸质文件或缩微胶片的电子文件可以仅以电子形式进行归档。

## 第四节 保管与保护

**第三十七条** 机关应当根据档案载体的不同要求对档案进行存储和保管。档案存储和保管应当确保实体安全和信息安全。

机关应当制定档案管理应急预案并定期组织演练,以应对突发事件和自然灾害。档案管理应急预案应当纳入机关总体应急预案。

**第三十八条** 机关应当做好档案防火、防盗、防紫外线、防有害生物、防水、防潮、防尘、防高温、防污染等防护工作。库房温湿度应当符合《档案馆建筑设计规范》(JGJ 25)规定。

档案库房不得存放与档案保管、保护无关的物品。

**第三十九条** 档案工作人员应当监测和记录库房温湿度,根据需要采取措施调节;定期检查维护档案库房设施设备,确保正常运转;定期清扫除尘,保持库房清洁;定期采取措施,防治鼠虫霉等。

**第四十条** 机关档案部门应当定期组织人员对档案数量进行清点、对保管状况进行检查,定期对电子档案的保管情况、读取状况等进行检查,发现问题应当及时处理,并建立检查和处理情况台账。

**第四十一条** 档案工作人员应当及时对受损、易损档案进行修复、复制或作其他技术处理。档案修复应当保持档案内容的完整,尽量维持档案的原貌。档案修复前应当做好登记和检查工作,必要时进行复制备份,做出修复说明。

**第四十二条** 机关应当为档案工作人员配备劳动保护用品,避免档案管理过程中有毒有害物质损害健康。

## 第五节 鉴定与销毁

**第四十三条** 机关应当定期对已达到保管期限的档案进行鉴定处置。鉴定工作应当在档案工作协调机制下进行,由办公厅(室)负责人主持,档案部门会同相关业务部门有关人员组成鉴定小组共同开展,必要时可邀请相关领域专家参与。

鉴定结束后,应当形成鉴定工作报告。对仍需继续保存的档案,应当重新划定保管期限并做出标注;对确无保存价值的档案,应当按规定予以销毁。

**第四十四条** 经鉴定可以销毁的档案,应当按照以下程序销毁。

(一)机关档案部门编制档案销毁清册,列明拟销毁档案的档号、文号、责任者、题名、形成时间、应保管期限、已保管时间和销毁时间等内容,按档案工作协调机制报请审核批准;

(二)机关分管档案工作的单位负责人、办公厅(室)负责人、档案部门负责人、相关业务部门负责人、档案部门经办人、相关业务部门经办人在档案销毁清册上签署意见;

(三)机关档案部门组织档案销毁工作,并与相关业务部门共同派员监销。监销人在档案销毁前,应当按照档案销毁清册所列内容进行清点核对;在档案销毁后,应当在档案销毁清册上签名或盖章。销毁清册应当永久保存。

**第四十五条** 档案销毁应当在指定场所进行。

电子档案和档案数字复制件需要销毁的,除在指定场所销毁离线存储介质外,还应当确保电子档案和档案数字复制件从系统中彻底删除。销毁时应当留存电子档案和档案数字复制件元数据,并在管理过程元数据、审计日志中自动记录销毁活动。

涉密档案的销毁应当符合《国家秘密载体销毁管理规定》。

### 第六节 利用与开发

**第四十六条** 机关应当积极开展档案利用工作,建立健全档案利用制度,根据档案的密级、内容和利用方式,规定不同的利用权限、范围和审批手续。机关保管的档案对外提供利用的,需经本单位负责人批准。

利用档案应当履行查阅手续,进行档案查阅登记和利用效果反馈记录。档案工作人员应当对利用活动及时跟踪和监督。

**第四十七条** 机关应当按照《中华人民共和国政府信息公开条例》等有

关规定,及时向同级国家综合档案馆提供主动公开的政府信息文件资料。

**第四十八条** 机关应当积极推进档案信息开发工作,采取编制全宗介绍、组织沿革、大事记、基础数字汇编、专题文件汇集,以及举办陈列展览、拍摄专题片等多种形式,发挥档案价值。

全宗介绍、组织沿革等应当纳入全宗卷管理。

**第四十九条** 机关应当积极采用数据分析、文本挖掘等新方法,扩展档案开发的力度和深度。

## 第七节 统计与移交

**第五十条** 机关应当建立完善统计工作,对所保管档案情况、档案年度出入库情况、档案设施设备情况、档案利用情况、档案移交进馆情况、档案鉴定销毁情况、档案信息化情况、档案工作人员情况、档案业务社会化服务等情况定期统计并建立完备的台账。

统计结果应当真实、准确、完整,支持以可视化方式显示,便于统计分析。

**第五十一条** 机关应当编制档案工作情况统计年报,汇总分析当年档案工作情况形成年度报告,报送同级档案行政管理部门、上级档案部门。

机关应当加强对档案工作变化情况的分析,为决策提供参考。

**第五十二条** 机关应当按照国家规定定期向同级国家综合档案馆移交档案。移交档案时,应当同时移交检索工具、编研成果。传统载体档案的数字复制件应当与档案原件一并移交。

机关向国家综合档案馆移交前,应当按照相关规定做好移交档案的密级变更或解除工作,并提出划控与开放意见。

**第五十三条** 电子档案一般自形成之日起5年内向国家综合档案馆移交,也可按本规定第五十二条与相应的纸质文件或缩微胶片同步移交。

电子档案移交可以采用在线移交或离线移交。在线移交应当通过档案行政管理部门指定的电子档案接收系统和专用网络,不得通过未设置安全可靠措施的互联网移交。

电子档案移交后,机关继续留存的,应当按照档案管理的要求进行管理。

**第五十四条** 机关撤销或合并的，档案移交按照下列办法进行。

（一）撤销机关的档案，应当由有关主管机关代管或按照规定向同级国家综合档案馆移交；

（二）撤销机关的业务分别划归几个机关的，其档案不得分散，可由其中一个机关代管或向同级国家综合档案馆移交；

（三）一个机关并入另一个机关或几个机关合并为一个新的机关，其档案应当移交给合并后的机关代管或向同级国家综合档案馆移交；

（四）机关所属机构撤销的，其档案由主管机关代管，属于国家综合档案馆接收范围的可按照规定向同级国家综合档案馆移交。

## 第五章 信息化建设

**第五十五条** 机关应当加强档案信息化工作，将机关档案信息化工作纳入机关电子政务和信息化总体规划。

机关档案信息化工作应当与机关信息化建设、档案馆信息化建设协调配合，实现系统互联互通，资源共享共用。

**第五十六条** 机关应当开展数字档案室建设，统筹传统载体档案数字化、电子文件归档与电子档案管理工作。数字档案室建设按照《数字档案室建设指南》执行。

**第五十七条** 机关应当建立档案数字化常态机制，有序开展档案数字化工作。

档案数字化应当符合真实性管理要求，数字化过程的元数据应当收集齐全，数字复制件应当保持原貌并纳入电子档案管理系统统一管理。

**第五十八条** 纸质档案数字化按照《纸质档案数字化规范》（DA/T 31）执行，录音录像档案数字化按照《录音录像档案数字化规范》（DA/T 62）执行。其他传统载体档案数字化参照有关规定执行。

机关应当积极实施纸质档案数字复制件的全文识别，将现有图像数据转化为文本信息，便于检索和开发利用。

**第五十九条** 机关应当开展室藏传统载体档案目录数据库建设，数据库质量符合《档案著录规则》(DA/T 18)等标准规范要求。

各门类传统载体档案目录数据应当与相应数字化元数据、电子档案管理系统相应元数据库融合管理。

**第六十条** 机关应当建立电子文件归档与电子档案管理制度,按照《电子文件归档与电子档案管理规范》(GB/T 18894)确定的职责与分工开展电子文件归档与电子档案管理工作。

**第六十一条** 机关配备的网络基础设施、系统硬件、基础软件、安全保障系统、终端及辅助设备应当满足档案信息化的管理需要并适当冗余、方便扩展。

机关档案部门应当配置独立的专业服务器和专用存储设备。服务器和存储设备应当满足高效、可用、可扩展等要求。

机关在电子政务云或自建私有云上建设电子档案管理系统的,其计算资源、存储资源和安全防范等应当满足电子文件和电子档案管理要求。不得使用电子政务云之外的其他公有云存储管理电子文件、电子档案。

**第六十二条** 机关办公自动化系统和其他业务系统应当嵌入电子文件分类方案、归档范围与保管期限表和整理要求,在电子文件形成时自动或半自动开展鉴定、整理工作,实施预归档。

电子档案管理系统应当功能完善、适度前瞻,满足电子档案真实性、可靠性、完整性、可用性管理要求。电子档案管理系统基本功能和可选功能应当参照《数字档案室建设指南》、《数字档案室建设评价办法》、《电子文件管理系统通用功能要求》(GB/T 29194)以及同级国家综合档案馆的相关要求执行。

电子档案管理系统等级保护不得低于二级标准,分级保护等级应当与电子档案最高密级相适应。使用电子政务云服务的,应当与电子政务云管理机构明确安全管理责任。

**第六十三条** 电子档案的文件格式和质量应当符合标准要求,元数据应当齐全完整,满足长期保存和同级国家综合档案馆进馆要求。

**第六十四条** 机关应当为电子档案安全存储配置在线存储系统。在线存储系统应当实施容错技术方案,定期扫描、诊断存储设备。

**第六十五条** 机关应当制定电子档案备份方案和策略,采用磁带、一次性刻录光盘、硬磁盘等离线存储介质对电子档案实行离线备份。具备条件的，应当对电子档案进行近线备份和容灾备份。

机关应当根据需要制定电子档案转换与迁移方案和策略，转换与迁移活动应当记入电子档案管理过程元数据。

**第六十六条** 机关应当统筹开展传统载体档案数字化、电子文件归档与电子档案管理的安全保密工作，采取有效措施严防信息篡改、丢失、外泄。涉密档案进行数字化、涉密电子文件归档与电子档案管理应当严格遵守保密规定。

## 第六章 奖励与处罚

**第六十七条** 有下列情形之一的，由县级以上档案行政管理部门单独或联合有关部门，或由本单位给予表彰奖励。

（一）档案收集、整理、移交做出显著成绩的；

（二）档案保管、保护和现代化管理做出显著成绩的；

（三）档案利用、开发取得突出效果的；

（四）档案学理论研究、档案科研做出重要贡献的；

（五）同违反档案法律、法规的行为作斗争，表现突出的；

（六）从事专（兼）职档案工作满 15 年的。

**第六十八条** 有下列行为之一的，由县级以上档案行政管理部门责令限期改正；情节严重的，由有关主管部门对机关直接负责的主管人员和直接责任人员依法给予处分；构成犯罪的，依法追究刑事责任。

（一）机关未统一管理机关档案或未按规定形成、收集档案的；

（二）机关未按规定设置档案工作机构或未指定档案工作负责部门，未按要求配备专（兼）职档案工作人员的；

（三）将机关应当归档的文件材料据为己有，拒绝移交机关档案部门的；

（四）档案管理不符合档案安全保护要求的；

（五）拒不按照国家规定向国家综合档案馆移交档案的；

（六）明知所保存的档案面临危险而不采取措施，造成档案损失的；档案工作人员、对档案工作负有领导责任的人员玩忽职守，造成档案损失的。

## 第七章 附 则

**第六十九条** 本规定由国家档案局负责解释。事业单位、《社会团体登记管理条例》界定的社会团体可参照执行。

**第七十条** 本规定自2019年1月1日起施行。

# 重大活动和突发事件档案管理办法(节录)

*1. 2020年12月12日国家档案局令第16号公布*

*2. 自2021年6月1日起施行*

**第一条** 为了加强重大活动和突发事件档案科学管理,确保档案完整、安全与有效利用,更好地服务和推进国家治理体系和治理能力现代化,根据《中华人民共和国档案法》、《中华人民共和国突发事件应对法》等相关法律、法规,制定本办法。

**第二条** 本办法所称重大活动是指在中华人民共和国境内外组织举办的,对党和国家、行业、地方具有重大意义或者重要国际影响的会议、会展、赛事、纪念、庆典等大型活动;突发事件是指突然发生,造成或可能造成严重社会危害,需要采取应急处置措施予以应对的自然灾害、事故灾难、公共卫生事件和社会安全事件。

**第三条** 本办法所称重大活动和突发事件档案,是指在举办重大活动和应对突发事件过程中直接形成的对国家和社会具有保存价值的各种文字、图表、声像等不同形式的历史记录。

**第四条** 重大活动和突发事件档案工作应当遵循统一领导、分级管理、分类实施、统筹协作的工作原则,维护档案完整与安全,推动档案利用与开发,为经济社会发展和突发事件应对活动提供文献参考和决策支持。

**第五条** 各地区各部门应当加强对重大活动和突发事件档案工作组织领导,建立健全工作制度,保证档案管理做到收集齐全完整,整理规范有序,保管安全可靠,鉴定准确及时,利用简捷方便,开发实用有效。

**第六条** 重大活动和突发事件档案的收集、整理、数字化和移交等工作所需经费应当纳入活动经费预算或保障措施。档案主管部门、档案馆开展重大活动和突发事件档案工作所需经费列入本级预算。

**第七条** 重大活动和突发事件档案工作应当积极运用新技术、新手段,不断提升信息化管理水平。

涉及国家秘密的档案管理应当同时符合保密管理相关规定。

# 电子公文归档管理暂行办法

*1. 2003 年 7 月 28 日国家档案局令第 6 号公布*

*2. 根据 2018 年 12 月 24 日国家档案局令第 14 号《关于修改〈电子公文归档管理暂行办法〉的决定》修正*

**第一条** 为了加强对电子公文的归档管理,有效维护电子公文的真实性、完整性、安全性和可识别性,根据《中华人民共和国档案法》、《中华人民共和国档案法实施办法》和《国家行政机关公文处理办法》,制定本办法。

**第二条** 本办法所称的电子公文,是指各地区、各部门通过由国务院办公厅统一配置的电子公文传输系统处理后形成的具有规范格式的公文的电子数据。

**第三条** 电子公文形成单位应指定有关部门或专人负责本单位的电子公文归档工作,将电子公文的收集、整理、归档、保管、利用纳入机关文书处理程序和相关人员的岗位责任。

机关档案部门应参与和指导电子公文的形成、办理、收集和归档等各工作环节。

**第四条** 副省级以上档案行政管理部门负责对电子公文的归档管理工作进行监督和指导。

电子公文的真实性、完整性、安全性和可识别性,移交前由形成部门负责,移交后由档案部门负责。

**第五条** 电子公文参照国家有关纸质文件的归档范围进行归档并划定保管期限。

**第六条** 电子公文一般应在办理完毕后即时向机关档案部门归档。

**第七条** 符合国家有关规定要求的电子公文可以仅以电子形式归档。电子公文归档应当符合电子文件归档和电子档案管理的要求。

**第八条** 需要永久和长期保存的电子公文,应在每一个存储载体中同时存有相应的符合规范要求的机读目录。

**第九条** 电子公文的收发登记表、机读目录、相关软件、其他说明等应与相对应的电子公文一同归档保存。

**第十条** 电子公文的归档应在"全国政府系统办公业务资源网电子邮件系统"平台上进行,各电子公文形成单位档案部门应配置足够容量和处理能力及相对安全的系统设备。

**第十一条** 电子公文形成单位应在运行电子公文处理系统的硬件环境中设置足够容量、安全的暂存存储器,存放处理完毕应归档保存的电子公文,以保证归档电子公文的完整、安全。

**第十二条** 电子公文形成单位应在电子公文处理系统中设置符合安全要求的操作日志,随时自动记录对电子公文实时操作的人员、时间、设备、项目、内容等,以保证归档电子公文的真实性。

**第十三条** 电子公文形成单位应在电子公文归档时按照国家有关要求对其真实性、完整性、可用性和安全性进行检查。

**第十四条** 归档电子公文的移交形式可以是交接双方之间进行存储载体传递或通过电子公文传输系统从网上交接。

**第十五条** 通过存储载体进行交接的归档电子公文,移交与接收部门均应对其载体和技术环境进行检验,确保载体清洁、无划痕、无病毒等。

**第十六条** 归档电子公文应存储到符合保管要求的脱机载体上。归档保存的电子公文一般不加密,必须加密归档的电子公文应与其解密软件和说明文件一同归档。

**第十七条** 归档的电子公文,应按本单位档案分类方案进行分类、整理,并拷贝至耐久性好的载体上,一式3套,一套封存保管,一套异地保管,一套提供利用。

**第十八条** 档案部门应加强对归档电子公文的管理,提供利用有密级要求的归档电子公文,应严格遵守国家有关保密的规定,采用联网的方式提供利用的,应采取稳妥的身份认定、权限控制及在存有电子公文的设备上加装防火墙等安全保密措施。

**第十九条** 超过保管期限的归档电子公文的鉴定和销毁,按照归档纸质文件的有关规定执行。对确认销毁的电子公文可以进行逻辑或物理删除,并应由档案部门列出销毁文件目录存档备查。

**第二十条** 其他类型电子公文的归档管理可参照本办法。

**第二十一条** 本办法未尽事宜,参照国家其他有关电子文件的标准和规定。

**第二十二条** 本办法由国家档案局负责解释。

**第二十三条** 本办法自 2003 年 9 月 1 日起施行。

# 关于加强境内企业境外发行证券和上市相关保密和档案管理工作的规定

*1. 2023 年 2 月 24 日中国证券监督管理委员会财政部 国家保密局 国家档案局公告〔2023〕44 号公布*

*2. 自 2023 年 3 月 31 日起施行*

一、为保障国家经济安全,保护社会公共利益,规范中华人民共和国境内企业直接或者间接到境外发行证券或者将其证券在境外上市交易(以下简称境外发行上市)相关保密和档案管理工作,支持企业依法合规开展境外发行上市活动,根据《中华人民共和国证券法》《中华人民共和国保守国家秘密法》《中华人民共和国档案法》《中华人民共和国会计法》《中华人民共和国注册会计师法》《中华人民共和国国家安全法》和《境内企业境外发行证券和上市管理试行办法》及相关法律法规,制定本规定。

二、境内企业境外发行上市活动中,境内企业以及提供相应服务的证券公司、证券服务机构应当严格遵守中华人民共和国相关法律法规以及本规定的要求,增强保守国家秘密和加强档案管理的法律意识,建立健全保密和档案工作制度,采取必要措施落实保密和档案管理责任,不得泄露国家秘密和国家机关工作秘密,不得损害国家和公共利益。

前款所称境内企业包括直接境外发行上市的境内股份有限公司和间接境外发行上市主体的境内运营实体；所称证券公司、证券服务机构是指从事境内企业境外发行上市业务的境内外证券公司、证券服务机构。

三、境内企业向有关证券公司、证券服务机构、境外监管机构等单位和个人提供、公开披露，或者通过其境外上市主体等提供、公开披露涉及国家秘密、国家机关工作秘密的文件、资料的，应当依法报有审批权限的主管部门批准，并报同级保密行政管理部门备案。是否属于国家秘密不明确或者有争议的，应当依法报有关保密行政管理部门确定；是否属于国家机关工作秘密不明确或者有争议的，应当报有关业务主管部门确定。

四、境内企业向有关证券公司、证券服务机构、境外监管机构等单位和个人提供、公开披露，或者通过其境外上市主体等提供、公开披露其他泄露后会对国家安全或者公共利益造成不利影响的文件、资料的，应当按照国家有关规定，严格履行相应程序。

五、境内企业向有关证券公司、证券服务机构提供文件、资料时，应按照国家相关保密规定处理相关文件、资料，并就执行本规定第三条、第四条的情况向有关证券公司、证券服务机构提供书面说明。证券公司、证券服务机构应当妥善保存上述书面说明以备查。

六、境内企业经履行相应程序后，向有关证券公司、证券服务机构等提供涉及国家秘密、国家机关工作秘密或者其他泄露后会对国家安全或者公共利益造成不利影响的文件、资料的，双方应当依照《中华人民共和国保守国家秘密法》等法律法规及本规定，签订保密协议，明确有关证券公司、证券服务机构等承担的保密义务和责任。

证券公司、证券服务机构应当遵守我国保密及档案管理的要求，妥善保管获取的上述文件、资料。存储、处理、传输上述文件、资料的信息系统、信息设备应当符合国家有关规定。证券公司、证券服务机构向境外监管机构和其他相关机构等单位和个人提供、公开披露上述文件、资料的，应当按照第三条、第四条有关规定履行相应程序。

七、境内企业、证券公司、证券服务机构发现国家秘密、国家机关工作秘密或者其他泄露后会对国家安全或者公共利益造成不利影响的文件、资料已经泄露或者可能泄露的,应当立即采取补救措施并及时向有关机关、单位报告。机关、单位接到报告后,应当立即作出处理,并及时向保密行政管理等部门报告。

八、境内企业向有关证券公司、证券服务机构、境外监管机构等单位和个人提供会计档案或会计档案复制件的,应当按照国家有关规定履行相应程序。

九、为境内企业境外发行上市提供相应服务的证券公司、证券服务机构在境内形成的工作底稿应当存放在境内。需要出境的,按照国家有关规定办理审批手续。

十、证监会、财政部、国家保密局和国家档案局等有关主管部门建立协作机制,在各自的职权范围内依法对境内企业境外发行上市活动中涉及保密和档案管理的有关事项进行规范和监督检查。

十一、境外证券监督管理机构及有关主管部门提出就境内企业境外发行上市相关活动对境内企业以及为该等企业境外发行上市提供相应服务的境内证券公司、证券服务机构进行检查或调查取证的,应当通过跨境监管合作机制进行,证监会或有关主管部门依据双多边合作机制提供必要的协助。境内有关企业、证券公司和证券服务机构,在配合境外证券监督管理机构或境外有关主管部门检查、调查或为配合检查、调查而提供文件、资料前,应当经证监会或有关主管部门同意。

十二、境内企业境外发行上市活动中,任何单位和个人违反《中华人民共和国保守国家秘密法》和《中华人民共和国档案法》等法律法规的,由有关部门依法追究法律责任;涉嫌犯罪的,移送司法机关依法追究刑事责任。

十三、本规定自 2023 年 3 月 31 日起施行。《关于加强在境外发行证券与上市相关保密和档案管理工作的规定》(证监会公告〔2009〕29 号)同时废止。

# 五、数据、资料保密

## 中华人民共和国数据安全法

*1. 2021年6月10日第十三届全国人民代表大会常务委员会第二十九次会议通过*

*2. 2021年6月10日中华人民共和国主席令第84号公布*

*3. 自2021年9月1日起施行*

### 目 录



### 第一章 总 则

**第一条** **【立法目的】**为了规范数据处理活动,保障数据安全,促进数据开发利用,保护个人、组织的合法权益,维护国家主权、安全和发展利益,制定本法。

**第二条** **【适用范围】**在中华人民共和国境内开展数据处理活动及其安全监管,适用本法。

在中华人民共和国境外开展数据处理活动,损害中华人民共和国国家安全、公共利益或者公民、组织合法权益的,依法追究法律责任。

**第三条** **【概念】**本法所称数据,是指任何以电子或者其他方式对信息的记录。

数据处理，包括数据的收集、存储、使用、加工、传输、提供、公开等。

数据安全，是指通过采取必要措施，确保数据处于有效保护和合法利用的状态，以及具备保障持续安全状态的能力。

**第四条** 【数据安全保障】维护数据安全，应当坚持总体国家安全观，建立健全数据安全治理体系，提高数据安全保障能力。

**第五条** 【主管机关】中央国家安全领导机构负责国家数据安全工作的决策和议事协调，研究制定、指导实施国家数据安全战略和有关重大方针政策，统筹协调国家数据安全的重大事项和重要工作，建立国家数据安全工作协调机制。

**第六条** 【职责分工】各地区、各部门对本地区、本部门工作中收集和产生的数据及数据安全负责。

工业、电信、交通、金融、自然资源、卫生健康、教育、科技等主管部门承担本行业、本领域数据安全监管职责。

公安机关、国家安全机关等依照本法和有关法律、行政法规的规定，在各自职责范围内承担数据安全监管职责。

国家网信部门依照本法和有关法律、行政法规的规定，负责统筹协调网络数据安全和相关监管工作。

**第七条** 【权益保护】国家保护个人、组织与数据有关的权益，鼓励数据依法合理有效利用，保障数据依法有序自由流动，促进以数据为关键要素的数字经济发展。

**第八条** 【数据处理原则】开展数据处理活动，应当遵守法律、法规，尊重社会公德和伦理，遵守商业道德和职业道德，诚实守信，履行数据安全保护义务，承担社会责任，不得危害国家安全、公共利益，不得损害个人、组织的合法权益。

**第九条** 【宣传普及】国家支持开展数据安全知识宣传普及，提高全社会的数据安全保护意识和水平，推动有关部门、行业组织、科研机构、企业、个人等共同参与数据安全保护工作，形成全社会共同维护数据安全和促进发展的良好环境。

**第十条** 【加强行业自律】相关行业组织按照章程，依法制定数据安全行为规范和团体标准，加强行业自律，指导会员加强数据安全保护，提高数据安全保护水平，促进行业健康发展。

**第十一条　【国际交流合作】**国家积极开展数据安全治理、数据开发利用等领域的国际交流与合作，参与数据安全相关国际规则和标准的制定，促进数据跨境安全、自由流动。

**第十二条　【投诉举报】**任何个人、组织都有权对违反本法规定的行为向有关主管部门投诉、举报。收到投诉、举报的部门应当及时依法处理。

有关主管部门应当对投诉、举报人的相关信息予以保密，保护投诉、举报人的合法权益。

## 第二章　数据安全与发展

**第十三条　【国家统筹】**国家统筹发展和安全，坚持以数据开发利用和产业发展促进数据安全，以数据安全保障数据开发利用和产业发展。

**第十四条　【数据创新应用与数字经济发展规划】**国家实施大数据战略，推进数据基础设施建设，鼓励和支持数据在各行业、各领域的创新应用。

省级以上人民政府应当将数字经济发展纳入本级国民经济和社会发展规划，并根据需要制定数字经济发展规划。

**第十五条　【公共服务智能化】**国家支持开发利用数据提升公共服务的智能化水平。提供智能化公共服务，应当充分考虑老年人、残疾人的需求，避免对老年人、残疾人的日常生活造成障碍。

**第十六条　【数据开发利用和数据安全】**国家支持数据开发利用和数据安全技术研究，鼓励数据开发利用和数据安全等领域的技术推广和商业创新，培育、发展数据开发利用和数据安全产品、产业体系。

**第十七条　【数据安全标准】**国家推进数据开发利用技术和数据安全标准体系建设。国务院标准化行政主管部门和国务院有关部门根据各自的职责，组织制定并适时修订有关数据开发利用技术、产品和数据安全相关标准。国家支持企业、社会团体和教育、科研机构等参与标准制定。

**第十八条　【数据安全检测】**国家促进数据安全检测评估、认证等服务的发展，支持数据安全检测评估、认证等专业机构依法开展服务活动。

国家支持有关部门、行业组织、企业、教育和科研机构、有关专业机构等在数据安全风险评估、防范、处置等方面开展协作。

**第十九条** **【数据交易管理制度】**国家建立健全数据交易管理制度，规范数据交易行为，培育数据交易市场。

**第二十条** **【专业人才培养】**国家支持教育、科研机构和企业等开展数据开发利用技术和数据安全相关教育和培训，采取多种方式培养数据开发利用技术和数据安全专业人才，促进人才交流。

## 第三章 数据安全制度

**第二十一条** **【数据分类分级保护制度】**国家建立数据分类分级保护制度，根据数据在经济社会发展中的重要程度，以及一旦遭到篡改、破坏、泄露或者非法获取、非法利用，对国家安全、公共利益或者个人、组织合法权益造成的危害程度，对数据实行分类分级保护。国家数据安全工作协调机制统筹协调有关部门制定重要数据目录，加强对重要数据的保护。

关系国家安全、国民经济命脉、重要民生、重大公共利益等数据属于国家核心数据，实行更加严格的管理制度。

各地区、各部门应当按照数据分类分级保护制度，确定本地区、本部门以及相关行业、领域的重要数据具体目录，对列入目录的数据进行重点保护。

**第二十二条** **【数据安全风险评估、报告、信息共享、监测预警机制】**国家建立集中统一、高效权威的数据安全风险评估、报告、信息共享、监测预警机制。国家数据安全工作协调机制统筹协调有关部门加强数据安全风险信息的获取、分析、研判、预警工作。

**第二十三条** **【数据安全应急处置机制】**国家建立数据安全应急处置机制。发生数据安全事件，有关主管部门应当依法启动应急预案，采取相应的应急处置措施，防止危害扩大，消除安全隐患，并及时向社会发布与公众有关的警示信息。

**第二十四条** **【数据安全审查制度】**国家建立数据安全审查制度，对影响或者可能影响国家安全的数据处理活动进行国家安全审查。

依法作出的安全审查决定为最终决定。

**第二十五条　【出口管制】**国家对与维护国家安全和利益、履行国际义务相关的属于管制物项的数据依法实施出口管制。

**第二十六条　【对等措施】**任何国家或者地区在与数据和数据开发利用技术等有关的投资、贸易等方面对中华人民共和国采取歧视性的禁止、限制或者其他类似措施的，中华人民共和国可以根据实际情况对该国家或者地区对等采取措施。

## 第四章　数据安全保护义务

**第二十七条　【全流程数据安全管理制度】**开展数据处理活动应当依照法律、法规的规定，建立健全全流程数据安全管理制度，组织开展数据安全教育培训，采取相应的技术措施和其他必要措施，保障数据安全。利用互联网等信息网络开展数据处理活动，应当在网络安全等级保护制度的基础上，履行上述数据安全保护义务。

重要数据的处理者应当明确数据安全负责人和管理机构，落实数据安全保护责任。

**第二十八条　【数据处理原则】**开展数据处理活动以及研究开发数据新技术，应当有利于促进经济社会发展，增进人民福祉，符合社会公德和伦理。

**第二十九条　【风险监测】**开展数据处理活动应当加强风险监测，发现数据安全缺陷、漏洞等风险时，应当立即采取补救措施；发生数据安全事件时，应当立即采取处置措施，按照规定及时告知用户并向有关主管部门报告。

**第三十条　【风险评估】**重要数据的处理者应当按照规定对其数据处理活动定期开展风险评估，并向有关主管部门报送风险评估报告。

风险评估报告应当包括处理的重要数据的种类、数量，开展数据处理活动的情况，面临的数据安全风险及其应对措施等。

**第三十一条　【出境安全管理】**关键信息基础设施的运营者在中华人民共和国境内运营中收集和产生的重要数据的出境安全管理，适用《中华人民共和国网络安全法》的规定；其他数据处理者在中华人民共和国境内运营中收集和产生的重要数据的出境安全管理办法，由国家网信部门会同国务院有关部门制定。

**第三十二条 【数据收集方式】**任何组织、个人收集数据，应当采取合法、正当的方式，不得窃取或者以其他非法方式获取数据。

法律、行政法规对收集、使用数据的目的、范围有规定的，应当在法律、行政法规规定的目的和范围内收集、使用数据。

**第三十三条 【数据交易中介义务】**从事数据交易中介服务的机构提供服务，应当要求数据提供方说明数据来源，审核交易双方的身份，并留存审核、交易记录。

**第三十四条 【行政许可】**法律、行政法规规定提供数据处理相关服务应当取得行政许可的，服务提供者应当依法取得许可。

**第三十五条 【依法调取数据】**公安机关、国家安全机关因依法维护国家安全或者侦查犯罪的需要调取数据，应当按照国家有关规定，经过严格的批准手续，依法进行，有关组织、个人应当予以配合。

**第三十六条 【平等互惠原则】**中华人民共和国主管机关根据有关法律和中华人民共和国缔结或者参加的国际条约、协定，或者按照平等互惠原则，处理外国司法或者执法机构关于提供数据的请求。非经中华人民共和国主管机关批准，境内的组织、个人不得向外国司法或者执法机构提供存储于中华人民共和国境内的数据。

## 第五章 政务数据安全与开放

**第三十七条 【推进电子政务建设】**国家大力推进电子政务建设，提高政务数据的科学性、准确性、时效性，提升运用数据服务经济社会发展的能力。

**第三十八条 【保密义务】**国家机关为履行法定职责的需要收集、使用数据，应当在其履行法定职责的范围内依照法律、行政法规规定的条件和程序进行；对在履行职责中知悉的个人隐私、个人信息、商业秘密、保密商务信息等数据应当依法予以保密，不得泄露或者非法向他人提供。

**第三十九条 【数据安全管理制度】**国家机关应当依照法律、行政法规的规定，建立健全数据安全管理制度，落实数据安全保护责任，保障政务数据安全。

**第四十条 【数据安全保护】**国家机关委托他人建设、维护电子政务系统,存储、加工政务数据,应当经过严格的批准程序,并应当监督受托方履行相应的数据安全保护义务。受托方应当依照法律、法规的规定和合同约定履行数据安全保护义务,不得擅自留存、使用、泄露或者向他人提供政务数据。

**第四十一条 【政务数据公开原则】**国家机关应当遵循公正、公平、便民的原则,按照规定及时、准确地公开政务数据。依法不予公开的除外。

**第四十二条 【政务数据开放】**国家制定政务数据开放目录,构建统一规范、互联互通、安全可控的政务数据开放平台,推动政务数据开放利用。

**第四十三条 【本章适用】**法律、法规授权的具有管理公共事务职能的组织为履行法定职责开展数据处理活动,适用本章规定。

## 第六章 法律责任

**第四十四条 【约谈、整改】**有关主管部门在履行数据安全监管职责中,发现数据处理活动存在较大安全风险的,可以按照规定的权限和程序对有关组织、个人进行约谈,并要求有关组织、个人采取措施进行整改,消除隐患。

**第四十五条 【违反数据安全保护义务及国家核心数据管理制度的法律责任】**开展数据处理活动的组织、个人不履行本法第二十七条、第二十九条、第三十条规定的数据安全保护义务的,由有关主管部门责令改正,给予警告,可以并处五万元以上五十万元以下罚款,对直接负责的主管人员和其他直接责任人员可以处一万元以上十万元以下罚款;拒不改正或者造成大量数据泄露等严重后果的,处五十万元以上二百万元以下罚款,并可以责令暂停相关业务、停业整顿、吊销相关业务许可证或者吊销营业执照,对直接负责的主管人员和其他直接责任人员处五万元以上二十万元以下罚款。

违反国家核心数据管理制度,危害国家主权、安全和发展利益的,由有关主管部门处二百万元以上一千万元以下罚款,并根据情况责令暂停相关业务、停业整顿、吊销相关业务许可证或者吊销营业执照;构成犯罪的,依法追究刑事责任。

**第四十六条 【违法向境外提供重要数据的法律责任】**违反本法第三十一条规定，向境外提供重要数据的，由有关主管部门责令改正，给予警告，可以并处十万元以上一百万元以下罚款，对直接负责的主管人员和其他直接责任人员可以处一万元以上十万元以下罚款；情节严重的，处一百万元以上一千万元以下罚款，并可以责令暂停相关业务、停业整顿、吊销相关业务许可证或者吊销营业执照，对直接负责的主管人员和其他直接责任人员处十万元以上一百万元以下罚款。

**第四十七条 【中介机构违法责任】**从事数据交易中介服务的机构未履行本法第三十三条规定的义务的，由有关主管部门责令改正，没收违法所得，处违法所得一倍以上十倍以下罚款，没有违法所得或者违法所得不足十万元的，处十万元以上一百万元以下罚款，并可以责令暂停相关业务、停业整顿、吊销相关业务许可证或者吊销营业执照；对直接负责的主管人员和其他直接责任人员处一万元以上十万元以下罚款。

**第四十八条 【不配合数据调取及未经批准向外国机构提供数据的法律责任】**违反本法第三十五条规定，拒不配合数据调取的，由有关主管部门责令改正，给予警告，并处五万元以上五十万元以下罚款，对直接负责的主管人员和其他直接责任人员处一万元以上十万元以下罚款。

违反本法第三十六条规定，未经主管机关批准向外国司法或者执法机构提供数据的，由有关主管部门给予警告，可以并处十万元以上一百万元以下罚款，对直接负责的主管人员和其他直接责任人员可以处一万元以上十万元以下罚款；造成严重后果的，处一百万元以上五百万元以下罚款，并可以责令暂停相关业务、停业整顿、吊销相关业务许可证或者吊销营业执照，对直接负责的主管人员和其他直接责任人员处五万元以上五十万元以下罚款。

**第四十九条 【国家机关未履行数据安全保护义务的法律责任】**国家机关不履行本法规定的数据安全保护义务的，对直接负责的主管人员和其他直接责任人员依法给予处分。

**第五十条 【渎职】**履行数据安全监管职责的国家工作人员玩忽职守、滥用职权、徇私舞弊的，依法给予处分。

**第五十一条 【非法获取数据的法律责任】**窃取或者以其他非法方式获

取数据,开展数据处理活动排除、限制竞争,或者损害个人、组织合法权益的,依照有关法律、行政法规的规定处罚。

**第五十二条** 【**民事、刑事责任**】违反本法规定,给他人造成损害的,依法承担民事责任。

违反本法规定,构成违反治安管理行为的,依法给予治安管理处罚;构成犯罪的,依法追究刑事责任。

### 第七章 附 则

**第五十三条** 【**相关法律适用**】开展涉及国家秘密的数据处理活动,适用《中华人民共和国保守国家秘密法》等法律、行政法规的规定。

在统计、档案工作中开展数据处理活动,开展涉及个人信息的数据处理活动,还应当遵守有关法律、行政法规的规定。

**第五十四条** 【**立法委任**】军事数据安全保护的办法,由中央军事委员会依据本法另行制定。

**第五十五条** 【**施行日期**】本法自 2021 年 9 月 1 日起施行。

## 关键信息基础设施安全保护条例

*1. 2021 年 7 月 30 日国务院令第 745 号公布*

*2. 自 2021 年 9 月 1 日起施行*

### 第一章 总 则

**第一条** 为了保障关键信息基础设施安全,维护网络安全,根据《中华人民共和国网络安全法》,制定本条例。

**第二条** 本条例所称关键信息基础设施,是指公共通信和信息服务、能源、交通、水利、金融、公共服务、电子政务、国防科技工业等重要行业和领域的,以及其他一旦遭到破坏、丧失功能或者数据泄露,可能严重危害国家安全、国计民生、公共利益的重要网络设施、信息系统等。

**第三条** 在国家网信部门统筹协调下,国务院公安部门负责指导监督关键信息基础设施安全保护工作。国务院电信主管部门和其他有关部门依照本条例和有关法律、行政法规的规定，在各自职责范围内负责关键信息基础设施安全保护和监督管理工作。

省级人民政府有关部门依据各自职责对关键信息基础设施实施安全保护和监督管理。

**第四条** 关键信息基础设施安全保护坚持综合协调、分工负责、依法保护，强化和落实关键信息基础设施运营者（以下简称运营者）主体责任，充分发挥政府及社会各方面的作用，共同保护关键信息基础设施安全。

**第五条** 国家对关键信息基础设施实行重点保护，采取措施，监测、防御、处置来源于中华人民共和国境内外的网络安全风险和威胁，保护关键信息基础设施免受攻击、侵入、干扰和破坏，依法惩治危害关键信息基础设施安全的违法犯罪活动。

任何个人和组织不得实施非法侵入、干扰、破坏关键信息基础设施的活动，不得危害关键信息基础设施安全。

**第六条** 运营者依照本条例和有关法律、行政法规的规定以及国家标准的强制性要求，在网络安全等级保护的基础上，采取技术保护措施和其他必要措施，应对网络安全事件，防范网络攻击和违法犯罪活动，保障关键信息基础设施安全稳定运行，维护数据的完整性、保密性和可用性。

**第七条** 对在关键信息基础设施安全保护工作中取得显著成绩或者作出突出贡献的单位和个人，按照国家有关规定给予表彰。

## 第二章 关键信息基础设施认定

**第八条** 本条例第二条涉及的重要行业和领域的主管部门、监督管理部门是负责关键信息基础设施安全保护工作的部门（以下简称保护工作部门）。

**第九条** 保护工作部门结合本行业、本领域实际，制定关键信息基础设施认定规则，并报国务院公安部门备案。

制定认定规则应当主要考虑下列因素：

（一）网络设施、信息系统等对于本行业、本领域关键核心业务的重要程度；

（二）网络设施、信息系统等一旦遭到破坏、丧失功能或者数据泄露可能带来的危害程度；

（三）对其他行业和领域的关联性影响。

**第十条** 保护工作部门根据认定规则负责组织认定本行业、本领域的关键信息基础设施，及时将认定结果通知运营者，并通报国务院公安部门。

**第十一条** 关键信息基础设施发生较大变化，可能影响其认定结果的，运营者应当及时将相关情况报告保护工作部门。保护工作部门自收到报告之日起 3 个月内完成重新认定，将认定结果通知运营者，并通报国务院公安部门。

## 第三章 运营者责任义务

**第十二条** 安全保护措施应当与关键信息基础设施同步规划、同步建设、同步使用。

**第十三条** 运营者应当建立健全网络安全保护制度和责任制，保障人力、财力、物力投入。运营者的主要负责人对关键信息基础设施安全保护负总责，领导关键信息基础设施安全保护和重大网络安全事件处置工作，组织研究解决重大网络安全问题。

**第十四条** 运营者应当设置专门安全管理机构，并对专门安全管理机构负责人和关键岗位人员进行安全背景审查。审查时，公安机关、国家安全机关应当予以协助。

**第十五条** 专门安全管理机构具体负责本单位的关键信息基础设施安全保护工作，履行下列职责：

（一）建立健全网络安全管理、评价考核制度，拟订关键信息基础设施安全保护计划；

（二）组织推动网络安全防护能力建设，开展网络安全监测、检测和风险评估；

（三）按照国家及行业网络安全事件应急预案，制定本单位应急预案，定期开展应急演练，处置网络安全事件；

（四）认定网络安全关键岗位，组织开展网络安全工作考核，提出奖励和惩处建议；

（五）组织网络安全教育、培训；

（六）履行个人信息和数据安全保护责任，建立健全个人信息和数据安全保护制度；

（七）对关键信息基础设施设计、建设、运行、维护等服务实施安全管理；

（八）按照规定报告网络安全事件和重要事项。

**第十六条** 运营者应当保障专门安全管理机构的运行经费、配备相应的人员，开展与网络安全和信息化有关的决策应当有专门安全管理机构人员参与。

**第十七条** 运营者应当自行或者委托网络安全服务机构对关键信息基础设施每年至少进行一次网络安全检测和风险评估，对发现的安全问题及时整改，并按照保护工作部门要求报送情况。

**第十八条** 关键信息基础设施发生重大网络安全事件或者发现重大网络安全威胁时，运营者应当按照有关规定向保护工作部门、公安机关报告。

发生关键信息基础设施整体中断运行或者主要功能故障、国家基础信息以及其他重要数据泄露、较大规模个人信息泄露、造成较大经济损失、违法信息较大范围传播等特别重大网络安全事件或者发现特别重大网络安全威胁时，保护工作部门应当在收到报告后，及时向国家网信部门、国务院公安部门报告。

**第十九条** 运营者应当优先采购安全可信的网络产品和服务；采购网络产品和服务可能影响国家安全的，应当按照国家网络安全规定通过安全审查。

**第二十条** 运营者采购网络产品和服务，应当按照国家有关规定与网络产品和服务提供者签订安全保密协议，明确提供者的技术支持和安全保密义务与责任，并对义务与责任履行情况进行监督。

**第二十一条** 运营者发生合并、分立、解散等情况，应当及时报告保护工作部门，并按照保护工作部门的要求对关键信息基础设施进行处置，确保安全。

## 第四章　保障和促进

**第二十二条** 保护工作部门应当制定本行业、本领域关键信息基础设施安全规划,明确保护目标、基本要求、工作任务、具体措施。

**第二十三条** 国家网信部门统筹协调有关部门建立网络安全信息共享机制,及时汇总、研判、共享、发布网络安全威胁、漏洞、事件等信息,促进有关部门、保护工作部门、运营者以及网络安全服务机构等之间的网络安全信息共享。

**第二十四条** 保护工作部门应当建立健全本行业、本领域的关键信息基础设施网络安全监测预警制度,及时掌握本行业、本领域关键信息基础设施运行状况、安全态势,预警通报网络安全威胁和隐患,指导做好安全防范工作。

**第二十五条** 保护工作部门应当按照国家网络安全事件应急预案的要求,建立健全本行业、本领域的网络安全事件应急预案,定期组织应急演练;指导运营者做好网络安全事件应对处置,并根据需要组织提供技术支持与协助。

**第二十六条** 保护工作部门应当定期组织开展本行业、本领域关键信息基础设施网络安全检查检测,指导监督运营者及时整改安全隐患、完善安全措施。

**第二十七条** 国家网信部门统筹协调国务院公安部门、保护工作部门对关键信息基础设施进行网络安全检查检测,提出改进措施。

有关部门在开展关键信息基础设施网络安全检查时,应当加强协同配合、信息沟通,避免不必要的检查和交叉重复检查。检查工作不得收取费用,不得要求被检查单位购买指定品牌或者指定生产、销售单位的产品和服务。

**第二十八条** 运营者对保护工作部门开展的关键信息基础设施网络安全检查检测工作,以及公安、国家安全、保密行政管理、密码管理等有关部门依法开展的关键信息基础设施网络安全检查工作应当予以配合。

**第二十九条** 在关键信息基础设施安全保护工作中,国家网信部门和国务院电信主管部门、国务院公安部门等应当根据保护工作部门的需要,及时提供技术支持和协助。

**第三十条** 网信部门、公安机关、保护工作部门等有关部门,网络安全服务机构及其工作人员对于在关键信息基础设施安全保护工作中获取的信息,只能用于维护网络安全,并严格按照有关法律、行政法规的要求确保信息安全,不得泄露、出售或者非法向他人提供。

**第三十一条** 未经国家网信部门、国务院公安部门批准或者保护工作部门、运营者授权,任何个人和组织不得对关键信息基础设施实施漏洞探测、渗透性测试等可能影响或者危害关键信息基础设施安全的活动。对基础电信网络实施漏洞探测、渗透性测试等活动,应当事先向国务院电信主管部门报告。

**第三十二条** 国家采取措施,优先保障能源、电信等关键信息基础设施安全运行。

能源、电信行业应当采取措施,为其他行业和领域的关键信息基础设施安全运行提供重点保障。

**第三十三条** 公安机关、国家安全机关依据各自职责依法加强关键信息基础设施安全保卫,防范打击针对和利用关键信息基础设施实施的违法犯罪活动。

**第三十四条** 国家制定和完善关键信息基础设施安全标准,指导、规范关键信息基础设施安全保护工作。

**第三十五条** 国家采取措施,鼓励网络安全专门人才从事关键信息基础设施安全保护工作;将运营者安全管理人员、安全技术人员培训纳入国家继续教育体系。

**第三十六条** 国家支持关键信息基础设施安全防护技术创新和产业发展,组织力量实施关键信息基础设施安全技术攻关。

**第三十七条** 国家加强网络安全服务机构建设和管理,制定管理要求并加强监督指导,不断提升服务机构能力水平,充分发挥其在关键信息基础设施安全保护中的作用。

**第三十八条** 国家加强网络安全军民融合,军地协同保护关键信息基础设施安全。

## 第五章 法律责任

**第三十九条** 运营者有下列情形之一的,由有关主管部门依据职责责令改正,给予警告;拒不改正或者导致危害网络安全等后果的,处 10 万元以上 100 万元以下罚款,对直接负责的主管人员处 1 万元以上 10

万元以下罚款：

（一）在关键信息基础设施发生较大变化，可能影响其认定结果时未及时将相关情况报告保护工作部门的；

（二）安全保护措施未与关键信息基础设施同步规划、同步建设、同步使用的；

（三）未建立健全网络安全保护制度和责任制的；

（四）未设置专门安全管理机构的；

（五）未对专门安全管理机构负责人和关键岗位人员进行安全背景审查的；

（六）开展与网络安全和信息化有关的决策没有专门安全管理机构人员参与的；

（七）专门安全管理机构未履行本条例第十五条规定的职责的；

（八）未对关键信息基础设施每年至少进行一次网络安全检测和风险评估，未对发现的安全问题及时整改，或者未按照保护工作部门要求报送情况的；

（九）采购网络产品和服务，未按照国家有关规定与网络产品和服务提供者签订安全保密协议的；

（十）发生合并、分立、解散等情况，未及时报告保护工作部门，或者未按照保护工作部门的要求对关键信息基础设施进行处置的。

**第四十条** 运营者在关键信息基础设施发生重大网络安全事件或者发现重大网络安全威胁时，未按照有关规定向保护工作部门、公安机关报告的，由保护工作部门、公安机关依据职责责令改正，给予警告；拒不改正或者导致危害网络安全等后果的，处 10 万元以上 100 万元以下罚款，对直接负责的主管人员处 1 万元以上 10 万元以下罚款。

**第四十一条** 运营者采购可能影响国家安全的网络产品和服务，未按照国家网络安全规定进行安全审查的，由国家网信部门等有关主管部门依据职责责令改正，处采购金额 1 倍以上 10 倍以下罚款，对直接负责的主管人员和其他直接责任人员处 1 万元以上 10 万元以下罚款。

**第四十二条** 运营者对保护工作部门开展的关键信息基础设施网络安全检查检测工作，以及公安、国家安全、保密行政管理、密码管理等有关部门依法开展的关键信息基础设施网络安全检查工作不予配合的，由有关主管部门责令改正;拒不改正的,处 5 万元以上 50 万元以下罚款,对直接负责的主管人员和其他直接责任人员处 1 万元以上 10 万元以下罚款;情节严重的,依法追究相应法律责任。

**第四十三条** 实施非法侵入、干扰、破坏关键信息基础设施,危害其安全的活动尚不构成犯罪的,依照《中华人民共和国网络安全法》有关规定,由公安机关没收违法所得,处 5 日以下拘留,可以并处 5 万元以上 50 万元以下罚款;情节较重的,处 5 日以上 15 日以下拘留,可以并处 10 万元以上 100 万元以下罚款。

单位有前款行为的,由公安机关没收违法所得,处 10 万元以上 100 万元以下罚款,并对直接负责的主管人员和其他直接责任人员依照前款规定处罚。

违反本条例第五条第二款和第三十一条规定,受到治安管理处罚的人员,5 年内不得从事网络安全管理和网络运营关键岗位的工作;受到刑事处罚的人员,终身不得从事网络安全管理和网络运营关键岗位的工作。

**第四十四条** 网信部门、公安机关、保护工作部门和其他有关部门及其工作人员未履行关键信息基础设施安全保护和监督管理职责或者玩忽职守、滥用职权、徇私舞弊的,依法对直接负责的主管人员和其他直接责任人员给予处分。

**第四十五条** 公安机关、保护工作部门和其他有关部门在开展关键信息基础设施网络安全检查工作中收取费用,或者要求被检查单位购买指定品牌或者指定生产、销售单位的产品和服务的,由其上级机关责令改正,退还收取的费用;情节严重的,依法对直接负责的主管人员和其他直接责任人员给予处分。

**第四十六条** 网信部门、公安机关、保护工作部门等有关部门、网络安全服务机构及其工作人员将在关键信息基础设施安全保护工作中获取的信息用于其他用途,或者泄露、出售、非法向他人提供的,依法对直接负责的主管人员和其他直接责任人员给予处分。

**第四十七条** 关键信息基础设施发生重大和特别重大网络安全事件,经调查确定为责任事故的,除应当查明运营者责任并依法予以追究外,还应查明相关网络安全服务机构及有关部门的责任,对有失职、渎职及其他违法行为的，依法追究责任。

**第四十八条** 电子政务关键信息基础设施的运营者不履行本条例规定的网络安全保护义务的，依照《中华人民共和国网络安全法》有关规定予以处理。

**第四十九条** 违反本条例规定，给他人造成损害的，依法承担民事责任。

违反本条例规定，构成违反治安管理行为的，依法给予治安管理处罚；构成犯罪的，依法追究刑事责任。

## 第六章 附 则

**第五十条** 存储、处理涉及国家秘密信息的关键信息基础设施的安全保护，还应当遵守保密法律、行政法规的规定。

关键信息基础设施中的密码使用和管理，还应当遵守相关法律、行政法规的规定。

**第五十一条** 本条例自2021年9月1日起施行。

# 数据出境安全评估办法

*1. 2022年7月7日国家互联网信息办公室令第11号公布*
*2. 自2022年9月1日起施行*

**第一条** 为了规范数据出境活动，保护个人信息权益，维护国家安全和社会公共利益，促进数据跨境安全、自由流动，根据《中华人民共和国网络安全法》、《中华人民共和国数据安全法》、《中华人民共和国个人信息保护法》等法律法规，制定本办法。

**第二条** 数据处理者向境外提供在中华人民共和国境内运营中收集和产生的重要数据和个人信息的安全评估，适用本办法。法律、行政法规另有规定的，依照其规定。

**第三条** 数据出境安全评估坚持事前评估和持续监督相结合、风险自评估与安全评估相结合，防范数据出境安全风险，保障数据依法有序自由流动。

**第四条** 数据处理者向境外提供数据,有下列情形之一的,应当通过所在地省级网信部门向国家网信部门申报数据出境安全评估:

(一)数据处理者向境外提供重要数据;

(二)关键信息基础设施运营者和处理100万人以上个人信息的数据处理者向境外提供个人信息;

(三)自上年1月1日起累计向境外提供10万人个人信息或者1万人敏感个人信息的数据处理者向境外提供个人信息;

(四)国家网信部门规定的其他需要申报数据出境安全评估的情形。

**第五条** 数据处理者在申报数据出境安全评估前,应当开展数据出境风险自评估,重点评估以下事项:

(一)数据出境和境外接收方处理数据的目的、范围、方式等的合法性、正当性、必要性;

(二)出境数据的规模、范围、种类、敏感程度,数据出境可能对国家安全、公共利益、个人或者组织合法权益带来的风险;

(三)境外接收方承诺承担的责任义务,以及履行责任义务的管理和技术措施、能力等能否保障出境数据的安全;

(四)数据出境中和出境后遭到篡改、破坏、泄露、丢失、转移或者被非法获取、非法利用等的风险,个人信息权益维护的渠道是否通畅等;

(五)与境外接收方拟订立的数据出境相关合同或者其他具有法律效力的文件等(以下统称法律文件)是否充分约定了数据安全保护责任义务;

(六)其他可能影响数据出境安全的事项。

**第六条** 申报数据出境安全评估,应当提交以下材料:

(一)申报书;

(二)数据出境风险自评估报告;

(三)数据处理者与境外接收方拟订立的法律文件;

(四)安全评估工作需要的其他材料。

**第七条** 省级网信部门应当自收到申报材料之日起5个工作日内完成完备性查验。申报材料齐全的,将申报材料报送国家网信部门;申报材料不齐全的,应当退回数据处理者并一次性告知需要补充的材料。

国家网信部门应当自收到申报材料之日起7个工作日内,确定是否受理并书面通知数据处理者。

**第八条** 数据出境安全评估重点评估数据出境活动可能对国家安全、公共利益、个人或者组织合法权益带来的风险,主要包括以下事项:

(一)数据出境的目的、范围、方式等的合法性、正当性、必要性;

(二)境外接收方所在国家或者地区的数据安全保护政策法规和网络安全环境对出境数据安全的影响;境外接收方的数据保护水平是否达到中华人民共和国法律、行政法规的规定和强制性国家标准的要求;

(三)出境数据的规模、范围、种类、敏感程度,出境中和出境后遭到篡改、破坏、泄露、丢失、转移或者被非法获取、非法利用等的风险;

(四)数据安全和个人信息权益是否能够得到充分有效保障;

(五)数据处理者与境外接收方拟订立的法律文件中是否充分约定了数据安全保护责任义务;

(六)遵守中国法律、行政法规、部门规章情况;

(七)国家网信部门认为需要评估的其他事项。

**第九条** 数据处理者应当在与境外接收方订立的法律文件中明确约定数据安全保护责任义务,至少包括以下内容:

(一)数据出境的目的、方式和数据范围,境外接收方处理数据的用途、方式等;

(二)数据在境外保存地点、期限,以及达到保存期限、完成约定目的或者法律文件终止后出境数据的处理措施;

(三)对于境外接收方将出境数据再转移给其他组织、个人的约束性要求;

(四)境外接收方在实际控制权或者经营范围发生实质性变化,或者所在国家、地区数据安全保护政策法规和网络安全环境发生变化以及发生其他不可抗力情形导致难以保障数据安全时,应当采取的安全措施;

(五)违反法律文件约定的数据安全保护义务的补救措施、违约责任和争议解决方式;

（六）出境数据遭到篡改、破坏、泄露、丢失、转移或者被非法获取、非法利用等风险时，妥善开展应急处置的要求和保障个人维护其个人信息权益的途径和方式。

**第十条** 国家网信部门受理申报后，根据申报情况组织国务院有关部门、省级网信部门、专门机构等进行安全评估。

**第十一条** 安全评估过程中，发现数据处理者提交的申报材料不符合要求的，国家网信部门可以要求其补充或者更正。数据处理者无正当理由不补充或者更正的，国家网信部门可以终止安全评估。

数据处理者对所提交材料的真实性负责，故意提交虚假材料的，按照评估不通过处理，并依法追究相应法律责任。

**第十二条** 国家网信部门应当自向数据处理者发出书面受理通知书之日起 45 个工作日内完成数据出境安全评估；情况复杂或者需要补充、更正材料的，可以适当延长并告知数据处理者预计延长的时间。

评估结果应当书面通知数据处理者。

**第十三条** 数据处理者对评估结果有异议的，可以在收到评估结果 15 个工作日内向国家网信部门申请复评，复评结果为最终结论。

**第十四条** 通过数据出境安全评估的结果有效期为 2 年，自评估结果出具之日起计算。在有效期内出现以下情形之一的，数据处理者应当重新申报评估：

（一）向境外提供数据的目的、方式、范围、种类和境外接收方处理数据的用途、方式发生变化影响出境数据安全的，或者延长个人信息和重要数据境外保存期限的；

（二）境外接收方所在国家或者地区数据安全保护政策法规和网络安全环境发生变化以及发生其他不可抗力情形、数据处理者或者境外接收方实际控制权发生变化、数据处理者与境外接收方法律文件变更等影响出境数据安全的；

（三）出现影响出境数据安全的其他情形。

有效期届满，需要继续开展数据出境活动的，数据处理者应当在有效期届满 60 个工作日前重新申报评估。

**第十五条** 参与安全评估工作的相关机构和人员对在履行职责中知悉的国家秘密、个人隐私、个人信息、商业秘密、保密商务信息等数据应当依法予以保密,不得泄露或者非法向他人提供、非法使用。

**第十六条** 任何组织和个人发现数据处理者违反本办法向境外提供数据的,可以向省级以上网信部门举报。

**第十七条** 国家网信部门发现已经通过评估的数据出境活动在实际处理过程中不再符合数据出境安全管理要求的,应当书面通知数据处理者终止数据出境活动。数据处理者需要继续开展数据出境活动的,应当按照要求整改,整改完成后重新申报评估。

**第十八条** 违反本办法规定的,依据《中华人民共和国网络安全法》、《中华人民共和国数据安全法》、《中华人民共和国个人信息保护法》等法律法规处理;构成犯罪的,依法追究刑事责任。

**第十九条** 本办法所称重要数据,是指一旦遭到篡改、破坏、泄露或者非法获取、非法利用等,可能危害国家安全、经济运行、社会稳定、公共健康和安全等的数据。

**第二十条** 本办法自 2022 年 9 月 1 日起施行。本办法施行前已经开展的数据出境活动,不符合本办法规定的,应当自本办法施行之日起 6 个月内完成整改。

## 汽车数据安全管理若干规定(试行)

*1. 2021 年 8 月 16 日国家互联网信息办公室、中华人民共和国国家发展和改革委员会、中华人民共和国工业和信息化部、中华人民共和国公安部、中华人民共和国交通运输部令第 7 号公布*

*2. 自 2021 年 10 月 1 日起施行*

**第一条** 为了规范汽车数据处理活动,保护个人、组织的合法权益,维护国家安全和社会公共利益,促进汽车数据合理开发利用,根据《中华人民共和国网络安全法》、《中华人民共和国数据安全法》等法律、行政法规,制定本规定。

**第二条** 在中华人民共和国境内开展汽车数据处理活动及其安全监管,应当遵守相关法律、行政法规和本规定的要求。

**第三条**　本规定所称汽车数据，包括汽车设计、生产、销售、使用、运维等过程中的涉及个人信息数据和重要数据。

汽车数据处理，包括汽车数据的收集、存储、使用、加工、传输、提供、公开等。

汽车数据处理者，是指开展汽车数据处理活动的组织，包括汽车制造商、零部件和软件供应商、经销商、维修机构以及出行服务企业等。

个人信息，是指以电子或者其他方式记录的与已识别或者可识别的车主、驾驶人、乘车人、车外人员等有关的各种信息，不包括匿名化处理后的信息。

敏感个人信息，是指一旦泄露或者非法使用，可能导致车主、驾驶人、乘车人、车外人员等受到歧视或者人身、财产安全受到严重危害的个人信息，包括车辆行踪轨迹、音频、视频、图像和生物识别特征等信息。

重要数据是指一旦遭到篡改、破坏、泄露或者非法获取、非法利用，可能危害国家安全、公共利益或者个人、组织合法权益的数据，包括：

（一）军事管理区、国防科工单位以及县级以上党政机关等重要敏感区域的地理信息、人员流量、车辆流量等数据；

（二）车辆流量、物流等反映经济运行情况的数据；

（三）汽车充电网的运行数据；

（四）包含人脸信息、车牌信息等的车外视频、图像数据；

（五）涉及个人信息主体超过 10 万人的个人信息；

（六）国家网信部门和国务院发展改革、工业和信息化、公安、交通运输等有关部门确定的其他可能危害国家安全、公共利益或者个人、组织合法权益的数据。

**第四条**　汽车数据处理者处理汽车数据应当合法、正当、具体、明确，与汽车的设计、生产、销售、使用、运维等直接相关。

**第五条**　利用互联网等信息网络开展汽车数据处理活动，应当落实网络安全等级保护等制度，加强汽车数据保护，依法履行数据安全义务。

**第六条**　国家鼓励汽车数据依法合理有效利用，倡导汽车数据处理者在开展汽车数据处理活动中坚持：

（一）车内处理原则，除非确有必要不向车外提供；

（二）默认不收集原则，除非驾驶人自主设定，每次驾驶时默认设定为不收集状态；

（三）精度范围适用原则，根据所提供功能服务对数据精度的要求确定摄像头、雷达等的覆盖范围、分辨率；

（四）脱敏处理原则，尽可能进行匿名化、去标识化等处理。

**第七条**　汽车数据处理者处理个人信息应当通过用户手册、车载显示面板、语音、汽车使用相关应用程序等显著方式，告知个人以下事项：

（一）处理个人信息的种类，包括车辆行踪轨迹、驾驶习惯、音频、视频、图像和生物识别特征等；

（二）收集各类个人信息的具体情境以及停止收集的方式和途径；

（三）处理各类个人信息的目的、用途、方式；

（四）个人信息保存地点、保存期限，或者确定保存地点、保存期限的规则；

（五）查阅、复制其个人信息以及删除车内、请求删除已经提供给车外的个人信息的方式和途径；

（六）用户权益事务联系人的姓名和联系方式；

（七）法律、行政法规规定的应当告知的其他事项。

**第八条**　汽车数据处理者处理个人信息应当取得个人同意或者符合法律、行政法规规定的其他情形。

因保证行车安全需要，无法征得个人同意采集到车外个人信息且向车外提供的，应当进行匿名化处理，包括删除含有能够识别自然人的画面，或者对画面中的人脸信息等进行局部轮廓化处理等。

**第九条**　汽车数据处理者处理敏感个人信息，应当符合以下要求或者符合法律、行政法规和强制性国家标准等其他要求：

（一）具有直接服务于个人的目的，包括增强行车安全、智能驾驶、导航等；

（二）通过用户手册、车载显示面板、语音以及汽车使用相关应用程序等显著方式告知必要性以及对个人的影响；

（三）应当取得个人单独同意，个人可以自主设定同意期限；

（四）在保证行车安全的前提下，以适当方式提示收集状态，为个人终止收集提供便利；

（五）个人要求删除的，汽车数据处理者应当在十个工作日内删除。

汽车数据处理者具有增强行车安全的目的和充分的必要性，方可收集指纹、声纹、人脸、心律等生物识别特征信息。

**第十条** 汽车数据处理者开展重要数据处理活动，应当按照规定开展风险评估，并向省、自治区、直辖市网信部门和有关部门报送风险评估报告。

风险评估报告应当包括处理的重要数据的种类、数量、范围、保存地点与期限、使用方式，开展数据处理活动情况以及是否向第三方提供，面临的数据安全风险及其应对措施等。

**第十一条** 重要数据应当依法在境内存储，因业务需要确需向境外提供的，应当通过国家网信部门会同国务院有关部门组织的安全评估。未列入重要数据的涉及个人信息数据的出境安全管理，适用法律、行政法规的有关规定。

我国缔结或者参加的国际条约、协定有不同规定的，适用该国际条约、协定，但我国声明保留的条款除外。

**第十二条** 汽车数据处理者向境外提供重要数据，不得超出出境安全评估时明确的目的、范围、方式和数据种类、规模等。

国家网信部门会同国务院有关部门以抽查等方式核验前款规定事项，汽车数据处理者应当予以配合，并以可读等便利方式予以展示。

**第十三条** 汽车数据处理者开展重要数据处理活动，应当在每年十二月十五日前向省、自治区、直辖市网信部门和有关部门报送以下年度汽车数据安全管理情况：

（一）汽车数据安全管理负责人、用户权益事务联系人的姓名和联系方式；

（二）处理汽车数据的种类、规模、目的和必要性；

（三）汽车数据的安全防护和管理措施，包括保存地点、期限等；

（四）向境内第三方提供汽车数据情况；

（五）汽车数据安全事件和处置情况；

（六）汽车数据相关的用户投诉和处理情况；

（七）国家网信部门会同国务院工业和信息化、公安、交通运输等有关部门明确的其他汽车数据安全管理情况。

**第十四条** 向境外提供重要数据的汽车数据处理者应当在本规定第十三条要求的基础上，补充报告以下情况：

（一）接收者的基本情况；

（二）出境汽车数据的种类、规模、目的和必要性；

（三）汽车数据在境外的保存地点、期限、范围和方式；

（四）涉及向境外提供汽车数据的用户投诉和处理情况；

（五）国家网信部门会同国务院工业和信息化、公安、交通运输等有关部门明确的向境外提供汽车数据需要报告的其他情况。

**第十五条** 国家网信部门和国务院发展改革、工业和信息化、公安、交通运输等有关部门依据职责，根据处理数据情况对汽车数据处理者进行数据安全评估，汽车数据处理者应当予以配合。

参与安全评估的机构和人员不得披露评估中获悉的汽车数据处理者商业秘密、未公开信息，不得将评估中获悉的信息用于评估以外目的。

**第十六条** 国家加强智能（网联）汽车网络平台建设，开展智能（网联）汽车入网运行和安全保障服务等，协同汽车数据处理者加强智能（网联）汽车网络和汽车数据安全防护。

**第十七条** 汽车数据处理者开展汽车数据处理活动，应当建立投诉举报渠道，设置便捷的投诉举报入口，及时处理用户投诉举报。

开展汽车数据处理活动造成用户合法权益或者公共利益受到损害的，汽车数据处理者应当依法承担相应责任。

**第十八条** 汽车数据处理者违反本规定的，由省级以上网信、工业和信息化、公安、交通运输等有关部门依照《中华人民共和国网络安全法》、《中华人民共和国数据安全法》等法律、行政法规的规定进行处罚；构成犯罪的，依法追究刑事责任。

**第十九条** 本规定自2021年10月1日起施行。

# 电子文件管理暂行办法

*1. 2009年12月8日中共中央办公厅、国务院办公厅印发*
*2. 自印发之日起施行*

## 第一章 总 则

**第一条** 为规范电子文件管理,确保电子文件的真实、完整、可用和安全,保存国家历史记录,促进信息资源开发利用,推动国家信息化健康发展,按照国家有关法律法规,制定本办法。

**第二条** 本办法所称电子文件,是指机关、团体、企事业单位和其他组织在处理公务过程中,通过计算机等电子设备形成、办理、传输和存储的文字、图表、图像、音频、视频等不同形式的信息记录。

**第三条** 电子文件管理应当遵循信息化条件下电子文件形成和利用的规律,坚持下列基本原则:

(一)统一管理。对电子文件管理工作实行统筹规划,统一管理制度,对具有保存价值的电子文件实行集中管理。

(二)全程管理。对电子文件形成、办理、传输、保存、利用、销毁等实行全过程管理,确保电子文件始终处于受控状态。

(三)规范标准。制定统一标准和规范,对电子文件实行规范化管理。

(四)便于利用。发挥电子文件高效、便捷的优势,对有价值的电子文件提供分层次、分类别共享应用。

(五)安全保密。按照国家有关法律法规和规范标准的要求,采取有效技术手段和管理措施,确保电子文件信息安全。

## 第二章 电子文件管理机构及职责

**第四条** 建立国家电子文件管理部际联席会议制度,由中共中央办公厅牵头,国务院办公厅、国家发展和改革委员会、工业和信息化部、财政部、国家档案局、国家保密局、国家密码管理局、国家标准化管理委员会等相关部门为成员单位，负责组织协调全国电子文件管理工作。国家电子文件管理部际联席会议的主要职责是：

（一）负责统筹规划和组织协调全国电子文件管理工作；

（二）研究制定电子文件管理方针政策；

（三）审定电子文件管理规章制度、重要规划、重大项目方案；

（四）组织起草相关标准；

（五）研究解决全国电子文件管理中的其他重大问题。

**第五条** 国家电子文件管理部际联席会议日常工作由中共中央办公厅承担。

**第六条** 县以上党委、政府要结合实际，明确负责电子文件管理的部门，承担本地区电子文件管理工作的组织协调和监督检查。

**第七条** 各有关部门应当为电子文件管理提供必要的保障措施。

各级信息化行政管理部门应当将电子文件管理工作纳入信息化发展规划，为电子文件管理工作提供信息化保障。各级发展改革、机构编制等部门负责为电子文件管理工作提供政策保障。各级财政部门应当为电子文件管理工作提供资金保障。

**第八条** 电子文件形成单位应当对本单位电子文件管理工作进行统筹规划，建立管理制度，明确管理职责，规范工作流程，落实保障措施。

各单位文秘和业务部门负责电子文件日常处理；档案部门负责归档电子文件管理；信息化部门负责为电子文件管理提供信息化支持；保密部门负责涉密电子文件的保密监督管理。

**第九条** 各级国家综合档案馆负责接收和保管本馆接收范围内各单位形成的具有永久保存价值的电子文件，并依法提供利用；有条件的应当根据国家灾害备份的要求，建立本级电子文件备份中心或者异地备份库。

## 第三章 电子文件的形成与办理

**第十条** 电子文件形成单位在建立和完善信息系统时，应当组织文秘、业务、档案、信息化、保密等部门提出电子文件管理的功能需求。

**第十一条** 电子文件在形成和办理过程中，应当具备国家法律法规规定的原件形式，并符合下列要求：

（一）能够有效表现所载内容并可供调取查用；

（二）能够保证电子文件及其元数据自形成起完整无缺、来源可靠，未被非法更改；

（三）在信息交换、存储和显示过程中发生的形式变化不影响电子文件内容真实、完整。

涉密电子文件的原件形式应当符合国家有关保密法律法规的规定。

**第十二条** 电子文件应当采用符合国家标准的文件存储格式，确保能够长期有效读取。

**第十三条** 电子文件形成单位应当对电子文件形成的过程稿及其相关信息的留存和安全保密等作出明确规定。

**第十四条** 在电子文件传输、交换时，应当遵循相关要求，对传输、交换过程予以记录。

## 第四章 电子文件的归档与移交

**第十五条** 电子文件形成单位应当根据国家有关规定明确电子文件归档范围和保管期限，并对具有保存价值的电子文件及时进行归档，由本单位档案部门负责管理。

**第十六条** 电子文件归档应当符合下列要求：

（一）电子文件应当在办理完毕后实时或定期归档，定期归档应在第二年6月底前完成；

（二）归档电子文件的保管期限划分准确；

（三）电子文件及其元数据应当同时归档；

（四）电子文件归档时，应当进行真实、完整、可用方面的鉴定、检测，并由相关责任人确认；

（五）电子文件应当以国家规定的标准存储格式进行归档，属于国家秘密的电子文件应当使用专用保密存储介质存储，并按保密规定办理归档手续；

（六）具有永久保存价值或者其他重要价值的电子文件，应当转换为纸质文件或者缩微胶卷同时归档。

**第十七条** 归档电子文件应当按照相关管理要求进行分类和整理。

**第十八条** 属于国家综合档案馆接收范围的电子文件，应当按照规定时限向同级国家综合档案馆移交。已建立电子文件备份中心的，应当按照其要求进行移交。

## 第五章　电子文件的保管与利用

**第十九条**　电子文件形成单位和各级国家综合档案馆应当配备电子文件管理、利用的设施设备。

**第二十条**　电子文件保管应当符合下列要求：

（一）按照国家信息安全等级保护标准和涉密信息系统分级保护管理规定建立电子文件管理系统和信息内容安全保密防护体系，执行严格的安全保密管理制度；

（二）定期对电子文件的保管情况、可读取状况等进行测试、检查，发现问题及时处理；

（三）电子文件运行的软硬件环境、存储载体等发生变化时，应当将其及时迁移、转换；

（四）电子文件应当实行备份制度；

（五）根据电子文件不同载体保管环境的要求，选择适宜的保管条件。

**第二十一条**　反映电子文件保管、利用过程的相关信息应当记录和保存。

**第二十二条**　加强电子文件利用基础设施建设，建立健全相关制度，采取有效措施促进信息资源共享，保证电子文件在规定的时间、地域、机构、人员范围内得到方便快捷的利用。

**第二十三条**　属于信息公开范围的电子文件的利用，应当按照国家有关规定执行；不属于信息公开范围的电子文件，按照国家有关档案、保密、信息安全、知识产权保护等方面法律法规的要求，可在规定范围内提供利用。

**第二十四条**　应当为利用者提供真实、可靠的电子文件，并采取有效措施确保电子文件不受损害。

**第二十五条**　电子文件的销毁应当履行有关审批手续；涉密电子文件的销毁应当按照国家保密法律法规的规定处理。

## 第六章　奖励与惩处

**第二十六条**　负责电子文件管理的部门和电子文件形成单位对在电子文件管理工作中取得突出成绩的单位或者个人，应当给予表彰或者奖励。

**第二十七条** 有下列情形之一的，由县级以上负责电子文件管理的部门责令限期整改；情节严重的，由有关主管部门对直接负责的主管人员或者其他直接责任人员按照有关规定给予相应的处分：

（一）电子文件管理不符合真实、完整、可用和安全保密要求的；

（二）不按照规定移交或者接收电子文件的；

（三）不按照规定提供电子文件的；

（四）损毁、丢失、篡改、伪造电子文件的；

（五）擅自提供、复制、公布、销毁电子文件的；

（六）擅自出卖电子文件的；

（七）玩忽职守，造成电子文件损失的。

有前款第四、五、六、七项情形，涉嫌犯罪的，要依法追究其刑事责任。

## 第七章 附 则

**第二十八条** 本办法所称元数据，是指描述电子文件内容、结构、背景和管理过程的数据。

**第二十九条** 军队系统的电子文件管理参照本办法执行。

**第三十条** 本办法由中共中央办公厅负责解释。

**第三十一条** 本办法自印发之日起施行。

# 地质资料管理条例

*1. 2002年3月19日国务院令第349号公布*

*2. 根据2016年2月6日国务院令第666号《关于修改部分行政法规的决定》第一次修订*

*3. 根据2017年3月1日国务院令第676号《关于修改和废止部分行政法规的决定》第二次修订*

## 第一章 总 则

**第一条** 为加强对地质资料的管理，充分发挥地质资料的作用，保护地质资料汇交人的合法权益,制定本条例。

**第二条** 地质资料的汇交、保管和利用,适用本条例。

本条例所称地质资料,是指在地质工作中形成的文字、图表、声像、电磁介质等形式的原始地质资料、成果地质资料和岩矿芯、各类标本、光薄片、样品等实物地质资料。

**第三条** 国务院地质矿产主管部门负责全国地质资料汇交、保管、利用的监督管理。

省、自治区、直辖市人民政府地质矿产主管部门负责本行政区域内地质资料汇交、保管、利用的监督管理。

**第四条** 国务院地质矿产主管部门和省、自治区、直辖市人民政府地质矿产主管部门的地质资料馆(以下简称地质资料馆)以及受国务院地质矿产主管部门委托的地质资料保管单位(以下简称地质资料保管单位)承担地质资料的保管和提供利用工作。

**第五条** 国家建立地质资料信息系统。

**第六条** 在地质资料管理工作中做出突出贡献的单位和个人,由国务院地质矿产主管部门或者省、自治区、直辖市人民政府地质矿产主管部门给予奖励。

## 第二章 地质资料的汇交

**第七条** 在中华人民共和国领域及管辖的其他海域从事矿产资源勘查开发的探矿权人或者采矿权人,为地质资料汇交人。

在中华人民共和国领域及管辖的其他海域从事前款规定以外地质工作项目的,其出资人为地质资料汇交人;但是,由国家出资的,承担有关地质工作项目的单位为地质资料汇交人。

**第八条** 国家对地质资料实行统一汇交制度。

地质资料汇交人应当按照本条例附件规定的范围汇交地质资料。

除成果地质资料、国家规定需要汇交的原始地质资料和实物地质资料外,其他的原始地质资料和实物地质资料只需汇交目录。国家规定需要汇交的原始地质资料和实物地质资料细目,由国务院地质矿产主管部门商国务院有关部门制定。

**第九条** 本条例附件规定的下列地质资料,由地质资料汇交人向国务院地质矿产主管部门汇交：

（一）石油、天然气、煤层气和放射性矿产的地质资料；

（二）海洋地质资料；

（三）国务院地质矿产主管部门规定应当向其汇交的其他地质资料。

前款规定以外的地质资料，由地质资料汇交人向地质工作项目所在地的省、自治区、直辖市人民政府地质矿产主管部门汇交。

**第十条** 地质资料汇交人应当按照下列规定的期限汇交地质资料：

（一）探矿权人应当在勘查许可证有效期届满的 30 日前汇交。

（二）除下列情形外，采矿权人应当在采矿许可证有效期届满的 90 日前汇交：

1. 属于阶段性关闭矿井的，自关闭之日起 180 日内汇交；

2. 采矿权人开发矿产资源时，发现新矿体、新矿种或者矿产资源储量发生重大变化的，自开发勘探工作结束之日起 180 日内汇交。

（三）因违反探矿权、采矿权管理规定，被吊销勘查许可证或者采矿许可证的，自处罚决定生效之日起 15 日内汇交。

（四）工程建设项目地质资料，自该项目竣工验收之日起 180 日内汇交。

（五）其他的地质资料，自地质工作项目结束之日起 180 日内汇交。

**第十一条** 因不可抗力，地质资料汇交人不能按照本条例第十条规定的期限汇交地质资料的，应当将造成延期汇交地质资料的不可抗力事实书面告知负责接收地质资料的地质矿产主管部门。

**第十二条** 汇交的地质资料，应当符合国务院地质矿产主管部门的有关规定及国家有关技术标准。

任何单位和个人不得伪造地质资料，不得在地质资料汇交中弄虚作假。

**第十三条** 汇交的地质资料，经验收合格后，由负责接收地质资料的地质矿产主管部门出具地质资料汇交凭证，并按照国务院地质矿产主管部门的规定及时移交地质资料馆或者地质资料保管单位。

## 第三章 地质资料的保管和利用

**第十四条** 地质资料馆和地质资料保管单位，应当建立地质资料的整理、保管制度，配置保存、防护、安全等必要设施，配备专业技术人员，保障地质资料的完整和安全。

**第十五条** 探矿权人、采矿权人汇交的地质资料，自勘查许可证、采矿许可证有效期届满之日起 30 日内，由地质资料馆或者地质资料保管单位予以公开；勘查许可证、采矿许可证获准延期的，自延续期届满之日起 30 日内，由地质资料馆或者地质资料保管单位予以公开。

前款规定以外的地质资料，自汇交之日起 90 日内，由地质资料馆或者地质资料保管单位予以公开。需要保护的，由接收地质资料的单位按照国务院地质矿产主管部门的规定予以保护。

**第十六条** 涉及国家秘密或者著作权的地质资料的保护、公开和利用，按照保守国家秘密法、著作权法的有关规定执行。

**第十七条** 保护期内的地质资料，只公开资料目录。但是，汇交人书面同意提前公开其汇交的地质资料的，自其同意之日起，由地质资料馆或者地质资料保管单位予以公开。

**第十八条** 保护期内的地质资料可以有偿利用，具体方式由利用人与地质资料汇交人协商确定。但是，利用保护期内国家出资勘查、开发取得的地质资料的，按照国务院地质矿产主管部门的规定执行。

因救灾等公共利益需要，政府及其有关部门可以无偿利用保护期内的地质资料。

**第十九条** 地质资料的利用人应当按照规定利用地质资料，不得损毁、散失地质资料。

地质资料馆和地质资料保管单位应当按照规定管理地质资料，不得非法披露、提供利用保护期内的地质资料或者封锁公开的地质资料。

## 第四章 法律责任

**第二十条** 未依照本条例规定的期限汇交地质资料的，由负责接收地质资料的地质矿产主管部门责令限期汇交；逾期不汇交的，处 1 万元以上 5 万元以下罚款，并予以通报，自发布通报之日起至逾期未汇交的资料全部汇交之日止，该汇交人不得申请新的探矿权、采矿权，不得承担国家出资的地质工作项目。

**第二十一条**　伪造地质资料或者在地质资料汇交中弄虚作假的，由负责接收地质资料的地质矿产主管部门没收、销毁地质资料，责令限期改正，处10万元罚款；逾期不改正的，通知原发证机关吊销其勘查许可证、采矿许可证或者取消其承担该地质工作项目的资格，自处罚决定生效之日起2年内，该汇交人不得申请新的探矿权、采矿权，不得承担国家出资的地质工作项目。

**第二十二条**　地质矿产主管部门、地质资料馆、地质资料保管单位违反本条例规定，有下列情形之一的，对直接负责的主管人员和其他直接责任人员依法给予行政处分；造成损失的，依法予以赔偿：

（一）非法披露、提供利用保护期内的地质资料的；

（二）封锁地质资料，限制他人查阅、利用公开的地质资料的；

（三）不按照规定管理地质资料，造成地质资料损毁、散失的。

地质资料利用人损毁、散失地质资料的，依法予以赔偿。

**第二十三条**　非法披露、提供利用保密的地质资料的，依照保守国家秘密法的规定予以处罚。

## 第五章　附　　则

**第二十四条**　本条例施行前，汇交人按照规定应当汇交而没有汇交的地质资料，由国务院地质矿产主管部门组织清查后，按照本条例汇交、保管和提供利用。

**第二十五条**　由国家出资在中华人民共和国领域及管辖的其他海域以外从事地质工作所取得的地质资料的汇交，参照本条例执行。

**第二十六条**　本条例自2002年7月1日起施行。1988年5月20日国务院批准、原地质矿产部发布的《全国地质资料汇交管理办法》同时废止。

**附件**

# 地质资料汇交范围

一、区域地质调查资料，包括：各种比例尺的区域地质调查地质资料。

二、矿产地质资料，包括：矿产勘查和矿山开发勘探及关闭矿井地质资料。

三、石油、天然气、煤层气地质资料，包括：石油、天然气、煤层气资源评价、地质勘查以及开发阶段的地质资料。

四、海洋地质资料，包括：海洋（含远洋）地质矿产调查、地形地貌调查、海底地质调查、水文地质、工程地质、环境地质调查、地球物理、地球化学调查及海洋钻井（完井）地质资料。

五、水文地质、工程地质资料，包括：

（一）区域的或者国土整治、国土规划区的水文地质、工程地质调查地质资料和地下水资源评价、地下水动态监测的地质资料。

（二）大中型城市、重要能源和工业基地、县（旗）以上农田（牧区）的重要供水水源地的地质勘察资料。

（三）地质情况复杂的铁路干线，大中型水库、水坝，大型水电站、火电站、核电站、抽水蓄能电站，重点工程的地下储库、洞（硐）室，主要江河的铁路、公路特大桥，地下铁道、6 公里以上的长隧道，大中型港口码头、通航建筑物工程等国家重要工程建设项目的水文地质、工程地质勘察地质资料。

（四）单独编写的矿区水文地质、工程地质资料，地下热水、矿泉水等专门性水文地质资料以及岩溶地质资料。

（五）重要的小型水文地质、工程地质勘察资料。

六、环境地质、灾害地质资料，包括：

（一）地下水污染区域、地下水人工补给、地下水环境背景值、地方病区等水文地质调查资料。

（二）地面沉降、地面塌陷、地面开裂及滑坡崩塌、泥石流等地质灾害调查资料。

（三）建设工程引起的地质环境变化的专题调查资料，重大工程和经济区的环境地质调查评价资料等。

（四）地质环境监测资料。

（五）地质灾害防治工程勘查资料。

七、地震地质资料，包括：自然地震地质调查、宏观地震考察、地震烈度考察地质资料。

八、物探、化探和遥感地质资料，包括：区域物探、区域化探地质资料；物探、化探普查、详查地质资料；遥感地质资料及与重要经济建设区、重点工程项目和与大中城市的水文、工程、环境地质工作有关的物探、化探地质资料。

九、地质、矿产科学研究成果及综合分析资料，包括：

（一）经国家和省一级成果登记的各类地质、矿产科研成果资料及各种区域性图件。

（二）矿产产地资料汇编、矿产储量表、成矿远景区划、矿产资源总量预测、矿产资源分析以及地质志、矿产志等综合资料。

十、专项研究地质资料，包括：旅游地质、农业地质、天体地质、深部地质、火山地质、第四纪地质、新构造运动、冰川地质、黄土地质、冻土地质以及土壤、沼泽调查、极地地质等地质资料。

## 涉密地质资料管理细则

*1. 2022年4月11日自然资源部、国家保密局修订发布*

*2. 自然资发〔2022〕78号*

### 第一章　总　　则

**第一条**　为规范和加强涉密地质资料管理和服务工作，根据《中华人民共和国保守国家秘密法》《中华人民共和国保守国家秘密法实施条例》《地质资料管理条例》《国家秘密定密管理暂行规定》《国家秘密解密暂行办法》等法律法规和工作秘密有关管理要求，结合地质资料管理与服务工作实际，制定本细则。

**第二条** 涉密地质资料管理坚持总体国家安全观，既确保国家秘密安全，又有利于信息资源开发利用。

**第三条** 本细则所称涉密地质资料包括涉及国家秘密、工作秘密的地质资料。

**第四条** 本细则适用于地质资料的汇交、接收、保管和利用。

## 第二章 地质资料定密

**第五条** 涉及国家秘密的地质资料的确定、变更和解除，应当严格按照《中华人民共和国保守国家秘密法》《中华人民共和国保守国家秘密法实施条例》《国家秘密定密管理暂行规定》《国家秘密解密暂行办法》等规定的权限和程序，依据国家保密行政管理部门会同中央有关机关制定的保密事项范围进行。

**第六条** 涉及工作秘密的地质资料的确定和解除，依据自然资源部有关规定进行。

**第七条** 汇交地质资料的单位对所产生的国家秘密事项有定密权的，应当依法确定拟汇交地质资料的密级、保密期限和知悉范围。没有定密权的，应当先行拟定密级、保密期限和知悉范围，采取相应的保密措施，并立即报请有定密权的上级机关、单位确定；没有上级机关、单位的，应当报请省级(含)以上自然资源主管部门或者保密行政管理部门确定。

**第八条** 在汇交地质资料时，汇交地质资料的单位应当在地质资料汇交报送单中标注是否涉及国家秘密或者工作秘密，有涉密情形的，须按档逐件填报《地质资料涉密情况报告表》(见附件1)。

**第九条** 各级自然资源主管部门的地质资料馆以及自然资源部地质资料委托保管单位(以下简称“馆藏机构”)所保管的涉及国家秘密的地质资料，因定密依据或者定密条件发生变化使其密级、保密期限或者知悉范围改变的，馆藏机构应当及时通知原定密单位进行国家秘密变更或者解除。

原定密单位不清或者无法联系的，馆藏机构按照定密管理的有关规定提出国家秘密变更或者解除的建议，经上级业务主管部门同意后履行通知程序。原定密单位明确的，应当与接收地质资料的馆藏机构充分协商,对涉及国家秘密的地质资料进行国家秘密变更或者解除,并书面通知接收地质资料的馆藏机构。

馆藏机构与原定密单位对地质资料定密有不同意见的,应当依据《中华人民共和国保守国家秘密法实施条例》第二十条有关规定执行。

**第十条** 国家秘密解除后,涉及工作秘密的,应当确定为工作秘密并做好管理,不涉及工作秘密且需要公开的,应当依照信息公开程序进行保密审查。

**第十一条** 馆藏机构每年应当将上一年度国家秘密和工作秘密确定、变更、解除情况报上级业务主管部门,并报全国地质资料馆备案。全国地质资料馆负责汇总国家秘密和工作秘密确定、变更、解除情况。

## 第三章 涉密地质资料标志和保管

**第十二条** 涉密地质资料要按件、按装具标注国家秘密标志和工作秘密标志,其中国家秘密标志的形式和标注方式按国家保密行政管理部门有关规定执行,工作秘密标志的形式和标注方式按自然资源部有关规定执行。

**第十三条** 国家秘密变更后,馆藏机构应当在原国家秘密标志附近重新作出国家秘密标志。国家秘密或者工作秘密解除后,馆藏机构应当在原国家秘密标志、工作秘密标志附近作出解密标志。

**第十四条** 馆藏机构应当加强涉密地质资料的著录管理,按件著录密级和保密期限,并可同时著录密点、定密依据等信息。案卷级目录数据,应当按每档地质资料中涉密件的最高密级和最长保密期限著录该档地质资料的密级和保密期限。

**第十五条** 馆藏机构应当具备符合国家保密规定和标准的涉密数据处理、存储环境,妥善保管涉密地质资料。各馆藏机构的主管部门应当保障涉密地质资料管理工作所需的人员、资金和环境。

**第十六条** 馆藏机构应当对存储、处理、传输涉及工作秘密的地质资料的信息系统和信息设备采取必要的防护措施。不得在未采取防护措施的情况下直接在互联网及其他公共信息网络中存储、处理、传输涉及工作秘密的地质资料。

## 第四章　涉密地质资料服务

**第十七条**　借阅复制机密级、秘密级或者涉及工作秘密的地质资料，借阅复制涉密地质资料单位（以下简称“借阅复制单位”）应当出示地质资料使用申请表（见附件2）、《涉密地质资料借阅复制证书》（以下简称《证书》）、经办人身份证；借阅复制绝密级地质资料，如果该资料不是本单位或者其直接下属单位形成的，借阅复制单位除出示上述证件外，还应当出示地（市）级（含）以上人民政府或者其工作部门同意借阅复制该资料的批文。馆藏机构根据借阅复制单位的实际用途确定提供涉密地质资料的内容和数量。

**第十八条**　在对外交往中需要提供涉密地质资料的，应当报省级（含）以上自然资源主管部门批准，并与对方签订保密协议。

**第十九条**　申请办理《证书》的机关、单位（以下简称“办证单位”），应当填写《涉密地质资料借阅复制证书申请书》（以下简称《申请书》，见附件3），并按要求加盖办证单位的公章。下列机关、单位可申请办理《证书》：

1. 县（团）级（含）以上的党委、人大、人民政府及其工作部门、政协、监察委员会、人民法院、人民检察院、军队。

2. 县级（含）以上人民政府及其工作部门设立的事业单位。

3. 国有独资和国有控股企业。

4. 地（市）级（含）以上国家机关批准从事地质工作且具备保密条件的单位。

**第二十条**　申请办理《证书》应提交的材料。

1. 国家机关申请办理《证书》应当提交内容齐全、并加盖了本机关公章的《申请书》。

2. 非国家机关申请办理《证书》除提交内容齐全、并加盖了本单位公章的《申请书》外，还应当按下列要求提交有关材料：

（1）事业单位应当提交县级（含）以上人民政府机构编制管理部门核发的《事业单位法人证书》复印件，并加盖本单位公章。

（2）国有独资企业或者国有控股企业应当提交县级（含）以上国有资产监管部门核发的《企业国有资产产权登记证》等企业资产组成证明材料的复印件，并加盖本单位公章。

(3)地(市)级(含)以上国家机关批准从事地质工作单位应提交有关机构批文复印件,办证单位具备符合保密管理有关规定要求的保密机构、人员、制度、场所、设施条件的证明材料,加载统一社会信用代码的营业执照复印件,并加盖本单位公章。

**第二十一条** 自然资源部和省级自然资源主管部门的地质资料馆接收办证单位提交的申请材料后,应当及时为其办理《证书》,每单位 1 个,有效期一般不超过 5 年,《证书》在全国各馆藏机构通用。《证书》封面样式见附件 4。

**第二十二条** 发证单位办理、制作完《证书》后,应当天将该《证书》的发证日期、《证书》编号、单位名称、联系人姓名和电话及申请材料的扫描件等内容上传全国地质资料馆网站"证书信息"栏内,并及时更新证书的有效性状态。

**第二十三条** 《事业单位法人证书》《企业国有资产产权登记证》《证书》联系人等信息发生变化时,办证单位应当在 30 日内向发证单位申请信息变更,发证单位应当在 5 个工作日内完成信息变更。

**第二十四条** 馆藏机构工作人员审核借阅复制单位出示的有效证件,核实《证书》有效性,或者在借阅复制单位未能出示《证书》的情况下,核实《地质资料使用申请表》上的《证书》联系人签字和《证书》编号后,向其提供借阅复制服务。

**第二十五条** 办理借阅复制服务时,馆藏机构工作人员应当做好涉密地质资料借阅复制登记并存档,登记内容包括档号、件号、资料名称、借阅复制日期、借阅复制单位名称、经办人姓名等,并将其中非涉密信息每月上传到全国地质资料馆网站对应的《证书》栏内。在资料归档时,《证书》联系人登录全国地质资料馆网站,对上述信息进行确认。

**第二十六条** 借阅复制单位应当按照国家保密法律法规的规定做好涉密地质资料管理。按照申请时的用途使用涉密地质资料,不得扩大知悉范围,不得向第三方提供,不得以任何形式在互联网上传播;应当采取符合国家保密规定和标准的安全保密防护措施,管理涉密地质资料载体和设备;定期开展涉密地质资料管理情况自查。

**第二十七条** 借阅复制单位应当做好涉密地质资料使用人员的保密管理,并做好使用记录。对符合涉密人员条件的涉密地质资料使用人员，应当按照涉密人员管理；对不符合涉密人员条件的，应当按照有关保密法律法规提出具体保密要求，加强保密教育，签订保密承诺书。

## 第五章　附　　则

**第二十八条**　单位和个人在涉密地质资料定密、保管、利用中存在违法违规问题的，依据《中华人民共和国保守国家秘密法》《中华人民共和国保守国家秘密法实施条例》及相关规定予以处罚。

**第二十九条**　省级（含）以上自然资源主管部门、保密行政管理部门根据地质资料保密管理实际情况可以组织或者联合组织开展涉密地质资料管理情况检查。

**第三十条**　本细则由自然资源部负责解释，自印发之日起施行。《国土资源部　国家保密局关于印发〈涉密地质资料管理细则〉的通知》（国土资发〔2008〕69号）同时废止。

附件：

1. 地质资料涉密情况报告表（略）
2. 地质资料使用申请表（略）
3. 涉密地质资料借阅复制证书申请书（略）
4. 涉密地质资料借阅复制证书封面样式（略）

# 涉外气象探测和资料管理办法

*1. 2022年6月15日中国气象局、国家安全部、国家保密局第40号令公布*

*2. 自2022年8月1日起施行*

## 第一章　总　　则

**第一条**　为了规范涉外气象探测和资料管理，维护国家安全和利益，根据《中华人民共和国国家安全法》《中华人民共和国保守国家秘密法》和《中华人民共和国气象法》及其他有关法律、法规，制定本办法。

**第二条**　外国组织和个人在中华人民共和国领域和中华人民共和国管辖的其他海域从事气象探测以及汇交、获取、提供和使用气象资料等活动,应当遵守本办法。

外国组织和个人在中华人民共和国领域和中华人民共和国管辖的其他海域从事前款所述活动,应当与中华人民共和国有关组织合作进行。

**第三条**　从事涉外气象探测以及汇交、获取、提供和使用气象资料等活动,应当坚持依法监管、有效利用的原则,维护国家安全,促进气象国际合作。

涉及国家安全、国家秘密的涉外气象探测和气象资料的汇交、获取、提供和使用等活动,应当遵守国家安全和保密的法律、法规、规章和有关规定。

**第四条**　国务院气象主管机构负责全国涉外气象探测和资料的管理。

地方各级气象主管机构负责本行政区域内的涉外气象探测和资料的管理。

国家安全、保密等国务院其他有关部门和地方各级人民政府其他有关部门,应当按照职责配合气象主管机构共同做好涉外气象探测和资料的管理工作。

**第五条**　任何组织和个人不得向未经批准的外国组织或者个人提供气象探测场所和气象资料。

外国组织和个人不得利用气象探测活动和气象资料损害中华人民共和国的国家安全和利益。

国家机关和涉及国家秘密的单位不得擅自将涉及国家秘密的气象资料提供给外国组织或者个人。其他组织和个人不得将涉及国家秘密的气象资料以任何方式提供给外国组织或者个人。

涉及国家秘密的气象资料不得以任何方式发表。

## 第二章　涉外气象探测站(点)的设立

**第六条**　涉外气象探测站(点)的设立,实行行政许可制度。未经许可,不得设立涉外气象探测站(点)。

国务院气象主管机构负责涉外气象探测站(点)设立的审批,涉及国家安全、国家秘密的,应当分别征求国家安全、保密等部门的意见。

省、自治区、直辖市气象主管机构应当按照国务院气象主管机构有关要求，做好涉外气象探测站（点）设立的技术审查（含现场踏勘）工作。涉及国家安全、国家秘密的，应当分别征求同级国家安全、保密等部门的意见。

**第七条** 申请设立涉外气象探测站（点）应当具备以下条件：

（一）具有科学合理的国际合作项目实施计划或者方案；

（二）具有明确的中方合作组织、符合要求的气象探测地点；

（三）具有相应的经费、设备和专业技术人员；

（四）涉外气象探测活动的项目需要其他有关部门批准的，应当先经其他有关部门批准。

**第八条** 申请设立涉外气象探测站（点），应当提交以下材料：

（一）合作各方的基本情况；

（二）合作项目协议书、项目实施计划或者方案；

（三）专业技术人员的基本情况；

（四）气象探测仪器设备的型号、生产厂家、设备许可证或者技术指标等；

（五）拟建气象探测站（点）的基本参数（包括经度、纬度、海拔等）、布点数和气象探测环境；

（六）气象探测项目、时段，采样时间、频次、计算方法及其用途；

（七）气象探测资料的处理和传输方式，数据的采集、传输和存档格式，国内备份以及数据使用的共享方式等。

**第九条** 申请设立涉外气象探测站（点），应当按照以下程序办理：

（一）开展涉外气象探测活动的中方合作组织，应当向国务院气象主管机构提出申请；

（二）国务院气象主管机构自收到全部申请材料之日起五个工作日内，按照《中华人民共和国行政许可法》第三十二条的规定作出受理或者不予受理的决定，并出具书面凭证，对于不予受理的，应当说明理由；

（三）国务院气象主管机构受理后，可以委托申请人所在地和拟设立涉外气象探测站（点）所在地的省、自治区、直辖市气象主管机构进行技术审查（含现场踏勘），若同一申请中涉及多个涉外气象探测站（点）且跨行政区域的，可以委托两个以上省、自治区、直辖市气象主管机构分别进行技术审查；

（四）国务院气象主管机构应当结合申请人申请材料和技术审查意见作出决定，并通报涉外气象探测站（点）所在地的省、自治区、直辖市气象主管机构。

中方合作组织必须如实向气象主管机构提交有关材料和反映真实情况，并对其申请材料实质内容的真实性负责。

**第十条**　国务院气象主管机构应当自受理之日起二十个工作日内作出许可决定。二十个工作日内不能作出决定的，按照《中华人民共和国行政许可法》第四十二条第一款的规定执行。

国务院气象主管机构依法作出不予行政许可的书面决定的，应当说明理由，并告知申请人享有依法申请行政复议或者提起行政诉讼的权利。

国务院气象主管机构在审批过程中需要按照《中华人民共和国行政许可法》第四十五条规定进行技术审查（含现场踏勘）的，所需时间不计入审批期限内。技术审查（含现场踏勘）时间一般不超过三个月。国务院气象主管机构应当将所需时间书面告知申请人。

**第十一条**　申请设立涉外气象探测站（点）和利用已有气象站（点）或者自带仪器设备进行气象探测的，应当遵守以下要求：

（一）在我国境内设立气象探测站点的站间距不能小于六十公里，探测时间不能超过两年，有特别需要并经国务院气象主管机构批准的除外；

（二）所获取的气象资料未经气象主管机构同意不得单方面进行传输；

（三）自带和使用的气象探测仪器设备，应当符合国家安全和保密的法律、法规、规章和有关规定，并接受国务院气象主管机构或者省、自治区、直辖市气象主管机构会同国家安全和保密部门的监督检查；

（四）自带和使用的气象探测仪器设备属于无线电发射设备的，应当按照国家无线电管理有关规定办理相关手续；

（五）涉外气象探测不得对我国正在进行的气象探测工作造成影响；

（六）不得进入涉及国家安全的区域开展气象探测活动；

（七）不得通过探测获取涉及国家秘密的气象资料。

**第十二条** 国防及军事设施区域、军事敏感区域、尚未对外开放地区、重点工程建设区域及其他涉及国家安全的区域不得设立涉外气象探测站（点）。

**第十三条** 经国务院气象主管机构批准设立的涉外气象探测站（点），应当按照批准的气象探测地点、项目、时段进行探测，不得擅自变更。

需要变更气象探测地点、项目、时段的，应当重新申请，并经国务院气象主管机构批准。

**第十四条** 省、自治区、直辖市气象主管机构负责本行政区域内涉外气象探测站（点）的监督管理，并将监督管理情况及时报告国务院气象主管机构。

中外合作各方应当主动接受气象主管机构的监督检查，如实提供有关情况和材料。

## 第三章 涉外气象资料的管理

**第十五条** 涉外气象探测活动所获取的气象探测资料，应当及时向气象探测站（点）所在地的省、自治区、直辖市气象主管机构汇交。具体汇交按照国务院气象主管机构制定的《气象探测资料汇交管理办法》执行。

**第十六条** 涉外气象探测活动所获取的气象探测资料及其加工产品，归中华人民共和国所有。

**第十七条** 外国组织和个人对其通过涉外气象探测活动所获取的气象探测资料及其加工产品享有使用权，参加合作各方可以依照约定使用，但不得以任何形式转让、提供给第三方。

**第十八条** 外国组织和个人申请获取参加世界气象组织全球和区域交换站点以外的气象资料，应当由中方合作组织向省、自治区、直辖市气象主管机构提出书面申请，由省、自治区、直辖市气象主管机构或者国务院气象主管机构批准。

中外合作各方应当与气象资料提供方签订气象资料使用协议，对获得的气象资料及其加工产品应当依照协议约定使用。协议应当报送省、自治区、直辖市气象主管机构或者国务院气象主管机构备案。

**第十九条**　在对外交往和合作中需要向外国组织或者个人提供涉及国家秘密的气象资料,应当按照国家保密法律、法规和有关规定执行。

**第二十条**　外国组织和个人在涉外气象探测活动中需要获取涉及国家秘密的气象资料,应当按照国家保密法律、法规和有关规定报批,并由国务院气象主管机构或者其授权的单位与中外合作各方按照国家规定签订气象资料保密协议,明确保密义务和责任,并依照协议约定使用。

## 第四章　法律责任

**第二十一条**　违反本办法规定,有下列行为之一的,由有关气象主管机构责令停止违法行为,限期改正,给予警告,可以并处三万元以下的罚款;构成犯罪的,依法追究刑事责任:

(一)未经批准擅自设立涉外气象探测站(点)的;

(二)超出批准布点数探测的;

(三)对我国正在进行的气象探测工作造成影响的;

(四)未经批准变更气象探测地点、项目、时段的;

(五)超过气象探测期限进行探测活动的;

(六)自带或者使用的气象探测仪器设备未经国务院气象主管机构或者省、自治区、直辖市气象主管机构会同国家安全和保密部门的监督检查的;

(七)所获取的气象资料未经气象主管机构同意单方面进行传输的。

**第二十二条**　违反本办法规定,有下列行为之一的,由有关气象主管机构责令停止违法行为,限期改正,给予警告,可以并处三万元以下的罚款:

(一)向未经批准的外国组织或者个人提供气象探测场所和气象资料的;

(二)外国组织和个人实施或者指使、资助他人以非法手段收集、窃取气象资料的;

(三)未按照规定向有关气象主管机构汇交气象探测资料的;

（四）转让或者提供气象探测资料及其加工产品给第三方的。

**第二十三条** 在涉外气象探测和资料管理活动中违反国家安全和保密法律、法规、规章和有关规定的，由国家安全、保密等部门依法处理；构成犯罪的，依法追究刑事责任。

**第二十四条** 气象主管机构工作人员在涉外气象探测和资料管理工作中玩忽职守、滥用职权的，依法给予处分；构成犯罪的，依法追究刑事责任。

国家工作人员在涉外气象探测和资料管理工作中故意或者过失泄露涉及国家秘密的气象资料的，按照国家有关法律法规规定给予处分；构成犯罪的，依法追究刑事责任。

## 第五章 附　　则

**第二十五条** 本办法中下列用语的含义是：

（一）气象探测，是指利用科技手段对大气和近地层的大气物理过程、现象及其化学性质等进行的系统观察和测量；

（二）气象探测站（点），是指涉外气象活动中收集或者测量气象要素的临时或固定的设备及其场所。

**第二十六条** 我国政府与外国政府及国际组织之间的合作项目中涉及的气象活动，按照国家有关规定执行。

香港特别行政区、澳门特别行政区、台湾地区的组织和个人从事气象探测以及汇交、获取、提供和使用气象资料等活动，参照本办法执行。

**第二十七条** 本办法自2022年8月1日起施行。2006年11月7日公布的中国气象局 国家保密局第13号令《涉外气象探测和资料管理办法》同时废止。

# 统计资料保密管理办法

*1. 1985 年 3 月 15 日国家统计局发布*
*2. 1985 年 4 月 15 日国务院办公厅转发*

一、为了确保国家秘密和对外公布统计数字的准确、统一，根据《中华人民共和国统计法》第三章的规定，特制定本办法。

二、属于国家秘密的统计资料分为三级，即绝密级、机密级、秘密级。

绝密级是指国家的核心秘密，一旦泄露会使国家安全和利益遭受特别严重的损害，包括的范围：1. 国防军工方面的生产、建设、资金、物资消费和库存、人员和人才培养；2. 铀、铌、钽、铍、锂、金矿产的全国工业储量和产量；3. 国家储备资金和物资；4. 涉及国防军工等特种物资的运输量、吞吐量和装卸量。

机密级是指国家的重要秘密，一旦泄露会使国家的安全和利益遭受较大的损害，包括的范围：1. 军用产品出口和援外的品种、数量、去向；2. 铀、钍、铌、钽、铍、锂矿产的大型矿区工业储量和锆、铯、铷以及稀土元素矿产的全国和大型矿区工业储量；3. 除绝密级外的稀有金属产量和单位成本；4. 钢材、木材、煤炭、石油及其制品、有色金属、粮食、食用植物油、棉花、棉布库存量；5. 出口商品换汇成本；6. 财政信贷中有关国防战备方面的细项资料；7. 在建和已建成的战备通信、保密通信、边防海防通信、党政专用通信网、邮政机要通信等；8. 战备广播电台（播控中心）、发射台、战备工程的个数、台址、功率、人员编制等；9. 国防公路和有国防意义的航道要害区段河床断面的实际水深。

秘密级是指国家的一般秘密，一旦泄露会使国家的安全和利益遭受一般的损害，包括的范围：1. 钛、铬、镍、钴、铂及铂族元素、银、钨、锡、铋、钼、锑、铜、铝、汞、石油、蓝石棉、金刚石、高档宝石矿产的全国和大中型矿区工业储量以及金矿产的大中型矿区工业储量；2. 铀、铌、钽、铍、锂、钍、锆、铯、铷矿产的中小型矿区工业储量；3. 与出口有关的产品成本；4. 全国性的铁路线路和枢纽能力；5. 具有世界先进水平的科研成果;6. 全国重大工伤事故;7. 副霍乱、斑疹伤寒、回归热、布氏杆菌病、狂犬病、炭疽病六种发病和死亡人数;8. 牲畜口蹄疫、水泡病以及影响外贸出口的其他畜禽传染病发病率;9. 高等学校秘密专业设置;10. 国民经济和社会发展统计公报中使用的重要统计数字,在未公布前属于秘密统计资料。

三、对外公布统计资料的批准权实行分级负责。

1. 绝密、机密、秘密统计资料,非经批准,任何单位或个人不得对外发表。必须发表时,属于绝密级的,先征得管理该资料部门的同意,送统计部门审核,全国性数字报国务院审批,地方性数字报省、自治区、直辖市人民政府审批;属于机密级的,先征得有关部门同意,全国性数字由国家统计局批准,地方性数字由地方人民政府统计部门批准;属于秘密级的,一般由确定该资料密级的单位批准,综合性统计数字要送统计部门审核备案。

2. 非秘密的统计资料,国家统计部门和主管业务部门要通过国民经济和社会发展的统计公报、统计年鉴、统计月报和其他方式,及时对外发表。在未发表以前,仍应注意保密。有的单位要发表尚未发表过的非秘密统计资料,需征得该资料的管理部门同意,综合性统计数字要送统计部门审核同意。其中,发表时间对国际市场影响较大的经济统计数字,要征得对外经济贸易部门同意。

四、对外公开发表科技成果方面的统计资料,由国家科委和地方科委批准。

五、各部门、各地区可根据上述原则和本部门、本地区的实际情况,拟定自己的统计资料保密范围和管理统计资料的具体办法。

## 对外经济合作提供资料保密暂行规定

*1. 1993年4月19日国家保密局发布*

*2. 国保〔1993〕28号*

*3. 自1993年8月1日起施行*

**第一条** 为做好对外经济合作提供资料的保密工作,适应对外开放和经济建设的需要，依据《中华人民共和国保守国家秘密法》第二十一条和《中华人民共和国保守国家秘密法实施办法》第二十二条，制定本规定。

**第二条** 本规定适用于在对外经济合作中以各种方式向境外的组织、机构、人员提供资料的机关、单位。

本规定中所称的“资料”是指各种载体形式的文件、资料。

**第三条** 对外经济合作提供资料（以下简称“对外提供资料”），要从国家整体利益和对外经济合作的实际出发，权衡利弊，遵循合理、合法、适度的原则，做到既能够维护国家秘密安全，又有利于保障和促进对外经济合作的顺利进行。

**第四条** 对外提供资料保密工作的基本程序：

（一）根据对外经济合作项目的实际需要，确定提供资料的范围。

（二）对已确定需要提供的资料进行保密审查。

（三）经审查属于国家秘密的资料，其中能够作技术处理且经技术处理后能够符合对外经济合作项目实际需要的，应当作技术处理。

（四）提供国家秘密资料，须经有审批权限的机关、单位批准。

（五）经批准提供国家秘密资料，应当以一定的形式要求对方承担保密义务。

**第五条** 对外提供资料的保密审查，应当以有关《国家秘密及其密级具体范围的规定》为依据。

**第六条** 对外提供国家秘密资料的审批权限：

（一）绝密级资料，原则上不得对外提供，确需对外提供的，须经国务院有关业务主管部门审批，或者由国务院有关业务主管部门按照有关规定审核后报国务院审批。

（二）机密级资料，涉及全国性的，须经国务院有关业务主管部门审批；不涉及全国性的，须经所涉及的省、自治区、直辖市业务主管部门或国务院有关业务主管部门授权的单位审批，其中，国务院有关业务主管部门有特殊规定的，应从其规定。

（三）秘密级资料，涉及全国性的，须经国务院有关业务主管部门审批；不涉及全国性的，须经所涉及的地、市级以上（含）地方业务主管部门或国务院有关业务主管部门授权的单位审批，其中，国务院有关业务主管部门有特殊规定的,应从其规定。

(四)涉及军事、军工方面的国家秘密资料,须按照国务院和中央军委的有关规定,经有审批权限的军事机关或军工主管部门审批。

有关机关、单位在履行对外提供国家秘密资料的批准手续后,应将批件报同级政府保密工作部门备案。

**第七条** 对外提供明确不属于国家秘密的资料,不需要经过保密审批,但提供内部资料应当按照有关业务主管部门的规定执行。

**第八条** 对外提供资料的保密工作由对外经济合作项目的主办单位具体负责。涉及多部门的合作项目,由项目主办单位或其上级机关牵头,组成有关机关、单位参加的保密组织,负责对外提供资料的保密工作。有关的保密工作部门应当进行组织、协调工作。

**第九条** 项目主办单位保密工作的职责:

(一)确定一名主管领导负责对外提供资料的保密工作,指定机构或人员制定有关保密工作措施并组织实施,及时向有关业务主管部门和保密工作部门通报情况。

(二)审查对方要求提供资料的合理性和是否涉及国家秘密;将确需对外提供的国家秘密资料和意见报送有关业务主管部门和单位审批。

(三)遇有是否属于国家秘密和属于何种密级不明确的事项,报送有确定权限的业务主管部门或保密工作部门依法确定。

(四)遇有是否属于国家秘密和属于何种密级有争议的事项,报送有确定权限的保密工作部门依法确定。

(五)遇有保密期限内符合解密条件的事项,报送原确定密级的机关、单位或其上级机关依法确定。

(六)负责对外提供国家秘密资料的技术处理,并将处理结果报送有关业务主管部门审核。

(七)严格按照经过批准的范围对外提供国家秘密资料,并办理要求对方承担保密义务的手续。

(八)根据合作项目进展和变化情况,对经批准对外提供的国家秘密资料,采取一次性提供、分阶段逐步提供的方式或终止提供。

(九)按照有关规定向保密工作部门申办携带国家秘密资料出境

的手续。

（十）接受上级机关和保密工作部门的保密监督和检查。

**第十条** 有关业务主管部门保密工作的职责：

（一）对项目主办单位报送的需要确定和审批的事项，依法确定或履行审批手续。

（二）指导、协调和审核对外提供国家秘密资料的技术处理工作。

（三）向保密工作部门通报对外提供资料保密工作情况。

**第十一条** 保密工作部门的职责：

（一）依照职权范围主管本地区或者本部门对外提供资料的保密工作，进行指导、监督和检查。

（二）组织、协调或者直接参与涉及多部门的对外经济合作项目提供资料的保密工作。

（三）依法确定是否属于国家秘密和属于何种密级不明确或者有争议的事项。

（四）按照有关规定办理携带国家秘密资料出境的手续。

（五）向上级报告对外提供资料保密工作的重要情况。

**第十二条** 对外提供资料保密工作中需要送审、报批、审批或者协调、确定的事项，项目主办单位和有关业务主管部门、保密工作部门应当及时办理。

**第十三条** 保密工作部门承担对外提供资料保密业务咨询服务工作。

**第十四条** 严禁个人对外提供国家秘密资料。

**第十五条** 违反本规定，擅自对外提供国家秘密资料的，依法追究有关责任者的法律责任。

**第十六条** 本规定由国家保密局负责解释。

**第十七条** 本规定自 1993 年 8 月 1 日起施行。

# 六、网络信息保密

## 中华人民共和国网络安全法

*1. 2016年11月7日第十二届全国人民代表大会常务委员会第二十四次会议通过*
*2. 2016年11月7日中华人民共和国主席令第53号公布*
*3. 自2017年6月1日起施行*

### 目　　录



### 第一章　总　　则

**第一条　【立法目的】**为了保障网络安全，维护网络空间主权和国家安全、社会公共利益，保护公民、法人和其他组织的合法权益，促进经济社会信息化健康发展，制定本法。

**第二条　【适用范围】**在中华人民共和国境内建设、运营、维护和使用网络，以及网络安全的监督管理，适用本法。

**第三条　【方针体系】**国家坚持网络安全与信息化发展并重，遵循积极利用、科学发展、依法管理、确保安全的方针，推进网络基础设施建设和互联互通，鼓励网络技术创新和应用，支持培养网络安全人才，建立健全网络安全保障体系，提高网络安全保护能力。

**第四条** **【国家制定完善网络安全战略】**国家制定并不断完善网络安全战略，明确保障网络安全的基本要求和主要目标，提出重点领域的网络安全政策、工作任务和措施。

**第五条** **【国家采取措施维护安全和秩序】**国家采取措施，监测、防御、处置来源于中华人民共和国境内外的网络安全风险和威胁，保护关键信息基础设施免受攻击、侵入、干扰和破坏，依法惩治网络违法犯罪活动，维护网络空间安全和秩序。

**第六条** **【国家倡导形成网络良好环境】**国家倡导诚实守信、健康文明的网络行为，推动传播社会主义核心价值观，采取措施提高全社会的网络安全意识和水平，形成全社会共同参与促进网络安全的良好环境。

**第七条** **【国家建立网络治理体系】**国家积极开展网络空间治理、网络技术研发和标准制定、打击网络违法犯罪等方面的国际交流与合作，推动构建和平、安全、开放、合作的网络空间，建立多边、民主、透明的网络治理体系。

**第八条** **【主管部门】**国家网信部门负责统筹协调网络安全工作和相关监督管理工作。国务院电信主管部门、公安部门和其他有关机关依照本法和有关法律、行政法规的规定，在各自职责范围内负责网络安全保护和监督管理工作。

县级以上地方人民政府有关部门的网络安全保护和监督管理职责，按照国家有关规定确定。

**第九条** **【网络运营者基本义务】**网络运营者开展经营和服务活动，必须遵守法律、行政法规，尊重社会公德，遵守商业道德，诚实信用，履行网络安全保护义务，接受政府和社会的监督，承担社会责任。

**第十条** **【维护网络数据完整性、保密性、可用性】**建设、运营网络或者通过网络提供服务，应当依照法律、行政法规的规定和国家标准的强制性要求，采取技术措施和其他必要措施，保障网络安全、稳定运行，有效应对网络安全事件，防范网络违法犯罪活动，维护网络数据的完整性、保密性和可用性。

**第十一条 【网络行业组织按章程促进发展】**网络相关行业组织按照章程,加强行业自律,制定网络安全行为规范,指导会员加强网络安全保护,提高网络安全保护水平,促进行业健康发展。

**第十二条 【依法使用网络的权利保护与禁止行为】**国家保护公民、法人和其他组织依法使用网络的权利,促进网络接入普及,提升网络服务水平,为社会提供安全、便利的网络服务,保障网络信息依法有序自由流动。

任何个人和组织使用网络应当遵守宪法法律,遵守公共秩序,尊重社会公德,不得危害网络安全,不得利用网络从事危害国家安全、荣誉和利益,煽动颠覆国家政权、推翻社会主义制度,煽动分裂国家、破坏国家统一,宣扬恐怖主义、极端主义,宣扬民族仇恨、民族歧视,传播暴力、淫秽色情信息,编造、传播虚假信息扰乱经济秩序和社会秩序,以及侵害他人名誉、隐私、知识产权和其他合法权益等活动。

**第十三条 【为未成年人提供安全健康的网络环境】**国家支持研究开发有利于未成年人健康成长的网络产品和服务,依法惩治利用网络从事危害未成年人身心健康的活动,为未成年人提供安全、健康的网络环境。

**第十四条 【对危害网络安全的举报】**任何个人和组织有权对危害网络安全的行为向网信、电信、公安等部门举报。收到举报的部门应当及时依法作出处理;不属于本部门职责的,应当及时移送有权处理的部门。

有关部门应当对举报人的相关信息予以保密,保护举报人的合法权益。

## 第二章 网络安全支持与促进

**第十五条 【网络安全国家标准、行业标准】**国家建立和完善网络安全标准体系。国务院标准化行政主管部门和国务院其他有关部门根据各自的职责,组织制定并适时修订有关网络安全管理以及网络产品、服务和运行安全的国家标准、行业标准。

国家支持企业、研究机构、高等学校、网络相关行业组织参与网络安全国家标准、行业标准的制定。

**第十六条** **【政府投入与扶持】**国务院和省、自治区、直辖市人民政府应当统筹规划,加大投入,扶持重点网络安全技术产业和项目,支持网络安全技术的研究开发和应用,推广安全可信的网络产品和服务,保护网络技术知识产权,支持企业、研究机构和高等学校等参与国家网络安全技术创新项目。

**第十七条** **【国家推进体系建设,鼓励安全服务】**国家推进网络安全社会化服务体系建设,鼓励有关企业、机构开展网络安全认证、检测和风险评估等安全服务。

**第十八条** **【国家鼓励开发数据保护和利用技术,支持创新网络安全管理方式】**国家鼓励开发网络数据安全保护和利用技术,促进公共数据资源开放,推动技术创新和经济社会发展。

国家支持创新网络安全管理方式,运用网络新技术,提升网络安全保护水平。

**第十九条** **【网络安全宣传教育】**各级人民政府及其有关部门应当组织开展经常性的网络安全宣传教育,并指导、督促有关单位做好网络安全宣传教育工作。

大众传播媒介应当有针对性地面向社会进行网络安全宣传教育。

**第二十条** **【国家支持网络安全人才培养】**国家支持企业和高等学校、职业学校等教育培训机构开展网络安全相关教育与培训,采取多种方式培养网络安全人才,促进网络安全人才交流。

## 第三章 网络运行安全

### 第一节 一般规定

**第二十一条** **【网络安全等级保护制度】**国家实行网络安全等级保护制度。网络运营者应当按照网络安全等级保护制度的要求,履行下列安全保护义务,保障网络免受干扰、破坏或者未经授权的访问,防止网络数据泄露或者被窃取、篡改:

(一)制定内部安全管理制度和操作规程,确定网络安全负责人,落实网络安全保护责任;

(二)采取防范计算机病毒和网络攻击、网络侵入等危害网络安全行为的技术措施；

（三）采取监测、记录网络运行状态、网络安全事件的技术措施，并按照规定留存相关的网络日志不少于六个月；

（四）采取数据分类、重要数据备份和加密等措施；

（五）法律、行政法规规定的其他义务。

**第二十二条　【网络产品、服务应当符合国家标准强制性要求】**网络产品、服务应当符合相关国家标准的强制性要求。网络产品、服务的提供者不得设置恶意程序；发现其网络产品、服务存在安全缺陷、漏洞等风险时，应当立即采取补救措施，按照规定及时告知用户并向有关主管部门报告。

网络产品、服务的提供者应当为其产品、服务持续提供安全维护；在规定或者当事人约定的期限内，不得终止提供安全维护。

网络产品、服务具有收集用户信息功能的，其提供者应当向用户明示并取得同意；涉及用户个人信息的，还应当遵守本法和有关法律、行政法规关于个人信息保护的规定。

**第二十三条　【网络关键设备和网络安全专用产品的认证、检测】**网络关键设备和网络安全专用产品应当按照相关国家标准的强制性要求，由具备资格的机构安全认证合格或者安全检测符合要求后，方可销售或者提供。国家网信部门会同国务院有关部门制定、公布网络关键设备和网络安全专用产品目录，并推动安全认证和安全检测结果互认，避免重复认证、检测。

**第二十四条　【网络运营者应当要求用户提供真实身份信息】**网络运营者为用户办理网络接入、域名注册服务，办理固定电话、移动电话等入网手续，或者为用户提供信息发布、即时通讯等服务，在与用户签订协议或者确认提供服务时，应当要求用户提供真实身份信息。用户不提供真实身份信息的，网络运营者不得为其提供相关服务。

国家实施网络可信身份战略，支持研究开发安全、方便的电子身份认证技术，推动不同电子身份认证之间的互认。

**第二十五条　【网络运营者应当制定、实施应急预案】**网络运营者应当制定网络安全事件应急预案，及时处置系统漏洞、计算机病毒、网络攻击、网络侵入等安全风险；在发生危害网络安全的事件时，立即启动应急预案,采取相应的补救措施,并按照规定向有关主管部门报告。

**第二十六条　【开展网络安全活动、向社会发布安全信息,应遵守国家规定】**开展网络安全认证、检测、风险评估等活动,向社会发布系统漏洞、计算机病毒、网络攻击、网络侵入等网络安全信息,应当遵守国家有关规定。

**第二十七条　【任何人不得进行危害网络安全的活动】**任何个人和组织不得从事非法侵入他人网络、干扰他人网络正常功能、窃取网络数据等危害网络安全的活动;不得提供专门用于从事侵入网络、干扰网络正常功能及防护措施、窃取网络数据等危害网络安全活动的程序、工具;明知他人从事危害网络安全的活动的,不得为其提供技术支持、广告推广、支付结算等帮助。

**第二十八条　【网络运营者应为公安机关、国家安全机关提供技术支持和协助】**网络运营者应当为公安机关、国家安全机关依法维护国家安全和侦查犯罪的活动提供技术支持和协助。

**第二十九条　【国家支持网络运营者合作】**国家支持网络运营者之间在网络安全信息收集、分析、通报和应急处置等方面进行合作,提高网络运营者的安全保障能力。

有关行业组织建立健全本行业的网络安全保护规范和协作机制,加强对网络安全风险的分析评估,定期向会员进行风险警示,支持、协助会员应对网络安全风险。

**第三十条　【履行职责中获取的信息,不得用于其他用途】**网信部门和有关部门在履行网络安全保护职责中获取的信息,只能用于维护网络安全的需要,不得用于其他用途。

### 第二节　关键信息基础设施的运行安全

**第三十一条　【关键信息基础设施重点保护】**国家对公共通信和信息服务、能源、交通、水利、金融、公共服务、电子政务等重要行业和领域,以及其他一旦遭到破坏、丧失功能或者数据泄露,可能严重危害国家安全、国计民生、公共利益的关键信息基础设施,在网络安全等级保护制度的基础上,实行重点保护。关键信息基础设施的具体范围和安全保护办法由国务院制定。

国家鼓励关键信息基础设施以外的网络运营者自愿参与关键信息基础设施保护体系。

**第三十二条 【编制、实施关键信息基础设施安全规划】**按照国务院规定的职责分工，负责关键信息基础设施安全保护工作的部门分别编制并组织实施本行业、本领域的关键信息基础设施安全规划，指导和监督关键信息基础设施运行安全保护工作。

**第三十三条 【关键信息基础设施建设要求】**建设关键信息基础设施应当确保其具有支持业务稳定、持续运行的性能，并保证安全技术措施同步规划、同步建设、同步使用。

**第三十四条 【运营者的安全保护义务】**除本法第二十一条的规定外，关键信息基础设施的运营者还应当履行下列安全保护义务：

（一）设置专门安全管理机构和安全管理负责人，并对该负责人和关键岗位的人员进行安全背景审查；

（二）定期对从业人员进行网络安全教育、技术培训和技能考核；

（三）对重要系统和数据库进行容灾备份；

（四）制定网络安全事件应急预案，并定期进行演练；

（五）法律、行政法规规定的其他义务。

**第三十五条 【关键信息基础设施的国家安全审查】**关键信息基础设施的运营者采购网络产品和服务，可能影响国家安全的，应当通过国家网信部门会同国务院有关部门组织的国家安全审查。

**第三十六条 【安全保密协议的签订】**关键信息基础设施的运营者采购网络产品和服务，应当按照规定与提供者签订安全保密协议，明确安全和保密义务与责任。

**第三十七条 【收集和产生的个人信息和重要数据应当在境内储存】**关键信息基础设施的运营者在中华人民共和国境内运营中收集和产生的个人信息和重要数据应当在境内存储。因业务需要，确需向境外提供的，应当按照国家网信部门会同国务院有关部门制定的办法进行安全评估；法律、行政法规另有规定的，依照其规定。

**第三十八条 【网络安全及风险的检测评估】**关键信息基础设施的运营者应当自行或者委托网络安全服务机构对其网络的安全性和可能存在的风险每年至少进行一次检测评估，并将检测评估情况和改进措施报送相关负责关键信息基础设施安全保护工作的部门。

**第三十九条 【关键信息基础设施的安全保护措施】**国家网信部门应当统筹协调有关部门对关键信息基础设施的安全保护采取下列措施：

（一）对关键信息基础设施的安全风险进行抽查检测，提出改进措施，必要时可以委托网络安全服务机构对网络存在的安全风险进行检测评估；

（二）定期组织关键信息基础设施的运营者进行网络安全应急演练，提高应对网络安全事件的水平和协同配合能力；

（三）促进有关部门、关键信息基础设施的运营者以及有关研究机构、网络安全服务机构等之间的网络安全信息共享；

（四）对网络安全事件的应急处置与网络功能的恢复等，提供技术支持和协助。

## 第四章 网络信息安全

**第四十条 【建立用户信息保护制度】**网络运营者应当对其收集的用户信息严格保密，并建立健全用户信息保护制度。

**第四十一条 【网络运营者对个人信息的收集、使用】**网络运营者收集、使用个人信息，应当遵循合法、正当、必要的原则，公开收集、使用规则，明示收集、使用信息的目的、方式和范围，并经被收集者同意。

网络运营者不得收集与其提供的服务无关的个人信息，不得违反法律、行政法规的规定和双方的约定收集、使用个人信息，并应当依照法律、行政法规的规定和与用户的约定，处理其保存的个人信息。

**第四十二条 【网络运营者应确保其收集的个人信息安全】**网络运营者不得泄露、篡改、毁损其收集的个人信息；未经被收集者同意，不得向他人提供个人信息。但是，经过处理无法识别特定个人且不能复原的除外。

网络运营者应当采取技术措施和其他必要措施，确保其收集的个人信息安全，防止信息泄露、毁损、丢失。在发生或者可能发生个人信息泄露、毁损、丢失的情况时，应当立即采取补救措施，按照规定及时告知用户并向有关主管部门报告。

**第四十三条 【个人有权要求对其信息予以删除或更正】**个人发现网络

运营者违反法律、行政法规的规定或者双方的约定收集、使用其个人信息的，有权要求网络运营者删除其个人信息；发现网络运营者收集、存储的其个人信息有错误的，有权要求网络运营者予以更正。网络运营者应当采取措施予以删除或者更正。

**第四十四条　【个人和组织不得非法获取、向他人提供个人信息】**任何个人和组织不得窃取或者以其他非法方式获取个人信息，不得非法出售或者非法向他人提供个人信息。

**第四十五条　【部门及其工作人员的保密义务】**依法负有网络安全监督管理职责的部门及其工作人员，必须对在履行职责中知悉的个人信息、隐私和商业秘密严格保密，不得泄露、出售或者非法向他人提供。

**第四十六条　【个人和组织不得利用网络实施违法犯罪活动】**任何个人和组织应当对其使用网络的行为负责，不得设立用于实施诈骗，传授犯罪方法，制作或者销售违禁物品、管制物品等违法犯罪活动的网站、通讯群组，不得利用网络发布涉及实施诈骗，制作或者销售违禁物品、管制物品以及其他违法犯罪活动的信息。

**第四十七条　【网络运营者应当对用户发布的信息进行管理】**网络运营者应当加强对其用户发布的信息的管理，发现法律、行政法规禁止发布或者传输的信息的，应当立即停止传输该信息，采取消除等处置措施，防止信息扩散，保存有关记录，并向有关主管部门报告。

**第四十八条　【电子信息、应用软件不得设置恶意程序，含有禁止信息】**任何个人和组织发送的电子信息、提供的应用软件，不得设置恶意程序，不得含有法律、行政法规禁止发布或者传输的信息。

电子信息发送服务提供者和应用软件下载服务提供者，应当履行安全管理义务，知道其用户有前款规定行为的，应当停止提供服务，采取消除等处置措施，保存有关记录，并向有关主管部门报告。

**第四十九条　【网络信息安全投诉、举报制度】**网络运营者应当建立网络信息安全投诉、举报制度，公布投诉、举报方式等信息，及时受理并处理有关网络信息安全的投诉和举报。

网络运营者对网信部门和有关部门依法实施的监督检查，应当予以配合。

**第五十条　【国家网信部门和有关部门对违法信息停止传播】**国家网信

部门和有关部门依法履行网络信息安全监督管理职责，发现法律、行政法规禁止发布或者传输的信息的，应当要求网络运营者停止传输，采取消除等处置措施，保存有关记录；对来源于中华人民共和国境外的上述信息，应当通知有关机构采取技术措施和其他必要措施阻断传播。

## 第五章　监测预警与应急处置

**第五十一条　【网络安全监测预警和信息通报制度】**国家建立网络安全监测预警和信息通报制度。国家网信部门应当统筹协调有关部门加强网络安全信息收集、分析和通报工作，按照规定统一发布网络安全监测预警信息。

**第五十二条　【关键信息网络安全监测预警和信息通报制度】**负责关键信息基础设施安全保护工作的部门，应当建立健全本行业、本领域的网络安全监测预警和信息通报制度，并按照规定报送网络安全监测预警信息。

**第五十三条　【网络安全风险评估及应急预案】**国家网信部门协调有关部门建立健全网络安全风险评估和应急工作机制，制定网络安全事件应急预案，并定期组织演练。

负责关键信息基础设施安全保护工作的部门应当制定本行业、本领域的网络安全事件应急预案，并定期组织演练。

网络安全事件应急预案应当按照事件发生后的危害程度、影响范围等因素对网络安全事件进行分级，并规定相应的应急处置措施。

**第五十四条　【应对网络安全风险采取的措施】**网络安全事件发生的风险增大时，省级以上人民政府有关部门应当按照规定的权限和程序，并根据网络安全风险的特点和可能造成的危害，采取下列措施：

（一）要求有关部门、机构和人员及时收集、报告有关信息，加强对网络安全风险的监测；

（二）组织有关部门、机构和专业人员，对网络安全风险信息进行分析评估，预测事件发生的可能性、影响范围和危害程度；

（三）向社会发布网络安全风险预警，发布避免、减轻危害的措施。

**第五十五条 【网络安全事件的应对】**发生网络安全事件,应当立即启动网络安全事件应急预案,对网络安全事件进行调查和评估,要求网络运营者采取技术措施和其他必要措施,消除安全隐患,防止危害扩大,并及时向社会发布与公众有关的警示信息。

**第五十六条 【有关部门对网络运营者代表人或负责人约谈】**省级以上人民政府有关部门在履行网络安全监督管理职责中,发现网络存在较大安全风险或者发生安全事件的,可以按照规定的权限和程序对该网络的运营者的法定代表人或者主要负责人进行约谈。网络运营者应当按照要求采取措施,进行整改,消除隐患。

**第五十七条 【处置的法律依据】**因网络安全事件,发生突发事件或者生产安全事故的,应当依照《中华人民共和国突发事件应对法》、《中华人民共和国安全生产法》等有关法律、行政法规的规定处置。

**第五十八条 【特定区域限制网络通信】**因维护国家安全和社会公共秩序,处置重大突发社会安全事件的需要,经国务院决定或者批准,可以在特定区域对网络通信采取限制等临时措施。

## 第六章 法律责任

**第五十九条 【不履行安全保护义务的法律责任】**网络运营者不履行本法第二十一条、第二十五条规定的网络安全保护义务的,由有关主管部门责令改正,给予警告;拒不改正或者导致危害网络安全等后果的,处一万元以上十万元以下罚款,对直接负责的主管人员处五千元以上五万元以下罚款。

关键信息基础设施的运营者不履行本法第三十三条、第三十四条、第三十六条、第三十八条规定的网络安全保护义务的,由有关主管部门责令改正,给予警告;拒不改正或者导致危害网络安全等后果的,处十万元以上一百万元以下罚款,对直接负责的主管人员处一万元以上十万元以下罚款。

**第六十条 【设置恶意程序,对安全缺陷、漏洞未及时补救,擅自终止安全维护的法律责任】**违反本法第二十二条第一款、第二款和第四十八条第一款规定,有下列行为之一的,由有关主管部门责令改正,给予警告;拒不改正或者导致危害网络安全等后果的,处五万元以上五十万元以下罚款，对直接负责的主管人员处一万元以上十万元以下罚款：

（一）设置恶意程序的；

（二）对其产品、服务存在的安全缺陷、漏洞等风险未立即采取补救措施，或者未按照规定及时告知用户并向有关主管部门报告的；

（三）擅自终止为其产品、服务提供安全维护的。

**第六十一条　【违反真实身份信息制度的法律责任】**网络运营者违反本法第二十四条第一款规定，未要求用户提供真实身份信息，或者对不提供真实身份信息的用户提供相关服务的，由有关主管部门责令改正；拒不改正或者情节严重的，处五万元以上五十万元以下罚款，并可以由有关主管部门责令暂停相关业务、停业整顿、关闭网站、吊销相关业务许可证或者吊销营业执照，对直接负责的主管人员和其他直接责任人员处一万元以上十万元以下罚款。

**第六十二条　【违法开展网络安全活动，发布安全信息的法律责任】**违反本法第二十六条规定，开展网络安全认证、检测、风险评估等活动，或者向社会发布系统漏洞、计算机病毒、网络攻击、网络侵入等网络安全信息的，由有关主管部门责令改正，给予警告；拒不改正或者情节严重的，处一万元以上十万元以下罚款，并可以由有关主管部门责令暂停相关业务、停业整顿、关闭网站、吊销相关业务许可证或者吊销营业执照，对直接负责的主管人员和其他直接责任人员处五千元以上五万元以下罚款。

**第六十三条　【从事或者辅助危害网络安全活动的法律责任】**违反本法第二十七条规定，从事危害网络安全的活动，或者提供专门用于从事危害网络安全活动的程序、工具，或者为他人从事危害网络安全的活动提供技术支持、广告推广、支付结算等帮助，尚不构成犯罪的，由公安机关没收违法所得，处五日以下拘留，可以并处五万元以上五十万元以下罚款；情节较重的，处五日以上十五日以下拘留，可以并处十万元以上一百万元以下罚款。

单位有前款行为的，由公安机关没收违法所得，处十万元以上一百万元以下罚款，并对直接负责的主管人员和其他直接责任人员依照前款规定处罚。

违反本法第二十七条规定，受到治安管理处罚的人员，五年内不得从事网络安全管理和网络运营关键岗位的工作；受到刑事处罚的人员，终身不得从事网络安全管理和网络运营关键岗位的工作。

**第六十四条　【侵害个人信息的法律责任】**网络运营者、网络产品或者服务的提供者违反本法第二十二条第三款、第四十一条至第四十三条规定，侵害个人信息依法得到保护的权利的，由有关主管部门责令改正，可以根据情节单处或者并处警告、没收违法所得、处违法所得一倍以上十倍以下罚款，没有违法所得的，处一百万元以下罚款，对直接负责的主管人员和其他直接责任人员处一万元以上十万元以下罚款；情节严重的，并可以责令暂停相关业务、停业整顿、关闭网站、吊销相关业务许可证或者吊销营业执照。

违反本法第四十四条规定，窃取或者以其他非法方式获取、非法出售或者非法向他人提供个人信息，尚不构成犯罪的，由公安机关没收违法所得，并处违法所得一倍以上十倍以下罚款，没有违法所得的，处一百万元以下罚款。

**第六十五条　【使用未经或未通过安全审查的网络产品或服务的法律责任】**关键信息基础设施的运营者违反本法第三十五条规定，使用未经安全审查或者安全审查未通过的网络产品或者服务的，由有关主管部门责令停止使用，处采购金额一倍以上十倍以下罚款；对直接负责的主管人员和其他直接责任人员处一万元以上十万元以下罚款。

**第六十六条　【在境外存储或向境外提供网络数据的法律责任】**关键信息基础设施的运营者违反本法第三十七条规定，在境外存储网络数据，或者向境外提供网络数据的，由有关主管部门责令改正，给予警告，没收违法所得，处五万元以上五十万元以下罚款，并可以责令暂停相关业务、停业整顿、关闭网站、吊销相关业务许可证或者吊销营业执照；对直接负责的主管人员和其他直接责任人员处一万元以上十万元以下罚款。

**第六十七条　【设立用于实施违法犯罪活动的网站、通讯群组或发布违法犯罪活动信息的法律责任】**违反本法第四十六条规定，设立用于实施违法犯罪活动的网站、通讯群组，或者利用网络发布涉及实施违法犯罪活动的信息，尚不构成犯罪的，由公安机关处五日以下拘留，可以并处一万元以上十万元以下罚款；情节较重的，处五日以上十五日以下拘留,可以并处五万元以上五十万元以下罚款。关闭用于实施违法犯罪活动的网站、通讯群组。

单位有前款行为的,由公安机关处十万元以上五十万元以下罚款,并对直接负责的主管人员和其他直接责任人员依照前款规定处罚。

**第六十八条　【对法律法规禁止发布或传输的信息未采取处置措施的法律责任】**网络运营者违反本法第四十七条规定,对法律、行政法规禁止发布或者传输的信息未停止传输、采取消除等处置措施、保存有关记录的,由有关主管部门责令改正,给予警告,没收违法所得;拒不改正或者情节严重的,处十万元以上五十万元以下罚款,并可以责令暂停相关业务、停业整顿、关闭网站、吊销相关业务许可证或者吊销营业执照,对直接负责的主管人员和其他直接责任人员处一万元以上十万元以下罚款。

电子信息发送服务提供者、应用软件下载服务提供者,不履行本法第四十八条第二款规定的安全管理义务的,依照前款规定处罚。

**第六十九条　【不按要求采取处置措施,拒绝、阻碍监督检查,拒不提供技术支持协助的法律责任】**网络运营者违反本法规定,有下列行为之一的,由有关主管部门责令改正;拒不改正或者情节严重的,处五万元以上五十万元以下罚款,对直接负责的主管人员和其他直接责任人员,处一万元以上十万元以下罚款:

(一)不按照有关部门的要求对法律、行政法规禁止发布或者传输的信息,采取停止传输、消除等处置措施的;

(二)拒绝、阻碍有关部门依法实施的监督检查的;

(三)拒不向公安机关、国家安全机关提供技术支持和协助的。

**第七十条　【发布或传输禁止信息的法律责任】**发布或者传输本法第十二条第二款和其他法律、行政法规禁止发布或者传输的信息的,依照有关法律、行政法规的规定处罚。

**第七十一条　【违法行为记入信用档案】**有本法规定的违法行为的,依照有关法律、行政法规的规定记入信用档案,并予以公示。

**第七十二条　【国家机关政务网络运营者不履行安全保护义务的法律责任】**国家机关政务网络的运营者不履行本法规定的网络安全保护义务

的，由其上级机关或者有关机关责令改正；对直接负责的主管人员和其他直接责任人员依法给予处分。

**第七十三条 【网信部门和有关部门违反信息使用用途及工作人员渎职的法律责任】**网信部门和有关部门违反本法第三十条规定，将在履行网络安全保护职责中获取的信息用于其他用途的，对直接负责的主管人员和其他直接责任人员依法给予处分。

网信部门和有关部门的工作人员玩忽职守、滥用职权、徇私舞弊，尚不构成犯罪的，依法给予处分。

**第七十四条 【民事责任、治安处罚、刑事责任】**违反本法规定，给他人造成损害的，依法承担民事责任。

违反本法规定，构成违反治安管理行为的，依法给予治安管理处罚；构成犯罪的，依法追究刑事责任。

**第七十五条 【境外机构、组织、个人损害关键信息基础设施的法律责任】**境外的机构、组织、个人从事攻击、侵入、干扰、破坏等危害中华人民共和国的关键信息基础设施的活动，造成严重后果的，依法追究法律责任；国务院公安部门和有关部门并可以决定对该机构、组织、个人采取冻结财产或者其他必要的制裁措施。

## 第七章 附 则

**第七十六条 【用语含义】**本法下列用语的含义：

（一）网络，是指由计算机或者其他信息终端及相关设备组成的按照一定的规则和程序对信息进行收集、存储、传输、交换、处理的系统。

（二）网络安全，是指通过采取必要措施，防范对网络的攻击、侵入、干扰、破坏和非法使用以及意外事故，使网络处于稳定可靠运行的状态，以及保障网络数据的完整性、保密性、可用性的能力。

（三）网络运营者，是指网络的所有者、管理者和网络服务提供者。

（四）网络数据，是指通过网络收集、存储、传输、处理和产生的各种电子数据。

（五）个人信息，是指以电子或者其他方式记录的能够单独或者与其他信息结合识别自然人个人身份的各种信息，包括但不限于自然人的姓名、出生日期、身份证件号码、个人生物识别信息、住址、电话号码等。

**第七十七条** **【涉密网络安全保护规定】**存储、处理涉及国家秘密信息的网络的运行安全保护，除应当遵守本法外，还应当遵守保密法律、行政法规的规定。

**第七十八条** **【军事网络安全保护规定】**军事网络的安全保护，由中央军事委员会另行规定。

**第七十九条** **【施行日期】**本法自 2017 年 6 月 1 日起施行。

# 全国人民代表大会常务委员会关于维护互联网安全的决定

*1. 2000 年 12 月 28 日第九届全国人民代表大会常务委员会第十九次会议通过*

*2. 根据 2009 年 8 月 27 日第十一届全国人民代表大会常务委员会第十次会议《关于修改部分法律的决定》修正*

我国的互联网，在国家大力倡导和积极推动下，在经济建设和各项事业中得到日益广泛的应用，使人们的生产、工作、学习和生活方式已经开始并将继续发生深刻的变化，对于加快我国国民经济、科学技术的发展和社会服务信息化进程具有重要作用。同时，如何保障互联网的运行安全和信息安全问题已经引起全社会的普遍关注。为了兴利除弊，促进我国互联网的健康发展，维护国家安全和社会公共利益，保护个人、法人和其他组织的合法权益，特作如下决定：

一、为了保障互联网的运行安全，对有下列行为之一，构成犯罪的，依照刑法有关规定追究刑事责任：

（一）侵入国家事务、国防建设、尖端科学技术领域的计算机信息系统；

（二）故意制作、传播计算机病毒等破坏性程序，攻击计算机系统及通信网络，致使计算机系统及通信网络遭受损害；

（三）违反国家规定，擅自中断计算机网络或者通信服务，造成计算机网络或者通信系统不能正常运行。

二、为了维护国家安全和社会稳定，对有下列行为之一，构成犯罪的，依照刑法有关规定追究刑事责任：

（一）利用互联网造谣、诽谤或者发表、传播其他有害信息，煽动颠覆国家政权、推翻社会主义制度，或者煽动分裂国家、破坏国家统一；

（二）通过互联网窃取、泄露国家秘密、情报或者军事秘密；

（三）利用互联网煽动民族仇恨、民族歧视，破坏民族团结；

（四）利用互联网组织邪教组织、联络邪教组织成员，破坏国家法律、行政法规实施。

三、为了维护社会主义市场经济秩序和社会管理秩序，对有下列行为之一，构成犯罪的，依照刑法有关规定追究刑事责任：

（一）利用互联网销售伪劣产品或者对商品、服务作虚假宣传；

（二）利用互联网损害他人商业信誉和商品声誉；

（三）利用互联网侵犯他人知识产权；

（四）利用互联网编造并传播影响证券、期货交易或者其他扰乱金融秩序的虚假信息；

（五）在互联网上建立淫秽网站、网页，提供淫秽站点链接服务，或者传播淫秽书刊、影片、音像、图片。

四、为了保护个人、法人和其他组织的人身、财产等合法权利，对有下列行为之一，构成犯罪的，依照刑法有关规定追究刑事责任：

（一）利用互联网侮辱他人或者捏造事实诽谤他人；

（二）非法截获、篡改、删除他人电子邮件或者其他数据资料，侵犯公民通信自由和通信秘密；

（三）利用互联网进行盗窃、诈骗、敲诈勒索。

五、利用互联网实施本决定第一条、第二条、第三条、第四条所列行为以外的其他行为，构成犯罪的，依照刑法有关规定追究刑事责任。

六、利用互联网实施违法行为，违反社会治安管理，尚不构成犯罪的，由公安机关依照《治安管理处罚法》予以处罚；违反其他法律、行政法规，尚不构成犯罪的，由有关行政管理部门依法给予行政处罚；对直接负责的主管人员和其他直接责任人员,依法给予行政处分或者纪律处分。

利用互联网侵犯他人合法权益,构成民事侵权的,依法承担民事责任。

七、各级人民政府及有关部门要采取积极措施,在促进互联网的应用和网络技术的普及过程中,重视和支持对网络安全技术的研究和开发,增强网络的安全防护能力。有关主管部门要加强对互联网的运行安全和信息安全的宣传教育,依法实施有效的监督管理,防范和制止利用互联网进行的各种违法活动,为互联网的健康发展创造良好的社会环境。从事互联网业务的单位要依法开展活动,发现互联网上出现违法犯罪行为和有害信息时,要采取措施,停止传输有害信息,并及时向有关机关报告。任何单位和个人在利用互联网时,都要遵纪守法,抵制各种违法犯罪行为和有害信息。人民法院、人民检察院、公安机关、国家安全机关要各司其职,密切配合,依法严厉打击利用互联网实施的各种犯罪活动。要动员全社会的力量,依靠全社会的共同努力,保障互联网的运行安全与信息安全,促进社会主义精神文明和物质文明建设。

# 中华人民共和国计算机信息系统安全保护条例

*1. 1994 年 2 月 18 日国务院令第 147 号公布*

*2. 根据 2011 年 1 月 8 日国务院令第 588 号《关于废止和修改部分行政法规的决定》修订*

## 第一章　总　　则

**第一条**　为了保护计算机信息系统的安全,促进计算机的应用和发展,保障社会主义现代化建设的顺利进行,制定本条例。

**第二条**　本条例所称的计算机信息系统,是指由计算机及其相关的和配套的设备、设施(含网络)构成的,按照一定的应用目标和规则对信息进行采集、加工、存储、传输、检索等处理的人机系统。

**第三条** 计算机信息系统的安全保护,应当保障计算机及其相关的和配套的设备、设施(含网络)的安全,运行环境的安全,保障信息的安全,保障计算机功能的正常发挥,以维护计算机信息系统的安全运行。

**第四条** 计算机信息系统的安全保护工作,重点维护国家事务、经济建设、国防建设、尖端科学技术等重要领域的计算机信息系统的安全。

**第五条** 中华人民共和国境内的计算机信息系统的安全保护,适用本条例。

未联网的微型计算机的安全保护办法,另行制定。

**第六条** 公安部主管全国计算机信息系统安全保护工作。

国家安全部、国家保密局和国务院其他有关部门,在国务院规定的职责范围内做好计算机信息系统安全保护的有关工作。

**第七条** 任何组织或者个人,不得利用计算机信息系统从事危害国家利益、集体利益和公民合法利益的活动,不得危害计算机信息系统的安全。

## 第二章 安全保护制度

**第八条** 计算机信息系统的建设和应用,应当遵守法律、行政法规和国家其他有关规定。

**第九条** 计算机信息系统实行安全等级保护。安全等级的划分标准和安全等级保护的具体办法,由公安部会同有关部门制定。

**第十条** 计算机机房应当符合国家标准和国家有关规定。

在计算机机房附近施工,不得危害计算机信息系统的安全。

**第十一条** 进行国际联网的计算机信息系统,由计算机信息系统的使用单位报省级以上人民政府公安机关备案。

**第十二条** 运输、携带、邮寄计算机信息媒体进出境的,应当如实向海关申报。

**第十三条** 计算机信息系统的使用单位应当建立健全安全管理制度,负责本单位计算机信息系统的安全保护工作。

**第十四条** 对计算机信息系统中发生的案件,有关使用单位应当在 24 小时内向当地县级以上人民政府公安机关报告。

**第十五条** 对计算机病毒和危害社会公共安全的其他有害数据的防治

研究工作,由公安部归口管理。

**第十六条** 国家对计算机信息系统安全专用产品的销售实行许可证制度。具体办法由公安部会同有关部门制定。

## 第三章 安全监督

**第十七条** 公安机关对计算机信息系统安全保护工作行使下列监督职权:

(一)监督、检查、指导计算机信息系统安全保护工作;

(二)查处危害计算机信息系统安全的违法犯罪案件;

(三)履行计算机信息系统安全保护工作的其他监督职责。

**第十八条** 公安机关发现影响计算机信息系统安全的隐患时,应当及时通知使用单位采取安全保护措施。

**第十九条** 公安部在紧急情况下,可以就涉及计算机信息系统安全的特定事项发布专项通令。

## 第四章 法律责任

**第二十条** 违反本条例的规定,有下列行为之一的,由公安机关处以警告或者停机整顿:

(一)违反计算机信息系统安全等级保护制度,危害计算机信息系统安全的;

(二)违反计算机信息系统国际联网备案制度的;

(三)不按照规定时间报告计算机信息系统中发生的案件的;

(四)接到公安机关要求改进安全状况的通知后,在限期内拒不改进的;

(五)有危害计算机信息系统安全的其他行为的。

**第二十一条** 计算机机房不符合国家标准和国家其他有关规定的,或者在计算机机房附近施工危害计算机信息系统安全的,由公安机关会同有关单位进行处理。

**第二十二条** 运输、携带、邮寄计算机信息媒体进出境,不如实向海关申报的,由海关依照《中华人民共和国海关法》和本条例以及其他有关法律、法规的规定处理。

**第二十三条** 故意输入计算机病毒以及其他有害数据危害计算机信息

系统安全的，或者未经许可出售计算机信息系统安全专用产品的，由公安机关处以警告或者对个人处以5000元以下的罚款、对单位处以15000元以下的罚款；有违法所得的，除予以没收外，可以处以违法所得1至3倍的罚款。

**第二十四条** 违反本条例的规定，构成违反治安管理行为的，依照《中华人民共和国治安管理处罚法》的有关规定处罚；构成犯罪的，依法追究刑事责任。

**第二十五条** 任何组织或者个人违反本条例的规定，给国家、集体或者他人财产造成损失的，应当依法承担民事责任。

**第二十六条** 当事人对公安机关依照本条例所作出的具体行政行为不服的，可以依法申请行政复议或者提起行政诉讼。

**第二十七条** 执行本条例的国家公务员利用职权，索取、收受贿赂或者有其他违法、失职行为，构成犯罪的，依法追究刑事责任；尚不构成犯罪的，给予行政处分。

## 第五章　附　　则

**第二十八条** 本条例下列用语的含义：

计算机病毒，是指编制或者在计算机程序中插入的破坏计算机功能或者毁坏数据，影响计算机使用，并能自我复制的一组计算机指令或者程序代码。

计算机信息系统安全专用产品，是指用于保护计算机信息系统安全的专用硬件和软件产品。

**第二十九条** 军队的计算机信息系统安全保护工作，按照军队的有关法规执行。

**第三十条** 公安部可以根据本条例制定实施办法。

**第三十一条** 本条例自发布之日起施行。

# 计算机信息网络国际联网安全保护管理办法

*1. 1997年12月11日国务院批准*
*2. 1997年12月16日公安部令第33号公布*
*3. 根据2011年1月8日国务院令第588号《关于废止和修改部分行政法规的决定》修订*

## 第一章 总 则

**第一条** 为了加强对计算机信息网络国际联网的安全保护,维护公共秩序和社会稳定,根据《中华人民共和国计算机信息系统安全保护条例》、《中华人民共和国计算机信息网络国际联网管理暂行规定》和其他法律、行政法规的规定,制定本办法。

**第二条** 中华人民共和国境内的计算机信息网络国际联网安全保护管理,适用本办法。

**第三条** 公安部计算机管理监察机构负责计算机信息网络国际联网的安全保护管理工作。

公安机关计算机管理监察机构应当保护计算机信息网络国际联网的公共安全,维护从事国际联网业务的单位和个人的合法权益和公众利益。

**第四条** 任何单位和个人不得利用国际联网危害国家安全、泄露国家秘密,不得侵犯国家的、社会的、集体的利益和公民的合法权益,不得从事违法犯罪活动。

**第五条** 任何单位和个人不得利用国际联网制作、复制、查阅和传播下列信息:

(一)煽动抗拒、破坏宪法和法律、行政法规实施的;

(二)煽动颠覆国家政权,推翻社会主义制度的;

(三)煽动分裂国家、破坏国家统一的;

(四)煽动民族仇恨、民族歧视,破坏民族团结的;

(五)捏造或者歪曲事实,散布谣言,扰乱社会秩序的;

（六）宣扬封建迷信、淫秽、色情、赌博、暴力、凶杀、恐怖，教唆犯罪的；

（七）公然侮辱他人或者捏造事实诽谤他人的；

（八）损害国家机关信誉的；

（九）其他违反宪法和法律、行政法规的。

**第六条** 任何单位和个人不得从事下列危害计算机信息网络安全的活动：

（一）未经允许，进入计算机信息网络或者使用计算机信息网络资源的；

（二）未经允许，对计算机信息网络功能进行删除、修改或者增加的；

（三）未经允许，对计算机信息网络中存储、处理或者传输的数据和应用程序进行删除、修改或者增加的；

（四）故意制作、传播计算机病毒等破坏性程序的；

（五）其他危害计算机信息网络安全的。

**第七条** 用户的通信自由和通信秘密受法律保护。任何单位和个人不得违反法律规定，利用国际联网侵犯用户的通信自由和通信秘密。

## 第二章 安全保护责任

**第八条** 从事国际联网业务的单位和个人应当接受公安机关的安全监督、检查和指导，如实向公安机关提供有关安全保护的信息、资料及数据文件，协助公安机关查处通过国际联网的计算机信息网络的违法犯罪行为。

**第九条** 国际出入口信道提供单位、互联单位的主管部门或者主管单位，应当依照法律和国家有关规定负责国际出入口信道、所属互联网络的安全保护管理工作。

**第十条** 互联单位、接入单位及使用计算机信息网络国际联网的法人和其他组织应当履行下列安全保护职责：

（一）负责本网络的安全保护管理工作，建立健全安全保护管理制度；

（二）落实安全保护技术措施，保障本网络的运行安全和信息安全；

（三）负责对本网络用户的安全教育和培训；

（四）对委托发布信息的单位和个人进行登记，并对所提供的信息内容按照本办法第五条进行审核；

（五）建立计算机信息网络电子公告系统的用户登记和信息管理制度；

（六）发现有本办法第四条、第五条、第六条、第七条所列情形之一的，应当保留有关原始记录，并在二十四小时内向当地公安机关报告；

（七）按照国家有关规定，删除本网络中含有本办法第五条内容的地址、目录或者关闭服务器。

**第十一条** 用户在接入单位办理入网手续时，应当填写用户备案表。备案表由公安部监制。

**第十二条** 互联单位、接入单位、使用计算机信息网络国际联网的法人和其他组织（包括跨省、自治区、直辖市联网的单位和所属的分支机构），应当自网络正式联通之日起三十日内，到所在地的省、自治区、直辖市人民政府公安机关指定的受理机关办理备案手续。

前款所列单位应当负责将接入本网络的接入单位和用户情况报当地公安机关备案，并及时报告本网络中接入单位和用户的变更情况。

**第十三条** 使用公用帐号的注册者应当加强对公用帐号的管理，建立帐号使用登记制度。用户帐号不得转借、转让。

**第十四条** 涉及国家事务、经济建设、国防建设、尖端科学技术等重要领域的单位办理备案手续时，应当出具其行政主管部门的审批证明。前款所列单位的计算机信息网络与国际联网，应当采取相应的安全保护措施。

## 第三章 安全监督

**第十五条** 省、自治区、直辖市公安厅（局），地（市）、县（市）公安局，应当有相应机构负责国际联网的安全保护管理工作。

**第十六条** 公安机关计算机管理监察机构应当掌握互联单位、接入单位和用户的备案情况，建立备案档案，进行备案统计，并按照国家有关规定逐级上报。

**第十七条** 公安机关计算机管理监察机构应当督促互联单位、接入单位及有关用户建立健全安全保护管理制度。监督、检查网络安全保护管理以及技术措施的落实情况。

公安机关计算机管理监察机构在组织安全检查时,有关单位应当派人参加。公安机关计算机管理监察机构对安全检查发现的问题,应当提出改进意见,作出详细记录,存档备查。

**第十八条** 公安机关计算机管理监察机构发现含有本办法第五条所列内容的地址、目录或者服务器时,应当通知有关单位关闭或者删除。

**第十九条** 公安机关计算机管理监察机构应当负责追踪和查处通过计算机信息网络的违法行为和针对计算机信息网络的犯罪案件,对违反本办法第四条、第七条规定的违法犯罪行为,应当按照国家有关规定移送有关部门或者司法机关处理。

## 第四章 法 律 责 任

**第二十条** 违反法律、行政法规,有本办法第五条、第六条所列行为之一的,由公安机关给予警告,有违法所得的,没收违法所得,对个人可以并处五千元以下的罚款,对单位可以并处一万五千元以下的罚款;情节严重的,并可以给予六个月以内停止联网、停机整顿的处罚,必要时可以建议原发证、审批机构吊销经营许可证或者取消联网资格;构成违反治安管理行为的,依照治安管理处罚法的规定处罚;构成犯罪的,依法追究刑事责任。

**第二十一条** 有下列行为之一的,由公安机关责令限期改正给予警告,有违法所得的,没收违法所得;在规定的限期内未改正的,对单位的主管负责人员和其他直接责任人员可以并处五千元以下的罚款,对单位可以并处一万五千元以下的罚款;情节严重的,并可以给予六个月以内的停止联网、停机整顿的处罚,必要时可以建议原发证、审批机构吊销经营许可证或者取消联网资格。

(一)未建立安全保护管理制度的;

(二)未采取安全技术保护措施的;

(三)未对网络用户进行安全教育和培训的;

（四）未提供安全保护管理所需信息、资料及数据文件，或者所提供内容不真实的；

（五）对委托其发布的信息内容未进行审核或者对委托单位和个人未进行登记的；

（六）未建立电子公告系统的用户登记和信息管理制度的；

（七）未按照国家有关规定，删除网络地址、目录或者关闭服务器的；

（八）未建立公用帐号使用登记制度的；

（九）转借、转让用户帐号的。

**第二十二条** 违反本办法第四条、第七条规定的，依照有关法律、法规予以处罚。

**第二十三条** 违反本办法第十一条、第十二条规定，不履行备案职责的，由公安机关给予警告或者停机整顿不超过六个月的处罚。

## 第五章 附 则

**第二十四条** 与香港特别行政区和台湾、澳门地区联网的计算机信息网络的安全保护管理，参照本办法执行。

**第二十五条** 本办法自发布之日起施行。

# 国务院关于大力推进信息化发展和切实保障信息安全的若干意见（节录）

*1. 2012年6月28日*

*2. 国发〔2012〕23号*

**六、健全安全防护和管理，保障重点领域信息安全**

（一）确保重要信息系统和基础信息网络安全。能源、交通、金融等领域涉及国计民生的重要信息系统和电信网、广播电视网、互联网等基础信息网络，要同步规划、同步建设、同步运行安全防护设施，强化技术防范，严格安全管理，切实提高防攻击、防篡改、防病毒、防瘫瘓、防窃密能力。加大无线电安全管理和重要信息系统无线电频率保障力度。加强互联网网站、地址、域名和接入服务单位的管理,完善信息共享机制,规范互联网服务市场秩序。

(二)加强政府和涉密信息系统安全管理。严格政府信息技术服务外包的安全管理,为政府机关提供服务的数据中心、云计算服务平台等要设在境内,禁止办公用计算机安装使用与工作无关的软件。建立政府网站开办审核、统一标识、监测和举报制度。减少政府机关的互联网连接点数量,加强安全和保密防护监测。落实涉密信息系统分级保护制度,强化涉密信息系统审查机制。

(三)保障工业控制系统安全。加强核设施、航空航天、先进制造、石油石化、油气管网、电力系统、交通运输、水利枢纽、城市设施等重要领域工业控制系统,以及物联网应用、数字城市建设中的安全防护和管理,定期开展安全检查和风险评估。重点对可能危及生命和公共财产安全的工业控制系统加强监管。对重点领域使用的关键产品开展安全测评,实行安全风险和漏洞通报制度。

(四)强化信息资源和个人信息保护。加强地理、人口、法人、统计等基础信息资源的保护和管理,保障信息系统互联互通和部门间信息资源共享安全。明确敏感信息保护要求,强化企业、机构在网络经济活动中保护用户数据和国家基础数据的责任,严格规范企业、机构在我国境内收集数据的行为。在软件服务外包、信息技术服务和电子商务等领域开展个人信息保护试点,加强个人信息保护工作。

## 七、加快能力建设,提升网络与信息安全保障水平

(一)夯实网络与信息安全基础。研究制定国家信息安全战略和规划,强化顶层设计。落实信息安全等级保护制度,开展相应等级的安全建设和管理,做好信息系统定级备案、整改和监督检查。强化网络与信息安全应急处置工作,完善应急预案,加强对网络与信息安全灾备设施建设的指导和协调。完善信息安全认证认可体系,加强信息安全产品认证工作,减少重复检测和重复收费。

(二)加强网络信任体系建设和密码保障。健全电子认证服务体系,推动电子签名在金融等重点领域和电子商务中的应用。制定电子商务信用评价规范,建立互联网网站、电子商务交易平台诚信评价机

制,支持符合条件的第三方机构开展信用评价服务。大力推动密码技术在涉密信息系统和重要信息系统保护中的应用,强化密码在保障电子政务、电子商务安全和保护公民个人信息等方面的支撑作用。

（三）提升网络与信息安全监管能力。完善国家网络与信息安全基础设施,加强网络与信息安全专业骨干队伍和应急技术支撑队伍建设,提高风险隐患发现、监测预警和突发事件处置能力。加强信息共享和交流平台建设,健全网络与信息安全信息通报机制。加大对网络违法犯罪活动的打击力度。进一步完善监管体制,充实监管力量,加强对基础信息网络安全工作的指导和监督管理。倡导行业自律,发挥社会组织和广大网民的监督作用。

（四）加快技术攻关和产业发展。统筹规划,整合力量,进一步加大网络与信息安全技术研发力度,加强对云计算、物联网、移动互联网、下一代互联网等方面的信息安全技术研究。继续组织实施信息安全产业化专项,完善有关信息安全政府采购政策措施和管理制度,支持信息安全产业发展。

# 信息安全等级保护管理办法

*1. 2007年6月22日公安部、国家保密局、国家密码管理局、国务院信息工作办公室印发*

*2. 公通字〔2007〕43号*

*3. 自发布之日起施行*

## 第一章　总　　则

**第一条**　为规范信息安全等级保护管理,提高信息安全保障能力和水平,维护国家安全、社会稳定和公共利益,保障和促进信息化建设,根据《中华人民共和国计算机信息系统安全保护条例》等有关法律法规,制定本办法。

**第二条**　国家通过制定统一的信息安全等级保护管理规范和技术标准,组织公民、法人和其他组织对信息系统分等级实行安全保护,对等级保护工作的实施进行监督、管理。

**第三条** 公安机关负责信息安全等级保护工作的监督、检查、指导。国家保密工作部门负责等级保护工作中有关保密工作的监督、检查、指导。国家密码管理部门负责等级保护工作中有关密码工作的监督、检查、指导。涉及其他职能部门管辖范围的事项,由有关职能部门依照国家法律法规的规定进行管理。国务院信息化工作办公室及地方信息化领导小组办事机构负责等级保护工作的部门间协调。

**第四条** 信息系统主管部门应当依照本办法及相关标准规范,督促、检查、指导本行业、本部门或者本地区信息系统运营、使用单位的信息安全等级保护工作。

**第五条** 信息系统的运营、使用单位应当依照本办法及其相关标准规范,履行信息安全等级保护的义务和责任。

## 第二章 等级划分与保护

**第六条** 国家信息安全等级保护坚持自主定级、自主保护的原则。信息系统的安全保护等级应当根据信息系统在国家安全、经济建设、社会生活中的重要程度,信息系统遭到破坏后对国家安全、社会秩序、公共利益以及公民、法人和其他组织的合法权益的危害程度等因素确定。

**第七条** 信息系统的安全保护等级分为以下五级:

第一级,信息系统受到破坏后,会对公民、法人和其他组织的合法权益造成损害,但不损害国家安全、社会秩序和公共利益。

第二级,信息系统受到破坏后,会对公民、法人和其他组织的合法权益产生严重损害,或者对社会秩序和公共利益造成损害,但不损害国家安全。

第三级,信息系统受到破坏后,会对社会秩序和公共利益造成严重损害,或者对国家安全造成损害。

第四级,信息系统受到破坏后,会对社会秩序和公共利益造成特别严重损害,或者对国家安全造成严重损害。

第五级,信息系统受到破坏后,会对国家安全造成特别严重损害。

**第八条** 信息系统运营、使用单位依据本办法和相关技术标准对信息系统进行保护,国家有关信息安全监管部门对其信息安全等级保护工作进行监督管理。

第一级信息系统运营、使用单位应当依据国家有关管理规范和技术标准进行保护。

第二级信息系统运营、使用单位应当依据国家有关管理规范和技术标准进行保护。国家信息安全监管部门对该级信息系统信息安全等级保护工作进行指导。

第三级信息系统运营、使用单位应当依据国家有关管理规范和技术标准进行保护。国家信息安全监管部门对该级信息系统信息安全等级保护工作进行监督、检查。

第四级信息系统运营、使用单位应当依据国家有关管理规范、技术标准和业务专门需求进行保护。国家信息安全监管部门对该级信息系统信息安全等级保护工作进行强制监督、检查。

第五级信息系统运营、使用单位应当依据国家管理规范、技术标准和业务特殊安全需求进行保护。国家指定专门部门对该级信息系统信息安全等级保护工作进行专门监督、检查。

## 第三章 等级保护的实施与管理

**第九条** 信息系统运营、使用单位应当按照《信息系统安全等级保护实施指南》具体实施等级保护工作。

**第十条** 信息系统运营、使用单位应当依据本办法和《信息系统安全等级保护定级指南》确定信息系统的安全保护等级。有主管部门的，应当经主管部门审核批准。

跨省或者全国统一联网运行的信息系统可以由主管部门统一确定安全保护等级。

对拟确定为第四级以上信息系统的，运营、使用单位或者主管部门应当请国家信息安全保护等级专家评审委员会评审。

**第十一条** 信息系统的安全保护等级确定后，运营、使用单位应当按照国家信息安全等级保护管理规范和技术标准，使用符合国家有关规定，满足信息系统安全保护等级需求的信息技术产品，开展信息系统安全建设或者改建工作。

**第十二条** 在信息系统建设过程中，运营、使用单位应当按照《计算机信息系统安全保护等级划分准则》(GB 17859—1999)、《信息系统安全等级保护基本要求》等技术标准,参照《信息安全技术信息系统通用安全技术要求》(GB/T 20271—2006)、《信息安全技术网络基础安全技术要求》(GB/T 20270—2006)、《信息安全技术操作系统安全技术要求》(GB/T 20272—2006)、《信息安全技术数据库管理系统安全技术要求》(GB/T 20273—2006)、《信息安全技术服务器技术要求》、《信息安全技术终端计算机系统安全等级技术要求》(GA/T 671—2006)等技术标准同步建设符合该等级要求的信息安全设施。

**第十三条** 运营、使用单位应当参照《信息安全技术信息系统安全管理要求》(GB/T 20269—2006)、《信息安全技术信息系统安全工程管理要求》(GB/T 20282—2006)、《信息系统安全等级保护基本要求》等管理规范,制定并落实符合本系统安全保护等级要求的安全管理制度。

**第十四条** 信息系统建设完成后,运营、使用单位或者其主管部门应当选择符合本办法规定条件的测评机构,依据《信息系统安全等级保护测评要求》等技术标准,定期对信息系统安全等级状况开展等级测评。第三级信息系统应当每年至少进行一次等级测评,第四级信息系统应当每半年至少进行一次等级测评,第五级信息系统应当依据特殊安全需求进行等级测评。

信息系统运营、使用单位及其主管部门应当定期对信息系统安全状况、安全保护制度及措施的落实情况进行自查。第三级信息系统应当每年至少进行一次自查,第四级信息系统应当每半年至少进行一次自查,第五级信息系统应当依据特殊安全需求进行自查。

经测评或者自查,信息系统安全状况未达到安全保护等级要求的,运营、使用单位应当制定方案进行整改。

**第十五条** 已运营(运行)的第二级以上信息系统,应当在安全保护等级确定后30日内,由其运营、使用单位到所在地设区的市级以上公安机关办理备案手续。

新建第二级以上信息系统,应当在投入运行后30日内,由其运营、使用单位到所在地设区的市级以上公安机关办理备案手续。

隶属于中央的在京单位,其跨省或者全国统一联网运行并由主管部门统一定级的信息系统，由主管部门向公安部办理备案手续。跨省或者全国统一联网运行的信息系统在各地运行、应用的分支系统，应当向当地设区的市级以上公安机关备案。

**第十六条** 办理信息系统安全保护等级备案手续时，应当填写《信息系统安全等级保护备案表》，第三级以上信息系统应当同时提供以下材料：

（一）系统拓扑结构及说明；

（二）系统安全组织机构和管理制度；

（三）系统安全保护设施设计实施方案或者改建实施方案；

（四）系统使用的信息安全产品清单及其认证、销售许可证明；

（五）测评后符合系统安全保护等级的技术检测评估报告；

（六）信息系统安全保护等级专家评审意见；

（七）主管部门审核批准信息系统安全保护等级的意见。

**第十七条** 信息系统备案后，公安机关应当对信息系统的备案情况进行审核，对符合等级保护要求的，应当在收到备案材料之日起的10个工作日内颁发信息系统安全等级保护备案证明；发现不符合本办法及有关标准的，应当在收到备案材料之日起的10个工作日内通知备案单位予以纠正；发现定级不准的，应当在收到备案材料之日起的10个工作日内通知备案单位重新审核确定。

运营、使用单位或者主管部门重新确定信息系统等级后，应当按照本办法向公安机关重新备案。

**第十八条** 受理备案的公安机关应当对第三级、第四级信息系统的运营、使用单位的信息安全等级保护工作情况进行检查。对第三级信息系统每年至少检查一次，对第四级信息系统每半年至少检查一次。对跨省或者全国统一联网运行的信息系统的检查，应当会同其主管部门进行。

对第五级信息系统，应当由国家指定的专门部门进行检查。

公安机关、国家指定的专门部门应当对下列事项进行检查：

（一）信息系统安全需求是否发生变化，原定保护等级是否准确；

（二）运营、使用单位安全管理制度、措施的落实情况；

（三）运营、使用单位及其主管部门对信息系统安全状况的检查情况；

（四）系统安全等级测评是否符合要求；

（五）信息安全产品使用是否符合要求；

（六）信息系统安全整改情况；

（七）备案材料与运营、使用单位、信息系统的符合情况；

（八）其他应当进行监督检查的事项。

**第十九条** 信息系统运营、使用单位应当接受公安机关、国家指定的专门部门的安全监督、检查、指导，如实向公安机关、国家指定的专门部门提供下列有关信息安全保护的信息资料及数据文件：

（一）信息系统备案事项变更情况；

（二）安全组织、人员的变动情况；

（三）信息安全管理制度、措施变更情况；

（四）信息系统运行状况记录；

（五）运营、使用单位及主管部门定期对信息系统安全状况的检查记录；

（六）对信息系统开展等级测评的技术测评报告；

（七）信息安全产品使用的变更情况；

（八）信息安全事件应急预案，信息安全事件应急处置结果报告；

（九）信息系统安全建设、整改结果报告。

**第二十条** 公安机关检查发现信息系统安全保护状况不符合信息安全等级保护有关管理规范和技术标准的，应当向运营、使用单位发出整改通知。运营、使用单位应当根据整改通知要求，按照管理规范和技术标准进行整改。整改完成后，应当将整改报告向公安机关备案。必要时，公安机关可以对整改情况组织检查。

**第二十一条** 第三级以上信息系统应当选择使用符合以下条件的信息安全产品：

（一）产品研制、生产单位是由中国公民、法人投资或者国家投资或者控股的，在中华人民共和国境内具有独立的法人资格；

（二）产品的核心技术、关键部件具有我国自主知识产权；

（三）产品研制、生产单位及其主要业务、技术人员无犯罪记录；

（四）产品研制、生产单位声明没有故意留有或者设置漏洞、后门、木马等程序和功能；

（五）对国家安全、社会秩序、公共利益不构成危害；

（六）对已列入信息安全产品认证目录的，应当取得国家信息安全产品认证机构颁发的认证证书。

**第二十二条** 第三级以上信息系统应当选择符合下列条件的等级保护测评机构进行测评：

（一）在中华人民共和国境内注册成立（港澳台地区除外）；

（二）由中国公民投资、中国法人投资或者国家投资的企事业单位（港澳台地区除外）；

（三）从事相关检测评估工作两年以上，无违法记录；

（四）工作人员仅限于中国公民；

（五）法人及主要业务、技术人员无犯罪记录；

（六）使用的技术装备、设施应当符合本办法对信息安全产品的要求；

（七）具有完备的保密管理、项目管理、质量管理、人员管理和培训教育等安全管理制度；

（八）对国家安全、社会秩序、公共利益不构成威胁。

**第二十三条** 从事信息系统安全等级测评的机构，应当履行下列义务：

（一）遵守国家有关法律法规和技术标准，提供安全、客观、公正的检测评估服务，保证测评的质量和效果；

（二）保守在测评活动中知悉的国家秘密、商业秘密和个人隐私，防范测评风险；

（三）对测评人员进行安全保密教育，与其签订安全保密责任书，规定应当履行的安全保密义务和承担的法律责任，并负责检查落实。

## 第四章 涉及国家秘密信息系统的分级保护管理

**第二十四条** 涉密信息系统应当依据国家信息安全等级保护的基本要求，按照国家保密工作部门有关涉密信息系统分级保护的管理规定和技术标准，结合系统实际情况进行保护。非涉密信息系统不得处理国家秘密信息。

**第二十五条** 涉密信息系统按照所处理信息的最高密级，由低到高分为秘密、机密、绝密三个等级。

涉密信息系统建设使用单位应当在信息规范定密的基础上,依据涉密信息系统分级保护管理办法和国家保密标准 BMB 17—2006《涉及国家秘密的计算机信息系统分级保护技术要求》确定系统等级。对于包含多个安全域的涉密信息系统,各安全域可以分别确定保护等级。

保密工作部门和机构应当监督指导涉密信息系统建设使用单位准确、合理地进行系统定级。

**第二十六条** 涉密信息系统建设使用单位应当将涉密信息系统定级和建设使用情况,及时上报业务主管部门的保密工作机构和负责系统审批的保密工作部门备案,并接受保密部门的监督、检查、指导。

**第二十七条** 涉密信息系统建设使用单位应当选择具有涉密集成资质的单位承担或者参与涉密信息系统的设计与实施。

涉密信息系统建设使用单位应当依据涉密信息系统分级保护管理规范和技术标准,按照秘密、机密、绝密三级的不同要求,结合系统实际进行方案设计,实施分级保护,其保护水平总体上不低于国家信息安全等级保护第三级、第四级、第五级的水平。

**第二十八条** 涉密信息系统使用的信息安全保密产品原则上应当选用国产品,并应当通过国家保密局授权的检测机构依据有关国家保密标准进行的检测,通过检测的产品由国家保密局审核发布目录。

**第二十九条** 涉密信息系统建设使用单位在系统工程实施结束后,应当向保密工作部门提出申请,由国家保密局授权的系统测评机构依据国家保密标准 BMB 22—2007《涉及国家秘密的计算机信息系统分级保护测评指南》,对涉密信息系统进行安全保密测评。

涉密信息系统建设使用单位在系统投入使用前,应当按照《涉及国家秘密的信息系统审批管理规定》,向设区的市级以上保密工作部门申请进行系统审批,涉密信息系统通过审批后方可投入使用。已投入使用的涉密信息系统,其建设使用单位在按照分级保护要求完成系统整改后,应当向保密工作部门备案。

**第三十条** 涉密信息系统建设使用单位在申请系统审批或者备案时,应当提交以下材料:

(一)系统设计、实施方案及审查论证意见;

(二)系统承建单位资质证明材料;

(三)系统建设和工程监理情况报告;

(四)系统安全保密检测评估报告;

(五)系统安全保密组织机构和管理制度情况;

(六)其他有关材料。

**第三十一条** 涉密信息系统发生涉密等级、连接范围、环境设施、主要应用、安全保密管理责任单位变更时,其建设使用单位应当及时向负责审批的保密工作部门报告。保密工作部门应当根据实际情况,决定是否对其重新进行测评和审批。

**第三十二条** 涉密信息系统建设使用单位应当依据国家保密标准 BMB 20—2007《涉及国家秘密的信息系统分级保护管理规范》,加强涉密信息系统运行中的保密管理,定期进行风险评估,消除泄密隐患和漏洞。

**第三十三条** 国家和地方各级保密工作部门依法对各地区、各部门涉密信息系统分级保护工作实施监督管理,并做好以下工作:

(一)指导、监督和检查分级保护工作的开展;

(二)指导涉密信息系统建设使用单位规范信息定密,合理确定系统保护等级;

(三)参与涉密信息系统分级保护方案论证,指导建设使用单位做好保密设施的同步规划设计;

(四)依法对涉密信息系统集成资质单位进行监督管理;

(五)严格进行系统测评和审批工作,监督检查涉密信息系统建设使用单位分级保护管理制度和技术措施的落实情况;

(六)加强涉密信息系统运行中的保密监督检查。对秘密级、机密级信息系统每两年至少进行一次保密检查或者系统测评,对绝密级信息系统每年至少进行一次保密检查或者系统测评;

(七)了解掌握各级各类涉密信息系统的管理使用情况,及时发现和查处各种违规违法行为和泄密事件。

## 第五章 信息安全等级保护的密码管理

**第三十四条** 国家密码管理部门对信息安全等级保护的密码实行分类分级管理。根据被保护对象在国家安全、社会稳定、经济建设中的作用和重要程度,被保护对象的安全防护要求和涉密程度,被保护对象被破坏后的危害程度以及密码使用部门的性质等,确定密码的等级保护准则。

信息系统运营、使用单位采用密码进行等级保护的,应当遵照《信息安全等级保护密码管理办法》、《信息安全等级保护商用密码技术要求》等密码管理规定和相关标准。

**第三十五条** 信息系统安全等级保护中密码的配备、使用和管理等,应当严格执行国家密码管理的有关规定。

**第三十六条** 信息系统运营、使用单位应当充分运用密码技术对信息系统进行保护。采用密码对涉及国家秘密的信息和信息系统进行保护的,应报经国家密码管理局审批,密码的设计、实施、使用、运行维护和日常管理等,应当按照国家密码管理有关规定和相关标准执行;采用密码对不涉及国家秘密的信息和信息系统进行保护的,须遵守《商用密码管理条例》和密码分类分级保护有关规定与相关标准,其密码的配备使用情况应当向国家密码管理机构备案。

**第三十七条** 运用密码技术对信息系统进行系统等级保护建设和整改的,必须采用经国家密码管理部门批准使用或者准于销售的密码产品进行安全保护,不得采用国外引进或者擅自研制的密码产品;未经批准不得采用含有加密功能的进口信息技术产品。

**第三十八条** 信息系统中的密码及密码设备的测评工作由国家密码管理局认可的测评机构承担,其他任何部门、单位和个人不得对密码进行评测和监控。

**第三十九条** 各级密码管理部门可以定期或者不定期对信息系统等级保护工作中密码配备、使用和管理的情况进行检查和测评,对重要涉密信息系统的密码配备、使用和管理情况每两年至少进行一次检查和测评。在监督检查过程中,发现存在安全隐患或者违反密码管理相关规定或者未达到密码相关标准要求的,应当按照国家密码管理的相关规定进行处置。

## 第六章 法律责任

**第四十条** 第三级以上信息系统运营、使用单位违反本办法规定,有下列行为之一的，由公安机关、国家保密工作部门和国家密码工作管理部门按照职责分工责令其限期改正；逾期不改正的，给予警告，并向其上级主管部门通报情况，建议对其直接负责的主管人员和其他直接责任人员予以处理，并及时反馈处理结果：

（一）未按本办法规定备案、审批的；

（二）未按本办法规定落实安全管理制度、措施的；

（三）未按本办法规定开展系统安全状况检查的；

（四）未按本办法规定开展系统安全技术测评的；

（五）接到整改通知后，拒不整改的；

（六）未按本办法规定选择使用信息安全产品和测评机构的；

（七）未按本办法规定如实提供有关文件和证明材料的；

（八）违反保密管理规定的；

（九）违反密码管理规定的；

（十）违反本办法其他规定的。

违反前款规定，造成严重损害的，由相关部门依照有关法律、法规予以处理。

**第四十一条** 信息安全监管部门及其工作人员在履行监督管理职责中，玩忽职守、滥用职权、徇私舞弊的，依法给予行政处分；构成犯罪的，依法追究刑事责任。

## 第七章 附 则

**第四十二条** 已运行信息系统的运营、使用单位自本办法施行之日起180日内确定信息系统的安全保护等级；新建信息系统在设计、规划阶段确定安全保护等级。

**第四十三条** 本办法所称“以上”包含本数（级）。

**第四十四条** 本办法自发布之日起施行，《信息安全等级保护管理办法（试行）》（公通字〔2006〕7号）同时废止。

# 国家网络安全事件应急预案

*1. 2017年1月10日中央网信办印发*
*2. 中网办发文〔2017〕4号*

## 1 总 则

### 1.1 编制目的

建立健全国家网络安全事件应急工作机制,提高应对网络安全事件能力,预防和减少网络安全事件造成的损失和危害,保护公众利益,维护国家安全、公共安全和社会秩序。

### 1.2 编制依据

《中华人民共和国突发事件应对法》、《中华人民共和国网络安全法》、《国家突发公共事件总体应急预案》、《突发事件应急预案管理办法》和《信息安全技术信息安全事件分类分级指南》(GB/Z 20986—2007)等相关规定。

### 1.3 适用范围

本预案所指网络安全事件是指由于人为原因、软硬件缺陷或故障、自然灾害等,对网络和信息系统或者其中的数据造成危害,对社会造成负面影响的事件,可分为有害程序事件、网络攻击事件、信息破坏事件、信息内容安全事件、设备设施故障、灾害性事件和其他事件。

本预案适用于网络安全事件的应对工作。其中,有关信息内容安全事件的应对,另行制定专项预案。

### 1.4 事件分级

网络安全事件分为四级:特别重大网络安全事件、重大网络安全事件、较大网络安全事件、一般网络安全事件。

(1)符合下列情形之一的,为特别重大网络安全事件:

①重要网络和信息系统遭受特别严重的系统损失,造成系统大面积瘫痪,丧失业务处理能力。

②国家秘密信息、重要敏感信息和关键数据丢失或被窃取、篡改、

假冒,对国家安全和社会稳定构成特别严重威胁。

③其他对国家安全、社会秩序、经济建设和公众利益构成特别严重威胁、造成特别严重影响的网络安全事件。

(2)符合下列情形之一且未达到特别重大网络安全事件的,为重大网络安全事件:

①重要网络和信息系统遭受严重的系统损失,造成系统长时间中断或局部瘫痪,业务处理能力受到极大影响。

②国家秘密信息、重要敏感信息和关键数据丢失或被窃取、篡改、假冒,对国家安全和社会稳定构成严重威胁。

③其他对国家安全、社会秩序、经济建设和公众利益构成严重威胁、造成严重影响的网络安全事件。

(3)符合下列情形之一且未达到重大网络安全事件的,为较大网络安全事件:

①重要网络和信息系统遭受较大的系统损失,造成系统中断,明显影响系统效率,业务处理能力受到影响。

②国家秘密信息、重要敏感信息和关键数据丢失或被窃取、篡改、假冒,对国家安全和社会稳定构成较严重威胁。

③其他对国家安全、社会秩序、经济建设和公众利益构成较严重威胁、造成较严重影响的网络安全事件。

(4)除上述情形外,对国家安全、社会秩序、经济建设和公众利益构成一定威胁、造成一定影响的网络安全事件,为一般网络安全事件。

1.5　工作原则

坚持统一领导、分级负责;坚持统一指挥、密切协同、快速反应、科学处置;坚持预防为主,预防与应急相结合;坚持谁主管谁负责、谁运行谁负责,充分发挥各方面力量共同做好网络安全事件的预防和处置工作。

## 2　组织机构与职责

2.1　领导机构与职责

在中央网络安全和信息化领导小组(以下简称“领导小组”)的领导下,中央网络安全和信息化领导小组办公室(以下简称“中央网信办”)统筹协调组织国家网络安全事件应对工作,建立健全跨部门联动处置机制,工业和信息化部、公安部、国家保密局等相关部门按照职责分工负责相关网络安全事件应对工作。必要时成立国家网络安全事件应急指挥部(以下简称“指挥部”),负责特别重大网络安全事件处置的组织指挥和协调。

2.2 办事机构与职责

国家网络安全应急办公室(以下简称“应急办”)设在中央网信办,具体工作由中央网信办网络安全协调局承担。应急办负责网络安全应急跨部门、跨地区协调工作和指挥部的事务性工作,组织指导国家网络安全应急技术支撑队伍做好应急处置的技术支撑工作。有关部门派负责相关工作的司局级同志为联络员,联络应急办工作。

2.3 各部门职责

中央和国家机关各部门按照职责和权限,负责本部门、本行业网络和信息系统网络安全事件的预防、监测、报告和应急处置工作。

2.4 各省(区、市)职责

各省(区、市)网信部门在本地区党委网络安全和信息化领导小组统一领导下,统筹协调组织本地区网络和信息系统网络安全事件的预防、监测、报告和应急处置工作。

## 3 监测与预警

3.1 预警分级

网络安全事件预警等级分为四级:由高到低依次用红色、橙色、黄色和蓝色表示,分别对应发生或可能发生特别重大、重大、较大和一般网络安全事件。

3.2 预警监测

各单位按照“谁主管谁负责、谁运行谁负责”的要求,组织对本单位建设运行的网络和信息系统开展网络安全监测工作。重点行业主管或监管部门组织指导做好本行业网络安全监测工作。各省(区、市)网信部门结合本地区实际,统筹组织开展对本地区网络和信息系统的安全监测工作。各省(区、市)、各部门将重要监测信息报应急办,应急办组织开展跨省(区、市)、跨部门的网络安全信息共享。

3.3　预警研判和发布

各省(区、市)、各部门组织对监测信息进行研判,认为需要立即采取防范措施的,应当及时通知有关部门和单位,对可能发生重大及以上网络安全事件的信息及时向应急办报告。各省(区、市)、各部门可根据监测研判情况,发布本地区、本行业的橙色及以下预警。

应急办组织研判,确定和发布红色预警和涉及多省(区、市)、多部门、多行业的预警。

预警信息包括事件的类别、预警级别、起始时间、可能影响范围、警示事项、应采取的措施和时限要求、发布机关等。

3.4　预警响应

3.4.1　红色预警响应

(1)应急办组织预警响应工作,联系专家和有关机构,组织对事态发展情况进行跟踪研判,研究制定防范措施和应急工作方案,协调组织资源调度和部门联动的各项准备工作。

(2)有关省(区、市)、部门网络安全事件应急指挥机构实行 24 小时值班,相关人员保持通信联络畅通。加强网络安全事件监测和事态发展信息搜集工作,组织指导应急支撑队伍、相关运行单位开展应急处置或准备、风险评估和控制工作,重要情况报应急办。

(3)国家网络安全应急技术支撑队伍进入待命状态,针对预警信息研究制定应对方案,检查应急车辆、设备、软件工具等,确保处于良好状态。

3.4.2　橙色预警响应

(1)有关省(区、市)、部门网络安全事件应急指挥机构启动相应应急预案,组织开展预警响应工作,做好风险评估、应急准备和风险控制工作。

(2)有关省(区、市)、部门及时将事态发展情况报应急办。应急办密切关注事态发展,有关重大事项及时通报相关省(区、市)和部门。

(3)国家网络安全应急技术支撑队伍保持联络畅通,检查应急车辆、设备、软件工具等,确保处于良好状态。

3.4.3　黄色、蓝色预警响应

有关地区、部门网络安全事件应急指挥机构启动相应应急预案,指导组织开展预警响应。

3.5 预警解除

预警发布部门或地区根据实际情况，确定是否解除预警，及时发布预警解除信息。

## 4 应急处置

4.1 事件报告

网络安全事件发生后，事发单位应立即启动应急预案，实施处置并及时报送信息。各有关地区、部门立即组织先期处置，控制事态，消除隐患，同时组织研判，注意保存证据，做好信息通报工作。对于初判为特别重大、重大网络安全事件的，立即报告应急办。

4.2 应急响应

网络安全事件应急响应分为四级，分别对应特别重大、重大、较大和一般网络安全事件。I级为最高响应级别。

4.2.1 Ⅰ级响应

属特别重大网络安全事件的，及时启动I级响应，成立指挥部，履行应急处置工作的统一领导、指挥、协调职责。应急办24小时值班。

有关省（区、市）、部门应急指挥机构进入应急状态，在指挥部的统一领导、指挥、协调下，负责本省（区、市）、本部门应急处置工作或支援保障工作，24小时值班，并派员参加应急办工作。

有关省（区、市）、部门跟踪事态发展，检查影响范围，及时将事态发展变化情况、处置进展情况报应急办。指挥部对应对工作进行决策部署，有关省（区、市）和部门负责组织实施。

4.2.2 Ⅱ级响应

网络安全事件的Ⅱ级响应，由有关省（区、市）和部门根据事件的性质和情况确定。

（1）事件发生省（区、市）或部门的应急指挥机构进入应急状态，按照相关应急预案做好应急处置工作。

（2）事件发生省（区、市）或部门及时将事态发展变化情况报应急办。应急办将有关重大事项及时通报相关地区和部门。

（3）处置中需要其他有关省（区、市）、部门和国家网络安全应急技术支撑队伍配合和支持的,商应急办予以协调。相关省(区、市)、部门和国家网络安全应急技术支撑队伍应根据各自职责,积极配合、提供支持。

(4)有关省(区、市)和部门根据应急办的通报,结合各自实际有针对性地加强防范,防止造成更大范围影响和损失。

4.2.3 Ⅲ级、Ⅳ级响应

事件发生地区和部门按相关预案进行应急响应。

4.3 应急结束

4.3.1 Ⅰ级响应结束

应急办提出建议,报指挥部批准后,及时通报有关省(区、市)和部门。

4.3.2 Ⅱ级响应结束

由事件发生省(区、市)或部门决定,报应急办,应急办通报相关省(区、市)和部门。

## 5 调查与评估

特别重大网络安全事件由应急办组织有关部门和省(区、市)进行调查处理和总结评估,并按程序上报。重大及以下网络安全事件由事件发生地区或部门自行组织调查处理和总结评估,其中重大网络安全事件相关总结调查报告报应急办。总结调查报告应对事件的起因、性质、影响、责任等进行分析评估,提出处理意见和改进措施。

事件的调查处理和总结评估工作原则上在应急响应结束后30天内完成。

## 6 预防工作

6.1 日常管理

各地区、各部门按职责做好网络安全事件日常预防工作,制定完善相关应急预案,做好网络安全检查、隐患排查、风险评估和容灾备份,健全网络安全信息通报机制,及时采取有效措施,减少和避免网络安全事件的发生及危害,提高应对网络安全事件的能力。

6.2 演练

中央网信办协调有关部门定期组织演练,检验和完善预案,提高实战能力。

各省（区、市）、各部门每年至少组织一次预案演练，并将演练情况报中央网信办。

6.3 宣传

各地区、各部门应充分利用各种传播媒介及其他有效的宣传形式，加强突发网络安全事件预防和处置的有关法律、法规和政策的宣传，开展网络安全基本知识和技能的宣传活动。

6.4 培训

各地区、各部门要将网络安全事件的应急知识列为领导干部和有关人员的培训内容，加强网络安全特别是网络安全应急预案的培训，提高防范意识及技能。

6.5 重要活动期间的预防措施

在国家重要活动、会议期间，各省（区、市）、各部门要加强网络安全事件的防范和应急响应，确保网络安全。应急办统筹协调网络安全保障工作，根据需要要求有关省（区、市）、部门启动红色预警响应。有关省（区、市）、部门加强网络安全监测和分析研判，及时预警可能造成重大影响的风险和隐患，重点部门、重点岗位保持 24 小时值班，及时发现和处置网络安全事件隐患。

## 7 保障措施

7.1 机构和人员

各地区、各部门、各单位要落实网络安全应急工作责任制，把责任落实到具体部门、具体岗位和个人，并建立健全应急工作机制。

7.2 技术支撑队伍

加强网络安全应急技术支撑队伍建设，做好网络安全事件的监测预警、预防防护、应急处置、应急技术支援工作。支持网络安全企业提升应急处置能力，提供应急技术支援。中央网信办制定评估认定标准，组织评估和认定国家网络安全应急技术支撑队伍。各省（区、市）、各部门应配备必要的网络安全专业技术人才，并加强与国家网络安全相关技术单位的沟通、协调，建立必要的网络安全信息共享机制。

7.3 专家队伍

建立国家网络安全应急专家组,为网络安全事件的预防和处置提供技术咨询和决策建议。各地区、各部门加强各自的专家队伍建设,充分发挥专家在应急处置工作中的作用。

7.4 社会资源

从教育科研机构、企事业单位、协会中选拔网络安全人才,汇集技术与数据资源,建立网络安全事件应急服务体系,提高应对特别重大、重大网络安全事件的能力。

7.5 基础平台

各地区、各部门加强网络安全应急基础平台和管理平台建设,做到早发现、早预警、早响应,提高应急处置能力。

7.6 技术研发和产业促进

有关部门加强网络安全防范技术研究,不断改进技术装备,为应急响应工作提供技术支撑。加强政策引导,重点支持网络安全监测预警、预防防护、处置救援、应急服务等方向,提升网络安全应急产业整体水平与核心竞争力,增强防范和处置网络安全事件的产业支撑能力。

7.7 国际合作

有关部门建立国际合作渠道,签订合作协定,必要时通过国际合作共同应对突发网络安全事件。

7.8 物资保障

加强对网络安全应急装备、工具的储备,及时调整、升级软件硬件工具,不断增强应急技术支撑能力。

7.9 经费保障

财政部门为网络安全事件应急处置提供必要的资金保障。有关部门利用现有政策和资金渠道,支持网络安全应急技术支撑队伍建设、专家队伍建设、基础平台建设、技术研发、预案演练、物资保障等工作开展。各地区、各部门为网络安全应急工作提供必要的经费保障。

7.10 责任与奖惩

网络安全事件应急处置工作实行责任追究制。

中央网信办及有关地区和部门对网络安全事件应急管理工作中

作出突出贡献的先进集体和个人给予表彰和奖励。

中央网信办及有关地区和部门对不按照规定制定预案和组织开展演练，迟报、谎报、瞒报和漏报网络安全事件重要情况或者应急管理工作中有其他失职、渎职行为的，依照相关规定对有关责任人给予处分；构成犯罪的，依法追究刑事责任。

## 8 附　则

8.1 预案管理

本预案原则上每年评估一次，根据实际情况适时修订。修订工作由中央网信办负责。

各省（区、市）、各部门、各单位要根据本预案制定或修订本地区、本部门、本行业、本单位网络安全事件应急预案。

8.2 预案解释

本预案由中央网信办负责解释。

8.3 预案实施时间

本预案自印发之日起实施。

附件：

1. 网络安全事件分类
2. 名词术语
3. 网络和信息系统损失程度划分说明

**附件1**

## 网络安全事件分类

网络安全事件分为有害程序事件、网络攻击事件、信息破坏事件、信息内容安全事件、设备设施故障、灾害性事件和其他网络安全事件等。

（1）有害程序事件分为计算机病毒事件、蠕虫事件、特洛伊木马事件、僵尸网络事件、混合程序攻击事件、网页内嵌恶意代码事件和其他有害程序事件。

（2）网络攻击事件分为拒绝服务攻击事件、后门攻击事件、漏洞攻击事件、网络扫描窃听事件、网络钓鱼事件、干扰事件和其他网络攻击事件。

(3)信息破坏事件分为信息篡改事件、信息假冒事件、信息泄露事件、信息窃取事件、信息丢失事件和其他信息破坏事件。

(4)信息内容安全事件是指通过网络传播法律法规禁止信息,组织非法串联、煽动集会游行或炒作敏感问题并危害国家安全、社会稳定和公众利益的事件。

(5)设备设施故障分为软硬件自身故障、外围保障设施故障、人为破坏事故和其他设备设施故障。

(6)灾害性事件是指由自然灾害等其他突发事件导致的网络安全事件。

(7)其他事件是指不能归为以上分类的网络安全事件。

**附件2**

## 名 词 术 语

**一、重要网络与信息系统**

所承载的业务与国家安全、社会秩序、经济建设、公众利益密切相关的网络和信息系统。

(参考依据:《信息安全技术信息安全事件分类分级指南》(GB/Z 20986-2007))

**二、重要敏感信息**

不涉及国家秘密,但与国家安全、经济发展、社会稳定以及企业和公众利益密切相关的信息,这些信息一旦未经授权披露、丢失、滥用、篡改或销毁,可能造成以下后果:

a)损害国防、国际关系;

b)损害国家财产、公共利益以及个人财产或人身安全;

c)影响国家预防和打击经济与军事间谍、政治渗透、有组织犯罪等;

d)影响行政机关依法调查处理违法、渎职行为,或涉嫌违法、渎职行为;

e)干扰政府部门依法公正地开展监督、管理、检查、审计等行政活动,妨碍政府部门履行职责;

f)危害国家关键基础设施、政府信息系统安全;

g)影响市场秩序,造成不公平竞争,破坏市场规律;

h)可推论出国家秘密事项;

i)侵犯个人隐私、企业商业秘密和知识产权;

j)损害国家、企业、个人的其他利益和声誉。

(参考依据:《信息安全技术云计算服务安全指南》(GB/T 31167-2014))

**附件 3**

## 网络和信息系统损失程度划分说明

网络和信息系统损失是指由于网络安全事件对系统的软硬件、功能及数据的破坏,导致系统业务中断,从而给事发组织所造成的损失,其大小主要考虑恢复系统正常运行和消除安全事件负面影响所需付出的代价,划分为特别严重的系统损失、严重的系统损失、较大的系统损失和较小的系统损失,说明如下:

a)特别严重的系统损失:造成系统大面积瘫痪,使其丧失业务处理能力,或系统关键数据的保密性、完整性、可用性遭到严重破坏,恢复系统正常运行和消除安全事件负面影响所需付出的代价十分巨大,对于事发组织是不可承受的;

b)严重的系统损失:造成系统长时间中断或局部瘫痪,使其业务处理能力受到极大影响,或系统关键数据的保密性、完整性、可用性遭到破坏,恢复系统正常运行和消除安全事件负面影响所需付出的代价巨大,但对于事发组织是可承受的;

c)较大的系统损失:造成系统中断,明显影响系统效率,使重要信息系统或一般信息系统业务处理能力受到影响,或系统重要数据的保密性、完整性、可用性遭到破坏,恢复系统正常运行和消除安全事件负面影响所需付出的代价较大,但对于事发组织是完全可以承受的;

d)较小的系统损失:造成系统短暂中断,影响系统效率,使系统业务处理能力受到影响,或系统重要数据的保密性、完整性、可用性遭到影响,恢复系统正常运行和消除安全事件负面影响所需付出的代价较小。

# 计算机信息系统国际联网保密管理规定

*1. 1999年12月27日国家保密局印发*

*2. 国保发〔1999〕10号*

*3. 自2000年1月1日起施行*

## 第一章 总 则

**第一条** 为了加强计算机信息系统国际联网的保密管理,确保国家秘密的安全,根据《中华人民共和国保守国家秘密法》和国家有关法规的规定,制定本规定。

**第二条** 计算机信息系统国际联网,是指中华人民共和国境内的计算机信息系统为实现信息的国际交流,同外国的计算机信息网络相联接。

**第三条** 凡进行国际联网的个人、法人和其他组织(以下统称用户),互联单位和接入单位,都应当遵守本规定。

**第四条** 计算机信息系统国际联网的保密管理,实行控制源头、归口管理、分级负责、突出重点、有利发展的原则。

**第五条** 国家保密工作部门主管全国计算机信息系统国际联网的保密工作。县级以上地方各级保密工作部门,主管本行政区域内计算机信息系统国际联网的保密工作。中央国家机关在其职权范围内,主管或指导本系统计算机信息系统国际联网的保密工作。

## 第二章 保 密 制 度

**第六条** 涉及国家秘密的计算机信息系统,不得直接或间接地与国际互联网或其它公共信息网络相联接,必须实行物理隔离。

**第七条** 涉及国家秘密的信息,包括在对外交往与合作中经审查、批准与境外特定对象合法交换的国家秘密信息,不得在国际联网的计算机信息系统中存储、处理、传递。

**第八条** 上网信息的保密管理坚持"谁上网谁负责"的原则。凡向国际联网的站点提供或发布信息,必须经过保密审查批准。保密审批实行部门管理,有关单位应当根据国家保密法规,建立健全上网信息保密审批领导责任制。提供信息的单位应当按照一定的工作程序,健全信息保密审批制度。

**第九条** 凡以提供网上信息服务为目的而采集的信息,除在其它新闻媒体上已公开发表的,组织者在上网发布前,应当征得提供信息单位的同意;凡对网上信息进行扩充或更新,应当认真执行信息保密审核制度。

**第十条** 凡在网上开设电子公告系统、聊天室、网络新闻组的单位和用户,应由相应的保密工作机构审批,明确保密要求和责任。任何单位和个人不得在电子公告系统、聊天室、网络新闻组上发布、谈论和传播国家秘密信息。

面向社会开放的电子公告系统、聊天室、网络新闻组,开办人或其上级主管部门应认真履行保密义务,建立完善的管理制度,加强监督检查。发现有涉密信息,应及时采取措施,并报告当地保密工作部门。

**第十一条** 用户使用电子函件进行网上信息交流,应当遵守国家有关保密规定,不得利用电子函件传递、转发或抄送国家秘密信息。

互联单位、接入单位对其管理的邮件服务器的用户,应当明确保密要求,完善管理制度。

**第十二条** 互联单位和接入单位,应当把保密教育作为国际联网技术培训的重要内容。互联单位与接入单位、接入单位与用户所签定的协议和用户守则中,应当明确规定遵守国家保密法律,不得泄露国家秘密信息的条款。

## 第三章 保密监督

**第十三条** 各级保密工作部门应当有相应机构或人员负责计算机信息系统国际联网的保密管理工作,应当督促互联单位、接入单位及用户建立健全信息保密管理制度,监督、检查国际联网保密管理制度规定的执行情况。

对于没有建立信息保密管理制度或责任不明、措施不力、管理混乱,存在明显威胁国家秘密信息安全隐患的部门或单位,保密工作部门应责令其进行整改,整改后仍不符合保密要求的,应当督促其停止国际联网。

**第十四条** 各级保密工作部门,应当加强计算机信息系统国际联网的保密检查,依法查处各种泄密行为。

**第十五条** 互联单位、接入单位和用户,应当接受并配合保密工作部门实施的保密监督检查,协助保密工作部门查处利用国际联网泄露国家秘密的违法行为,并根据保密工作部门的要求,删除网上涉及国家秘密的信息。

**第十六条** 互联单位、接入单位和用户,发现国家秘密泄露或可能泄露情况时,应当立即向保密工作部门或机构报告。

**第十七条** 各级保密工作部门和机构接到举报或检查发现网上有泄密情况时,应当立即组织查处,并督促有关部门及时采取补救措施,监督有关单位限期删除网上涉及国家秘密的信息。

### 第四章 附 则

**第十八条** 与香港、澳门特别行政区和台湾地区联网的计算机信息系统的保密管理,参照本规定执行。

**第十九条** 军队的计算机信息系统国际联网保密管理工作,可根据本规定制定具体规定执行。

**第二十条** 本规定自 2000 年 1 月 1 日起施行。

## 计算机信息系统保密管理暂行规定

*1. 1998 年 2 月 26 日国家保密局印发*

*2. 国保发〔1998〕1 号*

*3. 自发布之日起施行*

### 第一章 总 则

**第一条** 为保护计算机信息系统处理的国家秘密安全,根据《中华人民共和国保守国家秘密法》,制定本规定。

**第二条** 本规定适用于采集、存储、处理、传递、输出国家秘密信息的计算机信息系统。

**第三条** 国家保密局主管全国计算机信息系统的保密工作。

各级保密部门和中央、国家机关保密工作机构主管本地区、本部门的计算机信息系统的保密工作。

## 第二章 涉密系统

**第四条** 规划和建设计算机信息系统,应当同步规划落实相应的保密设施。

**第五条** 计算机信息系统的研制、安装和使用,必须符合保密要求。

**第六条** 计算机信息系统应当采取有效的保密措施,配置合格的保密专用设备,防泄密、防窃密。所采取的保密措施应与所处理信息的密级要求相一致。

**第七条** 计算机信息系统联网应当采取系统访问控制、数据保护和系统安全保密监控管理等技术措施。

**第八条** 计算机信息系统的访问应当按照权限控制,不得进行越权操作。未采取技术安全保密措施的数据库不得联网。

## 第三章 涉密信息

**第九条** 涉密信息和数据必须按照保密规定进行采集、存储、处理、传递、使用和销毁。

**第十条** 计算机信息系统存储、处理、传递、输出的涉密信息要有相应的密级标识,密级标识不能与正文分离。

**第十一条** 国家秘密信息不得在与国际网络联网的计算机信息系统中存储、处理、传递。

## 第四章 涉密媒体

**第十二条** 存储国家秘密信息的计算机媒体,应按所存储存信息的最高密级标明密级,并按相应密级的文件进行管理。

存储在计算机信息系统内的国家秘密信息应当采取保护措施。

**第十三条** 存储过国家秘密信息的计算机媒体不能降低密级使用。不再使用的媒体应及时销毁。

**第十四条** 存储过国家秘密信息的计算机媒体的维修应保证所存储的国家秘密信息不被泄露。

**第十五条** 计算机信息系统打印输出的涉密文件，应当按相应密级的文件进行管理。

## 第五章 涉 密 场 所

**第十六条** 涉密信息处理场所应当按照国家的有关规定，与境外机构驻地、人员住所保持相应的安全距离。

**第十七条** 涉密信息处理场所应当根据涉密程度和有关规定设立控制区，未经管理机关批准无关人员不得进入。

**第十八条** 涉密信息处理场所应当定期或者根据需要进行保密技术检查。

**第十九条** 计算机信息系统应采取相应的防电磁信息泄漏的保密措施。

**第二十条** 计算机信息系统的其它物理安全要求应符合国家有关保密标准。

## 第六章 系 统 管 理

**第二十一条** 计算机信息系统的保密管理应实行领导负责制，由使用计算机信息系统的单位的主管领导负责本单位的计算机信息系统的保密工作，并指定有关机构和人员具体承办。

各单位的保密工作机构协助本单位的领导对计算机信息系统的保密工作进行指导、协调、监督和检查。

**第二十二条** 计算机信息系统的使用单位应根据系统所处理的信息涉密等级和重要性制订相应的管理制度。

**第二十三条** 各级保密部门应依照有关法规和标准对本地区的计算机信息系统进行保密技术检查。

**第二十四条** 计算机信息系统的系统安全保密管理人员应经过严格审查，定期进行考核，并保持相对稳定。

**第二十五条** 各单位保密工作机构应对计算机信息系统的工作人员进行上岗前的保密培训，并定期进行保密教育和检查。

**第二十六条** 任何单位和个人发现计算机信息系统泄密后，应及时采取补救措施,并按有关规定及时向上级报告。

## 第七章 奖 惩

**第二十七条** 对在计算机信息系统保密工作中做出显著成绩的单位和人员应给予奖励。

**第二十八条** 违反本规定,由保密部门和保密机构责令其停止使用,限期整改,经保密部门、机构审查、验收合格后,方可使用。

**第二十九条** 违反本规定泄露国家秘密,依据《中华人民共和国保守国家秘密法》及其实施办法进行处理,并追究单位领导的责任。

## 第八章 附 则

**第三十条** 军队的计算机信息系统保密工作按军队的有关规定执行。

**第三十一条** 本规定自发布之日起施行。

# 网络安全审查办法

*1. 2021年12月28日国家互联网信息办公室、中华人民共和国国家发展和改革委员会、中华人民共和国工业和信息化部、中华人民共和国公安部、中华人民共和国国家安全部、中华人民共和国财政部、中华人民共和国商务部、中国人民银行、国家市场监督管理总局、国家广播电视总局、中国证券监督管理委员会、国家保密局、国家密码管理局令第8号公布*

*2. 自2022年2月15日起施行*

**第一条** 为了确保关键信息基础设施供应链安全,保障网络安全和数据安全,维护国家安全,根据《中华人民共和国国家安全法》、《中华人民共和国网络安全法》、《中华人民共和国数据安全法》、《关键信息基础设施安全保护条例》,制定本办法。

**第二条** 关键信息基础设施运营者采购网络产品和服务,网络平台运营者开展数据处理活动,影响或者可能影响国家安全的,应当按照本办法进行网络安全审查。

前款规定的关键信息基础设施运营者、网络平台运营者统称为当事人。

**第三条** 网络安全审查坚持防范网络安全风险与促进先进技术应用相结合、过程公正透明与知识产权保护相结合、事前审查与持续监管相结合、企业承诺与社会监督相结合,从产品和服务以及数据处理活动安全性、可能带来的国家安全风险等方面进行审查。

**第四条** 在中央网络安全和信息化委员会领导下,国家互联网信息办公室会同中华人民共和国国家发展和改革委员会、中华人民共和国工业和信息化部、中华人民共和国公安部、中华人民共和国国家安全部、中华人民共和国财政部、中华人民共和国商务部、中国人民银行、国家市场监督管理总局、国家广播电视总局、中国证券监督管理委员会、国家保密局、国家密码管理局建立国家网络安全审查工作机制。

网络安全审查办公室设在国家互联网信息办公室,负责制定网络安全审查相关制度规范,组织网络安全审查。

**第五条** 关键信息基础设施运营者采购网络产品和服务的,应当预判该产品和服务投入使用后可能带来的国家安全风险。影响或者可能影响国家安全的,应当向网络安全审查办公室申报网络安全审查。

关键信息基础设施安全保护工作部门可以制定本行业、本领域预判指南。

**第六条** 对于申报网络安全审查的采购活动,关键信息基础设施运营者应当通过采购文件、协议等要求产品和服务提供者配合网络安全审查,包括承诺不利用提供产品和服务的便利条件非法获取用户数据、非法控制和操纵用户设备,无正当理由不中断产品供应或者必要的技术支持服务等。

**第七条** 掌握超过100万用户个人信息的网络平台运营者赴国外上市,必须向网络安全审查办公室申报网络安全审查。

**第八条** 当事人申报网络安全审查,应当提交以下材料:

(一)申报书;

(二)关于影响或者可能影响国家安全的分析报告;

(三)采购文件、协议、拟签订的合同或者拟提交的首次公开募股(IPO)等上市申请文件;

(四)网络安全审查工作需要的其他材料。

**第九条** 网络安全审查办公室应当自收到符合本办法第八条规定的审查申报材料起 10 个工作日内，确定是否需要审查并书面通知当事人。

**第十条** 网络安全审查重点评估相关对象或者情形的以下国家安全风险因素：

（一）产品和服务使用后带来的关键信息基础设施被非法控制、遭受干扰或者破坏的风险；

（二）产品和服务供应中断对关键信息基础设施业务连续性的危害；

（三）产品和服务的安全性、开放性、透明性、来源的多样性，供应渠道的可靠性以及因为政治、外交、贸易等因素导致供应中断的风险；

（四）产品和服务提供者遵守中国法律、行政法规、部门规章情况；

（五）核心数据、重要数据或者大量个人信息被窃取、泄露、毁损以及非法利用、非法出境的风险；

（六）上市存在关键信息基础设施、核心数据、重要数据或者大量个人信息被外国政府影响、控制、恶意利用的风险，以及网络信息安全风险；

（七）其他可能危害关键信息基础设施安全、网络安全和数据安全的因素。

**第十一条** 网络安全审查办公室认为需要开展网络安全审查的，应当自向当事人发出书面通知之日起 30 个工作日内完成初步审查，包括形成审查结论建议和将审查结论建议发送网络安全审查工作机制成员单位、相关部门征求意见；情况复杂的，可以延长 15 个工作日。

**第十二条** 网络安全审查工作机制成员单位和相关部门应当自收到审查结论建议之日起 15 个工作日内书面回复意见。

网络安全审查工作机制成员单位、相关部门意见一致的，网络安全审查办公室以书面形式将审查结论通知当事人；意见不一致的，按照特别审查程序处理，并通知当事人。

**第十三条** 按照特别审查程序处理的，网络安全审查办公室应当听取相关单位和部门意见，进行深入分析评估，再次形成审查结论建议，并征求网络安全审查工作机制成员单位和相关部门意见，按程序报中央网络安全和信息化委员会批准后，形成审查结论并书面通知当事人。

**第十四条** 特别审查程序一般应当在90个工作日内完成，情况复杂的可以延长。

**第十五条** 网络安全审查办公室要求提供补充材料的，当事人、产品和服务提供者应当予以配合。提交补充材料的时间不计入审查时间。

**第十六条** 网络安全审查工作机制成员单位认为影响或者可能影响国家安全的网络产品和服务以及数据处理活动，由网络安全审查办公室按程序报中央网络安全和信息化委员会批准后，依照本办法的规定进行审查。

为了防范风险，当事人应当在审查期间按照网络安全审查要求采取预防和消减风险的措施。

**第十七条** 参与网络安全审查的相关机构和人员应当严格保护知识产权，对在审查工作中知悉的商业秘密、个人信息，当事人、产品和服务提供者提交的未公开材料，以及其他未公开信息承担保密义务；未经信息提供方同意，不得向无关方披露或者用于审查以外的目的。

**第十八条** 当事人或者网络产品和服务提供者认为审查人员有失客观公正，或者未能对审查工作中知悉的信息承担保密义务的，可以向网络安全审查办公室或者有关部门举报。

**第十九条** 当事人应当督促产品和服务提供者履行网络安全审查中作出的承诺。

网络安全审查办公室通过接受举报等形式加强事前事中事后监督。

**第二十条** 当事人违反本办法规定的，依照《中华人民共和国网络安全法》、《中华人民共和国数据安全法》的规定处理。

**第二十一条** 本办法所称网络产品和服务主要指核心网络设备、重要通信产品、高性能计算机和服务器、大容量存储设备、大型数据库和应用软件、网络安全设备、云计算服务，以及其他对关键信息基础设施安全、网络安全和数据安全有重要影响的网络产品和服务。

**第二十二条** 涉及国家秘密信息的，依照国家有关保密规定执行。

国家对数据安全审查、外商投资安全审查另有规定的，应当同时符合其规定。

**第二十三条** 本办法自2022年2月15日起施行。2020年4月13日公布的《网络安全审查办法》(国家互联网信息办公室、国家发展和改革委员会、工业和信息化部、公安部、国家安全部、财政部、商务部、中国人民银行、国家市场监督管理总局、国家广播电视总局、国家保密局、国家密码管理局令第6号)同时废止。

# 七、涉军事保密

## 军工涉密业务咨询服务安全保密监督管理办法

*1. 2019年12月31日国防科工局发布*

*2. 科工安密〔2019〕1545号*

*3. 自印发之日起施行*

**第一条** 为加强军工涉密业务咨询服务的保密管理，确保武器装备科研生产国家秘密安全，根据《中华人民共和国保守国家秘密法》《中华人民共和国保守国家秘密法实施条例》等规定，制定本办法。

**第二条** 本办法适用于军工集团公司及所属承担涉密武器装备科研生产任务单位、地方军工单位（以下简称军工单位）委托法人单位和其他组织，为其提供审计、法律、证券、评估、招投标、翻译、设计、施工、监理、评价、物流、设备设施维修（检测）、展览展示等可直接涉及武器装备科研生产国家秘密的咨询服务活动（以下简称涉密业务咨询服务）。

**第三条** 涉密业务咨询服务安全保密工作坚持“谁委托、谁负责，谁承接、谁负责”的原则。

**第四条** 军工单位对本单位涉密业务咨询服务安全保密管理负主体责任，应当选择符合本办法规定条件的单位或者组织从事涉密业务咨询服务，并监督和指导其落实保密措施。

**第五条** 军工集团公司负责本集团内部涉密业务咨询服务的组织管理。

**第六条** 从事涉密业务咨询服务的单位或者组织（以下简称咨询服务单位）对承担的涉密业务咨询服务事项安全保密管理负主体责任。

咨询服务单位发现有违反国家有关安全保密法律法规、本办法规定以及保密协议的情况，可能造成国家秘密泄露时，应当立即向军工单位报告。

**第七条**　军工单位选择咨询服务单位，应当选择安全保密体系健全、规章制度完善、技防措施符合国家保密标准的单位。

**第八条**　军工单位委托涉密业务咨询服务时，应当与咨询服务单位签订保密协议，在保密协议中明确项目的密级、保密要求和保密责任，并对其履行保密协议及安全保密管理情况等进行监督指导。咨询服务单位应当书面承诺其安全保密管理符合国家安全保密法律法规和本办法的规定。

**第九条**　军工单位应当准确界定涉密业务咨询服务事项密级、明确密点，并严格控制国家秘密知悉范围，不得提供委托涉密业务咨询服务事项以外的涉密信息。

**第十条**　咨询服务单位应当具备国家安全保密法律法规规定的从事涉密业务的条件，按照规定成立保密组织和工作机构、制定完善的安全保密制度，并在涉密人员、涉密场所、涉密载体、涉密项目、协作配套、涉密会议、宣传报道、计算机信息系统和办公自动化设备管理等方面符合国家安全保密规定和标准。涉及国家安全的，按有关规定从严把握。

**第十一条**　咨询服务单位应当严格落实国家有关安全保密法律法规的规定，禁止以下行为：

（一）非法获取、持有、买卖、转送或者私自销毁国家秘密载体，通过普通邮政、快递等无保密措施的渠道传递国家秘密载体，非法复制、记录、存储国家秘密信息；

（二）使用非涉密计算机、非涉密存储介质存储、处理和传输涉密信息；

（三）将涉密计算机、涉密存储介质、涉密办公自动化设备接入互联网及其他公共信息网络；

（四）涉密计算机和涉密信息系统未按国家保密标准采取防止非法外联措施；

（五）涉密计算机和涉密信息系统内使用的移动存储介质，未按国家保密标准采取技术控制措施；

（六）在涉密计算机和非涉密计算机之间交叉使用存储介质；

（七）未按国家保密标准进行安全技术处理，将退出使用的涉密计算机和涉密存储介质赠送、出售、丢弃或者改作其他用途；

（八）未采取国家许可的技术措施的情况下，使用具有无线互联或者无线通信功能的设备处理涉密信息；

（九）其他有关安全保密法律法规明确禁止实施的行为。

**第十二条** 军工单位应当对咨询服务单位执行保密协议情况进行监督检查，并于委托项目后30个工作日内将使用的咨询机构有关情况向主管单位（部门）备案。属军工集团公司所属单位的，逐级向军工集团公司备案；属地方军工单位的，向所在地的省级国防科技工业管理部门备案。

**第十三条** 各军工集团公司应当建立军工涉密业务咨询服务监督管理机制，加强组织管理工作，定期组织监督检查，每年向国防科工局报告军工涉密业务咨询服务保密管理情况。具体监督管理规定由军工集团公司制定。

**第十四条** 国防科工局、地方国防科技工业管理部门应当按照职权范围对军工单位使用咨询服务单位的保密管理情况进行监督检查，发现违规行为及时纠正，并按照相关规定进行处理。

地方国防科技工业管理部门可在职权范围内制定具体监督管理办法。

**第十五条** 军工单位委托涉密业务咨询服务有下列情形之一的，国防科工局根据其情节严重程度，视情在军工系统内通报。

（一）未与咨询服务单位签订保密协议的；

（二）未对咨询服务单位履行保密协议情况进行监督检查的；

（三）向咨询服务单位提供与完成咨询服务无关的国家秘密信息的。

**第十六条** 咨询服务单位具有以下行为的，国防科工局根据其情节严重程度，视情在军工系统内通报。

（一）检查发现违反本办法第十一条规定行为的；

（二）拒不接受或者不按规定接受保密监督检查的；

（三）违反保密管理规定，造成承担的军工涉密业务有关国家秘密泄露的。

**第十七条** 涉密业务咨询服务过程中,有关单位和人员不依法履行保密责任导致发生泄密事件的,按照国家有关法律法规严肃查处;构成犯罪的,依法追究刑事责任。

**第十八条** 本办法由国家国防科技工业局负责解释。涉及武器装备科研生产安全保密工作的事项,适用有关法律、行政法规的,从其规定。

**第十九条** 从事涉密武器装备科研生产的民口民营单位委托军工涉密咨询服务业务,参照本规定执行。

**第二十条** 本办法自印发之日起施行。《军工涉密业务咨询服务安全保密监督管理办法(试行)》(科工安密〔2011〕356号)和《军工涉密业务咨询服务安全保密监督管理办法实施细则》(科工安密〔2012〕105号)同时废止。

# 军队机关公文处理工作条例

*1. 2017年7月16日中央军委修订发布*

*2. 自2017年10月1日起施行*

## 第一章 总 则

**第一条** 为了深入贯彻依法治军、从严治军方针,适应深化国防和军队改革需要,保证各级机关有效履行职能,提高军队机关公文处理工作科学化、制度化、规范化水平,依据《党政机关公文处理工作条例》和其他有关法规,结合军队工作实际,制定本条例。

**第二条** 本条例适用于军队各级机关公文处理工作。

**第三条** 军队机关公文是军队机关处理公务的具有特定效力和规范体式的文书,是军队机关履行职能的重要工具。

**第四条** 公文处理工作是指公文的拟制、办理、管理等一系列相互关联、衔接有序的工作。

**第五条** 公文处理工作应当坚持求实、规范、精简、高效的原则,做到准确、及时、安全、保密。

**第六条** 各级机关应当加强组织领导,严格执行本条例,切实做好机关公文处理工作。

**第七条** 中央军委办公厅指导全军的机关公文处理工作。军委机关部门办公厅(秘书局、综合局)、各大单位以及以下各级机关参谋部门或者履行相应职能的部门,主管本级机关公文处理工作,并对下级机关公文处理工作进行业务指导和督促检查。

## 第二章 公文种类

**第八条** 军队机关公文种类和使用范围按照下列规定执行:

(一)命令。适用于发布军事法规、军事规章,确定和调整体制编制,部署部队和军事行动,调动兵力,授予、变更和撤销部队番号,调配武器装备,任免干部,授予和晋升军(警)衔,选取士官,军(警)官和士兵退役,授予荣誉称号等。

(二)通令。适用于依据《中国人民解放军纪律条令》宣布奖惩事项。

(三)决定。适用于对重要事项作出决策或者安排,变更或者撤销下级不适当的决定事项。

(四)指示。适用于向下级机关布置工作,明确工作原则和要求。

(五)通知。适用于传达需要下级机关执行和有关单位周知或者办理的事项,转发上级机关和不相隶属机关的公文,批转下级机关的公文。

(六)通报。适用于表彰先进,批评错误,传达重要精神或者告知重要情况。

(七)报告。适用于向上级机关汇报工作、反映情况、回复询问。

(八)请示。适用于请求上级机关指示、批准事项。

(九)批复。适用于答复下级机关请示事项。

(十)函。适用于无隶属关系的机关之间商洽工作、征求意见、询问和答复问题、通报情况、请求批准和答复审批事项。

(十一)通告。适用于向社会公布应当遵守或者周知的事项。

(十二)纪要。适用于记载会议主要情况和议定事项。

## 第三章 公文格式

**第九条** 军队机关公文格式一般由下列要素组成:

(一)份号。公文印制份数的顺序号。涉密公文应当标注份号。

(二)密级。公文的秘密等级。涉密公文应当根据涉密程度分别标注“绝密·核心”“绝密”“机密”“秘密”。

(三)紧急程度。紧急公文应当根据紧急程度分别标注“特急”“加急”。

(四)发文机关标志。由发文机关全称或者规范化简称加“文件”二字组成,也可以使用发文机关全称或者规范化简称。联合行文时,各联署机关名称通常按照编制序列排列。

(五)发文字号。由发文机关代字、年份、顺序号组成。联合行文时,使用主办机关发文字号。

(六)签发人。上行文应当标注签发人姓名。

(七)标题。通常由事由和文种组成。

(八)主送机关。公文的受理机关,应当使用机关全称、规范化简称或者同类型机关统称。

(九)正文。公文的主体,用来表述公文的内容。有附件的标注附件说明,包括附件顺序号、名称。

(十)无正文说明。公文署名页没有正文时标注。

(十一)署名。发文机关署名署全称或者规范化简称,联合行文由各联署机关按照发文机关标志中的顺序署名。首长署名署职务。

(十二)成文日期。署公文审批签发完毕的日期或者会议通过的日期。

(十三)印章。加盖与公文署名相符的机关印章或者首长名章(签名章)。

(十四)附注。公文印发传达范围等需要说明的事项。

(十五)附件。公文正文的说明、补充或者参考资料。

(十六)抄送机关。需要知晓公文内容的其他机关,应当使用机关全称、规范化简称或者同类型机关统称。

(十七)印制份数。公文的印制数量。

(十八)承办说明。公文的承办单位、联系人和电话。公文需要联系办理的,应当标注承办说明。

(十九)印发机关和印发日期。公文的送印机关和送印日期。

（二十）页码。公文页数顺序号。

**第十条** 军队机关公文用纸幅面采用国际标准 A4 型。特殊形式的公文用纸幅面，根据实际需要确定。

军队机关公文版式按照国家军用标准《军队机关公文格式》执行。

**第十一条** 军队机关公文使用的汉字、数字、外文字符、计量单位和标点符号等，按照国家有关标准和规定执行。

驻民族自治地区部队的机关公文，可以根据需要并用汉字和驻地通用的少数民族文字。

## 第四章 行文规则

**第十二条** 军队机关行文应当确有必要，讲求实效，严格控制规格、范围和篇幅。

**第十三条** 军队机关应当根据隶属关系和各自的职权范围行文。一般不得越级行文，因特殊情况需要越级行文的，应当同时抄送被越过的机关。

**第十四条** 向上级机关行文，应当遵循下列规则：

（一）原则上主送一个上级机关，根据需要同时抄送相关上级或者同级机关，不抄送下级机关。

（二）各级机关部门对于本部门职权范围内的事项可以直接报送上级机关部门，重要事项应当经本级机关同意或者授权。

（三）向上级机关请示报告工作，应当使用“请示”“报告”等文种，不得以本机关名义向上级机关领导行文，不得以本机关领导名义向上级机关行文。

（四）请示应当一文一事，不得在报告等非请示性公文中夹带请示事项。

（五）需要以上级机关名义行文的，应当在请示中说明理由并附代拟稿。

（六）下级机关的请示事项，需要以本级机关名义向上级机关请示的，应当提出倾向性意见后上报，不得原文转报上级机关。

（七）行文内容涉及其他机关或者部门职权范围内事项的，应当与有关机关或者部门协商一致后行文;经协商未取得一致的,应当列明各方意见和理由并提出倾向性意见。

(八)受双重领导的机关向一个上级机关行文,通常应当抄送另一个上级机关。

**第十五条** 向下级机关行文,应当遵循下列规则:

(一)主送受理机关,根据需要抄送相关机关;重要行文应当抄送发文机关的直接上级机关。

(二)各级机关部门在各自职权范围内可以向下级机关相关部门行文,不得向下级机关行文。

(三)行文内容涉及其他机关或者部门职权范围内事项的,应当与有关机关或者部门协商一致后行文;经协商未取得一致的,不得向下行文;擅自行文的,上级机关应当责令其纠正或者撤销。

(四)上级机关向受双重领导的下级机关行文,必要时抄送该下级机关的另一个上级机关。

**第十六条** 军队同级机关、军队机关的同级部门、军队机关及其部门与相应党政机关及其部门,必要时可以联合行文。经本级机关批准,军队机关部门可以与相应党政机关部门联合向军队和党政机关的下级机关同时行文。

机关部门依据职权可以相互行文。

军委机关部门的办公厅(秘书局、综合局)可以对外正式行文;履行特定职能与党政机关之间有业务往来的内设机构,根据需要可以向党政机关部门或者其内设机构正式行文;其他各级机关部门的内设机构,均不得对外正式行文。

## 第五章 公文拟制

**第十七条** 公文拟制包括公文的起草、审核、审批签发等程序。

**第十八条** 起草公文应当深入调查研究,充分进行论证,广泛听取意见,机关领导应当主持并指导重要公文起草工作。遵循下列要求:

(一)符合党的路线方针政策、国家法律法规以及军队有关规定,完整准确体现发文机关意图。

(二)一切从实际出发,分析问题实事求是,所提政策措施和办法切实可行。

（三）内容简洁，主题突出，观点鲜明，结构严谨，表述准确，文字精练。

（四）文种正确，格式规范。

**第十九条** 公文文稿签发前，应当由发文机关主管公文处理工作的部门进行审核。主要审核下列内容：

（一）行文是否必要，依据是否准确，程序是否规范。

（二）内容是否符合党的路线方针政策、国家法律法规以及军队有关规定，是否完整准确体现发文机关意图，是否同现行有关公文相衔接，所提政策措施和办法是否切实可行。

（三）涉及其他机关或者部门职权范围内的事项是否经过协商并达成一致意见；意见不一致的，是否充分反映各方意见。

（四）文种、格式、定密是否准确，文字、数字、计量单位和标点符号等是否准确规范。

（五）属于军事法规、军事规章或者军事规范性文件的，是否经过相应法制工作部门审核。

（六）其他内容是否符合起草公文的有关要求。

**第二十条** 公文文稿经审核不宜发文的，应当退回起草部门并说明理由；符合发文条件但内容需作进一步研究和修改的，由起草部门修改后重新报送。

**第二十一条** 公文一般由发文机关主要领导审批签发。领导审批签发公文，应当签署意见、姓名和日期；圈阅或者签名的，视为同意。

## 第六章 公文办理

**第二十二条** 公文办理包括收文办理、发文办理和整理归档。

**第二十三条** 收文办理主要程序和办理方法按照下列规定执行：

（一）签收。对收到的公文应当逐件清点，核对无误后签收并登记；对标注“绝密·核心”“绝密”或者涉及特殊敏感事项的公文，应当按照规定程序和要求指定专人办理。

（二）审核。对收到的公文应当进行严格审核，审核的重点是：是否应当由本机关办理，是否符合行文规则，文种、格式是否符合要求，涉及其他机关或者部门职权范围内的事项是否已经协商一致，是否符合公文起草的其他要求。公文经审核不符合规定的，应当商来文机关作出处理，必要时可以退回来文机关并说明理由。

（三）承办。批办性公文应当提出拟办意见，报领导批示或者转有关部门办理；需要两个以上部门办理的，应当明确主办部门；紧急公文应当明确办理时限。承办部门对交办的公文应当及时办理，有明确时限要求的应当在规定时限内办理完毕。阅知性公文应当根据公文内容、要求和工作需要，确定范围后呈送。

（四）传批（传阅）。及时将公文呈送领导批示或者阅知，掌握公文去向，不得漏传、误传、延误。

（五）催办。及时了解掌握公文的办理进展情况，督促承办部门按照规定要求和时限办理完毕。

（六）答复。公文经领导审批后，应当及时答复来文机关，并根据需要告知相关部门。

**第二十四条** 发文办理主要程序和办理方法按照下列规定执行：

（一）复核。已经签批的公文，交付印制前应当认真核校公文的审批手续、内容、文种、格式等；需作实质性修改的，应当报签批人复审。

（二）登记。对复核后的公文，应当确定发文字号、分送范围和印制份数并详细登记。

（三）印制。公文印制必须确保质量和时效。涉密公文应当在符合保密要求的场所印制。

（四）核发。对公文的文字、格式和印刷质量等进行检查，登记后及时分发。

**第二十五条** 涉密公文应当通过机要交通、邮政机要通信、城市机要文件交换站或者收发件部门机要收发人员进行传递，通过符合军队保密规定的网络信息系统进行传输。

**第二十六条** 公文以及有关材料，应当按照档案管理规定，及时收集齐全、整理归档。联合办理的公文，原件由主办部门归档，其他部门保存复制件。

涉及特殊敏感事项的公文以及有关材料，按照相关规定保存和归档。

## 第七章 公文管理

**第二十七条** 各级机关应当建立健全本机关公文管理制度，确保管理严格规范，充分发挥公文效用。

**第二十八条** 公文确定密级前按照拟定的密级先行采取保密措施，确定密级后按照所定密级严格管理。绝密级公文应当由专人管理。

**第二十九条** 公文内容需要向社会公开的，发文机关应当对公开的内容、形式、时机进行审核，涉密公文还应当按照规定作脱密、解密处理，并经保密部门审核。

**第三十条** 公文的印发和传达范围应当严格按照发文机关的要求执行，未经发文机关批准不得变更。

上级机关的绝密级公文一般不得转发，需要转发的应当经发文机关批准。

**第三十一条** 复制、汇编涉密公文，应当符合保密规定，属于秘密级、机密级的，由团级以上机关批准；属于绝密级的，由原发文机关或者其上级机关批准。复制、汇编的公文视同原件管理。

复制件应当加盖复制机关戳记。翻印件应当注明翻印的机关名称、日期。汇编本的密级按照编入公文的最高密级标注。

**第三十二条** 公文的撤销和废止，由发文机关或者其上级机关根据职权范围和有关法律法规决定。公文被撤销的，视为自始无效；公文被废止的，自废止之日起失效。

**第三十三条** 涉密公文应当按照发文机关要求和有关规定进行清退或者销毁。

**第三十四条** 不具备归档和保存价值的公文，经批准后可以销毁。销毁涉密公文必须严格按照有关规定履行审批登记手续，确保不丢失、不漏销。个人不得私自销毁、留存涉密公文。

**第三十五条** 机关转隶或者合并时，公文应当随之转隶或者合并管理；机关撤销时，需要归档的公文应当按照有关规定移交档案管理部门。

工作人员离岗离职时，所在机关应当督促其将暂存、借用的公文按照有关规定移交、清退。

## 第八章 附 则

**第三十六条** 军队机关公文含电子公文。电子公文处理工作的具体办法另行制定。

**第三十七条** 作战文书、密码电报等的处理工作,参照本条例,另行制定规定。

军队机关内部的呈批件、呈阅件、简报、传真电报、电话记录、统计报表等文书的处理,参照本条例执行。

**第三十八条** 军事立法方面公文的处理,《军事立法工作条例》有特别规定的,按照其规定执行。

**第三十九条** 中国人民武装警察部队机关公文处理工作,执行本条例。

**第四十条** 本条例自 2017 年 10 月 1 日起施行。2005 年 10 月 2 日中央军委发布的《中国人民解放军机关公文处理条例》同时废止。

# 中国人民解放军内务条令(试行)(节录)

*1. 2018 年 4 月 4 日中央军事委员会发布*
*2. 军令〔2018〕58 号*
*3. 自 2018 年 5 月 1 日起施行*

## 第十章 日常制度

### 第十四节 保 密

**第二百零七条** 军人必须遵守国家、军队的保密法规,严守保密纪律,保守国家和军队的秘密。

**第二百零八条** 军人必须遵守下列保密守则:

(一)不该说的秘密不说;

(二)不该问的秘密不问;

(三)不该看的秘密不看;

(四)不该带的秘密不带;

(五)不该传的秘密不传;

(六)不该记的秘密不记;

（七）不该存的秘密不存；

（八）不随意扩大知密范围；

（九）不私自复制、下载、出借和销毁秘密；

（十）不在非保密场所处理涉密事项。

**第二百零九条** 军事秘密载体应当指定专人保管，严格审批、清点、登记、签字等手续。在演习、会议、宣传以及与军外单位和人员交往等活动中，严格遵守保密制度，不得泄露军事秘密。

**第二百一十条** 军队单位和人员应当及时收集整理工作中形成的具有保存价值的各种形式的文件、记录和数据，并移交保密档案部门归档。

**第二百一十一条** 军事禁区、军事管理区，应当设置明显标志，并采取必要的安全防范措施。军队单位和人员应当按照有关规定，保守军事设施秘密。

**第二百一十二条** 军队单位应当根据工作情况，进行保密教育和保密检查，发现问题及时报告并严肃处理。

# 八、纪检监察保密

## 中华人民共和国监察法(节录)

*1. 2018年3月20日第十三届全国人民代表大会第一次会议通过*
*2. 2018年3月20日中华人民共和国主席令第3号公布*
*3. 自公布之日起施行*

**第十八条　【监督调查权】**监察机关行使监督、调查职权,有权依法向有关单位和个人了解情况,收集、调取证据。有关单位和个人应当如实提供。

监察机关及其工作人员对监督、调查过程中知悉的国家秘密、商业秘密、个人隐私,应当保密。

任何单位和个人不得伪造、隐匿或者毁灭证据。

**第五十六条　【法定义务】**监察人员必须模范遵守宪法和法律,忠于职守、秉公执法,清正廉洁、保守秘密;必须具有良好的政治素质,熟悉监察业务,具备运用法律、法规、政策和调查取证等能力,自觉接受监督。

**第五十九条　【离任后义务】**监察机关涉密人员离岗离职后,应当遵守脱密期管理规定,严格履行保密义务,不得泄露相关秘密。

监察人员辞职、退休三年内,不得从事与监察和司法工作相关联且可能发生利益冲突的职业。

# 中华人民共和国监察官法(节录)

*1. 2021年8月20日第十三届全国人民代表大会常务委员会第三十次会议通过*

*2. 2021年8月20日中华人民共和国主席令第92号公布*

*3. 自2022年1月1日起施行*

**第十条 【监察官义务】**监察官应当履行下列义务:

(一)自觉坚持中国共产党领导,严格执行中国共产党和国家的路线方针政策、重大决策部署;

(二)模范遵守宪法和法律;

(三)维护国家和人民利益,秉公执法,勇于担当、敢于监督,坚决同腐败现象作斗争;

(四)依法保障监察对象及有关人员的合法权益;

(五)忠于职守,勤勉尽责,努力提高工作质量和效率;

(六)保守国家秘密和监察工作秘密,对履行职责中知悉的商业秘密和个人隐私、个人信息予以保密;

(七)严守纪律,恪守职业道德,模范遵守社会公德、家庭美德;

(八)自觉接受监督;

(九)法律规定的其他义务。

**第四十八条 【保密规定】**监察官应当严格执行保密制度,控制监察事项知悉范围和时间,不得私自留存、隐匿、查阅、摘抄、复制、携带问题线索和涉案资料,严禁泄露监察工作秘密。

监察官离岗离职后,应当遵守脱密期管理规定,严格履行保密义务,不得泄露相关秘密。

# 中华人民共和国监察法实施条例(节录)

*1. 2021年9月20日国家监察委员会公告第1号公布*
*2. 自2021年9月20日起施行*

**第九十九条** 县级以上监察机关需要提请公安机关协助采取留置措施的,应当按规定报批,请同级公安机关依法予以协助。提请协助时,应当出具《提请协助采取留置措施函》,列明提请协助的具体事项和建议,协助采取措施的时间、地点等内容,附《留置决定书》复印件。

因保密需要,不适合在采取留置措施前向公安机关告知留置对象姓名的,可以作出说明,进行保密处理。

需要提请异地公安机关协助采取留置措施的,应当按规定报批,向协作地同级监察机关出具协作函件和相关文书,由协作地监察机关提请当地公安机关依法予以协助。

**第一百零三条** 留置场所应当建立健全保密、消防、医疗、餐饮及安保等安全工作责任制,制定紧急突发事件处置预案,采取安全防范措施。

留置期间发生被留置人员死亡、伤残、脱逃等办案安全事故、事件的,应当及时做好处置工作。相关情况应当立即报告监察机关主要负责人,并在二十四小时以内逐级上报至国家监察委员会。

**第一百零五条** 查询、冻结财产时,调查人员不得少于二人。调查人员应当出具《协助查询财产通知书》或者《协助冻结财产通知书》,送交银行或者其他金融机构、邮政部门等单位执行。有关单位和个人应当予以配合,并严格保密。

查询财产应当在《协助查询财产通知书》中填写查询账号、查询内容等信息。没有具体账号的,应当填写足以确定账户或者权利人的自然人姓名、身份证件号码或者企业法人名称、统一社会信用代码等信息。

冻结财产应当在《协助冻结财产通知书》中填写冻结账户名称、冻结账号、冻结数额、冻结期限起止时间等信息。冻结数额应当具体、明确，暂时无法确定具体数额的，应当在《协助冻结财产通知书》上明确写明“只收不付”。冻结证券和交易结算资金时，应当明确冻结的范围是否及于孳息。

冻结财产，应当为被调查人及其所扶养的亲属保留必需的生活费用。

**第一百一十七条** 搜查时，应当避免未成年人或者其他不适宜在搜查现场的人在场。

搜查人员应当服从指挥、文明执法，不得擅自变更搜查对象和扩大搜查范围。搜查的具体时间、方法，在实施前应当严格保密。

**第一百二十条** 调取证据材料时，调查人员不得少于二人。调查人员应当依法出具《调取证据通知书》，必要时附《调取证据清单》。

有关单位和个人配合监察机关调取证据，应当严格保密。

**第一百二十一条** 调取物证应当调取原物。原物不便搬运、保存，或者依法应当返还，或者因保密工作需要不能调取原物的，可以将原物封存，并拍照、录像。对原物拍照或者录像时，应当足以反映原物的外形、内容。

调取书证、视听资料应当调取原件。取得原件确有困难或者因保密工作需要不能调取原件的，可以调取副本或者复制件。

调取物证的照片、录像和书证、视听资料的副本、复制件的，应当书面记明不能调取原物、原件的原因，原物、原件存放地点，制作过程，是否与原物、原件相符，并由调查人员和物证、书证、视听资料原持有人签名或者盖章。持有人无法签名、盖章或者拒绝签名、盖章的，应当在笔录中记明，由见证人签名。

**第一百三十九条** 为了确定被调查人或者相关人员的某些特征、伤害情况或者生理状态，可以依法对其人身进行检查。必要时可以聘请法医或者医师进行人身检查。检查女性身体，应当由女性工作人员或者医师进行。被调查人拒绝检查的，可以依法强制检查。

人身检查不得采用损害被检查人生命、健康或者贬低其名誉、人格的方法。对人身检查过程中知悉的个人隐私，应当严格保密。

对人身检查的情况应当制作笔录，由参加检查的调查人员、检查人员、被检查人员和见证人签名。被检查人员拒绝签名的，调查人员应当在笔录中记明。

**第一百五十七条** 调查人员对采取技术调查措施过程中知悉的国家秘密、商业秘密、个人隐私,应当严格保密。

采取技术调查措施获取的证据、线索及其他有关材料,只能用于对违法犯罪的调查、起诉和审判,不得用于其他用途。

对采取技术调查措施获取的与案件无关的材料,应当经审批及时销毁。对销毁情况应当制作记录,由调查人员签名。

**第一百六十条** 监察机关接到公安机关抓获被通缉人员的通知后,应当立即核实被抓获人员身份,并在接到通知后二十四小时以内派员办理交接手续。边远或者交通不便地区,至迟不得超过三日。

公安机关在移交前,将被抓获人员送往当地监察机关留置场所临时看管的,当地监察机关应当接收,并保障临时看管期间的安全,对工作信息严格保密。

监察机关需要提请公安机关协助将被抓获人员带回的,应当按规定报批,请本地同级公安机关依法予以协助。提请协助时,应当出具《提请协助采取留置措施函》,附《留置决定书》复印件及相关材料。

**第一百六十七条** 县级以上监察机关在重要紧急情况下,经审批可以依法直接向口岸所在地口岸移民管理机构提请办理临时限制出境措施。

**第一百六十八条** 监察机关应当对问题线索归口受理、集中管理、分类处置、定期清理。

## 纪检监察机关办案工作保密规定

*1. 1996年8月19日中共中央纪律检查委员会、监察部印发*
*2. 自发布之日起施行*

**第一条** 为了确保纪检监察机关在办案中严格保守国家秘密,加强办案中的保密工作,保证纪检监察工作的顺利进行,根据《中华人民共和国保守国家秘密法》、《纪检监察工作中国家秘密及其密级具体范围的规定》和国家有关规定,制定本规定。

**第二条** 本规定适用于纪检监察机构办案人员和纪检监察机构内部因工作需要接触案情的人员。

**第三条** 受理检举、控告、申诉的保密要求按照《保护检举、控告人的规定》的有关规定办理。

**第四条** 对案件或问题初核时，不准向被调查人暴露意图。

**第五条** 《立案呈批报告》、《初步核实报告》等有关案件材料，应指定专人登记、管理。

**第六条** 制定案件调查计划要同时制定保密措施，调查大案要案要有具体保密方案。

**第七条** 拟采取的调查手段、措施要严格控制知悉范围，不准向被调查人泄露；严禁泄露当事人提供的物证、书证、证人证言等证据。

**第八条** 外出调查一般不准携带案卷，如确需携带时必须经领导批准，并做到：两人专管，卷不离人，严防丢失；上下车、船、飞机时，要及时检查，相互提示。

**第九条** 不准在公共场所谈论案件内容，不准携带案卷和调查材料探亲访友、游览、购物等。

**第十条** 汇报案情及有关情况时，应使用加密传真，不得使用平信、明码电报和电话。传递办案材料，应通过机要部门。

**第十一条** 出境调查携带案件材料，应当按国家保密局、海关总署《关于禁止邮寄或非法携运国家秘密文件、资料和其他物品出境的规定》执行。

**第十二条** 移送审理的案件材料，要严格登记和履行交接手续。

**第十三条** 在审理案件过程中，案卷材料由承办人负责保管，审理结束后，按规定移送。

**第十四条** 阅卷笔录、审理讨论笔录等，未经批准，不得向无关人员提供。

**第十五条** 案件材料及办案请示、报告和其他有关文字材料，均应按《纪检监察工作中国家秘密及其密级具体范围的规定》划定密级和期限，并妥善加以保管。

**第十六条** 正在办理的案件，一般不对外宣传报道；需要宣传报道时，必须经主管领导同意并报同级纪检监察机关领导批准。

**第十七条** 办案中如发生泄密情况,要及时向主管领导和本单位保密委员会报告,同时采取有效措施尽力补救;事后要认真追查,严肃处理,并向上一级纪检监察机关保密委员会报告。

**第十八条** 违反本规定的,应依照党纪、政纪的有关规定给予党纪处分、行政处分或其他处理;构成犯罪的,移送司法机关依法追究刑事责任。

**第十九条** 本规定自发布之日起施行。

# 九、科学技术保密

## 中华人民共和国科学技术进步法(节录)

*1. 1993 年 7 月 2 日第八届全国人民代表大会常务委员会第二次会议通过*
*2. 2007 年 12 月 29 日第十届全国人民代表大会常务委员会第三十一次会议第一次修订*
*3. 2021 年 12 月 24 日第十三届全国人民代表大会常务委员会第三十二次会议第二次修订*
*4. 自 2022 年 1 月 1 日起施行*

### 第十章 监督管理

**第九十八条 【科技法治化建设和科研作风学风建设】**国家加强科技法治化建设和科研作风学风建设,建立和完善科研诚信制度和科技监督体系,健全科技伦理治理体制,营造良好科技创新环境。

**第九十九条 【咨询和决策机制】**国家完善科学技术决策的规则和程序,建立规范的咨询和决策机制,推进决策的科学化、民主化和法治化。

国家改革完善重大科学技术决策咨询制度。制定科学技术发展规划和重大政策,确定科学技术重大项目、与科学技术密切相关的重大项目,应当充分听取科学技术人员的意见,发挥智库作用,扩大公众参与,开展科学评估,实行科学决策。

**第一百条 【财政性科技绩效管理】**国家加强财政性科学技术资金绩效管理,提高资金配置效率和使用效益。财政性科学技术资金的管理和使用情况,应当接受审计机关、财政部门的监督检查。

科学技术行政等有关部门应当加强对利用财政性资金设立的科学技术计划实施情况的监督,强化科研项目资金协调、评估、监管。

任何组织和个人不得虚报、冒领、贪污、挪用、截留财政性科学技术资金。

**第一百零一条 【项目分类管理机制】**国家建立科学技术计划项目分类管理机制,强化对项目实效的考核评价。利用财政性资金设立的科学技术计划项目,应当坚持问题导向、目标导向、需求导向进行立项,按照国家有关规定择优确定项目承担者。

国家建立科技管理信息系统,建立评审专家库,健全科学技术计划项目的专家评审制度和评审专家的遴选、回避、保密、问责制度。

**第一百零二条 【科技信息系统和资源库的建立和管理】**国务院科学技术行政部门应当会同国务院有关主管部门,建立科学技术研究基地、科学仪器设备等资产和科学技术文献、科学技术数据、科学技术自然资源、科学技术普及资源等科学技术资源的信息系统和资源库,及时向社会公布科学技术资源的分布、使用情况。

科学技术资源的管理单位应当向社会公布所管理的科学技术资源的共享使用制度和使用情况,并根据使用制度安排使用;法律、行政法规规定应当保密的,依照其规定。

科学技术资源的管理单位不得侵犯科学技术资源使用者的知识产权,并应当按照国家有关规定确定收费标准。管理单位和使用者之间的其他权利义务关系由双方约定。

**第一百零三条 【科技伦理管理】**国家建立科技伦理委员会,完善科技伦理制度规范,加强科技伦理教育和研究,健全审查、评估、监管体系。

科学技术研究开发机构、高等学校、企业事业单位等应当履行科技伦理管理主体责任,按照国家有关规定建立健全科技伦理审查机制,对科学技术活动开展科技伦理审查。

**第一百零四条 【科研诚信建设】**国家加强科研诚信建设,建立科学技术项目诚信档案及科研诚信管理信息系统,坚持预防与惩治并举、自律与监督并重,完善对失信行为的预防、调查、处理机制。

县级以上地方人民政府和相关行业主管部门采取各种措施加强科研诚信建设,企业事业单位和社会组织应当履行科研诚信管理的主体责任。

任何组织和个人不得虚构、伪造科研成果,不得发布、传播虚假科研成果,不得从事学术论文及其实验研究数据、科学技术计划项目申报验收材料等的买卖、代写、代投服务。

**第一百零五条 【科技统计调查制度、国家创新调查制度、科技报告制度】**国家建立健全科学技术统计调查制度和国家创新调查制度，掌握国家科学技术活动基本情况，监测和评价国家创新能力。

国家建立健全科技报告制度，财政性资金资助的科学技术计划项目的承担者应当按照规定及时提交报告。

**第一百零六条 【科技保密制度】**国家实行科学技术保密制度，加强科学技术保密能力建设，保护涉及国家安全和利益的科学技术秘密。

国家依法实行重要的生物种质资源、遗传资源、数据资源等科学技术资源和关键核心技术出境管理制度。

**第一百零七条 【科技活动管理规范】**禁止危害国家安全、损害社会公共利益、危害人体健康、违背科研诚信和科技伦理的科学技术研究开发和应用活动。

从事科学技术活动，应当遵守科学技术活动管理规范。对严重违反科学技术活动管理规范的组织和个人，由科学技术行政等有关部门记入科研诚信严重失信行为数据库。

# 科学数据管理办法

*1. 2018年3月17日发布*
*2. 国办发〔2018〕17号*
*3. 自印发之日起施行*

## 第一章 总 则

**第一条** 为进一步加强和规范科学数据管理，保障科学数据安全，提高开放共享水平，更好支撑国家科技创新、经济社会发展和国家安全，根据《中华人民共和国科学技术进步法》、《中华人民共和国促进科技成果转化法》和《政务信息资源共享管理暂行办法》等规定，制定本办法。

**第二条** 本办法所称科学数据主要包括在自然科学、工程技术科学等领域，通过基础研究、应用研究、试验开发等产生的数据，以及通过观测监测、考察调查、检验检测等方式取得并用于科学研究活动的原始数据及其衍生数据。

**第三条** 政府预算资金支持开展的科学数据采集生产、加工整理、开放共享和管理使用等活动适用本办法。

任何单位和个人在中华人民共和国境内从事科学数据相关活动，符合本办法规定情形的，按照本办法执行。

**第四条** 科学数据管理遵循分级管理、安全可控、充分利用的原则，明确责任主体，加强能力建设，促进开放共享。

**第五条** 任何单位和个人从事科学数据采集生产、使用、管理活动应当遵守国家有关法律法规及部门规章，不得利用科学数据从事危害国家安全、社会公共利益和他人合法权益的活动。

## 第二章 职 责

**第六条** 科学数据管理工作实行国家统筹、各部门与各地区分工负责的体制。

**第七条** 国务院科学技术行政部门牵头负责全国科学数据的宏观管理与综合协调，主要职责是：

(一)组织研究制定国家科学数据管理政策和标准规范；

(二)协调推动科学数据规范管理、开放共享及评价考核工作；

(三)统筹推进国家科学数据中心建设和发展；

(四)负责国家科学数据网络管理平台建设和数据维护。

**第八条** 国务院相关部门、省级人民政府相关部门(以下统称主管部门)在科学数据管理方面的主要职责是：

(一)负责建立健全本部门(本地区)科学数据管理政策和规章制度，宣传贯彻落实国家科学数据管理政策；

(二)指导所属法人单位加强和规范科学数据管理；

(三)按照国家有关规定做好或者授权有关单位做好科学数据定密工作；

(四)统筹规划和建设本部门(本地区)科学数据中心，推动科学数据开放共享；

(五)建立完善有效的激励机制，组织开展本部门(本地区)所属法人单位科学数据工作的评价考核。

**第九条** 有关科研院所、高等院校和企业等法人单位(以下统称法人单位)是科学数据管理的责任主体,主要职责是:

(一)贯彻落实国家和部门(地方)科学数据管理政策,建立健全本单位科学数据相关管理制度;

(二)按照有关标准规范进行科学数据采集生产、加工整理和长期保存,确保数据质量;

(三)按照有关规定做好科学数据保密和安全管理工作;

(四)建立科学数据管理系统,公布科学数据开放目录并及时更新,积极开展科学数据共享服务;

(五)负责科学数据管理运行所需软硬件设施等条件、资金和人员保障。

**第十条** 科学数据中心是促进科学数据开放共享的重要载体,由主管部门委托有条件的法人单位建立,主要职责是:

(一)承担相关领域科学数据的整合汇交工作;

(二)负责科学数据的分级分类、加工整理和分析挖掘;

(三)保障科学数据安全,依法依规推动科学数据开放共享;

(四)加强国内外科学数据方面交流与合作。

## 第三章 采集、汇交与保存

**第十一条** 法人单位及科学数据生产者要按照相关标准规范组织开展科学数据采集生产和加工整理,形成便于使用的数据库或数据集。

法人单位应建立科学数据质量控制体系,保证数据的准确性和可用性。

**第十二条** 主管部门应建立科学数据汇交制度,在国家统一政务网络和数据共享交换平台的基础上开展本部门(本地区)的科学数据汇交工作。

**第十三条** 政府预算资金资助的各级科技计划(专项、基金等)项目所形成的科学数据,应由项目牵头单位汇交到相关科学数据中心。接收数据的科学数据中心应出具汇交凭证。

各级科技计划(专项、基金等)管理部门应建立先汇交科学数据、再验收科技计划(专项、基金等)项目的机制;项目/课题验收后产生的科学数据也应进行汇交。

**第十四条** 主管部门和法人单位应建立健全国内外学术论文数据汇交的管理制度。

利用政府预算资金资助形成的科学数据撰写并在国外学术期刊发表论文时需对外提交相应科学数据的,论文作者应在论文发表前将科学数据上交至所在单位统一管理。

**第十五条** 社会资金资助形成的涉及国家秘密、国家安全和社会公共利益的科学数据必须按照有关规定予以汇交。

鼓励社会资金资助形成的其他科学数据向相关科学数据中心汇交。

**第十六条** 法人单位应建立科学数据保存制度,配备数据存储、管理、服务和安全等必要设施,保障科学数据完整性和安全性。

**第十七条** 法人单位应加强科学数据人才队伍建设,在岗位设置、绩效收入、职称评定等方面建立激励机制。

**第十八条** 国务院科学技术行政部门应加强统筹布局,在条件好、资源优势明显的科学数据中心基础上,优化整合形成国家科学数据中心。

## 第四章 共享与利用

**第十九条** 政府预算资金资助形成的科学数据应当按照开放为常态、不开放为例外的原则,由主管部门组织编制科学数据资源目录,有关目录和数据应及时接入国家数据共享交换平台,面向社会和相关部门开放共享,畅通科学数据军民共享渠道。国家法律法规有特殊规定的除外。

**第二十条** 法人单位要对科学数据进行分级分类,明确科学数据的密级和保密期限、开放条件、开放对象和审核程序等,按要求公布科学数据开放目录,通过在线下载、离线共享或定制服务等方式向社会开放共享。

**第二十一条** 法人单位应根据需求,对科学数据进行分析挖掘,形成有价值的科学数据产品,开展增值服务。鼓励社会组织和企业开展市场化增值服务。

**第二十二条** 主管部门和法人单位应积极推动科学数据出版和传播工作,支持科研人员整理发表产权清晰、准确完整、共享价值高的科学数据。

**第二十三条** 科学数据使用者应遵守知识产权相关规定,在论文发表、专利申请、专著出版等工作中注明所使用和参考引用的科学数据。

**第二十四条** 对于政府决策、公共安全、国防建设、环境保护、防灾减灾、公益性科学研究等需要使用科学数据的,法人单位应当无偿提供;确需收费的,应按照规定程序和非营利原则制定合理的收费标准,向社会公布并接受监督。

对于因经营性活动需要使用科学数据的,当事人双方应当签订有偿服务合同,明确双方的权利和义务。

国家法律法规有特殊规定的,遵从其规定。

## 第五章 保密与安全

**第二十五条** 涉及国家秘密、国家安全、社会公共利益、商业秘密和个人隐私的科学数据,不得对外开放共享;确需对外开放的,要对利用目的、用户资质、保密条件等进行审查,并严格控制知悉范围。

**第二十六条** 涉及国家秘密的科学数据的采集生产、加工整理、管理和使用,按照国家有关保密规定执行。主管部门和法人单位应建立健全涉及国家秘密的科学数据管理与使用制度,对制作、审核、登记、拷贝、传输、销毁等环节进行严格管理。

对外交往与合作中需要提供涉及国家秘密的科学数据的,法人单位应明确提出利用数据的类别、范围及用途,按照保密管理规定程序报主管部门批准。经主管部门批准后,法人单位按规定办理相关手续并与用户签订保密协议。

**第二十七条** 主管部门和法人单位应加强科学数据全生命周期安全管理,制定科学数据安全保护措施;加强数据下载的认证、授权等防护管理,防止数据被恶意使用。

对于需对外公布的科学数据开放目录或需对外提供的科学数据,主管部门和法人单位应建立相应的安全保密审查制度。

**第二十八条** 法人单位和科学数据中心应按照国家网络安全管理规定,

建立网络安全保障体系,采用安全可靠的产品和服务,完善数据管控、属性管理、身份识别、行为追溯、黑名单等管理措施,健全防篡改、防泄露、防攻击、防病毒等安全防护体系。

**第二十九条** 科学数据中心应建立应急管理和容灾备份机制,按照要求建立应急管理系统,对重要的科学数据进行异地备份。

### 第六章 附 则

**第三十条** 主管部门和法人单位应建立完善科学数据管理和开放共享工作评价考核制度。

**第三十一条** 对于伪造数据、侵犯知识产权、不按规定汇交数据等行为,主管部门可视情节轻重对相关单位和责任人给予责令整改、通报批评、处分等处理或依法给予行政处罚。

对违反国家有关法律法规的单位和个人,依法追究相应责任。

**第三十二条** 主管部门可参照本办法,制定具体实施细则。涉及国防领域的科学数据管理制度,由有关部门另行规定。

**第三十三条** 本办法自印发之日起施行。

## 科学技术保密规定

*1. 2015 年 11 月 16 日科学技术部、国家保密局令第 16 号公布*

*2. 自公布之日起施行*

### 第一章 总 则

**第一条** 为保障国家科学技术秘密安全,促进科学技术事业发展,根据《中华人民共和国保守国家秘密法》《中华人民共和国科学技术进步法》和《中华人民共和国保守国家秘密法实施条例》,制定本规定。

**第二条** 本规定所称国家科学技术秘密,是指科学技术规划、计划、项目及成果中,关系国家安全和利益,依照法定程序确定,在一定时间内只限一定范围的人员知悉的事项。

**第三条** 涉及国家科学技术秘密的国家机关、单位(以下简称机关、单位)以及个人开展保守国家科学技术秘密的工作(以下简称科学技术保密工作),适用本规定。

**第四条** 科学技术保密工作坚持积极防范、突出重点、依法管理的方针,既保障国家科学技术秘密安全,又促进科学技术发展。

**第五条** 科学技术保密工作应当与科学技术管理工作相结合,同步规划、部署、落实、检查、总结和考核,实行全程管理。

**第六条** 国家科学技术行政管理部门管理全国的科学技术保密工作。省、自治区、直辖市科学技术行政管理部门管理本行政区域的科学技术保密工作。

中央国家机关在其职责范围内,管理或者指导本行业、本系统的科学技术保密工作。

**第七条** 国家保密行政管理部门依法对全国的科学技术保密工作进行指导、监督和检查。县级以上地方各级保密行政管理部门依法对本行政区域的科学技术保密工作进行指导、监督和检查。

**第八条** 机关、单位应当实行科学技术保密工作责任制,健全科学技术保密管理制度,完善科学技术保密防护措施,开展科学技术保密宣传教育,加强科学技术保密检查。

## 第二章 国家科学技术秘密的范围和密级

**第九条** 关系国家安全和利益,泄露后可能造成下列后果之一的科学技术事项,应当确定为国家科学技术秘密:

(一)削弱国家防御和治安能力;

(二)降低国家科学技术国际竞争力;

(三)制约国民经济和社会长远发展;

(四)损害国家声誉、权益和对外关系。

国家科学技术秘密及其密级的具体范围(以下简称国家科学技术保密事项范围),由国家保密行政管理部门会同国家科学技术行政管理部门另行制定。

**第十条** 国家科学技术秘密的密级分为绝密、机密和秘密三级。国家科学技术秘密密级应当根据泄露后可能对国家安全和利益造成的损害程度确定。

除泄露后会给国家安全和利益带来特别严重损害的外，科学技术原则上不确定为绝密级国家科学技术秘密。

**第十一条** 有下列情形之一的科学技术事项，不得确定为国家科学技术秘密：

（一）国内外已经公开；

（二）难以采取有效措施控制知悉范围；

（三）无国际竞争力且不涉及国家防御和治安能力；

（四）已经流传或者受自然条件制约的传统工艺。

## 第三章 国家科学技术秘密的确定、变更和解除

**第十二条** 中央国家机关、省级机关及其授权的机关、单位可以确定绝密级、机密级和秘密级国家科学技术秘密；设区的市、自治州一级的机关及其授权的机关、单位可以确定机密级、秘密级国家科学技术秘密。

**第十三条** 国家科学技术秘密定密授权应当符合国家秘密定密管理的有关规定。中央国家机关作出的国家科学技术秘密定密授权，应当向国家科学技术行政管理部门和国家保密行政管理部门备案。省级机关，设区的市、自治州一级的机关作出的国家科学技术秘密定密授权，应当向省、自治区、直辖市科学技术行政管理部门和保密行政管理部门备案。

**第十四条** 机关、单位负责人及其指定的人员为国家科学技术秘密的定密责任人，负责本机关、本单位的国家科学技术秘密确定、变更和解除工作。

**第十五条** 机关、单位和个人产生需要确定为国家科学技术秘密的科学技术事项时，应当先行采取保密措施，并依照下列途径进行定密：

（一）属于本规定第十二条规定的机关、单位，根据定密权限自行定密；

（二）不属于本规定第十二条规定的机关、单位，向有相应定密权限的上级机关、单位提请定密；没有上级机关、单位的，向有相应定密权限的业务主管部门提请定密；没有业务主管部门的，向所在省、自治区、直辖市科学技术行政管理部门提请定密；

（三）个人完成的符合本规定第九条规定的科学技术成果，应当

经过评价、检测并确定成熟、可靠后,向所在省、自治区、直辖市科学技术行政管理部门提请定密。

**第十六条** 实行市场准入管理的技术或者实行市场准入管理的产品涉及的科学技术事项需要确定为国家科学技术秘密的,向批准准入的国务院有关主管部门提请定密。

**第十七条** 机关、单位在科学技术管理的以下环节,应当及时做好定密工作:

(一)编制科学技术规划;

(二)制定科学技术计划;

(三)科学技术项目立项;

(四)科学技术成果评价与鉴定;

(五)科学技术项目验收。

**第十八条** 确定国家科学技术秘密,应当同时确定其名称、密级、保密期限、保密要点和知悉范围。

**第十九条** 国家科学技术秘密保密要点是指必须确保安全的核心事项或者信息,主要涉及以下内容:

(一)不宜公开的国家科学技术发展战略、方针、政策、专项计划;

(二)涉密项目研制目标、路线和过程;

(三)敏感领域资源、物种、物品、数据和信息;

(四)关键技术诀窍、参数和工艺;

(五)科学技术成果涉密应用方向;

(六)其他泄露后会损害国家安全和利益的核心信息。

**第二十条** 国家科学技术秘密有下列情形之一的,应当及时变更密级、保密期限或者知悉范围:

(一)定密时所依据的法律法规或者国家科学技术保密事项范围已经发生变化的;

(二)泄露后对国家安全和利益的损害程度会发生明显变化的。

国家科学技术秘密的变更,由原定密机关、单位决定,也可由其上级机关、单位决定。

**第二十一条** 国家科学技术秘密的具体保密期限届满、解密时间已到或者符合解密条件的,自行解密。出现下列情形之一时,应当提前解密:

（一）已经扩散且无法采取补救措施的；

（二）法律法规或者国家科学技术保密事项范围调整后，不再属于国家科学技术秘密的；

（三）公开后不会损害国家安全和利益的。

提前解密由原定密机关、单位决定，也可由其上级机关、单位决定。

**第二十二条** 国家科学技术秘密需要延长保密期限的，应当在原保密期限届满前作出决定并书面通知原知悉范围内的机关、单位或者人员。延长保密期限由原定密机关、单位决定，也可由其上级机关、单位决定。

**第二十三条** 国家科学技术秘密确定、变更和解除应当进行备案：

（一）省、自治区、直辖市科学技术行政管理部门和中央国家机关有关部门每年 12 月 31 日前将本行政区域或者本部门当年确定、变更和解除的国家科学技术秘密情况报国家科学技术行政管理部门备案；

（二）其他机关、单位确定、变更和解除的国家科学技术秘密，应当在确定、变更、解除后 20 个工作日内报同级政府科学技术行政管理部门备案。

**第二十四条** 科学技术行政管理部门发现机关、单位国家科学技术秘密确定、变更和解除不当的，应当及时通知其纠正。

**第二十五条** 机关、单位对已定密事项是否属于国家科学技术秘密或者属于何种密级有不同意见的，按照国家有关保密规定解决。

## 第四章 国家科学技术秘密保密管理

**第二十六条** 国家科学技术行政管理部门管理全国的科学技术保密工作。主要职责如下：

（一）制定或者会同有关部门制定科学技术保密规章制度；

（二）指导和管理国家科学技术秘密定密工作；

（三）按规定审查涉外国家科学技术秘密事项；

（四）检查全国科学技术保密工作，协助国家保密行政管理部门查处泄露国家科学技术秘密案件；

（五）组织开展科学技术保密宣传教育和培训；

（六）表彰全国科学技术保密工作先进集体和个人。

国家科学技术行政管理部门设立国家科技保密办公室，负责国家科学技术保密管理的日常工作。

**第二十七条**　省、自治区、直辖市科学技术行政管理部门和中央国家机关有关部门，应当设立或者指定专门机构管理科学技术保密工作。主要职责如下：

（一）贯彻执行国家科学技术保密工作方针、政策，制定本行政区域、本部门或者本系统的科学技术保密规章制度；

（二）指导和管理本行政区域、本部门或者本系统的国家科学技术秘密定密工作；

（三）按规定审查涉外国家科学技术秘密事项；

（四）监督检查本行政区域、本部门或者本系统的科学技术保密工作，协助保密行政管理部门查处泄露国家科学技术秘密案件；

（五）组织开展本行政区域、本部门或者本系统科学技术保密宣传教育和培训；

（六）表彰本行政区域、本部门或者本系统的科学技术保密工作先进集体和个人。

**第二十八条**　机关、单位管理本机关、本单位的科学技术保密工作。主要职责如下：

（一）建立健全科学技术保密管理制度；

（二）设立或者指定专门机构管理科学技术保密工作；

（三）依法开展国家科学技术秘密定密工作，管理涉密科学技术活动、项目及成果；

（四）确定涉及国家科学技术秘密的人员（以下简称涉密人员），并加强对涉密人员的保密宣传、教育培训和监督管理；

（五）加强计算机及信息系统、涉密载体和涉密会议活动保密管理，严格对外科学技术交流合作和信息公开保密审查；

（六）发生资产重组、单位变更等影响国家科学技术秘密管理的事项时，及时向上级机关或者业务主管部门报告。

**第二十九条**　涉密人员应当遵守以下保密要求：

（一）严格执行国家科学技术保密法律法规和规章以及本机关、

本单位科学技术保密制度；

（二）接受科学技术保密教育培训和监督检查；

（三）产生涉密科学技术事项时，先行采取保密措施，按规定提请定密，并及时向本机关、本单位科学技术保密管理机构报告；

（四）参加对外科学技术交流合作与涉外商务活动前向本机关、本单位科学技术保密管理机构报告；

（五）发表论文、申请专利、参加学术交流等公开行为前按规定履行保密审查手续；

（六）发现国家科学技术秘密正在泄露或者可能泄露时，立即采取补救措施，并向本机关、本单位科学技术保密管理机构报告；

（七）离岗离职时，与机关、单位签订保密协议，接受脱密期保密管理，严格保守国家科学技术秘密。

**第三十条** 机关、单位和个人在下列科学技术合作与交流活动中，不得涉及国家科学技术秘密：

（一）进行公开的科学技术讲学、进修、考察、合作研究等活动；

（二）利用互联网及其他公共信息网络、广播、电影、电视以及公开发行的报刊、书籍、图文资料和声像制品进行宣传、报道或者发表论文；

（三）进行公开的科学技术展览和展示等活动。

**第三十一条** 机关、单位和个人应当加强国家科学技术秘密信息保密管理，存储、处理国家科学技术秘密信息应当符合国家保密规定。任何机关、单位和个人不得有下列行为：

（一）非法获取、持有、复制、记录、存储国家科学技术秘密信息；

（二）使用非涉密计算机、非涉密存储设备存储、处理国家科学技术秘密；

（三）在互联网及其他公共信息网络或者未采取保密措施的有线和无线通信中传递国家科学技术秘密信息；

（四）通过普通邮政、快递等无保密措施的渠道传递国家科学技术秘密信息；

（五）在私人交往和通信中涉及国家科学技术秘密信息；

（六）其他违反国家保密规定的行为。

**第三十二条** 对外科学技术交流与合作中需要提供国家科学技术秘密的，应当经过批准，并与对方签订保密协议。绝密级国家科学技术秘密原则上不得对外提供，确需提供的，应当经中央国家机关有关主管部门同意后，报国家科学技术行政管理部门批准；机密级国家科学技术秘密对外提供应当报中央国家机关有关主管部门批准；秘密级国家科学技术秘密对外提供应当报中央国家机关有关主管部门或者省、自治区、直辖市人民政府有关主管部门批准。

有关主管部门批准对外提供国家科学技术秘密的，应当在 10 个工作日内向同级政府科学技术行政管理部门备案。

**第三十三条** 机关、单位开展涉密科学技术活动的，应当指定专人负责保密工作、明确保密纪律和要求，并加强以下方面保密管理：

（一）研究、制定涉密科学技术规划应当制定保密工作方案，签订保密责任书；

（二）组织实施涉密科学技术计划应当制定保密制度；

（三）举办涉密科学技术会议或者组织开展涉密科学技术展览、展示应当采取必要的保密管理措施，在符合保密要求的场所进行；

（四）涉密科学技术活动进行公开宣传报道前应当进行保密审查。

**第三十四条** 涉密科学技术项目应当按照以下要求加强保密管理：

（一）涉密科学技术项目在指南发布、项目申报、专家评审、立项批复、项目实施、结题验收、成果评价、转化应用及科学技术奖励各个环节应当建立保密制度；

（二）涉密科学技术项目下达单位与承担单位、承担单位与项目负责人、项目负责人与参研人员之间应当签订保密责任书；

（三）涉密科学技术项目的文件、资料及其他载体应当指定专人负责管理并建立台账；

（四）涉密科学技术项目进行对外科学技术交流与合作、宣传展示、发表论文、申请专利等，承担单位应当提前进行保密审查；

（五）涉密科学技术项目原则上不得聘用境外人员，确需聘用境外人员的，承担单位应当按规定报批。

**第三十五条** 涉密科学技术成果应当按以下要求加强保密管理：

（一）涉密科学技术成果在境内转让或者推广应用，应当报原定密机关、单位批准，并与受让方签订保密协议；

（二）涉密科学技术成果向境外出口，利用涉密科学技术成果在境外开办企业，在境内与外资、外企合作，应当按照本规定第三十二条规定报有关主管部门批准。

**第三十六条** 机关、单位应当按照国家规定，做好国家科学技术秘密档案归档和保密管理工作。

**第三十七条** 机关、单位应当为科学技术保密工作提供经费、人员和其他必要的保障条件。国家科学技术行政管理部门，省、自治区、直辖市科学技术行政管理部门应当将科学技术保密工作经费纳入部门预算。

**第三十八条** 机关、单位应当保障涉密人员正当合法权益。对参与国家科学技术秘密研制的科技人员，有关机关、单位不得因其成果不宜公开发表、交流、推广而影响其评奖、表彰和职称评定。

对确因保密原因不能在公开刊物上发表的论文，有关机关、单位应当对论文的实际水平给予客观、公正评价。

**第三十九条** 国家科学技术秘密申请知识产权保护应当遵守以下规定：

（一）绝密级国家科学技术秘密不得申请普通专利或者保密专利；

（二）机密级、秘密级国家科学技术秘密经原定密机关、单位批准可申请保密专利；

（三）机密级、秘密级国家科学技术秘密申请普通专利或者由保密专利转为普通专利的，应当先行办理解密手续。

**第四十条** 机关、单位对在科学技术保密工作方面作出贡献、成绩突出的集体和个人，应当给予表彰；对于违反科学技术保密规定的，给予批评教育；对于情节严重，给国家安全和利益造成损害的，应当依照有关法律、法规给予有关责任人员处分，构成犯罪的，依法追究刑事责任。

## 第五章 附 则

**第四十一条** 涉及国防科学技术的保密管理，按有关部门规定执行。

**第四十二条** 本规定由科学技术部和国家保密局负责解释。

**第四十三条** 本规定自公布之日起施行，1995 年颁布的《科学技术保密规定》（国家科学技术委员会、国家保密局令第 20 号）同时废止。

# 科学技术研究档案管理规定（节录）

*1. 2020年9月11日国家档案局、中华人民共和国科学技术部令第15号公布*
*2. 自2020年11月1日起施行*

**第十七条**　各单位建设或使用科研项目管理系统时，应当充分考虑科研档案管理需要，设置科研电子文件归档管理功能或接口，并确保归档电子文件真实、完整、可用、安全。归档的科研电子文件及其存储格式、元数据等应当符合国家相关规范要求。

**第二十二条**　各单位应当建立健全科研档案开放利用机制，促进科研档案信息共享，加强科研档案资源深度开发。科研档案的开发利用应当严格按照制度执行，符合知识产权保护要求，涉密科研档案的开发利用应当遵守国家有关保密规定。

**第二十六条**　违反本规定的单位和个人，根据《中华人民共和国档案法》、《中华人民共和国档案法实施办法》、《档案管理违法违纪行为处分规定》等予以处理。

# 十、测绘保密

## 中华人民共和国测绘法(节录)

*1. 1992年12月28日第七届全国人民代表大会常务委员会第二十九次会议通过*
*2. 2002年8月29日第九届全国人民代表大会常务委员会第二十九次会议第一次修订*
*3. 2017年4月27日第十二届全国人民代表大会常务委员会第二十七次会议第二次修订*
*4. 自2017年7月1日起施行*

**第十四条 【卫星导航定位基准站的建设和运行维护】**卫星导航定位基准站的建设和运行维护应当符合国家标准和要求,不得危害国家安全。

卫星导航定位基准站的建设和运行维护单位应当建立数据安全保障制度,并遵守保密法律、行政法规的规定。

县级以上人民政府测绘地理信息主管部门应当会同本级人民政府其他有关部门,加强对卫星导航定位基准站建设和运行维护的规范和指导。

**第三十四条 【测绘成果的社会化应用及其定密、保密要求】**县级以上人民政府测绘地理信息主管部门应当积极推进公众版测绘成果的加工和编制工作,通过提供公众版测绘成果、保密技术处理等方式,促进测绘成果的社会化应用。

测绘成果保管单位应当采取措施保障测绘成果的完整和安全,并按照国家有关规定向社会公开和提供利用。

测绘成果属于国家秘密的,适用保密法律、行政法规的规定;需要对外提供的,按照国务院和中央军事委员会规定的审批程序执行。

测绘成果的秘密范围和秘密等级，应当依照保密法律、行政法规的规定，按照保障国家秘密安全、促进地理信息共享和应用的原则确定并及时调整、公布。

**第四十七条 【地理信息保密管理制度和个人信息保护】**地理信息生产、保管、利用单位应当对属于国家秘密的地理信息的获取、持有、提供、利用情况进行登记并长期保存，实行可追溯管理。

从事测绘活动涉及获取、持有、提供、利用属于国家秘密的地理信息，应当遵守保密法律、行政法规和国家有关规定。

地理信息生产、利用单位和互联网地图服务提供者收集、使用用户个人信息的，应当遵守法律、行政法规关于个人信息保护的规定。

**第六十一条 【擅自发布重要地理信息数据的法律责任】**违反本法规定，擅自发布中华人民共和国领域和中华人民共和国管辖的其他海域的重要地理信息数据的，给予警告，责令改正，可以并处五十万元以下的罚款；对直接负责的主管人员和其他直接责任人员，依法给予处分；构成犯罪的，依法追究刑事责任。

**第六十五条 【违反测绘地理信息安全保密规定的法律责任】**违反本法规定，地理信息生产、保管、利用单位未对属于国家秘密的地理信息的获取、持有、提供、利用情况进行登记、长期保存的，给予警告，责令改正，可以并处二十万元以下的罚款；泄露国家秘密的，责令停业整顿，并处降低测绘资质等级或者吊销测绘资质证书；构成犯罪的，依法追究刑事责任。

违反本法规定，获取、持有、提供、利用属于国家秘密的地理信息的，给予警告，责令停止违法行为，没收违法所得，可以并处违法所得二倍以下的罚款；对直接负责的主管人员和其他直接责任人员，依法给予处分；造成损失的，依法承担赔偿责任；构成犯罪的，依法追究刑事责任。

# 测绘地理信息管理工作国家秘密范围的规定

*1. 2020年6月18日自然资源部、国家保密局发布*
*2. 自然资发〔2020〕95号*
*3. 自2020年7月1日起施行*

**第一条** 根据《中华人民共和国保守国家秘密法》和《中华人民共和国测绘法》有关规定，制定本规定。

**第二条** 测绘地理信息管理工作国家秘密包括：

（一）绝密级事项

1. 泄露后会对国家安全、利益和领土主权及海洋权益造成特别严重威胁或者损害的；

2. 泄露后会对国家重要军事设施、国家安全警卫目标造成特别严重威胁或者损害的；

3. 泄露后会对国家整体军事防御能力造成特别严重威胁或者损害的。

（二）机密级事项

1. 泄露后会对国家安全、利益和领土主权及海洋权益造成严重威胁或者损害的；

2. 泄露后会对国家重要军事设施、国家安全警卫目标造成严重威胁或者损害的；

3. 泄露后会对国家整体军事防御能力造成严重威胁或者损害的；

4. 泄露后会对社会稳定和民族团结造成严重损害的。

（三）秘密级事项

1. 泄露后会对国家安全、利益和领土主权及海洋权益造成威胁或者损害的；

2. 泄露后会对国家重要军事设施、国家安全警卫目标造成威胁或者损害的；

3. 泄露后会对国家局部军事防御能力造成损害的；

4. 泄露后会对国家测绘地理信息核心技术水平、知识产权保护造成损害的；

5. 泄露后会对社会稳定和民族团结造成损害的。

**第三条** 测绘地理信息管理工作中涉及其他部门或者行业的国家秘密，应当按照相关国家秘密范围的规定定密。

**第四条** 本规定由自然资源部和国家保密局负责解释。

**第五条** 本规定自2020年7月1日起施行。2003年12月23日国家测绘局、国家保密局联合印发的《关于印发〈测绘管理工作国家秘密范围的规定〉的通知》(国测办字〔2003〕17号)同时废止。

**附件：**

## 测绘地理信息管理工作国家秘密目录

| 序号 | 国家秘密事项名称 | 密级 | 保密期限 | 知悉范围 | 备注 |
|---|---|---|---|---|---|
| 1 | 略 | | | | |
| 2 | 2000国家大地坐标系、1954年北京坐标系、1980西安坐标系之间的相互转换参数；国家大地坐标系与相对独立的平面坐标系统之间相互转换精度优于±10厘米的转换参数 | 机密 | 长期 | 省级以上自然资源主管部门批准的测绘成果保管单位及用户；战区、军兵种以上军队测绘部门批准的军事测绘成果保管单位及用户 | |
| 3 | 国家认定的地理信息保密处理技术算法及参数 | 机密 | 长期 | 自然资源部批准的测绘成果保管单位 | |
| 4 | 略 | | | | |

续表

| 序号 | 国家秘密事项名称 | 密级 | 保密期限 | 知悉范围 | 备注 |
| --- | --- | --- | --- | --- | --- |
| 5 | 分辨率高于 5′×5′，精度优于±5 毫伽的重力异常成果；精度优于±3″的垂线偏差成果 | 机密 | 长期 | 省级以上自然资源主管部门批准的测绘成果保管单位及用户；战区、军兵种以上军队测绘部门批准的军事测绘成果保管单位及用户 | |
| 6 | 1：2.5 万、1：5 万国家基本比例尺地形图（模拟产品）及其全要素数字化成果 | 机密 | 长期 | 省级以上自然资源主管部门批准的测绘成果保管单位及用户；战区、军兵种以上军队测绘部门批准的军事测绘成果保管单位及用户 | |
| 7 | 军事禁区大于或等于 1：1 万的国家基本比例尺地形图（模拟产品）及其全要素数字化成果 | 机密 | 长期 | 省级以上自然资源主管部门批准的测绘成果保管单位及用户；战区、军兵种以上军队测绘部门批准的军事测绘成果保管单位及用户 | |
| 8 | 军事禁区平面精度优于（含）10 米的正射影像；军事禁区和军事管理区（不含作战指挥工程和重要军事设施区域）以及国家安全要害部门所在地标注有敏感地理实体属性信息的遥感影像 | 机密 | 长期 | 省级以上自然资源主管部门批准的测绘成果保管单位及用户；战区、军兵种以上军队测绘部门批准的军事测绘成果保管单位及用户；战区、军兵种以上军事设施建设部门批准的军用土地测绘成果保管单位及用户 | |
| 9 | 军事禁区平面精度优于（含）10 米或高程精度优于（含）15 米的数字高程模型和数字表面模型成果 | 机密 | 长期 | 省级以上自然资源主管部门批准的测绘成果保管单位及用户；战区、军兵种以上军队测绘部门批准的军事测绘成果保 | |

续表

| 序号 | 国家秘密事项名称 | 密级 | 保密期限 | 知悉范围 | 备注 |
| --- | --- | --- | --- | --- | --- |
| | | | | 管单位及用户；战区、军兵种以上军事设施建设部门批准的军用土地测绘成果保管单位及用户 | |
| 10 | 军事禁区平面精度优于(含)10米或地物高度相对量测精度优于(含)5%的三维模型、点云、倾斜影像、实景影像、导航电子地图等实测成果 | 机密 | 长期 | 省级以上自然资源主管部门批准的测绘成果保管单位及用户；战区、军兵种以上军队测绘部门批准的军事测绘成果保管单位及用户；战区、军兵种以上军事设施建设部门批准的军用土地测绘成果保管单位及用户 | |
| 11 | 体现和表明我国政府立场与主张的敏感、争议地区测绘地理信息成果，以及泄露后会对国家利益、社会稳定和民族团结造成重大影响的重要地理信息数据 | 机密 | 公布前 | 有关领导、相关部门及承办人员 | |
| 12 | 与上述机密级条款涉及的要素、空间精度和范围相当的其它测绘地理信息成果 | 机密 | 长期 | 省级以上自然资源主管部门批准的测绘成果保管单位及用户；战区、军兵种以上军队测绘部门批准的军事测绘成果保管单位及用户；战区、军兵种以上军事设施建设部门批准的军用土地测绘成果保管单位及用户 | |
| 13 | 略 | | | | |

续表

| 序号 | 国家秘密事项名称 | 密级 | 保密期限 | 知悉范围 | 备注 |
|---|---|---|---|---|---|
| 14 | 构成环线且覆盖范围大于2500平方千米或线路长度超过1000千米的国家等级水准网成果 | 秘密 | 长期 | 县级以上自然资源主管部门批准的测绘成果保管单位及用户；战区、军兵种以上军队测绘部门批准的军事测绘成果保管单位及用户 | |
| 15 | 军事禁区(不含作战指挥工程和重要军事设施区域)内卫星导航定位基准站观测数据；军事禁区以外卫星导航定位基准站坐标、基准站网观测数据 | 秘密 | 长期 | 县级以上自然资源主管部门批准的测绘成果保管单位及用户；战区、军兵种以上军队测绘部门批准的军事测绘成果保管单位及用户 | |
| 16 | 军事禁区和军事管理区以外带有名称、属性、位置等信息的国家等级控制点的坐标成果，国家等级重力控制点成果、重力加密点成果及其观测数据，国家等级全球导航卫星系统(GNSS)大地控制点、天文、三角、导线的观测成果 | 秘密 | 长期 | 县级以上自然资源主管部门批准的测绘成果保管单位及用户；战区、军兵种以上军队测绘部门批准的军事测绘成果保管单位及用户 | GNSS 大地控制点不含卫星导航定位基准站站点 |
| 17 | 分辨率在5′×5′至30′×30′，精度在±5毫伽至±7毫伽的重力异常成果；精度优于±0.2米的高程异常成果；精度在±3″至±6″的垂线偏差成果 | 秘密 | 长期 | 县级以上自然资源主管部门批准的测绘成果保管单位及用户；战区、军兵种以上军队测绘部门批准的军事测绘成果保管单位及用户 | |

续表

| 序号 | 国家秘密事项名称 | 密级 | 保密期限 | 知悉范围 | 备注 |
|---|---|---|---|---|---|
| 18 | 军事禁区以外 1：1 万、1：5 千国家基本比例尺地形图(模拟产品)及其全要素数字化成果;军事禁区以外连续覆盖范围超过 25 平方千米的大于 1：5 千的国家基本比例尺地形图(模拟产品)及其全要素数字化成果 | 秘密 | 长期 | 县级以上自然资源主管部门批准的测绘成果保管单位及用户;战区、军兵种以上军队测绘部门批准的军事测绘成果保管单位及用户 | |
| 19 | 含有国家法律法规、部门规章及其他规定禁止公开内容的水系、交通、居民地及设施、管线等分要素测绘地理信息专题成果 | 秘密 | 长期 | 县级以上自然资源主管部门批准的测绘成果保管单位及用户;战区、军兵种以上军队测绘部门批准的军事测绘成果保管单位及用户 | |
| 20 | 优于(含)20 米等高距的等高线,以及与其精度相当的高程注记点 | 秘密 | 长期 | 县级以上自然资源主管部门批准的测绘成果保管单位及用户;战区、军兵种以上军队测绘部门批准的军事测绘成果保管单位及用户 | |
| 21 | 军事禁区以及国家安全要害部门所在地地面分辨率优于 0.5 米的航摄影像 | 秘密 | 长期 | 县级以上自然资源主管部门批准的测绘成果保管单位及用户;战区、军兵种以上军队测绘部门批准的军事测绘成果保管单位及用户;战区、军兵种以上军事设施建设部门批准的军用土地测绘成果保管单位及用户 | |

续表

| 序号 | 国家秘密事项名称 | 密级 | 保密期限 | 知悉范围 | 备注 |
|---|---|---|---|---|---|
| 22 | 军事禁区以外平面精度优于10米或者地面分辨率优于0.5米、且连续覆盖范围超过25平方千米的正射影像 | 秘密 | 长期 | 县级以上自然资源主管部门批准的测绘成果保管单位及用户；战区、军兵种以上军队测绘部门批准的军事测绘成果保管单位及用户；战区、军兵种以上军事设施建设部门批准的军用土地测绘成果保管单位及用户 | |
| 23 | 军事禁区以外平面精度优于（含）10米或高程精度优于（含）15米、且连续覆盖范围超过25平方千米的数字高程模型和数字表面模型成果 | 秘密 | 长期 | 县级以上自然资源主管部门批准的测绘成果保管单位及用户；战区、军兵种以上军队测绘部门批准的军事测绘成果保管单位及用户；战区、军兵种以上军事设施建设部门批准的军用土地测绘成果保管单位及用户 | |
| 24 | 军事禁区以外平面精度优于（含）10米或地物高度相对量测精度优于（含）5%、且连续覆盖范围超过25平方千米的三维模型、点云、倾斜影像、实景影像、导航电子地图等实测成果 | 秘密 | 长期 | 县级以上自然资源主管部门批准的测绘成果保管单位及用户；战区、军兵种以上军队测绘部门批准的军事测绘成果保管单位及用户；战区、军兵种以上军事设施建设部门批准的军用土地测绘成果保管单位及用户 | |
| 25 | 涉及军事、国家安全要害部门的点位名称及坐标；与军事、国家安全相关的国民经济重要设施精度优于（含）±10米的点位坐标及其名称属性 | 秘密 | 长期 | 县级以上自然资源主管部门批准的测绘成果保管单位及用户；战区、军兵种以上军队测绘部门批准的军事测绘成果保管单位及用户；战区、军 | |

续表

| 序号 | 国家秘密事项名称 | 密级 | 保密期限 | 知悉范围 | 备注 |
| --- | --- | --- | --- | --- | --- |
| | | | | 兵种以上军事设施建设部门批准的军用土地测绘成果保管单位及用户 | |
| 26 | 与上述秘密级条款涉及的要素、空间精度和范围相当的其它测绘地理信息成果 | 秘密 | 长期 | 县级以上自然资源主管部门批准的测绘成果保管单位及用户;战区、军兵种以上军队测绘部门批准的军事测绘成果保管单位及用户;战区、军兵种以上军事设施建设部门批准的军用土地测绘成果保管单位及用户 | |

注:1. 测绘地理信息管理工作国家秘密事项由从事测绘地理信息活动的测绘资质单位、军队测绘部门(单位)产生。上述单位应当严格根据本目录规定对有关测绘地理信息成果进行标密并采取相应保密管理措施,不再申请定密授权。

2. 本规定发布前生产的 1∶10 万、1∶25 万、1∶50 万国家基本比例尺地形图解密、销毁或者公开前,应当履行相关审批程序。

3. 本规定第 12 项、第 26 项中"其它测绘地理信息成果"的定密标准和管理范围,由自然资源部会同国家保密局,商军委联合参谋部共同确定。

# 国家测绘地理信息局非涉密测绘地理信息成果提供使用管理办法

*1. 2017 年 9 月 29 日印发*

*2. 国测发〔2017〕12 号*

*3. 自 2018 年 1 月 1 日起施行*

## 第一章 总 则

**第一条** 为完善测绘成果管理制度,加强非涉密测绘地理信息成果的集约化管理,推动非涉密测绘地理信息成果的社会化应用,根据《中华人民共和国测绘法》、《中华人民共和国测绘成果管理条例》以及有关法律法规,制定本办法。

**第二条** 凡提供、使用非涉密测绘地理信息成果(以下简称“非密成果”),应当遵守本办法。

国家测绘地理信息局(以下简称“国家局”)通过与有关部门合作共建、交换共享形成的不涉及国家秘密的测绘地理信息成果的提供和使用,按照双方约定执行。

**第三条** 本办法所称非密成果,是指由中央财政投资、国家局及其所属单位组织生产、履行定密程序后确定为不涉及国家秘密的测绘地理信息成果。

非密成果主要包括基础测绘、地理国情监测、应急测绘、航空航天遥感测绘、全球地理信息资源建设等业务形成的不涉及国家秘密的数据、信息、图件、报告。

**第四条** 非密成果提供和使用应当遵循目录管理、分类保管、按需提供、鼓励使用的原则。

**第五条** 国家局测绘成果管理司负责非密成果提供和使用的统一管理工作。国家局相关司室按照职责分工,负责非密成果有关管理工作。

## 第二章 目 录

**第六条** 非密成果实行目录管理制度。所有非密成果应当在纳入《国家测绘地理信息局非涉密测绘地理信息成果目录》后,方可向社会提供和使用。

**第七条** 非密成果保管单位和测绘项目承担单位(有牵头单位的由牵头单位负责,下同)负责非密成果目录的编制与更新维护,并及时向国家局提交非密成果目录及其元数据。以在线形式实时或者准实时提供非密成果的,也应当同步编制并提交成果目录及其元数据。

非密成果目录编制的具体要求由国家局另行制定。

**第八条** 国家局汇总各单位提交的目录形成《国家测绘地理信息局非涉密测绘地理信息成果目录》,并及时向社会公布,同时在全国地理信息资源目录服务系统发布非密成果元数据,供公民、法人、其他组织(以下简称“用户”)查询和申请使用。

## 第三章 保 管

**第九条** 国家基础地理信息中心、国家局卫星测绘应用中心等有关单位按照国家局确定的职责,分别负责有关非密成果的保管。测绘项目承担单位负责生产过程中产生的非密成果的保管。

根据测绘地理信息事业发展需要,国家局可按照布局合理、权责统一、便于利用的原则,确定或设立相关非密成果保管单位。

**第十条** 非密成果保管单位应当建立健全保管制度,配备符合安全要求的设施,并采用异地备份等形式,确保非密成果的完整和安全。

**第十一条** 鼓励有条件的非密成果保管单位建设非密成果保管、分发、服务信息系统,提升非密成果资源共享能力和信息化管理水平。

## 第四章 提 供

**第十二条** 非密成果保管单位负责非密成果提供工作。

非密成果保管单位应当依据本办法和相关规定,按照便民、高效的原则,制定本单位非密成果提供办法,报国家局批准后实施。

**第十三条** 鼓励非密成果保管单位优先采用在线服务、前置服务等方式提供非密成果,一般不采用拷贝数据本体的方式提供。

确需采用拷贝数据本体的方式提供非密成果,保管单位应当“一支笔”批准、“一个窗口”提供。

**第十四条** 非密成果保管单位应当及时高效提供非密成果,并与用户签署非密成果提供使用协议,明确双方权利与义务以及相关知识产权保护要求。

**第十五条** 应急测绘保障过程中形成的非密成果、辅助决策用图等成果的应急提供,参照《基础测绘成果应急提供办法》(国测法发〔2007〕13号)执行,其成果可以先提供后纳入目录管理。

**第十六条** 对外提供非密成果原则上采取国别化政策,向国外用户只提供其本国或者本地区范围内的非密成果。

**第十七条** 提供覆盖范围广、数据量大、影响深的非密成果,以及对外提供涉及敏感地区、敏感时段的非密成果,应当报国家局批准。

前款具体标准和要求由国家局另行制定。

**第十八条** 国家局与有关部门开展合作时，涉及非密成果提供、共享等事宜的，相关牵头司室应当事先征求测绘成果管理司的意见。

## 第五章 使 用

**第十九条** 国家基础地理信息中心、国家局卫星测绘应用中心等有关单位应当通过保密技术处理，积极推进公众版测绘地理信息成果的加工和编制工作，增加非密成果的有效供给，促进测绘地理信息成果的社会化应用。

**第二十条** 非密成果保管单位应当按照国家有关法律法规和政策，依托国家地理信息公共服务平台"天地图"、全国地理信息资源目录服务系统，积极主动开放共享所保管的非密成果。

**第二十一条** 鼓励非密成果保管单位通过合作开发、资源置换、代理销售、技术服务等方式，丰富非密成果产品，加速非密成果的商业化应用和产业化进程，深入服务于政府管理、企业运营和百姓生活。

**第二十二条** 使用的非密成果涉及地图的，还应当执行国家有关地图管理的法规政策。

**第二十三条** 非密成果保管单位应当于每年 11 月底向国家局报告非密成果提供、使用情况及改进意见和建议。

## 第六章 附 则

**第二十四条** 国家局可授权省级测绘地理信息主管部门保管、提供本行政区域范围内的非密成果。

**第二十五条** 本办法自 2018 年 1 月 1 日起施行。

# 十一、出 版 保 密

## 新闻出版保密规定

*1. 1992年6月13日国家保密局、中央对外宣传小组、新闻出版署、广播电影电视部印发*
*2. 国保〔1992〕34号*
*3. 自1992年10月1日起施行*

### 第一章　总　　则

**第一条**　为在新闻出版工作中保守国家秘密，根据《中华人民共和国保守国家秘密法》第二十条，制定本规定。

**第二条**　本规定适用于报刊、新闻电讯、书籍、地图、图文资料、声像制品的出版和发行以及广播节日、电视节目、电影的制作和播放。

**第三条**　新闻出版的保密工作，坚持贯彻既保守国家秘密又有利于新闻出版工作正常进行的方针。

**第四条**　新闻出版单位及其采编人员和提供信息单位及其有关人员应当加强联系，协调配合，执行保密法规，遵守保密制度，共同做好新闻出版的保密工作。

### 第二章　保 密 制 度

**第五条**　新闻出版单位和提供信息的单位，应当根据国家保密法规，建立健全新闻出版保密审查制度。

**第六条**　新闻出版保密审查实行自审与送审相结合的制度。

**第七条**　新闻出版单位和提供信息的单位，对拟公开出版、报道的信息，应当按照有关的保密规定进行自审；对是否涉及国家秘密界限不清的信息，应当送交有关主管部门或其上级机关、单位审定。

**第八条**　新闻出版单位及其采编人员需向有关部门反映或通报的涉及

国家秘密的信息，应当通过内部途径进行，并对反映或通报的信息按照有关规定作出国家秘密的标志。

**第九条** 被采访单位、被采访人向新闻出版单位的采编人员提供有关信息时，对其中确因工作需要而又涉及国家秘密的事项，应当事先按照有关规定的程序批准，并采编人员申明；新闻出版单位及其采编人员对被采访单位、被采访人申明属于国家秘密的事项，不得公开报道、出版。

对涉及国家秘密但确需公开报道、出版的信息，新闻出版单位应当向有关主管部门建议解密或者采取删节、改编、隐去等保密措施，并经有关主管部门审定。

**第十条** 新闻出版单位采访涉及国家秘密的会议或其他活动，应当经主办单位批准。主办单位应当验明采访人员的工作身份，指明哪些内容不得公开报道、出版，并对拟公开报道、出版的内容进行审定。

**第十一条** 为了防止泄露国家秘密又利于新闻出版工作的正常进行，中央国家机关各部门和其他有关单位，应当根据各自业务工作的性质，加强与新闻出版单位的联系，建立提供信息的正常渠道，健全新闻发布制度，适时通报宣传口径。

**第十二条** 有关机关、单位应当指定有权代表本机关、单位的审稿机构和审稿人，负责对新闻出版单位送审的稿件是否涉及国家秘密进行审定。对是否涉及国家秘密界限不清的内容，应当报请上级机关、单位审定；涉及其他单位工作中国家秘密的，应当负责征求有关单位的意见。

**第十三条** 有关机关、单位审定送审的稿件时，应当满足新闻出版单位提出的审定时限的要求，遇有特殊情况不能在所要求的时限内完成审定的，应当及时向送审稿件的新闻出版单位说明，并共同商量解决办法。

**第十四条** 个人拟向新闻出版单位提供公开报道、出版的信息，凡涉及本系统、本单位业务工作的或对是否涉及国家秘密界限不清的，应当事先经本单位或其上级机关、单位审定。

**第十五条** 个人拟向境外新闻出版机构提供报道、出版涉及国家政治、经济、外交、科技、军事方面内容的，应当事先经过本单位或其上级机关、单位审定。向境外投寄稿件，应当按照国家有关规定办理。

## 第三章 泄密的查处

**第十六条** 国家工作人员或其他公民发现国家秘密被非法报道、出版时,应当及时报告有关机关、单位或保密工作部门。

泄密事件所涉及的新闻出版单位和有关单位,应当主动联系,共同采取补救措施。

**第十七条** 新闻出版活动中发生的泄密事件,由有关责任单位负责及时调查;责任暂时不清的,由有关保密工作部门决定自行调查或者指定有关单位调查。

**第十八条** 对泄露国家秘密的责任单位、责任人,应当按照有关法律和规定严肃处理。

**第十九条** 新闻出版工作中因泄密问题需要对出版物停发、停办或者收缴以及由此造成的经济损失,应当按照有关主管部门的规定处理。

新闻出版单位及其采编人员和提供信息的单位及其有关人员因泄露国家秘密所获得的非法收入,应当依法没收并上缴国家财政。

## 第四章 附　　则

**第二十条** 新闻出版工作中,各有关单位因有关信息是否属于国家秘密问题发生争执的,由保密工作部门会同有关主管部门依据保密法规确定。

**第二十一条** 本规定所称的"信息"可以语言、文字、符号、图表、图像等形式表现。

**第二十二条** 本规定由国家保密局负责解释。

**第二十三条** 本规定自1992年10月1日起施行。

# 国家秘密载体印制资质管理办法

*1. 2020年12月22日国家保密局、国家市场监督管理总局令2020年第2号公布*
*2. 自2021年3月1日起施行*

## 第一章 总　　则

**第一条** 为了加强国家秘密载体印制资质管理,确保国家秘密安全,根据《中华人民共和国保守国家秘密法》、《中华人民共和国行政许可法》、《中华人民共和国行政处罚法》、《中华人民共和国保守国家秘密法实施条例》等有关法律法规，制定本办法。

**第二条** 本办法所称国家秘密载体印制（以下简称涉密印制），是指以印刷、复制等方式制作国家秘密载体的行为。

涉密印制资质是指保密行政管理部门许可企业事业单位从事国家秘密载体印制业务的法定资格。

**第三条** 涉密印制资质的申请、受理、审查、决定、使用和监督管理，适用本办法。

**第四条** 从事涉密印制业务的企业事业单位应当依照本办法，取得涉密印制资质。

国家机关和涉及国家秘密的单位（以下简称机关、单位）应当选择具有涉密印制资质的单位（以下简称资质单位）承接涉密印制业务。

**第五条** 涉密印制资质管理应当遵循依法管理、安全保密、科学发展、公平公正的原则。

**第六条** 国家保密行政管理部门主管全国涉密印制资质管理工作，省级保密行政管理部门主管本行政区域内涉密印制资质管理工作。

省级以上保密行政管理部门根据工作需要，可以委托下一级保密行政管理部门开展审查工作，或者组织机构协助开展工作。

**第七条** 省级以上保密行政管理部门应当指定专门机构承担保密资质管理日常工作。

**第八条** 省级以上保密行政管理部门建立保密资质审查专家库，组织开展入库审查、培训考核等工作。

**第九条** 实施涉密印制资质许可不收取任何费用，所需经费纳入同级财政预算。

## 第二章　等级与条件

**第十条** 涉密印制资质分为甲级和乙级两个等级。

甲级资质单位可以从事绝密级、机密级、秘密级涉密印制业务；乙级资质单位可以从事机密级、秘密级涉密印制业务。

**第十一条** 涉密印制资质包括涉密文件资料、国家统一考试试卷、涉密防伪票据证书、涉密光电磁介质、涉密档案数字化加工，以及国家保密行政管理部门许可的其他涉密印制业务。

资质单位应当在保密行政管理部门许可的业务种类范围内承接涉密印制业务。

**第十二条** 申请单位应当具备以下基本条件：

（一）在中华人民共和国境内注册的法人，从事印制业务三年以上，甲级资质申请单位还应当具备相应乙级资质三年以上；

（二）无犯罪记录且近三年内未被吊销保密资质（资格），法定代表人、主要负责人、实际控制人未被列入失信人员名单；

（三）法定代表人、主要负责人、实际控制人、董（监）事会人员、高级管理人员以及从事涉密印制业务人员具有中华人民共和国国籍，无境外永久居留权或者长期居留许可，与境外人员无婚姻关系，国家另有规定的除外；

（四）具有从事涉密印制业务的专业能力；

（五）法律、行政法规和国家保密行政管理部门规定的其他条件。

**第十三条** 申请单位应当具备以下保密条件：

（一）有专门机构或者人员负责保密工作；

（二）保密制度完善；

（三）从事涉密印制业务的人员经过保密教育培训，具备必要的保密知识和技能；

（四）用于涉密印制业务的场所、设施、设备符合国家保密规定和标准；

（五）有专门的保密工作经费；

（六）法律、行政法规和国家保密行政管理部门规定的其他保密条件。

**第十四条** 申请涉密文件资料、涉密光电磁介质、涉密档案数字化加工资质的单位不得有外国投资者投资。在新三板挂牌的企业申请资质以及资质有效期内的，还应当符合以下条件：

（一）参与挂牌交易的股份比例不高于总股本的30%；

（二）实际控制人在申请期间及资质有效期内保持控制地位不变。

**第十五条** 申请国家统一考试试卷、涉密防伪票据证书资质的单位不得由外国投资者控股。

**第十六条** 申请单位应当建立完善的内部管理和信息披露制度，未经国务院有关主管部门或者省级人民政府有关主管部门批准，外国投资者不得接触、知悉国家秘密信息。

**第十七条** 申请单位申请不同等级和业务种类的涉密印制资质，应当符合涉密印制资质具体条件的要求。

## 第三章 申请、受理、审查与决定

**第十八条** 申请甲级资质的，应当向国家保密行政管理部门提出申请；申请乙级资质的，应当向注册地的省级保密行政管理部门提出申请。申请单位应当提交以下材料：

（一）《国家秘密载体印制资质申请书》（以下简称申请书）；

（二）企业营业执照或者事业单位法人证书；

（三）在登记机关备案的章程；

（四）从事印刷、复制等经营活动的许可证明；

（五）法定代表人、主要负责人、实际控制人、董（监）事会人员、高级管理人员以及从事涉密印制业务的其他人员情况；

（六）资本结构和股权情况；

（七）上一年度企业年度报告；

（八）生产经营和办公场所的产权证书或者租赁合同；

（九）近三年印制业务合同清单；

（十）涉密印制业务设备、场所和保密设施、设备情况；

（十一）基本管理制度、保密制度以及保密体系运行情况。

申请书及相关材料不得涉及国家秘密，申请单位应当对申请材料的真实性和完整性负责。

**第十九条** 保密行政管理部门收到申请材料后，应当在五日内完成审查。申请材料齐全且符合法定形式的，应当受理并发出受理通知书；申请材料不齐全或者不符合法定形式的，应当一次告知申请单位十五日内补正材料；逾期未告知申请单位补正的，自收到申请材料之日起即为受理。申请单位十五日内不予补正的，视为放弃本次行政许可申请。

**第二十条** 资质审查分为书面审查、现场审查。确有需要的,可以组织专家开展评审。

**第二十一条** 对作出受理决定的,保密行政管理部门应当对提交的申请材料进行书面审查。

**第二十二条** 对书面审查合格的单位,保密行政管理部门应当指派两名以上工作人员,并可以结合工作实际指派一名以上审查专家,依据涉密印制资质审查细则和评分标准,对保密制度、保密工作机构、保密监督管理、涉密人员管理、保密技术防护以及从事涉密印制业务的专业能力等情况进行现场审查。

涉密印制资质审查细则和评分标准由国家保密行政管理部门另行规定。

**第二十三条** 现场审查应当按照以下程序进行:

(一)提前五日以传真、电子邮件等形式书面通知申请单位现场审查时间;

(二)听取申请单位情况汇报和对有关事项的说明;

(三)审查有关材料;

(四)与主要负责人、保密工作负责人及有关人员谈话了解情况;

(五)组织涉密人员进行保密知识测试;

(六)对涉密场所、涉密设备等进行实地查看;

(七)汇总现场审查情况,形成现场审查报告;

(八)通报审查情况,申请单位法定代表人或者主要负责人在现场审查报告上签字确认。

**第二十四条** 申请单位具有下列情形之一的,保密行政管理部门应当终止审查:

(一)隐瞒有关情况或者提供虚假材料的;

(二)采取贿赂、请托等不正当手段,影响审查工作公平公正进行的;

(三)无正当理由拒绝按通知时间接受现场审查的;

(四)现场审查中发现不符合评分标准基本项的;

(五)其他违反保密法律法规的行为。

**第二十五条** 申请单位书面审查、现场审查合格的,保密行政管理部门应当准予行政许可。

申请单位具有下列情形之一的,保密行政管理部门应当作出不予行政许可的书面决定,说明理由并告知申请单位相关权利。

(一)书面审查不合格的;

(二)现场审查不合格的;

(三)终止审查的;

(四)法律、行政法规规定的不予行政许可的其他情形。

**第二十六条** 保密行政管理部门应当自受理申请之日起二十日内,对申请单位作出准予行政许可或者不予行政许可的决定。二十日内不能作出决定的,经本行政机关负责人批准,可以延长十日,并应当将延长期限的理由告知申请单位。

保密行政管理部门组织开展专家评审、鉴定所需时间不计入行政许可期限。

**第二十七条** 保密行政管理部门作出准予行政许可的决定的,自作出决定之日起十日内向申请单位颁发《国家秘密载体印制资质证书》(以下简称《资质证书》)。

**第二十八条** 《资质证书》有效期为五年,分为正本和副本,正本和副本具有同等法律效力。样式由国家保密行政管理部门统一制作,主要包括以下内容:

(一)单位名称;

(二)法定代表人;

(三)注册地址;

(四)证书编号;

(五)资质等级;

(六)业务种类;

(七)发证机关;

(八)有效期和发证日期。

**第二十九条** 《资质证书》有效期满,需要继续从事涉密印制业务的,应当在有效期届满三个月前向保密行政管理部门提出延续申请,保密行政管理部门应当按照本办法有关规定开展审查,申请单位未按规定期限提出延续申请的,视为重新申请。

有效期届满且未准予延续前，不得签订新的涉密印制业务合同。对于已经签订合同但未完成的涉密业务，在确保安全保密的条件下可以继续完成。

**第三十条** 省级保密行政管理部门应当将许可的乙级资质单位报国家保密行政管理部门备案。

准予行政许可和注销、吊销、撤销以及暂停资质的决定，由作出决定的保密行政管理部门在一定范围内予以发布。

## 第四章 监督与管理

**第三十一条** 省级以上保密行政管理部门应当加强对下一级保密行政管理部门以及协助开展审查工作的专门机构的监督检查，及时纠正资质管理中的违法违规行为。

**第三十二条** 保密行政管理部门应当开展“双随机”抽查、飞行检查等形式的保密检查，对资质单位从事涉密印制业务和保密管理情况进行监督。

**第三十三条** 机关、单位委托资质单位印制国家秘密载体，应当查验其《资质证书》，出具委托证明，签订保密协议，提出保密要求，督促落实保密措施。

资质单位应当查验、收取委托方的委托证明，并进行登记。没有委托证明的，资质单位不得承接。

**第三十四条** 资质单位与其他单位合作开展涉密印制业务的，合作单位应当具有相应的涉密印制资质且取得委托方书面同意。

资质单位不得将涉密印制业务分包或者转包给无相应涉密资质的单位。

**第三十五条** 乙级资质单位拟在注册地的省级行政区域外承接涉密印制业务的，应当向业务所在地的省级保密行政管理部门备案，接受保密监督管理。

**第三十六条** 资质单位实行年度自检制度，应当于每年 3 月 31 日前向作出准予行政许可决定的保密行政管理部门报送上一年度自检报告。

**第三十七条** 资质单位下列事项发生变更的，应当在变更前向保密行政管理部门书面报告：

（一）注册资本或者股权结构；

（二）控股股东或者实际控制人；

（三）单位性质或者隶属关系；

（四）用于涉密印制业务的场所。

保密行政管理部门应当对资质单位变更事项进行书面审查。通过审查的，资质单位应当按照审定事项实施变更，并在变更完成后十日内提交情况报告。

对影响或者可能影响国家安全的外商投资，应当按照外商投资安全审查制度进行安全审查。

资质单位发生控股股东或者实际控制人、单位性质或者隶属关系、用于涉密印制业务的场所等事项变更的，保密行政管理部门应当组织现场审查。

**第三十八条** 资质单位下列事项发生变更的，应当在变更后十日内向保密行政管理部门书面报告：

（一）单位名称；

（二）注册地址或者经营地址；

（三）经营范围；

（四）法定代表人、董（监）事会人员或者高级管理人员。

资质单位变更完成需换发《资质证书》的，由保密行政管理部门审核后重新颁发。

**第三十九条** 保密行政管理部门在现场审查、保密检查过程中，发现申请单位或者资质单位存在涉嫌泄露国家秘密的案件线索，应当根据工作需要，按照泄密案件管辖权限，经保密行政管理部门负责人批准，由具备执法资格的人员对有关设施、设备、载体等采取登记保存措施，依法开展调查工作。

保密行政管理部门调查结束后，认定申请单位或者资质单位存在违反保密法律法规事实的，违法行为发生地的保密行政管理部门应当按照本办法作出处理，并将违法事实、处理结果抄告受理申请或者准予行政许可的保密行政管理部门。

**第四十条** 有下列情形之一的，作出准予行政许可决定的保密行政管理部门或者其上级保密行政管理部门，依据职权可以撤销行政许可：

（一）保密行政管理部门滥用职权、玩忽职守作出准予行政许可决定的；

（二）超越法定职权作出准予行政许可决定的；

（三）违反法定程序作出准予行政许可决定的；

（四）对不具备申请资格或者不符合法定条件的申请单位准予行政许可的；

（五）依法可以撤销行政许可的其他情形。

资质单位采取欺骗、贿赂等不正当手段取得资质的，保密行政管理部门应当撤销其资质，停止其涉密业务。自撤销之日起，三年内不得再次申请。

**第四十一条** 资质单位具有下列情形之一的，作出准予行政许可决定的保密行政管理部门应当注销其资质：

（一）《资质证书》有效期届满未延续的；

（二）法人资格依法终止的；

（三）主动申请注销资质的；

（四）行政许可依法被撤销、撤回，或者行政许可证件依法被吊销的；

（五）因不可抗力导致行政许可事项无法实施的；

（六）法律、行政法规规定的应当注销资质的其他情形。

**第四十二条** 申请单位或者资质单位对保密行政管理部门作出的决定不服的，可以依法申请行政复议或者提起行政诉讼。

## 第五章 法律责任

**第四十三条** 资质单位违反本办法的，依照本办法有关规定处理；构成犯罪的，依法追究刑事责任。

**第四十四条** 资质单位具有下列情形之一的，保密行政管理部门应当责令其在二十日内完成整改，逾期不改或者整改后仍不符合要求的，给予六个月以上十二个月以下暂停资质的处罚：

（一）未经委托方书面同意，擅自与其他涉密印制资质单位合作开展涉密印制业务的；

（二）超出行政许可的业务种类范围承接涉密印制业务的；

（三）发生需要报告的事项，未及时报告的；

（四）未按本办法提交年度自检报告的；

（五）不符合其他保密管理规定，存在泄密隐患的。

**第四十五条** 资质单位不再符合申请条件，或者具有下列情形之一的，保密行政管理部门应当吊销其资质，停止其涉密业务：

（一）涂改、出卖、出租、出借《资质证书》，或者以其他方式伪造、非法转让《资质证书》的；

（二）将涉密印制业务分包或者转包给无相应涉密资质单位的；

（三）发现国家秘密已经泄露或者可能泄露，未按法定时限报告的；

（四）拒绝接受保密检查的；

（五）资质暂停期间，承接新的涉密印制业务的；

（六）资质暂停期满，仍不符合保密管理规定的；

（七）发生泄密案件的；

（八）其他违反保密法律法规的行为。

**第四十六条** 申请单位隐瞒有关情况或者提供虚假材料的，保密行政管理部门应当作出不予受理或者不予行政许可的决定。自不予受理或者不予许可之日起，一年内不得再次申请。

**第四十七条** 未经保密行政管理部门许可的单位从事涉密印制业务的，由保密行政管理部门责令停止违法行为，非法获取、持有的国家秘密载体，应当予以收缴；有违法所得的，由市场监督管理部门没收违法所得；构成犯罪的，依法追究刑事责任。

**第四十八条** 机关、单位委托未经保密行政管理部门许可的单位从事涉密印制业务的，应当由有关机关、单位对直接负责的主管人员和其他直接责任人员依法给予处分；构成犯罪的，依法追究刑事责任。

**第四十九条** 保密行政管理部门及其工作人员未依法履行职责，或者滥用职权、玩忽职守、徇私舞弊的，对直接负责的主管人员和其他直接责任人员依法给予政务处分；构成犯罪的，依法追究刑事责任。

## 第六章 附 则

**第五十条** 机关、单位内部非经营性印刷厂、文印中心（室），承担本机关、单位涉密印制业务的,可不申请涉密印制资质,由本机关、单位按照保密要害部门部位进行管理,接受同级保密行政管理部门监督指导。

**第五十一条** 申请单位资本结构包含香港特别行政区、澳门特别行政区、台湾地区投资者以及定居在国外中国公民投资者的,参照本办法管理。国家另有规定的,从其规定。

**第五十二条** 本办法规定的实施行政许可的期限以工作日计算,不含法定节假日。

**第五十三条** 本办法由国家保密局负责解释。

**第五十四条** 本办法自2021年3月1日起施行。国家保密局、国家工商行政管理总局、国家新闻出版总署发布的《国家秘密载体印制资质管理办法》(国保发〔2012〕7号,国保发〔2019〕13号修订)同时废止。

附件:国家秘密载体印制资质具体条件

**附件**

## 国家秘密载体印制资质具体条件

### 一、涉密文件资料

(一)甲级资质

1. 取得《印刷经营许可证》。

2. 上一个会计年度净资产不少于5000万元人民币。

3. 在本单位依法缴纳社保一年以上的人员不少于50名。

4. 具有自有产权或者租赁期3年(含)以上的固定生产经营场所,建筑面积不少于1000平方米。

5. 具备独立的保密室和涉密印制业务所必需的印制车间、成品库、废品库等功能场所,实行封闭式管理,周边环境安全可控。

(二)乙级资质

1. 取得《印刷经营许可证》。

2. 上一个会计年度净资产不少于500万元人民币。

3. 在本单位依法缴纳社保一年以上的人员不少于20名。

4. 具有自有产权或者租赁期3年(含)以上的固定生产经营场所，建筑面积不少于200平方米。

5. 具备独立的保密室和涉密印制业务所必需的印制车间、成品库、废品库等功能场所，实行封闭式管理，周边环境安全可控。

**二、国家统一考试试卷**

(一)甲级资质

1. 取得《印刷经营许可证》。

2. 上一个会计年度净资产不少于5000万元人民币。

3. 在本单位依法缴纳社保一年以上的人员不少于40名。

4. 具有自有产权或者租赁期3年(含)以上的固定生产经营场所，建筑面积不少于5000平方米。

5. 具备独立的保密室和具有符合入闱管理条件的试卷印制车间、成品库、废品库等功能场所，实行封闭管理，周边环境安全可控。

(二)乙级资质

1. 取得《印刷经营许可证》。

2. 上一个会计年度净资产不少于1000万元人民币。

3. 在本单位依法缴纳社保一年以上的人员不少于20名。

4. 具有自有产权或者租赁期3年(含)以上的固定生产经营场所，建筑面积不少于1000平方米。

5. 具备独立的保密室和具有符合入闱管理条件的试卷印制车间、成品库、废品库等功能场所，实行封闭管理，周边环境安全可控。

**三、涉密防伪票据证书**

(一)甲级资质

1. 取得《印刷经营许可证》。

2. 上一个会计年度净资产不少于1亿元人民币。

3. 在本单位依法缴纳社保一年以上的人员不少于60名。

4. 具有自有产权或者租赁期3年(含)以上的固定生产经营场所，建筑面积不少于3000平方米。

5. 具备独立的保密室和具有涉密防伪票据证书印制业务所必需的制版车间、涉密防伪材料库等功能场所，实行封闭管理，周边环境安全可控。

（二）乙级资质

1. 取得《印刷经营许可证》。

2. 上一个会计年度净资产不少于1000万元人民币。

3. 在本单位依法缴纳社保一年以上的人员不少于30名。

4. 具有自有产权或者租赁期3年（含）以上的固定生产经营场所，建筑面积不少于1000平方米。

5. 具备独立的保密室和具有涉密防伪票据证书印制业务所必需的制版车间、涉密防伪材料库等功能场所，实行封闭管理，周边环境安全可控。

**四、涉密光电磁介质**

（一）甲级资质

1. 取得《复制经营许可证》。

2. 上一个会计年度净资产不少于1000万元人民币。

3. 在本单位依法缴纳社保一年以上的人员不少于30名。

4. 具有自有产权或者租赁期3年（含）以上的固定生产经营场所，建筑面积不少于1000平方米。

5. 具备独立的保密室和具有涉密光电磁介质复制业务所必需的印制车间、成品库、废品库等功能场所，实行封闭式管理，周边环境安全可控。

6. 具有功能完备的光电磁介质生产设备。

（二）乙级资质

1. 取得《复制经营许可证》。

2. 上一个会计年度净资产不少于200万元人民币。

3. 在本单位依法缴纳社保一年以上的人员不少于15名。

4. 具有自有产权或者租赁期3年（含）以上的固定生产经营场所，建筑面积不少于200平方米。

5. 具备独立的保密室和具有涉密光电磁介质复制业务所必需的印制车间、成品库、废品库等功能场所，实行封闭式管理，周边环境安全可控。

6. 具有功能完备的光电磁介质生产设备。

**五、涉密档案数字化加工**

（一）甲级资质

1. 上一个会计年度净资产不少于1000万元人民币。

2. 在本单位依法缴纳社保一年以上的人员不少于50名。

3. 具有自有产权或者租赁期3年(含)以上的固定生产经营场所,建筑面积不少于300平方米。

4. 具备独立的保密室和具有用于涉密档案数字化加工业务场所,实行封闭式管理,周边环境安全可控。

5. 具有功能完备的档案数字化加工设备。

(二)乙级资质

1. 上一个会计年度净资产不少于200万元人民币。

2. 在本单位依法缴纳社保一年以上的人员不少于20名。

3. 具有自有产权或者租赁期3年(含)以上的固定生产经营场所,建筑面积不少于200平方米。

4. 具备独立的保密室和具有用于涉密档案数字化加工业务场所,实行封闭式管理,周边环境安全可控。

5. 具有功能完备的档案数字化加工设备。

## 新闻出版署关于防止在出版物中泄露国家秘密的通知

*1994年3月12日*

中央、国务院有关部委,直属机构;总政宣传部,各省、自治区、直辖市新闻出版局、音像归口管理部门,全国各出版单位:

近年来,有少数出版单位在出版涉及中外关系、革命史料、国防建设等方面的出版物中,把关不严,未经认真的审核和报批,致使有的出版物严重违反国家保密法、中国人民解放军保密条例和新闻出版保密规定,泄露了党和国家的重要秘密和军事秘密,以及其他应当严格保密的资料,造成了恶劣的政治影响和严重的后果。

新闻出版是大众传媒的重要渠道,在新闻出版工作中严守国家秘密、防止和杜绝出现泄密事件是出版部门应尽的责任和义务。为切实加强这方面的工作,根据有关规定,通知如下:

一、各出版单位必须严格执行《中华人民共和国保守国家秘密法》、《中国人民解放军保密条例》、《新闻出版保密规定》等各项有关保密的规定及要求，并根据本单位的实际情况制定有力防范措施，杜绝在出版工作中出现泄密事件。

二、在出版物中（包括内部发行的出版物）严禁载有下列内容：国家事务重大决策中的秘密事项；国防建设和武装力量活动中的秘密事项；外交和外事活动中的秘密事项以及对外承担保密义务的事项；国民经济和社会发展中的秘密事项；科学技术中的秘密事项；维护国家安全活动和追查刑事犯罪中的秘密事项；其他经国家保密工作部门确定应当保守的国家秘密事项。

三、出版物中凡涉及下列内容的，要严格执行送审报批制度：国家事务的重大决策，党的文献和档案，国防建设和武装力量情况，国家外交政策和对外宣传工作，国民经济和社会发展中的统计资料和数据，尖端科技、科技成果及资料，测绘和地图，国家安全活动和追查刑事犯罪活动，其他各部门各行业中不宜公开的重大事项；以及出版单位把握不准是否属于秘密的问题。

四、送审报批的原则和要求。凡需送审报批的出版物，出版单位应遵照有关的文件和规定事先做好自审工作，提出需审核确定是否秘密的事项和问题，报经出版单位主管部门审核批准。出版单位主管部门如把握不准，应及时报有关主管部门审定。凡涉及已有文件规定的事项和内容，应严格按照文件规定的程序送审。凡涉及国防建设和武装力量活动中的各项重要事宜的出版物，原则上应由军队出版单位安排出版；其他有关出版单位如需安排出版，选题应报新闻出版署批准；书稿内容在出版单位严格自审及出版单位主管部门审核同意后，须报中国人民解放军军以上机关有关部门审定，否则不得出版。

五、出版物泄密的认定和查处。出版物是否构成泄密的认定部门是：国家保密部门，军队保密部门以及所涉及问题的中央有关主管部门。一旦出现出版物泄密问题，出版单位、出版单位主管部门、发行部门、印刷、制作部门以及新闻出版管理部门须立即采取果断措施，停售、封存全部出版物，对已发出去的出版物要根据发货渠道尽力收回，一并就地销毁，防止国家秘密进一步扩散。因泄密而停售、封存、销毁所造成的经济损失，由出版单位承担。对违反各项保密规定，造成泄密的单位，根据情节轻重，由省级以上新闻出版管理部门给予没收利润、罚款、通报批评、停业整顿的处分。对有关责任者，由出版单位和出版单位主管部门严肃处理，情节严重的，应移交司法部门追究刑事责任。

# 十二、考试、论文保密

## 国家司法考试保密工作规定

*1. 2008年9月10日司法部发布*
*2. 司发通〔2008〕142号*
*3. 自发布之日起施行*

### 第一章 总 则

**第一条** 为加强国家司法考试保密工作,根据《中华人民共和国保守国家秘密法》及其实施办法和最高人民法院、最高人民检察院、司法部制定的《国家司法考试实施办法》的有关规定,制定本规定。

**第二条** 国家司法考试保密工作,应当坚持积极防范、突出重点、既做好保密工作又方便考试工作开展的原则。

**第三条** 国家司法考试保密工作,由各级司法行政机关国家司法考试工作机构负责,接受国家保密工作部门和行政监察机关的指导、监督和检查。

**第四条** 国家司法考试启用前的试题试卷(包括备用试题试卷)、标准答案(答题卡)及评分标准,为机密级国家秘密。

国家司法考试命题工作及参与人员的有关情况、试题试卷命制工作方案、尚未公布的考试合格标准及其有关方案,为秘密级国家秘密。

国家司法考试结束后未公布的试题试卷、标准答案、应试人员的考试成绩及其他有关情况、数据,属于工作秘密,未经司法部批准不得公开。

### 第二章 保密工作机构与职责

**第五条** 司法部和国家保密局联合成立国家司法考试保密工作领导小组,负责制定国家司法考试保密制度及有关工作方案;指导各地国家司法考试保密工作小组的工作;检查、监督各地国家司法考试保密管理工作情况。

**第六条** 司法部保密委员会及其办公室负责对国家司法考试保密管理工作进行监督,对参与国家司法考试工作的涉密人员进行保密教育,对发生的失密、泄密事件及时向国家保密局报告。

**第七条** 司法部国家司法考试工作机构履行下列保密工作职责:

(一)拟定国家司法考试保密工作制度和措施;

(二)负责国家司法考试命题、印卷、送卷、试卷保管、评卷和分数核查等环节的保密管理工作;

(三)确定保密工作人员;

(四)监督、指导省、自治区、直辖市及各考区所在地设区的市级或者直辖市的区(县)司法行政机关(以下简称各考区所在地司法行政机关)组织、承办国家司法考试的保密工作;

(五)对参与命题、印卷、送卷、试卷保管和评卷等涉密岗位的人员进行保密资格审查;

(六)就国家司法考试保密工作中的有关问题提出处理意见和建议;

(七)完成国家司法考试保密工作领导小组交办的其他事项。

**第八条** 省、自治区、直辖市及各考区所在地司法行政机关应当会同同级保密工作部门成立国家司法考试保密工作小组,负责制定国家司法考试保密制度实施方案;监督、检查保密制度的执行情况;对参与考务工作的涉密人员进行管理;对加强保密管理工作提出意见和建议。

**第九条** 省、自治区、直辖市及各考区所在地司法行政机关国家司法考试工作机构履行下列保密工作职责:

(一)执行国家司法考试保密制度和措施;

(二)负责考务工作各个环节的保密管理;

(三)确定本地保密工作人员;

(四)对参与考务工作各个环节、岗位工作的人员进行保密教育与管理;

(五)审查和确定试卷的保管场所及保管人员,监督、检查试卷的交接、运送及启用工作;

（六）及时向上一级司法行政机关报告考试保密工作中的重要情况。

## 第三章 考试保密管理

**第十条** 各级司法行政机关国家司法考试工作机构的人员及其他参与考试工作的人员，有配偶或者直系亲属参加当年国家司法考试的，不得参加当年考试命题、试卷监印、试卷保管、监考、评卷及考试保密管理工作。

应当回避而没有主动申请回避的，一经发现，应当立即停止其承担的考试工作。

**第十一条** 各级司法行政机关国家司法考试工作机构挑选考试涉密岗位工作人员时，除审查其应当具备的业务素质和工作能力外，应当重点考察其政治素质、道德品行及诚信记录。

挑选保密工作人员，应当同时对其进行保密资格审查。

**第十二条** 国家司法考试命题工作的保密管理，由司法部国家司法考试工作机构负责。命题工作场所应当实行集中封闭管理，命题工作间及其设施、命题用操作和存储设备、命制中试题试卷的保管场所及运送设备应当符合保密要求，对命题工作应当实行全过程保密监督和管理。具体命题保密管理办法，由司法部规定。

命题工作结束后至当年国家司法考试结束前，试题试卷（包括答案）及存储试题试卷信息的计算机、移动存储介质，一律封存保管，严禁泄露。

**第十三条** 参与命题工作的人员应当遵守下列保密纪律：

（一）不得向任何人透露、暗示有关试题试卷、标准答案的内容及其他命题工作信息；

（二）未经批准或者非经统一安排，不得相互了解、交换、接触各自负责命制的试题试卷、标准答案的内容及其他命题工作信息；

（三）不得对外擅自披露本人参与当年命题的信息及其他命题人员名单及其身份；

（四）不得参与当年任何单位举办的司法考试培训活动；

（五）有配偶或者直系亲属参加当年考试的，应当主动申请回避。

司法部国家司法考试办公室应当与命题人员签订《国家司法考试保密责任书》。

**第十四条** 国家司法考试试卷应当在试卷定点复制单位印制。

国家司法考试工作机构应当与试卷印刷厂严格履行试卷交印手续。

印刷厂印制、装订、封装试卷应当封闭进行。对参与试卷印制的人员实行集中封闭管理，考试结束后方可解除封闭管理。

司法部国家司法考试办公室应当与试卷印刷厂签订《试卷印制保密协议》，并可派员实施监印。

**第十五条** 向各地各考区运送试卷，应当选择安全可靠的交通工具及运送路线，派遣符合保密条件的人员专门押运。有条件的可以配备警力和警务专用车运送试卷。

司法部和地方国家司法考试工作机构应当事先审查试卷运送单位制定的试卷运送计划、运送人员名单、安全保密措施、应急处置预案，明确试卷运送保密责任。

司法部国家司法考试办公室应当与试卷运送单位签订《试卷运送保密协议》。

**第十六条** 试卷运抵目的地后，运送单位和接收单位应当在符合保密规定的场所，由双方派员对试卷数量、密封情况清点查验无误后，履行交接登记手续。

保密工作人员应当对试卷交接过程实行现场监督。

**第十七条** 省、自治区、直辖市及各考区所在地司法行政机关，应当在接收试卷后至每场考试开考前，一律将试卷统一存放在事先确定的保密场所保管。试卷存放场所在使用前，须经当地保密机关依照设置标准检验合格。

试卷保管应当实行二十四小时双人轮换守卫值班制度。保管人员在值班期间，应当认真做好值班记录，不得会客、睡觉及从事其他与保管职责无关的活动；值班交接时，应当履行交接登记手续。

**第十八条** 各考区在开考前向各考场分发试卷时，由当地司法行政机关国家司法考试工作机构指派两名以上工作人员负责试卷的点验、分发，并与领取试卷人员履行分发登记手续。

保密工作人员应当对试卷分发过程实行现场监督，并负责对试卷袋密封情况进行查验。

**第十九条** 试卷在正式拆封启用并向考生分发前，应当由各考场监考人员向考生展示试卷袋密封情况，并当众拆封；发现试卷袋破损或者已被拆封的，应当立即报告。

在每场考试进行期间，监考人员及其他能接触到试卷的工作人员不得以任何方式、向任何人泄露试卷的内容。

**第二十条** 国家司法考试考场的设置及其周边环境，应当符合考试保密工作的要求。考场应当配备必要的安全检查设施和防止利用无线电设备泄露试题试卷的监控设施。

各考区所在地司法行政机关应当与提供考场的单位签订《考场保密工作协议》，并监督其实施情况。

**第二十一条** 每场考试结束后，由各考区所在地司法行政机关安排专门人员，在指定的场所，按照规定程序对考生的试卷、答卷（答题卡）统一进行清点、封装，移交事先确定的保密场所集中保管。答卷的清点、封装和移交由保密工作人员实行现场监督。

**第二十二条** 当年考试结束后，各考区所在地司法行政机关应当按照规定的时间、方式及保密要求，将本考区的答卷（答题卡）移送省、自治区、直辖市司法行政机关指定的答卷存放保密场所集中保管。

省、自治区、直辖市司法行政机关国家司法考试工作机构应当对全部答卷进行清点，并指派两名以上工作人员会同保密工作人员，按照规定的时间、方式及保密要求，将答卷（答题卡）运送至司法部国家司法考试工作机构指定的集中保管场所。

**第二十三条** 国家司法考试的评卷工作及其评卷场所应当实行封闭管理。参与评卷的人员在评卷过程中，不得擅自交换或者传看各自评判的答卷及评卷结果，不得以任何方式、向任何人泄露评卷结果及有关信息。保密工作人员应当对评卷现场及答卷保管实行监督。

司法部国家司法考试办公室应当与承担评卷工作的单位签订《评卷工作保密协议》，并监督其实施情况。

**第二十四条** 在国家司法考试的试题、答案、评分标准未正式公布前，国家司法考试工作机构的人员以及参与命题、评卷工作的人员不得对外泄露。

在国家司法考试评卷结果未正式公布前,任何了解相关信息的人员不得对外泄露任何考生的考试成绩及其他有关评卷信息。

**第二十五条** 在司法部国家司法考试办公室正式公布当年国家司法考试合格标准及相关措施之前,任何参与研究、制定或者了解相关信息的人员不得对外泄露。

**第二十六条** 在国家司法考试组织、实施的过程中如发生失密、泄密等事件的,相关考试工作机构或者考区所在地司法行政机关应当立即采取措施,有效控制失密范围,及时报告同级保密工作部门,在其指导下对失密、泄密事件及其责任人员进行查处,并将情况逐级上报至司法部国家司法考试工作机构。

## 第四章 保 密 责 任

**第二十七条** 司法行政机关参与国家司法考试的工作人员和保密工作人员,有违反国家保密法律、法规及本规定行为的,应当立即停止其承担的相关工作,根据其性质、情节依法给予相应的处分;涉嫌犯罪的,移交司法机关处理。

**第二十八条** 参与国家司法考试命题、印卷、送卷、监考、评卷等环节工作的非司法行政机关的人员,有违反国家保密法律、法规及本规定行为的,相关国家司法考试工作机构应当立即停止其承担的相关工作,并视其性质、情节向其所在单位提出处理建议;涉嫌犯罪的,移交司法机关处理。

## 第五章 附 则

**第二十九条** 本规定由司法部会同国家保密局解释。

**第三十条** 本规定自发布之日起施行。

# 中共中央保密委员会办公室、国家保密局关于进一步加强国家统一考试保密管理工作的通知

*1. 2002年12月25日*

*2. 中保办(局)发〔2002〕3号*

各省、自治区、直辖市党委保密委员会办公室(保密局),中央国家机关各部委办公厅(室),各人民团体办公厅(室):

由国家主管部门组织的国家教育、执(职)业资格、国家公务员录用和专业技术人员资格等国家统一考试的试题、答案和评分标准,在启用前均属于国家秘密。为进一步加强国家统一考试的保密管理工作,确保考试工作的顺利进行,依据《中华人民共和国保守国家秘密法》及其实施办法的有关规定,特作如下通知:

一、国家统一考试的保密管理工作,按照"谁主管谁负责"的原则,由组织考试的主管部门负责。组织考试的国家主管部门,应建立由一名主管领导任组长的考试保密工作领导小组,负责考试试卷的命题、印制、运送、保管等环节的保密管理工作。

受委托组织考试的省、自治区、直辖市主管部门,应建立有同级保密工作部门参加的保密工作领导小组,具体负责考试试卷的印制、运送、保管等环节的保密管理工作。

二、国家统一考试启用前的试题(包括副题、备份题)、答案和评分标准,应当由组织考试的国家主管部门分别按照有关国家秘密及其密级具体范围的规定确定密级和知悉范围。

三、组织考试的主管部门应对命题人员和内部工作人员进行审查,加强保密教育,对命题工作的各个环节实行严格的保密管理。

四、命题工作原则上应采取入闱的工作形式,组织考试的主管部门应与命题人员签定保密责任书,对命题人员应当履行的保密义务作出明确

规定。参加命题的工作人员在考试前不得参与或授意他人进行与本专业考试命题有关的培训工作,未经考试主管部门准许不得参与编写、出版相关辅导用书和资料。

命题工作结束后,考试原始试题载体的保管应选择具备安全防盗设施的场所,存放在保险柜中,并由双人专门保管。

五、国家统一考试试卷应当在国家统一考试试卷定点印制单位印制。

国家统一考试试卷定点印制单位,由国家保密局及省、自治区、直辖市保密局在具备考试试卷印制保密条件的国家秘密载体定点复制单位中审定,并在《国家秘密载体复制许可证》许可范围一栏加注"考试试卷类印制"字样;对经审查符合考试试卷印制保密条件的监狱印刷厂,可发给其限定许可范围的《国家秘密载体复制许可证》,许可范围一栏应注明"仅限考试试卷类印制"字样。

省、自治区、直辖市保密局审定的考试试卷定点印制单位须报国家保密局备案。国家保密局向国家统一考试的主管部门公布考试试卷定点印制单位的名单,供考试主管部门选定。

有关保密工作部门应定期对考试试卷定点印制单位进行保密监督检查,对违反有关保密规定的应取消其考试试卷定点印制单位的资格。

六、考试试卷运送的保密管理应严格按有关规定执行,通过机要渠道或使用可靠的交通工具,由双人以上专门押送,做到人不离卷,卷不离人。考试试卷的交接应当建立严格的查验手续,保密工作部门对考试试卷的交接过程应在现场进行监督检查。

七、考试试卷封存保管期间,对保管场所应当采取必要的保密防范措施,安装防盗装置和24小时双人守卫等,有关保密工作部门应会同考试主管部门依据有关保密要求进行检查,并将检查结果记录在案。

八、以电子信息形式为载体进行的考试,应按照国家有关保密规定,在涉密载体及计算机信息系统、计算机设备的安全防护和使用、管理等方面,采取严格的保密防范措施;承担考试软件开发、制作的单位,应承担保密义务,有关考试主管部门应与其签订保密协议。保密工作部门应对有关工作进行指导和监督。

九、考试工作中发生泄密事件,有关考试主管部门应立即向所在地的保密工作部门报告，同时报上级考试主管部门。有关保密工作部门应会同考试主管部门立即组织查处，并将有关情况逐级上报国家保密局。对发生泄密事件隐匿不报或拖延报告的，应追究有关责任人和主管领导人的责任。

十、对在考试保密管理工作中取得突出成绩的单位和个人，考试主管部门应当给予表扬和奖励；对考试保密管理工作不力或失职，导致泄露国家秘密的，应依法依纪追究有关责任人和主管领导人的责任。

十一、组织国家统一考试的主管部门每年年初应将全年的考试计划报国家保密局备案；各省、自治区、直辖市考试主管部门应将本地区国家统一考试计划报同级地方保密局备案。

十二、国家保密局会同国家统一考试的主管部门对考试保密管理工作情况进行指导、监督和检查；各省、自治区、直辖市保密局负责本地区国家统一考试保密管理工作监督和检查的组织实施。

国家统一考试的有关主管部门应当按照本通知的要求，结合各自的实际对全国统一考试保密管理工作作出具体安排（本通知可转发至省、自治区、直辖市负责考试工作的有关部门）。

# 执业兽医资格考试保密管理规定

*1. 2017年6月12日农业部印发*

*2. 农医发〔2017〕19号*

*3. 自2017年7月1日起施行*

## 第一章 总 则

**第一条** 为加强执业兽医资格考试保密工作，根据《中华人民共和国保守国家秘密法》《执业兽医管理办法》和《农业工作国家秘密范围的规定》，制定本规定。

**第二条** 执业兽医资格考试保密工作实行分级管理、逐级负责制度。

**第三条** 执业兽医资格考试保密工作，坚持积极防范、突出重点、既做好保密工作又方便考试开展的原则。

**第四条** 执业兽医资格考试启用前的试题试卷(含副题)、试题双向细目表、标准答案和评分标准,属于秘密级国家秘密。

执业兽医资格考试命题工作及参与人员的有关情况、试题试卷命制工作方案、题型题量分布表和尚未公布的考试合格标准,属于工作秘密,未经农业部批准不得公开。

## 第二章 保密工作机构与职责

**第五条** 农业部成立全国执业兽医资格考试保密领导小组,负责指导、监督和检查全国执业兽医资格考试保密工作。

全国执业兽医资格考试保密领导小组下设办公室,承担全国执业兽医资格考试保密领导小组日常事务。办公室设在中国动物疫病预防控制中心。

**第六条** 中国动物疫病预防控制中心承担命题,试卷的印制、保管、交接和运送,答题卡的回收和保管,以及阅卷评分、考试结果公布过程中的保密工作。

**第七条** 考区、考点兽医主管部门应当建立本辖区的执业兽医资格考试保密管理制度,监督检查保密规定执行情况,组织对相关人员进行保密培训。

考区、考点兽医主管部门负责本行政区域内试卷、答题卡的运送、交接和保管,试卷的启用,以及答题卡的回收和保管等环节的保密工作。

**第八条** 本人或者法律上规定的近亲属参加当年执业兽医资格考试的,不得参加当年考试命题,试卷监印、运送、保管、接收,监考,评卷以及考试保密管理工作。

## 第三章 命题及试卷印制

**第九条** 命题应当采取入闱方式,实行全过程保密监督和管理。

**第十条** 命题用计算机、移动存储等设备,以及命题过程中形成的试题试卷、标准答案、评分标准等所有纸质材料和电子文档的存放和运送应当符合保密要求。

**第十一条** 命题人员应当签订《执业兽医资格考试保密责任书》,并严格遵守下列规定:

（一）不得向任何人透露、暗示有关试题试卷、标准答案的内容及其他命题工作信息；

（二）未经批准，不得相互了解、交换、接触各自负责命制的试题试卷、标准答案及其他命题工作信息；

（三）不得对外擅自泄露本人参与命题的信息及其他命题人员名单及身份；

（四）在考试前不得参与或者授意他人进行与本专业考试命题有关的培训工作；

（五）不得参与编写、出版相关辅导用书和资料。

**第十二条** 执业兽医资格考试试卷应当在国家保密局批准的国家统一考试试卷定点印制单位印制。中国动物疫病预防控制中心应当与试卷定点印制单位签订试卷印制保密协议。

**第十三条** 中国动物疫病预防控制中心应当与试卷定点印制单位履行试卷交印手续。

**第十四条** 试卷清样、试卷的包装封面应当标明秘密级标识。包装应当使用专用密封签密封。

**第十五条** 涉及考试的光电磁介质的制作、交接应当在符合保密要求的场所进行。

## 第四章 试卷运送和保管

**第十六条** 试卷应当通过机要或者直接押运方式逐级运送。

**第十七条** 试卷采用直接押运方式运送的，应当符合以下要求：

（一）指定专人负责运送全程监控；单车运送时三人以上押运，两辆车以上运送时每车不得少于两人押运；

（二）专车运送，严禁搭乘与试卷运送无关的人员，严禁搭载与运送工作无关的物品；

（三）押运过程中做到人不离卷、卷不离人，随时报告运送途中情况；发生异常情况时，及时向同级兽医主管部门、公安、保密部门报告，并立即上报中国动物疫病预防控制中心。

**第十八条** 以火车、航空等其他方式运送的，应当报中国动物疫病预防控制中心，经批准后方可实施。

**第十九条** 试卷接收单位应当对试卷数量、密封情况进行清点查验,并与运送单位办理交接手续。

**第二十条** 在接收试卷后至每场考试开考前,应当将试卷存放在符合国家保密规定的场所保管,该场所可以同时用于保管答题卡。

**第二十一条** 试卷保管应当实行 24 小时双人守卫值班制度。保管人员应当遵守相关保密规定。

## 第五章 试卷的领取、分发和销毁

**第二十二条** 考点兽医主管部门应当指派保密工作人员,负责对试卷的领取、分发和销毁过程实施保密监督。

**第二十三条** 考点兽医主管部门应当指派两名以上工作人员负责试卷的领取、点验和分发,并与监考员办理分发登记手续。

保密工作人员应当对试卷的领取、点验和分发过程进行现场监督,并对试卷袋密封情况进行查验。

**第二十四条** 考点兽医主管部门应当在考试结束后安排专人对试卷、备用试卷、答题卡进行清点、封装、移交和保管。备用试卷和答题卡应当专门存放和保管。

保密工作人员应当对试卷、答题卡的清点、封装、移交和保管场所进行现场监督。

**第二十五条** 考点兽医主管部门应当在考试结束后二日内,将备用试卷和答题卡通过机要或者直接押运方式送交考区兽医主管部门,考区兽医主管部门应当在收到备用试卷和答题卡后二日内,通过机要或者直接押运方式送交中国动物疫病预防控制中心。

**第二十六条** 试卷应当在考试结束后一个月内按照国家保密规定全部销毁,填写销毁记录。

## 第六章 阅卷评分

**第二十七条** 试卷标准答案、评分标准正式拆封启用前,任何单位和个人不得以任何理由启封。

**第二十八条** 阅卷应当在相对封闭的场所进行,并全程监控。阅卷数据应当及时备份。

**第二十九条** 成绩数据库由中国动物疫病预防控制中心管理。

## 第七章 保密责任

**第三十条** 考试工作人员有违反国家保密法律、法规及本规定行为的，应当立即停止其承担的相关工作，并根据其性质、情节依法给予相应处分；涉嫌犯罪的，移送司法机关处理。

**第三十一条** 参与考试命题、印制、运送、监考、评卷等环节工作的其他人员，有违反国家保密法律、法规及本规定行为的，应当立即停止其承担的相关工作，并视其性质、情节向其所在单位提出处理建议。涉嫌犯罪的，移送司法机关处理。

**第三十二条** 将考务工作委托专业考试机构承担的，应当签订保密协议，明确保密责任。

## 第八章 附 则

**第三十三条** 本规定由农业部负责解释。

**第三十四条** 本规定自 2017 年 7 月 1 日起施行。农业部 2011 年 5 月 16 日印发的《执业兽医资格考试保密管理规定》(农医发〔2011〕12 号)同时废止。

# 涉密研究生与涉密学位论文管理办法

*1. 2016 年 11 月 25 日国务院学位委员会、教育部、国家保密局印发*

*2. 学位〔2016〕27 号*

*3. 自印发之日起实行*

## 第一章 总 则

**第一条** 为加强涉密研究生与涉密学位论文的管理，根据《中华人民共和国保守国家秘密法》和国家有关保密法律法规，制定本办法。

**第二条** 本办法所称涉密研究生是指直接参与涉及国家秘密的教学、科研项目、任务等工作或者在教学、科研过程中接触、知悉、产生和处理较多国家秘密事项的在读研究生。

在职攻读学位的研究生，已被确定为涉密人员，确因教学、科研需要,接触、知悉、产生和处理国家秘密的,依据涉密人员相关规定进行管理。

**第三条** 本办法所称涉密学位论文是指以文字、数据、符号、图形、图像、声音等方式记载国家秘密信息的学位论文。涉密学位论文的导师原则上应当是涉密人员。

**第四条** 涉密研究生的培养单位须具备符合国家保密要求的保密条件及保密工作机构,建立由导师牵头、研究生教育相关部门、保密工作机构配合的工作机制,对涉密研究生及有关人员履行职责情况开展经常性的保密监督检查和教育。

**第五条** 涉密研究生的培养单位应严格控制涉密研究生的数量和国家秘密知悉范围,涉密研究生一般只能接触、知悉、产生和处理秘密级国家秘密事项;确需接触、知悉机密级国家秘密事项的,应由导师提出申请,报培养单位批准。

**第六条** 不具有中华人民共和国国籍或者获得国(境)外永久居留权、长期居留许可的研究生或因其他原因不宜接触国家秘密事项的研究生,不得确定为涉密研究生。

## 第二章 涉密研究生管理

**第七条** 培养单位确定涉密研究生,应在研究生开展涉密内容研究或涉密学位论文开题前,由研究生本人提出申请、导师确认,经培养单位按程序审查批准,签订保密协议。

**第八条** 涉密研究生的导师是研究生在学期间保密管理的第一责任人。

**第九条** 培养单位应定期对涉密研究生进行保密教育培训,确保每位涉密研究生每年接受不少于 4 个学时的保密专题教育培训。

**第十条** 涉密研究生的出入境证件应由培养单位统一保管。培养单位对拟出国(境)的涉密研究生应按有关保密要求履行保密审批手续。涉密研究生经批准出国(境)的,应进行行前保密提醒谈话,签订出国(境)保密承诺书。

涉密研究生应当在返回后一周内,将其出入境证件交由培养单位统一保管,并书面报告出国(境)期间保密规定执行情况。

**第十一条** 涉密研究生在境内参加有境外机构、组织和人员参与的学术交流等活动,应经导师批准,并进行保密提醒谈话。

**第十二条** 涉密研究生公开发表学术论文或公布本人相关科研工作信息,必须经导师同意后报培养单位审查批准方可公开发表或公布。

**第十三条** 涉密研究生因毕业、涉密工作结束等原因不再接触国家秘密事项的,培养单位应对涉密研究生进行保密教育谈话,告知其承担保守国家秘密的法律义务,严格核查、督促清退所有涉密载体,掌握其就业、去向等相关情况,并与其签订保密协议。

上述手续办理完结,涉密研究生方可办理离校手续。

**第十四条** 涉密研究生在学期间,如发现有违反保密法律、法规和单位各项保密规章制度的行为,导师和有关部门应及时纠正与处理;对不适合继续进行涉密工作的研究生应及时终止其参与涉密工作,并按有关规定办理相关手续。

## 第三章 涉密学位论文的定密与管理

**第十五条** 涉密学位论文定密和标志:

(一)学位论文主题、研究方向、主要内容或成果涉及国家秘密的,开题前,导师和研究生必须根据所执行科研项目的密级定密;学位论文主题、研究方向和内容等属于自发研究,没有涉密科研、生产项目或任务支撑,相关内容泄露后会损害国家安全和利益、确需定密的,开题前应当按照要求,向培养单位研究生教育管理部门提出学位论文定密申请(内容包括密级、保密期限和知悉范围等)。

(二)培养单位研究生教育管理部门按照国家秘密定密管理有关规定,对学位论文的定密申请进行审核,按程序报培养单位定密责任人或有相应定密权的上级机关、单位综合考虑本单位在该涉密研究领域的保密条件保障和人才培养能力决定是否批准。

(三)涉密学位论文的密级、保密期限和知悉范围应根据情况变化,依照国家有关规定及时变更。

(四)涉密学位论文必须在封面或首页做出国家秘密标志。非书面形式的涉密载体,要以能够明显识别的方式予以标注;电子文档中含有国家秘密内容的,应做出国家秘密标志,且标志与文档正文不可分离。

**第十六条** 涉密学位论文应作为国家秘密载体进行严格管理。对主要场所、过程和环节按照下列要求加强管理：

（一）涉密学位论文的起草、研究、实验、存储等应当在符合保密要求的办公场所进行，按照国家保密有关规定和标准配备、使用必要的防护设施设备，确需在办公场所外使用的，应当遵守有关保密规定。

（二）涉密学位论文的研究过程以及开题、中期检查、论文评阅、答辩和学位审核等环节的有关工作，需按照国家对涉密活动的有关要求进行。

（三）学位论文涉密内容的撰写及修改必须在涉密计算机上进行，使用的存储介质（光盘、优盘、移动硬盘等），必须是由培养单位统一购置、分类、编号、登记的涉密存储介质，按相关涉密设备、涉密存储介质的保密规定要求，按同密级文件进行管理。严禁使用非涉密存储介质及私人所有的存储介质处理涉密内容。

（四）涉密学位论文的打印、复印和装订等制作过程符合保密要求。涉密学位论文的送审应当履行清点、编号、登记、签收等手续，必须采用密封包装，在信封上标明密级、编号和收发件单位名称，并通过机要交通、机要通信或者派专人递送的方式递送。评审后要及时按上述方式收回。

（五）培养单位学位评定委员会做出授予学位的决定后，涉密学位论文应按照保密管理要求和流程及时完成归档工作，研究生本人不得私自留存涉密学位论文。

（六）涉密学位论文未解密公开前，不得对外公开。保密期满后，如需对外公开，应对该涉密学位论文重新进行保密审查，满足解密条件并履行解密手续后，方可对外公开。

（七）保密法律法规等规定的其他管理要求。

**第十七条** 涉密学位论文在保密期限内，有关人员经审批后可以按规定程序查阅。

涉密学位论文按照国家秘密定密管理有关规定解密后，可以公开的应按要求向国家图书馆报送，并向培养单位图书馆和院（系）资料室等单位移交。

## 第四章　涉密研究生的权益保障

**第十八条**　培养单位应事先告知涉密研究生所承担的保密责任和义务，通过多种措施依法维护涉密研究生的合法权益。

**第十九条**　对涉密研究生因保密原因不能公开发表学术论文等科研成果，培养单位应制定专门的成果考核办法，并在评奖评优方面给予政策保障。

**第二十条**　培养单位要为涉密研究生提供履行保密义务所需的涉密场所、设施设备等基本条件保障。

## 第五章　奖励与处罚

**第二十一条**　培养单位对在涉密研究生和涉密学位论文管理工作中作出突出贡献的单位或者个人，应给予表彰与奖励。

**第二十二条**　对在涉密研究生和涉密学位论文管理工作中未能依法履行保密管理职责的相关责任人，培养单位和相关部门应当追究责任并给予相应处分，情节严重的，依法追究法律责任。

**第二十三条**　涉密研究生在学期间未能严格遵守保密管理制度造成不良后果的，视情节轻重给予相应处分；违反保密法律法规造成严重后果的，应依法追究法律责任。

## 第六章　附　　则

**第二十四条**　各培养单位可以根据本办法制定实施细则。军队院校涉密研究生和涉密学位论文管理依据军队有关规定执行。

**第二十五条**　本办法自印发之日起实行。

# 十三、泄密法律责任

## 中华人民共和国刑法(节录)

*1. 1979 年 7 月 1 日第五届全国人民代表大会第二次会议通过*
*2. 1997 年 3 月 14 日第八届全国人民代表大会第五次会议修订*
*3. 根据 1998 年 12 月 29 日第九届全国人民代表大会常务委员会第六次会议通过的《全国人民代表大会常务委员会关于惩治骗购外汇、逃汇和非法买卖外汇犯罪的决定》、1999 年 12 月 25 日第九届全国人民代表大会常务委员会第十三次会议通过的《中华人民共和国刑法修正案》、2001 年 8 月 31 日第九届全国人民代表大会常务委员会第二十三次会议通过的《中华人民共和国刑法修正案(二)》、2001 年 12 月 29 日第九届全国人民代表大会常务委员会第二十五次会议通过的《中华人民共和国刑法修正案(三)》、2002 年 12 月 28 日第九届全国人民代表大会常务委员会第三十一次会议通过的《中华人民共和国刑法修正案(四)》、2005 年 2 月 28 日第十届全国人民代表大会常务委员会第十四次会议通过的《中华人民共和国刑法修正案(五)》、2006 年 6 月 29 日第十届全国人民代表大会常务委员会第二十二次会议通过的《中华人民共和国刑法修正案(六)》、2009 年 2 月 28 日第十一届全国人民代表大会常务委员会第七次会议通过的《中华人民共和国刑法修正案(七)》、2009 年 8 月 27 日第十一届全国人民代表大会常务委员会第十次会议通过的《全国人民代表大会常务委员会关于修改部分法律的决定》、2011 年 2 月 25 日第十一届全国人民代表大会常务委员会第十九次会议通过的《中华人民共和国刑法修正案(八)》、2015 年 8 月 29 日第十二届全国人民代表大会常务委员会第十六次会议通过的《中华人民共和国刑法修正案(九)》、2017 年 11 月 4 日第十二届全国人民代表大会常务委员会第三十次会议通过的《中华人民共和国刑法修正案(十)》、2020 年 12 月 26 日第十三届全国人民代表大会常务委员会第二十四次会议通过的《中华人民共和国刑法修正案(十一)》和 2023 年 12 月 29 日第十四届全国人民代表大会常务委员会第七次会议通过的《中华人民共和国刑法修正案(十二)》修正*

**第一百零九条　【叛逃罪】**国家机关工作人员在履行公务期间,擅离岗位，叛逃境外或者在境外叛逃的，处五年以下有期徒刑、拘役、管制或者剥夺政治权利；情节严重的，处五年以上十年以下有期徒刑。

掌握国家秘密的国家工作人员叛逃境外或者在境外叛逃的，依照前款的规定从重处罚。

**第一百一十一条　【为境外窃取、刺探、收买、非法提供国家秘密、情报罪】**为境外的机构、组织、人员窃取、刺探、收买、非法提供国家秘密或者情报的，处五年以上十年以下有期徒刑；情节特别严重的，处十年以上有期徒刑或者无期徒刑；情节较轻的，处五年以下有期徒刑、拘役、管制或者剥夺政治权利。

**第一百一十三条　【危害国家安全罪适用死刑、没收财产的规定】**本章上述危害国家安全罪行中，除第一百零三条第二款、第一百零五条、第一百零七条、第一百零九条外，对国家和人民危害特别严重、情节特别恶劣的，可以判处死刑。

犯本章之罪的，可以并处没收财产。

**第二百八十二条　【非法获取国家秘密罪】**以窃取、刺探、收买方法，非法获取国家秘密的，处三年以下有期徒刑、拘役、管制或者剥夺政治权利；情节严重的，处三年以上七年以下有期徒刑。

**【非法持有国家绝密、机密文件、资料、物品罪】**非法持有属于国家绝密、机密的文件、资料或者其他物品，拒不说明来源与用途的，处三年以下有期徒刑、拘役或者管制。

**第二百八十七条　【利用计算机实施犯罪的提示性规定】**利用计算机实施金融诈骗、盗窃、贪污、挪用公款、窃取国家秘密或者其他犯罪的，依照本法有关规定定罪处罚。

**第三百九十八条　【故意泄露国家秘密罪；过失泄露国家秘密罪】**国家机关工作人员违反保守国家秘密法的规定，故意或者过失泄露国家秘密，情节严重的，处三年以下有期徒刑或者拘役；情节特别严重的，处三年以上七年以下有期徒刑。

非国家机关工作人员犯前款罪的，依照前款的规定酌情处罚。

**第四百三十一条　【非法获取军事秘密罪】**以窃取、刺探、收买方法，非法获取军事秘密的，处五年以下有期徒刑；情节严重的，处五年以上十年以下有期徒刑；情节特别严重的，处十年以上有期徒刑。

【为境外窃取、刺探、收买、非法提供军事秘密罪】为境外的机构、组织、人员窃取、刺探、收买、非法提供军事秘密的，处五年以上十年以下有期徒刑；情节严重的，处十年以上有期徒刑、无期徒刑或者死刑。

**第四百三十二条** **【故意泄露军事秘密罪；过失泄露军事秘密罪】**违反保守国家秘密法规，故意或者过失泄露军事秘密，情节严重的，处五年以下有期徒刑或者拘役；情节特别严重的，处五年以上十年以下有期徒刑。

战时犯前款罪的，处五年以上十年以下有期徒刑；情节特别严重的，处十年以上有期徒刑或者无期徒刑。

## 中华人民共和国公职人员政务处分法（节录）

*1. 2020年6月20日第十三届全国人民代表大会常务委员会第十九次会议通过*

*2. 2020年6月20日中华人民共和国主席令第46号公布*

*3. 自2020年7月1日起施行*

**第三十九条** **【滥用职权等行为及政务处分】**有下列行为之一，造成不良后果或者影响的，予以警告、记过或者记大过；情节较重的，予以降级或者撤职；情节严重的，予以开除：

（一）滥用职权，危害国家利益、社会公共利益或者侵害公民、法人、其他组织合法权益的；

（二）不履行或者不正确履行职责，玩忽职守，贻误工作的；

（三）工作中有形式主义、官僚主义行为的；

（四）工作中有弄虚作假，误导、欺骗行为的；

（五）泄露国家秘密、工作秘密，或者泄露因履行职责掌握的商业秘密、个人隐私的。

# 人民检察院、保密行政管理部门办理案件若干问题的规定

*1. 2020年3月12日发布*
*2. 保发〔2020〕3号*

**第一条** 为保守国家秘密，维护国家安全和利益，加强人民检察院、保密行政管理部门办理案件的协调配合，根据《中华人民共和国刑法》、《中华人民共和国刑事诉讼法》、《中华人民共和国保守国家秘密法》等法律法规，制定本规定。

**第二条** 人民检察院、保密行政管理部门办理《中华人民共和国刑法》第一百零九条第二款、第一百一十条、第一百一十一条、第二百八十二条、第三百九十八条、第四百三十一条、第四百三十二条规定的侵犯国家秘密案件，适用本规定。

**第三条** 人民检察院办理侵犯国家秘密案件，认为需要追究刑事责任的，应当在作出起诉决定的同时，将案件基本情况通报同级保密行政管理部门；认为符合刑事诉讼法规定不起诉情形的，应当在作出不起诉决定的同时，将不起诉决定书抄送同级保密行政管理部门。

对涉及国家安全的重大案件，因高度敏感不宜按照常规方式通报的，可以采用适当方式处理。

最高人民检察院应当在每年1月31日前，将检察机关上一年度办理的侵犯国家秘密案件情况书面通报国家保密局。

**第四条** 人民检察院办理侵犯国家秘密案件，需要对有关事项是否属于国家秘密以及属于何种密级或者是否属于情报进行鉴定的，应当依据《密级鉴定工作规定》向国家保密行政管理部门或者省、自治区、直辖市保密行政管理部门提起。

**第五条** 保密行政管理部门对于疑难、复杂的侵犯国家秘密案件，可以商请同级人民检察院就专业性法律问题提出咨询或者参考意见。人民检察院应当予以支持。

人民检察院办理侵犯国家秘密案件，可以商请作出密级鉴定的保密行政管理部门就鉴定依据、危害评估等问题提出咨询或者参考意见。保密行政管理部门应当予以支持。

**第六条** 人民检察院办理侵犯国家秘密案件，可以依据《人民检察院检察建议工作规定》向相关主管部门或者涉案机关、单位等提出改进工作、完善治理的检察建议。

人民检察院向相关主管部门或者涉案机关、单位提出检察建议的，应当同时抄送同级保密行政管理部门。人民检察院、保密行政管理部门按照各自职责共同督促、指导被建议单位落实检察建议。

**第七条** 人民检察院与保密行政管理部门应当加强沟通协作，适时相互通报办理侵犯国家秘密案件的有关情况，会商案件办理中遇到的法律政策问题，研究阶段性工作重点和措施。

**第八条** 人民检察院与保密行政管理部门应当加强信息沟通和共享。双方分别确定具体牵头部门及联络人员，开展经常性的信息互通、多方位合作，依法加大对侵犯国家秘密案件的查处力度。

**第九条** 本规定由国家保密局会同最高人民检察院负责解释，自印发之日起施行。本规定施行后，《人民检察院、保密行政管理部门查办泄密案件若干问题的规定》（国保发〔2016〕42 号）同时废止。

## 人民法院、保密行政管理部门<br>办理侵犯国家秘密案件<br>若干问题的规定

*1. 2020 年 3 月 11 日发布*

*2. 保发〔2020〕2 号*

**第一条** 为保守国家秘密，维护国家安全和利益，加强人民法院、保密行政管理部门办理侵犯国家秘密案件的协调配合，根据《中华人民共和国刑法》、《中华人民共和国刑事诉讼法》、《中华人民共和国保守国家

秘密法》等法律法规，制定本规定。

**第二条** 人民法院、保密行政管理部门办理《中华人民共和国刑法》第一百零九条第二款、第一百一十条、第一百一十一条、第二百八十二条、第三百九十八条、第四百三十一条、第四百三十二条规定的侵犯国家秘密案件，适用本规定。

**第三条** 人民法院审理侵犯国家秘密案件，需要对有关事项是否属于国家秘密以及属于何种密级或者是否属于情报进行鉴定的，应当由有关机关依据《密级鉴定工作规定》向国家保密行政管理部门或者省、自治区、直辖市保密行政管理部门提起。

**第四条** 保密行政管理部门对于疑难、复杂的侵犯国家秘密案件，可以商请同级人民法院就专业性法律问题提出咨询或者参考意见。人民法院应当予以支持。

人民法院审理侵犯国家秘密案件，可以商请作出密级鉴定的保密行政管理部门就鉴定依据、危害评估等问题提出咨询或者参考意见。保密行政管理部门应当予以支持。

**第五条** 最高人民法院应当在每年1月31日前，将人民法院上一年度审结生效的侵犯国家秘密案件情况书面通报国家保密局，并提供裁判文书。因特殊情况不能提供裁判文书的，应当在通报中作出说明。

人民法院审理本规定第二条规定以外的其他案件，发现有未处理涉嫌违反保密法律法规行为的，应当及时将有关情况通报同级或者有管辖权的保密行政管理部门。

**第六条** 人民法院与保密行政管理部门应当加强沟通协作，适时相互通报办理侵犯国家秘密案件有关情况，会商案件办理中遇到的法律政策问题，研究阶段性工作重点和措施。

**第七条** 人民法院与保密行政管理部门应当加强信息沟通和共享。双方分别确定具体牵头部门及联络人员，开展经常性的信息互通、多方位合作，依法加大对侵犯国家秘密案件的查处力度。

**第八条** 本规定由国家保密局会同最高人民法院负责解释，自印发之日起施行。

# 泄密案件查处办法

*1. 2017年12月29日国家保密局令2017年第2号公布*
*2. 自2018年1月1日起施行*

## 第一章 总 则

**第一条** 为保守国家秘密,维护国家安全和利益,规范和加强保密行政管理部门泄密案件查处工作,根据《中华人民共和国保守国家秘密法》(以下简称保密法)及其实施条例等法律法规,制定本办法。

**第二条** 保密行政管理部门对公民举报、机关和单位报告、保密检查发现、有关部门移送的涉嫌泄露国家秘密的案件线索,依法调查或者组织、督促有关机关、单位调查处理,适用本办法。

**第三条** 查处泄密案件,应当坚持教育和惩处相结合,以事实为依据,以法律为准绳,做到事实清楚,证据确实、充分,定性准确,程序合法,处理适当。

**第四条** 本办法所称"泄露国家秘密"是指违反保密法律、法规和规章的下列行为之一:

(一)使国家秘密被不应知悉者知悉的;

(二)使国家秘密超出了限定的接触范围,而不能证明未被不应知悉者知悉的。

**第五条** 存在下列情形之一的,按泄露国家秘密处理:

(一)属于国家秘密的文件资料或者其他物品下落不明的,自发现之日起,绝密级10日内,机密级、秘密级60日内查无下落的;

(二)未采取符合国家保密规定或者标准的保密措施,在互联网及其他公共信息网络、有线和无线通信中传递国家秘密的;

(三)使用连接互联网或者其他公共信息网络的计算机、移动存储介质等信息设备存储、处理国家秘密,且该信息设备被远程控制的。

**第六条** 泄密案件查处工作主要包括:

(一)查明所泄露的国家秘密事项的内容与密级;

（二）查明案件事实、主要情节和有关责任人员；

（三）要求有关机关、单位采取必要的补救措施；

（四）根据有关法律、法规和规章等对责任人员提出处理建议，并督促机关、单位作出处理；

（五）针对案件暴露出的问题，督促机关、单位加强和改进保密工作。

**第七条** 泄密案件查处实行分级办理、各负其责的工作制度。国家保密行政管理部门主管全国的泄密案件查处工作。地方各级保密行政管理部门在上级保密行政管理部门指导下，负责本行政区域的泄密案件查处工作。

有关机关、单位在保密行政管理部门的组织、督促、指导下，对泄密案件进行查处，并采取相应整改补救措施。

**第八条** 上级保密行政管理部门对下级保密行政管理部门，地方保密行政管理部门对本行政区域内机关、单位泄密案件查处工作进行指导、监督。发现查处不当的，应当及时予以纠正。

**第九条** 办案人员与案件有利害关系或者其他关系可能影响案件公正处理的，应当自行回避；案件当事人有权要求其回避。

办案人员的回避，由其所属保密行政管理部门决定。保密行政管理部门负责人的回避，由上一级保密行政管理部门决定。

**第十条** 保密行政管理部门及其办案人员对案件查处工作中获取的国家秘密、工作秘密、商业秘密及个人隐私，应当保密。

## 第二章 管 辖

**第十一条** 泄密案件由泄密行为发生地县级以上保密行政管理部门管辖。由有关机关、单位所在地或者案件当事人居住地保密行政管理部门管辖更便于查处工作开展的，可以由有关机关、单位所在地或者案件当事人居住地保密行政管理部门管辖。

移交有关机关、单位所在地或者案件当事人居住地保密行政管理部门管辖的泄密案件，泄密行为发生地保密行政管理部门在移交前应当及时收集证据，并配合开展调查取证工作。

**第十二条** 国家保密行政管理部门依法调查或者组织、督促查处下列泄密案件：

（一）中央和国家机关发生的；

（二）涉及多个省（自治区、直辖市）的；

（三）全国范围内重大、复杂案件。

**第十三条** 省（自治区、直辖市）保密行政管理部门依法调查或者组织、督促查处下列泄密案件：

（一）省级机关及省（自治区、直辖市）直属机关发生的；

（二）涉及本行政区域内多个市（地、州、盟）或者部门的；

（三）中央和国家机关设在省（自治区、直辖市）的直属机构发生的；

（四）本辖区内重大、复杂案件。

**第十四条** 中央和国家机关认为本系统发生泄密案件的有关单位情况特殊，不宜由地方保密行政管理部门查处的，可以向国家保密行政管理部门提交书面材料说明理由，由国家保密行政管理部门决定。

**第十五条** 对于重大、复杂的泄密案件，上级保密行政管理部门可以指定管辖；具有管辖权的保密行政管理部门由于特殊原因不能调查或者组织、督促查处的，可以报请上一级保密行政管理部门指定管辖；同级保密行政管理部门之间因管辖权发生争议的，应当本着有利于开展查处工作的原则协商解决，必要时报请共同的上级保密行政管理部门指定管辖。

上级保密行政管理部门应当在接到指定管辖申请之日起 7 个工作日内，作出指定管辖决定，并书面通知被指定管辖的保密行政管理部门和其他有关保密行政管理部门。原受理案件的保密行政管理部门收到上级保密行政管理部门书面通知后，应当立即将案卷材料移送被指定管辖的保密行政管理部门，并书面通知有关机关、单位。

**第十六条** 保密行政管理部门发现案件不属于本部门管辖的，应当自发现之日起 7 个工作日内移送具有管辖权的保密行政管理部门或者其他部门。

接受移送的保密行政管理部门对管辖权有异议的，应当报请上一级保密行政管理部门指定管辖，不得再自行移送。

## 第三章 证　　据

**第十七条** 可以用于证明案件事实的材料,都是证据。证据包括:

(一)物证;

(二)书证;

(三)证人证言;

(四)案件当事人陈述;

(五)视听资料、电子数据;

(六)保密检查、勘验笔录,技术核查报告;

(七)密级鉴定书。

**第十八条** 保密行政管理部门在案件调查过程中,应当合法、及时、客观、全面地收集、调取证据材料,并予以审查、核实。

**第十九条** 收集、调取的物证应当是原物。在原物不便搬运、不易保存,依法应当由有关机关、单位保管、处理或者依法应当返还时,可以拍摄或者制作足以反映原物外形或者内容的照片、录像。物证的照片、录像,经与原物核实无误或者经鉴定证明为真实的,可以作为证据使用。

**第二十条** 收集、调取的书证应当是原件。在取得原件确有困难时,可以使用副本或者复制件。

书证的副本、复制件,经与原件核实无误的,可以作为证据使用。书证有更改或者更改迹象不能作出合理解释的,或者书证的副本、复制件不能反映书证原件及其内容的,不能作为证据使用。

**第二十一条** 办案人员应当收集电子数据的原始载体。收集原始载体确有困难时,可以拷贝复制或者进行镜像备份。

**第二十二条** 书证的副本、复制件,视听资料、电子数据的复制件,物证的照片、录像,应当附原件、原物存放处的文字说明。

## 第四章 受　　理

**第二十三条** 保密行政管理部门对公民举报、机关和单位报告、保密检查发现、有关部门移送的涉嫌泄露国家秘密的案件线索,应当依法及时受理。

**第二十四条** 保密行政管理部门受理涉嫌泄露国家秘密的案件线索举报,举报人不愿意公开个人或者单位信息的,应当在受理登记时注明,并为其保密。

保密行政管理部门应当对举报人提供的有关证据材料、物品等进行登记，出具接收清单，并妥善保管；必要时，可以拍照、录音或者录像。

**第二十五条**　保密行政管理部门受理涉嫌泄露国家秘密的案件线索，应当分别作出处理：

（一）已经或者可能泄露国家秘密的，应当进行初查；

（二）经核实，存在违反保密法律法规行为，但情节显著轻微，没有造成危害后果的，可以责成有关机关、单位对责任人员进行批评教育；

（三）没有泄密事实或者案件线索无法核实的，不予处理。

**第二十六条**　保密行政管理部门受理涉嫌泄露国家秘密的案件线索，发现需要采取补救措施的，应当立即责令有关机关、单位和人员停止违法行为，采取有效措施，防止泄密范围扩大。

## 第五章　初查与立案

**第二十七条**　保密行政管理部门在决定是否立案前，应当对涉嫌泄露国家秘密的案件线索进行初查，了解是否存在泄密事实。初查内容包括：

（一）案件线索涉及人员的主体身份及基本情况；

（二）案件线索所反映的问题是否属实，是否造成国家秘密泄露，是否达到刑事立案标准。

**第二十八条**　初查结束后，应当形成初查情况报告，内容包括案件线索情况、初查情况和处理建议。

**第二十九条**　保密行政管理部门应当根据初查情况分别作出处理：

（一）确有泄露国家秘密事实，且已经达到刑事立案标准的，应当移送有关部门查处；

（二）确有泄露国家秘密事实，尚未达到刑事立案标准，且具有管辖权的，应当予以立案，不具有管辖权的，应当移交具有管辖权的保密行政管理部门处理；

（三）确有泄露国家秘密事实，但案件线索内容不全或者有误，通

知案件线索移送部门或者举报人、报告人补充,经补充案件线索内容仍不具备查处条件的,暂不予以立案,有关材料存档备查;

（四）未造成国家秘密泄露,但存在违反保密法律法规事实的,应当督促、指导有关机关、单位进行调查处理,必要时保密行政管理部门可以直接调查;

（五）未违反保密法律法规,但存在其他涉嫌违法或者违纪事实的,移交有关职能部门处理;

（六）案件线索反映的情况失实的,不予处理,必要时可以向有关机关、单位和案件当事人说明情况。

**第三十条**　初查时限为 2 个月,必要时可以延长 1 个月。重大、复杂的案件线索,在延长期内仍不能初查完毕的,经保密行政管理部门负责人批准后可以延长。

初查时限自接到案件线索之日算起,至呈报初查情况报告之日止。

**第三十一条**　经初查应当予以立案的,办案人员应当填报立案表,并附案件线索材料、初查情况报告,报请保密行政管理部门负责人审批。

**第三十二条**　保密行政管理部门在立案后,应当制作立案通知书,通知有关机关、单位;通知立案可能影响案件查处工作的,可以直接通知其上级主管部门。

## 第六章　调查与处理

**第三十三条**　案件立案后,保密行政管理部门应当指派 2 名以上办案人员进行调查或者指导、督促有关机关、单位进行调查。

对于重大、复杂案件,保密行政管理部门可以组织相关部门成立专案组,开展案件调查。

**第三十四条**　案件调查内容包括:

（一）案件当事人的基本情况;

（二）案件当事人是否实施违反保密法律法规行为;

（三）实施违反保密法律法规行为的时间、地点、手段、后果以及其他情节;

（四）有无法定从重、从轻、减轻或者免予处理的情形;

（五）与案件有关的其他事实。

**第三十五条** 保密行政管理部门直接调查、检查时，办案人员不得少于2人，并应当出示证件，表明身份。

**第三十六条** 机关、单位应当积极配合案件调查工作，提供相关证据。

机关、单位应当对案件当事人出国(境)进行审查，可能影响案件查处的，不得批准其出国(境)。

**第三十七条** 案件当事人应当自觉接受、配合调查，如实说明情况；不得与同案人或者知情人串通情况，不得对抗调查；不得将案件查处情况告知他人。

**第三十八条** 办案人员在案件调查过程中可以询问案件当事人、证人或者其他案件关系人，并制作询问笔录。询问应当个别进行。

**第三十九条** 询问内容应当包括：

(一)被询问人的基本情况；

(二)被询问人与案件当事人或者与案件的联系；

(三)证明案件当事人是否负有责任以及责任轻重的事实；

(四)所证明的事实发生的原因、时间、地点、手段、情节等；

(五)其他与案件有关的内容。

**第四十条** 询问笔录应当采取问答式，如实对办案人员的提问和被询问人的回答进行记录。记录被询问人的陈述应当详细具体，忠于原意。对于被询问人声明记忆不清的情节，笔录中应当如实反映。

询问笔录应当交被询问人核对，对没有阅读能力的，应当向其宣读。记录有误或者遗漏的，应当允许被询问人更正或者补充。被询问人确认笔录无误后，应当在询问笔录上逐页签名。拒绝签名的，询问人员应当在询问笔录中注明。

询问时，可以全程录音、录像，并保持录音、录像资料的完整性。

**第四十一条** 案件当事人、证人或者其他案件关系人请求自行提供书面材料的，应当准许。必要时，办案人员也可以要求案件当事人、证人或者其他案件关系人自行书写。

案件当事人、证人或者其他案件关系人应当在其提供的书面材料结尾处签名。打印的书面材料应当逐页签名。办案人员收到书面材料后，应当在首页注明收到日期，并签名。

**第四十二条** 询问案件当事人时，办案人员应当听取案件当事人的陈述和申辩。对其陈述和申辩,应当进行核查。

**第四十三条** 办案人员在案件调查过程中可以查阅、复制与案件有关的文件资料、会议记录、工作笔记等材料,查阅、了解案件当事人的身份信息、现实表现情况等信息,有关机关、单位和个人应当予以配合。

**第四十四条** 办案人员在案件调查过程中可以对与泄密案件有关的场所、物品进行检查。检查时,被检查人或者见证人应当在场。

办案人员可以根据检查情况制作检查笔录。检查笔录由办案人员、被检查人或者见证人签名;被检查人或者见证人不在场、拒绝签名的,办案人员应当在检查笔录中注明。

**第四十五条** 在案件调查过程中对国家秘密载体或者相关设施、设备、文件资料等登记保存,依照《中华人民共和国行政强制法》相关规定进行。办案人员应当会同持有人或者见证人查点清楚,当场开列登记保存清单一式二份,写明登记保存对象的名称、规格、数量、特征、登记保存地点等,由办案人员和持有人或者见证人签名后,各执一份。

对于登记保存在有关机关、单位的设施、设备,应当采取足以防止有关证据灭失或者转移的措施。

**第四十六条** 对涉及计算机、移动存储介质等信息设备的泄密案件,保密行政管理部门可以组织或者委托具有技术核查取证职能的部门或者单位进行技术核查取证。

**第四十七条** 案件调查过程中,需要对有关事项是否属于国家秘密以及属于何种密级进行鉴定的,应当及时提请具有密级鉴定权的保密行政管理部门鉴定。

**第四十八条** 案件调查过程中,保密行政管理部门发现有关机关、单位存在泄密隐患的,应当立即要求其采取措施,限期整改;对存在泄密隐患的设施、设备、场所,依法责令停止使用。

**第四十九条** 经调查,证据不足无法认定存在泄密事实的,经保密行政管理部门负责人批准,应当作出撤销案件的决定。撤销案件的决定应当及时书面通知有关机关、单位。

**第五十条** 经调查,保密行政管理部门认为案件当事人实施的违反保密法律法规行为涉嫌构成犯罪的,应当连同案件材料及时移送有关部门查处。

**第五十一条** 调查结束后，保密行政管理部门认为存在泄密事实，需要追究责任的，应当向有关机关、单位提出人员处理建议。有关机关、单位应当及时将处理结果书面告知同级保密行政管理部门。

有关机关、单位对责任人员不依法给予处分的，保密行政管理部门应当依法建议纠正。对拒不纠正的，保密行政管理部门应当依法提请其上一级机关或者监察机关对该机关、单位负有责任的领导人员和直接责任人员依法予以处理。

**第五十二条** 保密行政管理部门应当针对案件暴露出的问题，督促有关机关、单位采取整改措施，加强和改进保密工作。

机关、单位应当在规定时限内将整改情况书面报送保密行政管理部门。保密行政管理部门可以对机关、单位的整改情况进行复查。

## 第七章　结　　案

**第五十三条** 泄密案件调查终结应当具备下列条件：

（一）泄露国家秘密的事实已经调查清楚；

（二）已经采取必要的补救措施；

（三）已经对案件相关责任人员作出处理，或者移送有关部门查处；

（四）有关机关、单位已经采取整改措施。

**第五十四条** 办案人员在案件调查处理工作完成后，应当提交结案报告，经立案的保密行政管理部门负责人批准后结案。结案报告应当包括以下内容：

（一）泄密案件的发生、发现经过；

（二）案件涉及国家秘密的密级、数量、载体形式以及概要内容；

（三）泄密案件已经或者可能造成的危害；

（四）案件发生的主要原因；

（五）已经采取的补救措施；

（六）责任人员处理情况；

（七）有关机关、单位整改情况；

（八）其他需要说明的情况。

**第五十五条** 泄密案件查处时限为 3 个月，自立案之日起 3 个月未能查结的，经查处泄密案件的保密行政管理部门负责人批准可延长1个月。

在延长期内仍不能查结的，查处泄密案件的保密行政管理部门应当向上一级保密行政管理部门说明原因，逾期未说明原因或者理由不充分的，上一级保密行政管理部门应当予以检查、督促。

## 第八章 配合机制

**第五十六条** 省（自治区、直辖市）保密行政管理部门与中央和国家机关保密工作机构在泄密案件查处工作中应当相互配合。

设区的市、自治州一级及以下地方保密行政管理部门需要中央和国家机关保密工作机构配合工作的，应当报请所属省（自治区、直辖市）保密行政管理部门协调。

**第五十七条** 保密行政管理部门应当加强与同级纪检监察、网信、审判、检察、公安、国家安全等机关的协调配合，建立健全协调配合机制，共同做好泄密案件查处工作。

**第五十八条** 在泄密案件查处工作中需要军地双方配合的，军队相应保密工作部门和地方保密行政管理部门可以直接联系，相互之间应当支持配合。

## 第九章 法律责任

**第五十九条** 在泄密案件查处工作中，有关机关、单位及其工作人员拒不配合，弄虚作假，隐匿、销毁证据，以其他方式逃避、妨碍案件查处的，对直接负责的主管人员和其他直接责任人员依法给予处分。

企事业单位及其工作人员协助机关、单位逃避、妨碍案件查处的，由有关主管部门依法予以处罚。

**第六十条** 保密行政管理部门办理泄密案件，未依法履行职责，或者滥用职权、玩忽职守、徇私舞弊的，对直接负责的主管人员和其他直接责任人员依法给予处分；构成犯罪的，依法追究刑事责任。

## 第十章 附　　则

**第六十一条** 机关、单位工作人员实施保密法第四十八条规定的其他违法行为，保密行政管理部门可以参照本办法调查或者组织、督促机关、单位调查处理。

**第六十二条** 执行本办法所需要的文书式样，由国家保密行政管理部门统一制定。国家保密行政管理部门没有制定式样，执法工作中需要的其他文书，省（自治区、直辖市）保密行政管理部门可以自行制定式样。

**第六十三条** 本办法由国家保密局负责解释。

**第六十四条** 本办法自 2018 年 1 月 1 日起施行。国家保密局 1992 年 11 月 20 日印发的《泄密事件查处办法（试行）》同时废止。

## 事业单位工作人员处分规定（节录）

*1. 2023 年 11 月 6 日中共中央组织部、人力资源社会保障部发布*
*2. 人社部发〔2023〕58 号*

**第十八条** 有下列行为之一的，给予警告或者记过处分；情节较重的，给予降低岗位等级处分；情节严重的，给予开除处分：

（一）在执行国家重要任务、应对公共突发事件中，不服从指挥、调遣或者消极对抗的；

（二）破坏正常工作秩序，给国家或者公共利益造成损失的；

（三）违章指挥、违规操作，致使人民生命财产遭受损失的；

（四）发生重大事故、灾害、事件，擅离职守或者不按规定报告、不采取措施处置或者处置不力的；

（五）在项目评估评审、产品认证、设备检测检验等工作中徇私舞弊，或者违反规定造成不良影响的；

（六）泄露国家秘密，或者泄露因工作掌握的内幕信息、个人隐私，造成不良后果的；

（七）其他违反工作纪律失职渎职的行为。

# 最高人民法院关于审理为境外窃取、刺探、收买、非法提供国家秘密、情报案件具体应用法律若干问题的解释

*1. 2000年11月20日最高人民法院审判委员会第1142次会议通过*
*2. 2001年1月17日公布*
*3. 法释〔2001〕4号*
*4. 自2001年1月22日起施行*

为依法惩治为境外的机构、组织、人员窃取、刺探、收买、非法提供国家秘密、情报犯罪活动,维护国家安全和利益,根据刑法有关规定,现就审理这类案件具体应用法律的若干问题解释如下:

**第一条** 刑法第一百一十一条规定的"国家秘密",是指《中华人民共和国保守国家秘密法》第二条、第八条以及《中华人民共和国保守国家秘密法实施办法》第四条确定的事项。

刑法第一百一十一条规定的"情报",是指关系国家安全和利益、尚未公开或者依照有关规定不应公开的事项。

对为境外机构、组织、人员窃取、刺探、收买、非法提供国家秘密之外的情报的行为,以为境外窃取、刺探、收买、非法提供情报罪定罪处罚。

**第二条** 为境外窃取、刺探、收买、非法提供国家秘密或者情报,具有下列情形之一的,属于"情节特别严重",处十年以上有期徒刑、无期徒刑,可以并处没收财产:

(一)为境外窃取、刺探、收买、非法提供绝密级国家秘密的;

(二)为境外窃取、刺探、收买、非法提供三项以上机密级国家秘密的;

(三)为境外窃取、刺探、收买、非法提供国家秘密或者情报,对国家安全和利益造成其他特别严重损害的。

实施前款行为,对国家和人民危害特别严重、情节特别恶劣的,可

以判处死刑，并处没收财产。

**第三条** 为境外窃取、刺探、收买、非法提供国家秘密或者情报，具有下列情形之一的，处五年以上十年以下有期徒刑，可以并处没收财产：

（一）为境外窃取、刺探、收买、非法提供机密级国家秘密的；

（二）为境外窃取、刺探、收买、非法提供三项以上秘密级国家秘密的；

（三）为境外窃取、刺探、收买、非法提供国家秘密或者情报，对国家安全和利益造成其他严重损害的。

**第四条** 为境外窃取、刺探、收买、非法提供秘密级国家秘密或者情报，属于"情节较轻"，处五年以下有期徒刑、拘役、管制或者剥夺政治权利，可以并处没收财产。

**第五条** 行为人知道或者应当知道没有标明密级的事项关系国家安全和利益，而为境外窃取、刺探、收买、非法提供的，依照刑法第一百一十一条的规定以为境外窃取、刺探、收买、非法提供国家秘密罪定罪处罚。

**第六条** 通过互联网将国家秘密或者情报非法发送给境外的机构、组织、个人的，依照刑法第一百一十一条的规定定罪处罚；将国家秘密通过互联网予以发布，情节严重的，依照刑法第三百九十八条的规定定罪处罚。

**第七条** 审理为境外窃取、刺探、收买、非法提供国家秘密案件，需要对有关事项是否属于国家秘密以及属于何种密级进行鉴定的，由国家保密工作部门或者省、自治区、直辖市保密工作部门鉴定。

# 十四、其他领域保密

## 中华人民共和国邮政法(节录)

*1. 1986年12月2日第六届全国人民代表大会常务委员会第十八次会议通过*
*2. 2009年4月24日第十一届全国人民代表大会常务委员会第八次会议修订*
*3. 根据2012年10月26日第十一届全国人民代表大会常务委员会第二十九次会议《关于修改〈中华人民共和国邮政法〉的决定》第一次修正*
*4. 根据2015年4月24日第十二届全国人民代表大会常务委员会第十四次会议《关于修改〈中华人民共和国义务教育法〉等五部法律的决定》第二次修正*

**第二十四条 【禁止寄递、限制寄递】**邮政企业收寄邮件和用户交寄邮件,应当遵守法律、行政法规以及国务院和国务院有关部门关于禁止寄递或者限制寄递物品的规定。

**第二十五条 【邮件收寄验视制度】**邮政企业应当依法建立并执行邮件收寄验视制度。

对用户交寄的信件,必要时邮政企业可以要求用户开拆,进行验视,但不得检查信件内容。用户拒绝开拆的,邮政企业不予收寄。

对信件以外的邮件,邮政企业收寄时应当当场验视内件。用户拒绝验视的,邮政企业不予收寄。

**第二十六条 【夹带禁寄、限寄物品的处理】**邮政企业发现邮件内夹带禁止寄递或者限制寄递的物品的,应当按照国家有关规定处理。

进出境邮件中夹带国家禁止进出境或者限制进出境的物品的,由海关依法处理。

**第三十六条 【配合公安、检察机关依法检查、扣留邮件】**因国家安全或者追查刑事犯罪的需要,公安机关、国家安全机关或者检察机关可以依法检查、扣留有关邮件,并可以要求邮政企业提供相关用户使用邮政服务的信息。邮政企业和有关单位应当配合,并对有关情况予以保密。

**第三十七条　【禁止邮寄的物品】**任何单位和个人不得利用邮件寄递含有下列内容的物品:

（一）煽动颠覆国家政权、推翻社会主义制度或者分裂国家、破坏国家统一,危害国家安全的;

（二）泄露国家秘密的;

（三）散布谣言扰乱社会秩序,破坏社会稳定的;

（四）煽动民族仇恨、民族歧视,破坏民族团结的;

（五）宣扬邪教或者迷信的;

（六）散布淫秽、赌博、恐怖信息或者教唆犯罪的;

（七）法律、行政法规禁止的其他内容。

**第五十五条　【快递企业不得经营的业务】**快递企业不得经营由邮政企业专营的信件寄递业务,不得寄递国家机关公文。

## 快递暂行条例(节录)

*1. 2018年3月2日国务院令第697号公布*

*2. 根据2019年3月2日国务院令第709号《关于修改部分行政法规的决定》修正*

**第四条**　任何单位或者个人不得利用信件、包裹、印刷品以及其他寄递物品(以下统称快件)从事危害国家安全、社会公共利益或者他人合法权益的活动。

除有关部门依照法律对快件进行检查外,任何单位或者个人不得非法检查他人快件。任何单位或者个人不得私自开拆、隐匿、毁弃、倒卖他人快件。

# 卫生工作国家秘密范围的规定

*1. 2011年7月13日卫生部印发*
*2. 卫办发〔2011〕62号*
*3. 自公布之日起施行*

**第一条** 根据《中华人民共和国保守国家秘密法》有关规定，制定本规定。

**第二条** 卫生工作国家秘密范围包括：

（一）机密级。

1. 泄露会对国家医学科学研究和国家公共卫生安全造成严重损害的；

2. 泄露会对国家声誉和公民权益造成严重损害，对省级以上行政区域社会安定造成严重影响的；

3. 泄露会对国际卫生交往工作造成严重损害的；

4. 泄露会对国家卫生信息安全造成严重损害的。

（二）秘密级。

1. 泄露会对国家医学科学研究和国家公共卫生安全造成损害的；

2. 泄露会对国家声誉和公民权益造成损害，对部分地区社会安定造成影响的；

3. 泄露会对国际卫生交往工作造成损害的；

4. 泄露会对国家卫生信息安全造成损害的。

**第三条** 卫生工作中涉及其他部门或行业的国家秘密，应当按照相关国家秘密范围的规定确定密级。

**第四条** 本规定由卫生部和国家保密局负责解释。

**第五条** 本规定自公布之日起施行。2001年10月16日卫生部、国家保密局联合发布的《卫生工作中国家秘密及其密级具体范围的规定》（卫办发〔2001〕287号）同时废止。

附件：卫生工作国家秘密目录

**附件：**

# 卫生工作国家秘密目录

| 序号 | 国家秘密事项名称 | 密级 | 保密期限 | 控制范围 |
|---|---|---|---|---|
| 1 | 卫生部指定的病原微生物菌（毒）种保藏机构保藏的一类高致病性病原微生物菌（毒）种及样本总体数据和保存情况（包括数量、地点和方式等）。 | 机密 | 20年 | 有关领导和相关工作人员 |
| 2 | 国家医学统一考试启用之前的试题（试卷），包括备份试题（试卷）及标准答案、评分标准。 | 机密 | 启用之前 | 相关工作人员 |
| 3 | 国家及各省、自治区、直辖市、计划单列市卫生行政部门统计的引产数。 | 机密 | 20年 | 有关领导和相关工作人员 |
| 4 | 通过特殊渠道获得的医学重要成果的技术内容及其来源。 | 机密 | 20年 | 相关工作人员 |
| 5 | 卫生部指定的病原微生物菌（毒）种保藏机构保藏的二类高致病性病原微生物菌（毒）种及样本总体数据和保存情况（包括数量、地点和方式等）。 | 秘密 | 10 | 有关领导和相关工作人员 |
| 6 | 国家医学统一考试题库内用于组卷的试题、标准答案和评分标准。 | 秘密 | 启用之前 | 相关工作人员 |
| 7 | 地市级卫生行政部门统计的引产数。 | 秘密 | 10年 | 有关领导和相关工作人员 |

# 中华人民共和国<br>政府信息公开条例(节录)

*1. 2007 年 4 月 5 日国务院令第 492 号公布*
*2. 2019 年 4 月 3 日国务院令第 711 号修订*

## 第二章 公开的主体和范围

**第十条** 行政机关制作的政府信息,由制作该政府信息的行政机关负责公开。行政机关从公民、法人和其他组织获取的政府信息,由保存该政府信息的行政机关负责公开;行政机关获取的其他行政机关的政府信息,由制作或者最初获取该政府信息的行政机关负责公开。法律、法规对政府信息公开的权限另有规定的,从其规定。

行政机关设立的派出机构、内设机构依照法律、法规对外以自己名义履行行政管理职能的,可以由该派出机构、内设机构负责与所履行行政管理职能有关的政府信息公开工作。

两个以上行政机关共同制作的政府信息,由牵头制作的行政机关负责公开。

**第十一条** 行政机关应当建立健全政府信息公开协调机制。行政机关公开政府信息涉及其他机关的,应当与有关机关协商、确认,保证行政机关公开的政府信息准确一致。

行政机关公开政府信息依照法律、行政法规和国家有关规定需要批准的,经批准予以公开。

**第十二条** 行政机关编制、公布的政府信息公开指南和政府信息公开目录应当及时更新。

政府信息公开指南包括政府信息的分类、编排体系、获取方式和政府信息公开工作机构的名称、办公地址、办公时间、联系电话、传真号码、互联网联系方式等内容。

政府信息公开目录包括政府信息的索引、名称、内容概述、生成日期等内容。

**第十三条** 除本条例第十四条、第十五条、第十六条规定的政府信息外，政府信息应当公开。

行政机关公开政府信息，采取主动公开和依申请公开的方式。

**第十四条** 依法确定为国家秘密的政府信息，法律、行政法规禁止公开的政府信息，以及公开后可能危及国家安全、公共安全、经济安全、社会稳定的政府信息，不予公开。

**第十五条** 涉及商业秘密、个人隐私等公开会对第三方合法权益造成损害的政府信息，行政机关不得公开。但是，第三方同意公开或者行政机关认为不公开会对公共利益造成重大影响的，予以公开。

**第十六条** 行政机关的内部事务信息，包括人事管理、后勤管理、内部工作流程等方面的信息，可以不予公开。

行政机关在履行行政管理职能过程中形成的讨论记录、过程稿、磋商信函、请示报告等过程性信息以及行政执法案卷信息，可以不予公开。法律、法规、规章规定上述信息应当公开的，从其规定。

**第十七条** 行政机关应当建立健全政府信息公开审查机制，明确审查的程序和责任。

行政机关应当依照《中华人民共和国保守国家秘密法》以及其他法律、法规和国家有关规定对拟公开的政府信息进行审查。

行政机关不能确定政府信息是否可以公开的，应当依照法律、法规和国家有关规定报有关主管部门或者保密行政管理部门确定。

**第十八条** 行政机关应当建立健全政府信息管理动态调整机制，对本行政机关不予公开的政府信息进行定期评估审查，对因情势变化可以公开的政府信息应当公开。

# 中华人民共和国公务员法(节录)

*1. 2005 年 4 月 27 日第十届全国人民代表大会常务委员会第十五次会议通过*
*2. 根据 2017 年 9 月 1 日第十二届全国人民代表大会常务委员会第二十九次会议《关于修改〈中华人民共和国法官法〉等八部法律的决定》修正*
*3. 2018 年 12 月 29 日第十三届全国人民代表大会常务委员会第七次会议修订*
*4. 自 2019 年 6 月 1 日起施行*

**第十四条　【公务员的义务】**公务员应当履行下列义务:

(一)忠于宪法,模范遵守、自觉维护宪法和法律,自觉接受中国共产党领导;

(二)忠于国家,维护国家的安全、荣誉和利益;

(三)忠于人民,全心全意为人民服务,接受人民监督;

(四)忠于职守,勤勉尽责,服从和执行上级依法作出的决定和命令,按照规定的权限和程序履行职责,努力提高工作质量和效率;

(五)保守国家秘密和工作秘密;

(六)带头践行社会主义核心价值观,坚守法治,遵守纪律,恪守职业道德,模范遵守社会公德、家庭美德;

(七)清正廉洁,公道正派;

(八)法律规定的其他义务。

**第五十九条　【公务员的纪律】**公务员应当遵纪守法,不得有下列行为:

(一)散布有损宪法权威、中国共产党和国家声誉的言论,组织或者参加旨在反对宪法、中国共产党领导和国家的集会、游行、示威等活动;

(二)组织或者参加非法组织,组织或者参加罢工;

(三)挑拨、破坏民族关系,参加民族分裂活动或者组织、利用宗教活动破坏民族团结和社会稳定;

(四)不担当,不作为,玩忽职守,贻误工作;

（五）拒绝执行上级依法作出的决定和命令；

（六）对批评、申诉、控告、检举进行压制或者打击报复；

（七）弄虚作假，误导、欺骗领导和公众；

（八）贪污贿赂，利用职务之便为自己或者他人谋取私利；

（九）违反财经纪律，浪费国家资财；

（十）滥用职权，侵害公民、法人或者其他组织的合法权益；

（十一）泄露国家秘密或者工作秘密；

（十二）在对外交往中损害国家荣誉和利益；

（十三）参与或者支持色情、吸毒、赌博、迷信等活动；

（十四）违反职业道德、社会公德和家庭美德；

（十五）违反有关规定参与禁止的网络传播行为或者网络活动；

（十六）违反有关规定从事或者参与营利性活动，在企业或者其他营利性组织中兼任职务；

（十七）旷工或者因公外出、请假期满无正当理由逾期不归；

（十八）违纪违法的其他行为。

**第八十六条　【不得辞职的情形】**公务员有下列情形之一的，不得辞去公职：

（一）未满国家规定的最低服务年限的；

（二）在涉及国家秘密等特殊职位任职或者离开上述职位不满国家规定的脱密期限的；

（三）重要公务尚未处理完毕，且须由本人继续处理的；

（四）正在接受审计、纪律审查、监察调查，或者涉嫌犯罪，司法程序尚未终结的；

（五）法律、行政法规规定的其他不得辞去公职的情形。

**第一百条　【聘任制的适用】**机关根据工作需要，经省级以上公务员主管部门批准，可以对专业性较强的职位和辅助性职位实行聘任制。

前款所列职位涉及国家秘密的，不实行聘任制。

# 中华人民共和国检察官法(节录)

*1. 1995年2月28日第八届全国人民代表大会常务委员会第十二次会议通过*
*2. 根据2001年6月30日第九届全国人民代表大会常务委员会第二十二次会议《关于修改〈中华人民共和国检察官法〉的决定》第一次修正*
*3. 根据2017年9月1日第十二届全国人民代表大会常务委员会第二十九次会议《关于修改〈中华人民共和国法官法〉等八部法律的决定》第二次修正*
*4. 2019年4月23日第十三届全国人民代表大会常务委员会第十次会议修订*
*5. 自2019年10月1日起施行*

**第十条 【检察官的义务】**检察官应当履行下列义务:

(一)严格遵守宪法和法律;

(二)秉公办案,不得徇私枉法;

(三)依法保障当事人和其他诉讼参与人的诉讼权利;

(四)维护国家利益、社会公共利益,维护个人和组织的合法权益;

(五)保守国家秘密和检察工作秘密,对履行职责中知悉的商业秘密和个人隐私予以保密;

(六)依法接受法律监督和人民群众监督;

(七)通过依法办理案件以案释法,增强全民法治观念,推进法治社会建设;

(八)法律规定的其他义务。

**第四十七条 【检察官的禁止行为】**检察官有下列行为之一的,应当给予处分;构成犯罪的,依法追究刑事责任:

(一)贪污受贿、徇私枉法、刑讯逼供的;

(二)隐瞒、伪造、变造、故意损毁证据、案件材料的;

(三)泄露国家秘密、检察工作秘密、商业秘密或者个人隐私的;

(四)故意违反法律法规办理案件的;

(五)因重大过失导致案件错误并造成严重后果的;

(六)拖延办案,贻误工作的;

（七）利用职权为自己或者他人谋取私利的；

（八）接受当事人及其代理人利益输送，或者违反有关规定会见当事人及其代理人的；

（九）违反有关规定从事或者参与营利性活动，在企业或者其他营利性组织中兼任职务的；

（十）有其他违纪违法行为的。

检察官的处分按照有关规定办理。

## 中华人民共和国法官法（节录）

*1. 1995年2月28日第八届全国人民代表大会常务委员会第十二次会议通过*

*2. 根据2001年6月30日第九届全国人民代表大会常务委员会第二十二次会议《关于修改〈中华人民共和国法官法〉的决定》第一次修正*

*3. 根据2017年9月1日第十二届全国人民代表大会常务委员会第二十九次会议《关于修改〈中华人民共和国法官法〉等八部法律的决定》第二次修正*

*4. 2019年4月23日第十三届全国人民代表大会常务委员会第十次会议修订*

*5. 自2019年10月1日起施行*

**第十条　【法官的义务】**法官应当履行下列义务：

（一）严格遵守宪法和法律；

（二）秉公办案，不得徇私枉法；

（三）依法保障当事人和其他诉讼参与人的诉讼权利；

（四）维护国家利益、社会公共利益，维护个人和组织的合法权益；

（五）保守国家秘密和审判工作秘密，对履行职责中知悉的商业秘密和个人隐私予以保密；

（六）依法接受法律监督和人民群众监督；

（七）通过依法办理案件以案释法，增强全民法治观念，推进法治社会建设；

（八）法律规定的其他义务。

**第四十六条　【法官的禁止行为】**法官有下列行为之一的,应当给予处分;构成犯罪的,依法追究刑事责任:

(一)贪污受贿、徇私舞弊、枉法裁判的;

(二)隐瞒、伪造、变造、故意损毁证据、案件材料的;

(三)泄露国家秘密、审判工作秘密、商业秘密或者个人隐私的;

(四)故意违反法律法规办理案件的;

(五)因重大过失导致裁判结果错误并造成严重后果的;

(六)拖延办案,贻误工作的;

(七)利用职权为自己或者他人谋取私利的;

(八)接受当事人及其代理人利益输送,或者违反有关规定会见当事人及其代理人的;

(九)违反有关规定从事或者参与营利性活动,在企业或者其他营利性组织中兼任职务的;

(十)有其他违纪违法行为的。

法官的处分按照有关规定办理。

## 中华人民共和国人民警察法(节录)

*1. 1995年2月28日第八届全国人民代表大会常务委员会第十二次会议通过*

*2. 根据2012年10月26日第十一届全国人民代表大会常务委员会第二十九次会议《关于修改〈中华人民共和国人民警察法〉的决定》修正*

**第二十二条　【人民警察的禁止行为】**人民警察不得有下列行为:

(一)散布有损国家声誉的言论,参加非法组织,参加旨在反对国家的集会、游行、示威等活动,参加罢工;

(二)泄露国家秘密、警务工作秘密;

(三)弄虚作假,隐瞒案情,包庇、纵容违法犯罪活动;

(四)刑讯逼供或者体罚、虐待人犯;

(五)非法剥夺、限制他人人身自由,非法搜查他人的身体、物品、住所或者场所;

（六）敲诈勒索或者索取、收受贿赂；

（七）殴打他人或者唆使他人打人；

（八）违法实施处罚或者收取费用；

（九）接受当事人及其代理人的请客送礼；

（十）从事营利性的经营活动或者受雇于任何个人或者组织；

（十一）玩忽职守，不履行法定义务；

（十二）其他违法乱纪的行为。

## 中华人民共和国律师法（节录）

*1. 1996年5月15日第八届全国人民代表大会常务委员会第十九次会议通过*

*2. 根据2001年12月29日第九届全国人民代表大会常务委员会第二十五次会议《关于修改〈中华人民共和国律师法〉的决定》第一次修正*

*3. 2007年10月28日第十届全国人民代表大会常务委员会第三十次会议修订*

*4. 根据2012年10月26日第十一届全国人民代表大会常务委员会第二十九次会议《关于修改〈中华人民共和国律师法〉的决定》第二次修正*

*5. 根据2017年9月1日第十二届全国人民代表大会常务委员会第二十九次会议《关于修改〈中华人民共和国法官法〉等八部法律的决定》第三次修正*

**第三十八条　【律师保密义务】**律师应当保守在执业活动中知悉的国家秘密、商业秘密，不得泄露当事人的隐私。

律师对在执业活动中知悉的委托人和其他人不愿泄露的有关情况和信息，应当予以保密。但是，委托人或者其他人准备或者正在实施危害国家安全、公共安全以及严重危害他人人身安全的犯罪事实和信息除外。

**第四十九条　【律师的禁止行为】**律师有下列行为之一的，由设区的市级或者直辖市的区人民政府司法行政部门给予停止执业六个月以上一年以下的处罚，可以处五万元以下的罚款；有违法所得的，没收违法所得；情节严重的，由省、自治区、直辖市人民政府司法行政部门吊销其律师执业证书；构成犯罪的，依法追究刑事责任：

（一）违反规定会见法官、检察官、仲裁员以及其他有关工作人员，或者以其他不正当方式影响依法办理案件的；

（二）向法官、检察官、仲裁员以及其他有关工作人员行贿，介绍贿赂或者指使、诱导当事人行贿的；

（三）向司法行政部门提供虚假材料或者有其他弄虚作假行为的；

（四）故意提供虚假证据或者威胁、利诱他人提供虚假证据，妨碍对方当事人合法取得证据的；

（五）接受对方当事人财物或者其他利益，与对方当事人或者第三人恶意串通，侵害委托人权益的；

（六）扰乱法庭、仲裁庭秩序，干扰诉讼、仲裁活动的正常进行的；

（七）煽动、教唆当事人采取扰乱公共秩序、危害公共安全等非法手段解决争议的；

（八）发表危害国家安全、恶意诽谤他人、严重扰乱法庭秩序的言论的；

（九）泄露国家秘密的。

律师因故意犯罪受到刑事处罚的，由省、自治区、直辖市人民政府司法行政部门吊销其律师执业证书。

## 中华人民共和国治安管理处罚法（节录）

*1. 2005年8月28日第十届全国人民代表大会常务委员会第十七次会议通过*
*2. 根据2012年10月26日第十一届全国人民代表大会常务委员会第二十九次会议《关于修改〈中华人民共和国治安管理处罚法〉的决定》修正*

**第八十条　【公安机关的保密义务】**公安机关及其人民警察在办理治安案件时，对涉及的国家秘密、商业秘密或者个人隐私，应当予以保密。

# 中华人民共和国刑事诉讼法(节录)

*1. 1979年7月1日第五届全国人民代表大会第二次会议通过*
*2. 根据1996年3月17日第八届全国人民代表大会第四次会议《关于修改〈中华人民共和国刑事诉讼法〉的决定》第一次修正*
*3. 根据2012年3月14日第十一届全国人民代表大会第五次会议《关于修改〈中华人民共和国刑事诉讼法〉的决定》第二次修正*
*4. 根据2018年10月26日第十三届全国人民代表大会常务委员会第六次会议《关于修改〈中华人民共和国刑事诉讼法〉的决定》第三次修正*

**第五十四条　【向单位和个人收集、调取证据】**人民法院、人民检察院和公安机关有权向有关单位和个人收集、调取证据。有关单位和个人应当如实提供证据。

**【行政执法办案证据的使用】**行政机关在行政执法和查办案件过程中收集的物证、书证、视听资料、电子数据等证据材料,在刑事诉讼中可以作为证据使用。

**【证据保密】**对涉及国家秘密、商业秘密、个人隐私的证据,应当保密。

**【伪造、隐匿、毁灭证据的责任】**凡是伪造证据、隐匿证据或者毁灭证据的,无论属于何方,必须受法律追究。

**第一百五十二条　【技术侦查措施的执行、保密及获取材料的用途限制】**采取技术侦查措施,必须严格按照批准的措施种类、适用对象和期限执行。

侦查人员对采取技术侦查措施过程中知悉的国家秘密、商业秘密和个人隐私,应当保密;对采取技术侦查措施获取的与案件无关的材料,必须及时销毁。

采取技术侦查措施获取的材料,只能用于对犯罪的侦查、起诉和审判,不得用于其他用途。

公安机关依法采取技术侦查措施,有关单位和个人应当配合,并对有关情况予以保密。